Die nachträgliche Zulassung der Kündigungsschutzklage durch Beschluß

Abhandlungen zum Arbeits- und Wirtschaftsrecht

Begründet von Prof. Dr. Wolfgang Siebert †

Herausgeber:
Prof. Dr. Wolfgang Hefermehl, Heidelberg
Prof. Dr. Ulrich Huber, Bonn
Prof. Dr. Manfred Löwisch, Freiburg/Breisgau
Prof. Dr. Hans-Joachim Mertens, Frankfurt/Main
Prof. Dr. Hansjörg Otto, Göttingen
Prof. Dr. Reinhard Richardi, Regensburg
Prof. Dr. Rolf Serick †, Heidelberg
Prof. Dr. Peter Ulmer, Heidelberg

Band 86

Die nachträgliche Zulassung der Kündigungsschutzklage durch Beschluß

von

Dr. Karsten Schmid

Erlangen

Verlag Recht und Wirtschaft GmbH
Heidelberg

Die Deutsche Bibliothek – CIP-Einheitsaufnahme

Schmid, Karsten:
Die nachträgliche Zulassung der Kündigungsschutzklage durch Beschluß / von Karsten Schmid. – Heidelberg : Verl. Recht und Wirtschaft, 2001

(Abhandlungen zum Arbeits- und Wirtschaftsrecht , Bd. 86)
Zugl.: Erlangen, Nürnberg, Univ., Diss., 1999

ISBN 3-8005-1261-0

ISBN 3-8005-1261-0

© 2001 Verlag Recht und Wirtschaft GmbH, Heidelberg

Das Werk einschließlich aller seiner Teile ist urheberrechtlich geschützt. Jede Verwertung außerhalb der engen Grenzen des Urheberrechtsgesetzes ist ohne Zustimmung des Verlages unzulässig und strafbar. Das gilt insbesondere für Vervielfältigungen, Bearbeitungen, Übersetzungen, Mikroverfilmungen und die Einspeicherung und Verarbeitung in elektronischen Systemen.

Satzkonvertierung: Lichtsatz Michael Glaese GmbH, 69502 Hemsbach

Druck und Verarbeitung: Wilhelm & Adam, Werbe- und Verlagsdruck GmbH, 63150 Heusenstamm

♾ Gedruckt auf säurefreiem, alterungsbeständigem Papier, hergestellt aus chlorfrei gebleichtem Zellstoff (TCF-Norm)

Printed in Germany

Vorwort

Die vorliegende Untersuchung hat der Juristischen Fakultät der Friedrich-Alexander-Universität Erlangen-Nürnberg im Sommersemester 1999 als Dissertation vorgelegen. Das Manuskript war im März 1999 abgeschlossen. Von der bis Juni 2000 bekannt gewordenen Literatur und Rechtsprechung konnte noch einiges berücksichtigt werden. Vollständigkeit war weder beabsichtigt noch erforderlich. Mitaufgenommen wurde, soweit möglich, die durch das Gesetz zur Vereinfachung und Beschleunigung des arbeitsgerichtlichen Verfahrens (Arbeitsgerichtsbeschleunigungsgesetz) vom 30. März 2000 (BGBl. I S. 333) bedingte Änderung des § 5 Abs. 4 S. 1 KSchG. Ein Teil der im Vierten Teil dieser Arbeit unter B II. und C III. entwickelten Grundsätze wurde hierdurch „Rechtsgeschichte". Gleichwohl wurden auch die zum bisherigen § 5 Abs. 4 S. 1 KSchG angestellten Erwägungen im Text belassen, da sie für Verständnis und Entstehung der seit 1. Mai 2000 geltenden Fassung des § 5 Abs. 4 S. 1 KSchG nach wie vor von Bedeutung sind.

Mein besonderer Dank gilt Herrn Professor Dr. *Max Vollkommer*, der durch sein bereits 1962 in AcP Bd. 161 (1962), 332 entwickeltes prozessuales Verständnis der Klagefrist des § 4 S. 1 KSchG ein wesentliches Fundament dieser Arbeit gelegt hat. Auf ihn geht das Thema dieser Untersuchung zurück. Während der Entstehung der vorliegenden Dissertation hat er mich hervorragend betreut und stand mir stets mit Rat und Tat zur Seite.

Herrn Professor Dr. *Reinhard Greger* danke ich für die bereitwillige und äußerst zügige Erstellung des Zweitgutachtens. Des weiteren gilt mein Dank dem Herausgebergremium, insbesondere Herrn Professor Dr. Dr. h.c. *Manfred Löwisch*, für die Aufnahme der Schrift in die Reihe Abhandlungen zum Arbeits- und Wirtschaftsrecht. Zu danken habe ich ferner Herrn Professor Dr. Dr. h.c. *Eugen Stahlhacke* für die tatkräftige Unterstützung bei der Veröffentlichung dieser Arbeit.

Mein Dank gilt weiterhin meinen Eltern, Frau *Heike Schmid* und Herrn Dr. med. *Günther Schmid* für die von Ihnen geleistete großzügige geistige und finanzielle Unterstützung bei der Erstellung der Arbeit. Darüber hinaus danke ich meinem Vater und Frau Assessorin *Nicoletta Nitsche* für die bereitwillige und unermüdliche Übernahme der Korrektur des Manuskripts.

Erinnert sei in diesem Zusammenhang schließlich an meine Großeltern, Frau *Margarete Schade* und Herrn Dr. rer. pol. *Gerhard Schade*, die zwar den Anfang dieser Arbeit, nicht aber deren Beendigung miterleben durften.

Erlangen, im September 2000 *Karsten Schmid*

Inhaltsverzeichnis

Einleitung 13

Erster Teil: Von § 90 BRG bis zu § 5 KSchG 1969 – Die Entwicklungsgeschichte der nachträglichen Klagezulassung 16

A. Die Zeit vor 1914 16
B. Die nachträgliche Zulassung in der Weimarer Zeit: § 90 BRG 16
C. Die Entwicklung der nachträglichen Klagezulassung in der Zeit des Nationalsozialismus 20
D. Die Rechtslage im Nachkriegsdeutschland 22
    I. Die Zeit von 1945 bis 1951 22
    II. Das Kündigungsschutzgesetz von 1951 23
    III. Die heutige Rechtslage: § 5 KSchG 1969 24
        1. Die Dreiwochenfrist des § 4 S. 1 KSchG 24
        2. Die Regelung des § 5 KSchG 27
            a) Anwendungsbereich, Normzweck und Voraussetzungen der nachträglichen Klagezulassung 27
            b) Problempunkte 28

Zweiter Teil: Die Rechtsnatur der nachträglichen Zulassung der Kündigungsschutzklage 31

A. Einführung 31
B. Ausgangspunkt: Rechtsnatur der Dreiwochenfrist des § 4 S. 1 KSchG 32
    I. Begriffsbestimmungen: Die Unterscheidung zwischen Verjährungs- und Ausschlußfristen sowie zwischen materieller und prozessualer Fristen 32
        1. Die Unterscheidung zwischen Verjährungs- und Ausschlußfristen 32
        2. Die Unterscheidung zwischen materiellen und prozessualen Fristen 33
    II. § 4 S. 1 KSchG als Ausschlußfrist 35
    III. Die Einordnung des § 4 S. 1 KSchG als materielle oder als prozessuale Ausschlußfrist 37
        1. Die materiell-rechtliche Auffassung 38
            a) Die überwiegende Argumentation 38
            b) Die Argumentation Riebles 40

2. Die prozeßrechtliche Auffassung	41
a) Die Argumentation	41
b) Abweisung als unzulässig oder als unbegründet?	43
aa) Abweisung als unzulässig	43
bb) Abweisung als unbegründet	44
3. Die Lehre von der Doppelnatur des § 4 S. 1 KSchG	45
4. Stellungnahme	46
a) Rechtswirkungen der Versäumung der Dreiwochenfrist des § 4 S.1 KSchG	47
aa) Die gesetzliche Regelung: § 7 KSchG als maßgebliches Kriterium?	47
bb) Der Ausschluß des Klagerechts als maßgebliches Kriterium	48
cc) Der Ausschluß des Klagerechts als prozessuale Wirkung	49
dd) Keine Doppelnatur der Dreiwochenfrist	50
b) Auslegung anhand der Entstehungsgeschichte	50
c) Auslegung anhand des Normzusammenhangs	51
d) Auswirkungen des Fristablaufs auf die Kündigungsschutzklage: Abweisung als unzulässig oder als unbegründet?	53
aa) Bisherige Rechtslage	53
bb) Die Rechtslage unter Geltung des BeschFG 1996	54
IV. Das Problem des Verzichts auf die Einhaltung der Dreiwochenfrist	56
V. Zwischenergebnis	57

C. Konseqenzen für die Beurteilung der nachträglichen Klagezulassung ... 58

I. § 5 KSchG als materiell-rechtliches Rechtsinstitut	58
1. Begründung der materiell-rechtlichen Auffassung	58
2. Rechtsfolgen der materiell-rechtlichen Auffassung	60
a) Anwendbarkeit der §§ 233 ff. ZPO?	60
b) Der Inhalt des Beschlusses nach § 5 KSchG: Feststellung der Hemmung bzw. Unterbrechung oder Gestaltungsentscheidung?	62
II. § 5 KSchG als prozeßrechtliches Rechtsinstitut	63
1. Begründung der prozessualen Auffassung	64
2. Rechtsfolgen der prozessualen Auffassung	65
III. § 5 KSchG als Rechtsinstitut mit Doppelnatur	65
IV. Stellungnahme	66
1. Ansatzpunkt: Prozessualer Charakter des § 4 S. 1 KSchG	66
2. Kritik der materiell-rechtlichen Argumentation	66
3. Einordnungsprobleme der materiell-rechtlichen Auffassung und der Lehre von der Doppelnatur des § 5 KSchG	68

       a) Anwendbarkeit der §§ 233 ff. ZPO 68
       b) Wesen und Wirkung des Beschlusses nach § 5 KSchG 72
D. Zusammenfassung und Ergebnis des zweiten Teils 74

Dritter Teil: Die Prüfungsfolge bei § 5 KSchG – Formale und sachliche Voraussetzungen der nachträglichen Klagezulassung ... 75

A. Einführung 75
B. Der Antrag auf nachträgliche Klagezulassung – § 5 Abs. 2 KSchG   76
    I. Die Anforderungen im Überblick 76
    II. Die Form für den Antrag 76
    III. Der Inhalt 78
       1. Angabe der die Zulassung begründenden Tatsachen und der Mittel für deren Glaubhaftmachung 78
          a) Die die Zulassung begründenden Tatsachen 78
          b) Angabe der Mittel für die Glaubhaftmachung? 80
          c) Nachholung der Angaben? 82
       2. Die Verbindung des Antrags mit der Klageerhebung 85
    IV. Einreichung beim zuständigen Arbeitsgericht 86
       1. Örtlich unzuständiges Arbeitsgericht 87
       2. Falscher Rechtsweg 87
          a) Meinungsstand 88
          b) Stellungnahme 88
             aa) Rechtslage bei der Kündigungsschutzklage 89
             bb) Übertragung auf § 5 KSchG 90
C. Die Fristen für den Antrag – § 5 Abs. 3 KSchG 91
    I. Bewegliche und feste Frist 91
    II. Die Zweiwochenfrist des § 5 Abs. 3 S. 1 KSchG 93
       1. Der Beginn der Frist 93
          a) Die Behebung des Hindernisses 93
          b) Der Fristbeginn im Falle des § 5 Abs. 2 S. 1 2. HS KSchG .. 95
       2. Zur Frage der Zurechnung des Verschuldens des Prozeßbevollmächtigten 97
          a) Meinungsstand 98
          b) Stellungnahme 100
             aa) Parallelproblem bei § 4 S. 1 KSchG 100
             bb) Keine unterschiedliche Behandlung von § 4 S. 1 und § 5 Abs. 3 S. 1 KSchG 101
             cc) Maßgeblichkeit des § 5 Abs. 1 KSchG? 102
             dd) Direkte Anwendung des § 85 Abs. 2 ZPO? 103

ee) Analoge Anwendung des § 85 Abs. 2 ZPO? 105
3. Wiedereinsetzung in die Zweiwochenfrist des § 5 Abs. 3 S. 1 KSchG? 108
   a) Meinungsstand 109
   b) Stellungnahme 110
III. Die Sechsmonatsfrist des § 5 Abs. 3 S. 2 KSchG 112

D. Der Zulassungsgrund – die „zuzumutende Sorgfalt" im Sinne des § 5 Abs. 1 KSchG 113

I. Meinungsstand und wesentliche Grundsätze des Begriffs der „zuzumutenden Sorgfalt" 114
   1. Subjektivierter Verschuldensbegriff 114
   2. Ausnahmen vom Verschuldensprinzip oder zusätzliche Anforderungen an das Verschuldenserfordernis? 115
   3. Rückgriff auf die zu § 233 ZPO n. F. entwickelte Judikatur? . . . 116
II. Stellungnahme 117
   1. Subjektiver Verschuldensmaßstab 117
   2. Ausnahmslose Geltung des Verschuldensprinzips 118
   3. Anwendbarkeit der zu § 233 ZPO n. F. entwickelten Grundsätze 119
III. Einzelfälle aus Rechtsprechung und Literatur 119
   1. Rechtsunkenntnis, Rechtsirrtum 120
   2. Falsche Auskunft 121
      a) Zuverlässige Auskunftsstellen 121
      b) Sonderproblem: Stellt der Betriebsrat eine zuverlässige Auskunftsstelle dar? 123
         aa) Meinungsstand 123
         bb) Stellungnahme 125
   3. Krankheit des Arbeitnehmers 127
      a) Meinungsstand 127
      b) Stellungnahme 129
   4. Rücknahme der Kündigungsschutzklage 130
      a) Meinungsstand 130
      b) Stellungnahme 131
   5. Urlaubsbedingte Abwesenheit 132
   6. Postalische Verzögerungen 133
   7. Fazit 134
IV. Vertreterverschulden bei der Versäumung der Frist des § 4 S. 1 KSchG 134
   1. Anwendung des § 85 Abs. 2 ZPO 136
      a) Direkte Anwendung des § 85 Abs. 2 ZPO 136
      b) Analoge Anwendung des § 85 Abs. 2 ZPO 137
      c) Anwendung aufgrund allgemeinen Rechtsgrundsatzes 138

2. Anwendung des § 278 S. 1 BGB	140
3. Ablehnung einer Verschuldenszurechnung	142
a) Bisherige Argumentation	142
b) Neuer Argumentationsansatz	145
4. Stellungnahme	147
a) Direkte Anwendbarkeit des § 85 Abs. 2 ZPO?	147
b) Analoge Anwendbarkeit des § 85 Abs. 2 ZPO?	148
c) Anwendbarkeit des § 85 Abs. 2 ZPO aufgrund allgemeinen Rechtsgrundsatzes?	150
d) Anwendbarkeit des § 278 S. 1 BGB?	153

Vierter Teil: Verfahrensfragen 156

A. Einführung 156

B. Das Verfahren und die Entscheidung in der ersten Instanz 158

  I. Der Eintritt ins Zulassungsverfahren – Das Verfahren nach § 5 KSchG als Vor- oder als Zwischenverfahren? 158
    1. Meinungsstand 158
      a) Das Zulassungsverfahren als Vorverfahren 158
      b) Herrschende Meinung: Das Zulassungsverfahren als Zwischenverfahren 158
      c) Der vermittelnde Standpunkt Melzers und Grunskys 160
    2. Stellungnahme 161
  II. Der Verfahrensablauf im einzelnen 163
    1. Das Problem 163
    2. Die Durchführung der mündlichen Verhandlung 165
      a) Erfordernis einer mündlichen Verhandlung 165
      b) Durchführung eines Gütetermins? 168
      c) Verfahrensgrundsätze 169
        aa) Glaubhaftmachung im Sinne des § 5 Abs. 2 S. 2 KSchG 169
        bb) Eingeschränkte Geltung der Verhandlungs- und Dispositionsmaxime 172
    3. Die Besetzung des Gerichts 173
  III. Die Entscheidung 174
    1. Entscheidung durch Beschluß 174
    2. Bindungswirkung der Entscheidung 177
      a) Begründung der Bindungswirkung 177
      b) Umfang der Bindungswirkung 179
    3. Die Entscheidung bei Säumnis der Parteien 183
      a) Säumnis des Arbeitnehmers 183
      b) Säumnis des Arbeitgebers 184
    4. Kosten und Streitwert 186

C. Das Verfahren und die Entscheidung in der Rechtsmittelinstanz .. 186
   I. Statthaftes Rechtsmittel: Die sofortige Beschwerde gemäß
      § 5 Abs. 4 S. 2 KSchG 186
   II. Zulässigkeit und Begründetheit der sofortigen Beschwerde 187
     1. Zulässigkeitsvoraussetzungen 187
     2. Begründetheit der sofortigen Beschwerde 188
   III. Das Verfahren in der Beschwerdeinstanz 189
     1. Grundsatz 189
     2. Die Besetzung des Beschwerdegerichts 189
   IV. Die Entscheidung in der Beschwerdeinstanz 193
     1. Das LAG hält im Gegensatz zum Arbeitsgericht die Klage für
       rechtzeitig erhoben 194
     2. Das LAG hält im Gegensatz zum Arbeitsgercht die Klage für
       verspätet erhoben 195
   V. Die Problematik widersprechender Entscheidungen 198
   VI. Kosten der Beschwerdeinstanz 201

Zusammenfassung und Ausblick 202

A. Nachträgliche Klagezulassung de lege lata 202
   I. Rechtsnatur der nachträglichen Klagezulassung 202
   II. Formale und sachliche Voraussetzungen der nachträglichen
      Klagezulassung 203
   III. Verfahrensfragen der nachträglichen Klagezulassung 204

B. Nachträgliche Klagezulassung de lege ferenda 206

Anhang 209

Literaturverzeichnis 211

Sachregister 223

Einleitung

Es liegt nunmehr über 40 Jahre zurück, daß sich eine Dissertation[1] mit dem Thema „Nachträgliche Zulassung von Kündigungsschutzklagen" befaßt hat. Das ist umso erstaunlicher, als in diesem Bereich nach wie vor eine Fülle von Streitfragen existiert und man von einer einheitlichen Rechtsprechung weit entfernt ist. So hat sich etwa die Frage der Zurechnung des Vertreterverschuldens im Rahmen des § 5 KSchG zu einem juristischen „Dauerbrenner" entwickelt,[2] der freilich durch eine Vielzahl von Veröffentlichungen aus neuester Zeit[3] besondere Aktualität erlangt hat. Auch wirkt sich die immer noch nicht endgültig gelöste Streitfrage nach der Rechtsnatur der Klagefrist des § 4 S. 1 KSchG[4] auch bei § 5 KSchG aus. Dies sind aber nur einige Punkte aus der stets anhaltenden Diskussion um die nachträgliche Zulassung von Kündigungsschutzklagen. Die Aufzählung ließe sich beliebig verlängern. Ein Ausweg aus dieser „kaum noch überschaubaren Kontroverse"[5] bzw. dem „kaum noch zu durchschauenden Normengestrüpp"[6] ist nicht ersichtlich, da der Rechtsmittelzug gegen den Beschluß nach § 5 KSchG beim LAG endet[7], so daß eine Rechtsvereinheitlichung durch das BAG ausscheidet. Aber auch über den Weg zum BVerfG läßt sich dieser unbefriedigende Zustand nicht bereinigen, weil es sich bei den Problemen größtenteils um die Anwendung einfachen Rechts handelt und somit der Prüfungskompetenz des Verfassungsgerichts Grenzen gesetzt sind.[8] Diesen mißlichen Zustand hat der Gesetzgeber zuletzt noch dadurch verstärkt, daß er den Anwendungsbereich des § 5 KSchG durch das Arbeitsrechtliche Beschäftigungsförderungsgesetz vom 25. September 1996 (BGBl. I S. 1476) auf Befristungsschutzklagen und auf die Kündigung durch den Konkurs- bzw. Insolvenzverwalter ausgeweitet hat.[9]

Daß sich seit der Abhandlung *Melzers* niemand mehr in einer Dissertation mit § 5 KSchG befaßt hat, ist noch unter einem anderen Aspekt verwunderlich: Die

---

1 *Melzer*, Die nachträgliche Zulassung von Kündigungsschutzklagen, Kölner Diss. 1957.
2 Vgl. auch *Vollkommer*, Festschrift für Stahlhacke S. 559: „unendlicher Streit".
3 Vgl. etwa *Tschöpe/Fleddermann*, Zurechnung anwaltlichen Verschuldens bei Versäumung der Klagefrist nach § 4 KSchG, BB 1998, 157 ff.; *Francken*, Das Verschulden des Prozeßbevollmächtigten an der Versäumung der Klagefristen des § 4 KSchG, des § 1 Abs. 5 BeschFG und des § 113 Abs. 2 InsO, Freiburger Diss. 1998; *Holthaus*, Versäumung der Dreiwochenfrist des § 4 KSchG – Nachträgliche Zulassung der Kündigungsschutzklage trotz Anwaltsverschuldens?, Bochumer Diss. 1998.
4 Vgl. hierzu aus neuerer Zeit *Lepke* DB 1991, 2034 ff.; ausführlich zu diesem Streitpunkt unten Zweiter Teil III.
5 *Vollkommer*, Anm. zu LAG Hamm LAGE § 5 KSchG Nr. 22.
6 *Berkowsky* NZA 1997, 352 (353).
7 Siehe §§ 5 Abs. 4 S. 2 KSchG, 78 Abs. 1 S. 2 ArbGG.
8 Vgl. *Vollkommer*, Festschrift für Stahlhacke, S. 559 (602).
9 Vgl. Art. 6 BeschFG 1996, § 113 Abs. 2 S. 2 InsO; § 1 Abs. 5 S. 2 BeschFG 1996. Ausführlich hierzu unten Erster Teil D. III.

Versäumung der Klagefrist des § 4 S. 1 KSchG hat für den Betroffenen besonders fatale Folgen. Der Ablauf der Frist führt nicht zum Verlust irgendeines Rechts, sondern möglicherweise zum Verlust des Arbeitsplatzes. Dies haben bereits 1928 *Hueck/Nipperdey* erkannt, indem sie in ihrem Lehrbuch des Arbeitsrechts (Band I) S. 302/303 ausführen, „daß für den Arbeitnehmer die Frage nach der Dauer seines Arbeitsverhältnisses von ganz besonderer Bedeutung ist" und „daß gerade in diesem Punkte die unsichere Stellung des Lohnarbeiters besonders deutlich hervortritt." Somit läuft der Rechtsschutzsuchende durch § 4 S. 1 KSchG Gefahr, nur aufgrund Zeitablaufs innerhalb kürzester Frist (3 Wochen nach Zugang der Kündigung![10]) seiner wirtschaftlichen Existenzgrundlage beraubt zu werden. Der Betroffene büßt also – soweit nicht andere Nichtigkeitsgründe außerhalb des KSchG eingreifen[11] – ohne jede gerichtliche Prüfung ein elementares Recht seines Lebensbereiches ein. Wer einmal in der arbeitsrechtlichen Praxis tätig war, weiß, wie peinlich genau in den Anwaltskanzleien auf die Wahrung der Fristen des KSchG geachtet wird. Ein Korrektiv für diese Härte stellt aber § 5 KSchG dar, der es ermöglicht, die Folgen einer unverschuldeten Fristversäumung zu beseitigen.[12] Die nachträgliche Klagezulassung ist damit die letzte Möglichkeit für den Arbeitnehmer, nach Ablauf der Dreiwochenfrist des § 4 S. 1 KSchG seine Rechtsposition im Kündigungsschutzprozeß dadurch erheblich zu verbessern, daß die Kündigung einer gerichtlichen Überprüfung anhand des KSchG zugänglich gemacht wird.

Diese ungemeine praktische Bedeutung des § 5 KSchG als „Notanker" im Kündigungsschutzprozeß wie auch die inzwischen nahezu unübersehbare Meinungsvielfalt über die Handhabung der nachträglichen Klagezulassung rechtfertigen es, diese Thematik in einer Dissertation erneut zu würdigen. Dabei wird eine der Aufgaben dieser Arbeit sein, einen Überblick über die verschiedenen zu § 5 KSchG vertretenen Standpunkte zu vermitteln und System in die Kontroverse zu bringen. Die andere Aufgabe dieser Arbeit wird es sein, eine dogmatische Grundlage zu entwickeln, von der aus die anstehenden Probleme einer widerspruchsfreien Lösung zugeführt werden können. Neben diesen Aufgabenstellungen, die sich auf den gegenwärtigen Rechtszustand beziehen, soll aber auch ein Blick in die Vergangenheit und die Zukunft geworfen werden.

So wird ein Teil der Arbeit darin bestehen, die historische Entwicklung der nachträglichen Klagezulassung vom ersten Weltkrieg bis zum heutigen § 5 KSchG zu untersuchen. Dabei liegt das Hauptaugenmerk darauf, die Unterschiede zwischen der aktuellen und der damaligen Rechtslage darzustellen und die geschichtlichen Grundlagen herauszuarbeiten, die für das heutige Verständnis der

---

10 Vgl. § 4 S. 1 KSchG.
11 Der Ablauf der Frist des § 4 S. 1 KSchG führt nach § 7 KSchG nur zum Ausschluß der sich aus § 1 KSchG ergebenden Unwirksamkeitsgründe. Andere Unwirksamkeitsgründe bleiben außer Betracht; vgl. ausführlich unten Erster Teil D. III. 1. und KR-*Friedrich* § 13 KSchG Rn. 176 ff.
12 Vgl. § 5 Abs. 1 S. 1 KSchG.

Norm von Bedeutung sind. Der Blick in die Zukunft erfolgt in Form eines kurzen Ausblicks auf die zu erwartende Entwicklung des § 5 KSchG vor dem Hintergrund mehrerer Gesetzesinitiativen aus neuerer Zeit, welche auch die nachträgliche Klagezulassung tangieren.[13] Hierbei ist vor allem zu diskutieren, welche Gesichtspunkte bei einer Neuregelung des § 5 KSchG zu beachten wären.

Ausgehend von diesen Blickrichtungen folgt die vorliegende Untersuchung daher folgendem Aufbau:

Der erste Teil zeigt die historische Entwicklung der nachträglichen Klagezulassung von der Weimarer Republik bis zur heutigen Zeit auf. Dabei wird im Rahmen der Erörterung des derzeitigen Rechtszustandes bereits ein Überblick über die wesentlichen Streitpunkte des heutigen § 5 KSchG erstellt.

Die folgenden Teile – nämlich der zweite bis vierte Teil – befassen sich dann näher mit den Streitfragen der jetzigen Rechtslage. Ausgangspunkt ist dabei die für den weiteren Gang der Untersuchung ungemein wichtige Frage nach der Rechtsnatur der nachträglichen Klagezulassung. Dieser Problematik, die die Ursache vieler Unklarheiten ist, ist der zweite Teil gewidmet. Im Anschluß daran werden im dritten Teil die Voraussetzungen, unter denen die nachträgliche Zulassung zu gewähren ist, im einzelnen vorgestellt. Der vierte Teil beschäftigt sich unter dem Stichwort „Verfahrensfragen" mit dem äußeren Ablauf des Zulassungsverfahrens sowie dessen Verfahrensgrundsätzen. Dieser Teil gliedert sich auf in das erstinstanzliche Verfahren und das Verfahren in der Rechtsmittelinstanz. Neben diesen beiden Gesichtspunkten wird im vierten Teil noch der bis heute ungeklärten Frage nach dem Verhältnis des Zulassungsverfahrens zum Hauptsacheverfahren nachgegangen.

Den Abschluß der Untersuchung bildet dann – neben einer Zusammenfassung der erarbeiteten Ergebnisse – der bereits erwähnte Ausblick auf die zu erwartende Entwicklung der nachträglichen Klagezulassung.

Nie außer Acht bleiben soll bei der gesamten Darstellung der praktische Nutzen dieser Untersuchung. Hauptanliegen kann daher nicht sein, zu den verschiedenen schon vertretenen unzähligen Standpunkten zu § 5 KSchG noch einen weiteren hinzuzufügen, vielmehr muß das Hauptanliegen darin bestehen, dieser unbefriedigenden Rechtszersplitterung entgegenzuwirken und einen Beitrag zur Rechtsvereinheitlichung zu leisten. Auf diesem Weg einen Schritt weiterzukommen, hat sich die vorliegende Arbeit zum vorrangigen Ziel gemacht.

---

13 BR-Drucks. 293/95 (Sachsen) – Entwurf eines Arbeitsvertragsgesetzes vom 23. 5. 1995; BR-Drucks. 671/96 (Brandenburg) – Entwurf eines Gesetzes zur Bereinigung des Arbeitsrechts vom 12. 9. 1996. Die maßgeblichen Regelungen über die Zulassung verspäteter Klagen finden sich in § 136 der genannten Gesetzesentwürfe.

Erster Teil:

Von § 90 BRG bis zu § 5 KSchG 1969 – Die Entwicklungsgeschichte der nachträglichen Klagezulassung

A. Die Zeit vor 1914

Das Arbeitsrecht der Zeit vor 1914 war entscheidend von den Gedanken des Liberalismus geprägt.[14] Dementsprechend galt weitgehend der Grundsatz der Kündigungsfreiheit, d.h. der Arbeitsvertrag sollte beiderseitig jederzeit lösbar sein und eine kurze Kündigungsfrist enthalten.[15] Nur sehr vereinzelte Regelungen beschränkten zwingend die Kündigungsfreiheit.[16] Tiefgreifende Einschränkungen der arbeitgeberseitigen Kündigung bildeten sich erst nach dem ersten Weltkrieg heraus,[17] so daß sich auch erst von diesem Zeitpunkt an das Problem der nachträglichen Zulassung von Kündigungsschutzgründen stellen konnte.[18]

B. Die nachträgliche Zulassung in der Weimarer Zeit: § 90 BRG

Nach dem Ende des ersten Weltkrieges fand ein grundlegender Wandel im Verständnis des Kündigungsschutzes statt, was sich insbesondere im Erlaß des Betriebsrätegesetzes vom 4. Februar 1920 (RGBl. S. 147) – BRG – äußerte. Nicht mehr die Kündigungsfreiheit stand im Vordergrund, entscheidend wurde vielmehr der Arbeitnehmerschutz.[19] Im Zuge dessen wurde das ordentliche Kündigungsrecht des Arbeitgebers eingeschränkt. Eine arbeitgeberseitige ordentliche Kündigung konnte nunmehr nicht mehr ohne Grund ausgesprochen werden.[20] Aufgeführt waren diese Gründe in den §§ 84 ff. BRG: Nicht möglich war insbesondere eine arbeitgeberseitige Kündigung, die aufgrund der politischen Einstellung des Arbeitnehmers erfolgte (§ 84 Abs. 1 Ziff. 1 BRG), weiterhin eine sol-

---

14 *Hueck/v. Hoyningen-Huene*, Einl. Rn. 1.
15 *Hueck/v. Hoyningen-Huene*, Einl. Rn. 1; Göller S. 22 f.
16 So legten z.B. §§ 67 HGB, 133 a GewO eine Mindestkündigungsfrist von einem Monat zum Schluß des Kalendermonats fest, vgl. *Hueck/v. Hoyningen-Huene*, Einl. Rn. 1. Ausführlicher Überblick über die einzelnen Vorschriften bei *Göller* S. 23 ff.
17 *Hueck/Nipperdey* I S. 302; *Hueck/v. Hoyningen-Huene*, Einl. Rn. 2.
18 *Besta* S. 5.
19 *Hueck/Nipperdey* I S. 304 f.
20 Dies galt jedoch nur in Betrieben mit Betriebsrat, d.h. mit mindestens 20 Arbeitnehmern, vgl. *Göller* S. 58.

che, die ohne Mitteilung von Kündigungsgründen (§ 84 Abs. 1 Ziff. 2 BRG) oder aufgrund berechtigter Arbeitsverweigerung (§ 84 Abs. 1 Ziff. 3 BRG) erklärt wurde und schließlich eine Kündigung, die eine unbillige Härte darstellte (§ 84 Abs. 1 Ziff. 4 BRG).[21]

Um diese Gründe geltend machen zu können, die bei ihrem Vorliegen Kündigungsschutz entfalteten,[22] mußte sich der Arbeitnehmer zunächst an den Arbeiter- und Angestelltenrat wenden und bei diesem innerhalb einer Frist von fünf Tagen Einspruch gegen die Kündigung einlegen.[23] Hielt der Arbeiter- und Angestelltenrat nach Prüfung der formellen und materiellen Gesichtspunkte den Einspruch für begründet, so mußte er versuchen, durch Verhandlungen mit dem Arbeitgeber eine Verständigung herbeizuführen, § 86 Abs. 1 S. 2 BRG.[24] Wurde innerhalb einer Woche keine Verständigung erzielt, so konnte der Arbeitnehmer binnen weiterer fünf Tage Klage beim Arbeitsgericht[25] erheben, § 86 Abs. 1 S. 3 BRG. Bei Versäumung dieser Fünf-Tages-Frist sowie der o. g. Fünf-Tages-Frist für die Anrufung des Arbeiter- und Angestelltenrates (§ 84 Abs. 1 BRG)[26] war als Vorläufer zu § 5 KSchG die Möglichkeit der Wiedereinsetzung in den vorigen Stand gemäß § 90 BRG gegeben:

§ 90

Wird in den Fällen der §§ 81 bis 89 die Einhaltung der Fristen durch Naturereignisse oder andere unabwendbare Zufälle verhindert, so findet Wiedereinsetzung in den vorigen Stand nach näherer Vorschrift der Ausführungsbestimmungen statt.

---

21 Vgl. ausführlich zu den Kündigungsgründen des BRG *Hueck/Nipperdey* I S. 314 ff. sowie *Göller* S. 59 ff.
22 *Bader/Bram/Dörner/Wenzel* Einf. Rn. 10. Selbst bei Vorliegen der Voraussetzungen des § 84 BRG führte dies jedoch nicht notwendig zur Weiterbeschäftigung des Arbeitnehmers. Vielmehr konnte der Arbeitgeber wählen, ob er den Arbeitnehmer weiterbeschäftigen wollte oder ob er eine Entschädigung zahlen wollte, vgl. § 87 Abs. 3 und 4 BRG sowie *Bader/Bram/Dörner/Wenzel* Einf. Rn. 10.
23 Vgl. § 84 Abs. 1 BRG sowie *Hueck/Nipperdey* I S. 326.
24 Hielt der Arbeiter- und Angestelltenrat den Einspruch für unbegründet, so mußte er ihn abweisen. Damit war die Angelegenheit erledigt. Der Arbeitnehmer hatte also nicht das Recht, von sich aus das Arbeitsgericht anzurufen, vgl. *Hueck/Nipperdey* I S. 326.
25 Die Zuständigkeit der Schlichtungsausschüsse war nach der Verordnung über das Schlichtungswesen vom 30. 10. 1923 (RGBl. I S. 1043) auf die Arbeitsgerichte übergegangen.
26 *Hueck/Nipperdey* I S. 329; § 90 BRG gewährte außerdem noch die Möglichkeit der Wiedereinsetzung in den vorigen Stand bei den Fristen der §§ 82 Abs. 1, 86 Abs. 2 S. 2, 87 Abs. 3, 89 BRG, vgl. *Flatow*, BRG, § 90 Anm. 1. Jedoch betreffen diese Fristen nicht die nachträgliche Zulassung von Kündigungsgründen, so daß ein näheres Eingehen hierauf den Rahmen dieser Arbeit sprengen würde. Im einzelnen sei hierzu auf die Kommentierung zu den jeweiligen Vorschriften bei *Flatow*, a. a. O., verwiesen.

Zulassungsgrund i. S. d. § 90 BRG war damit die Verhinderung durch Naturereignisse oder andere unabwendbare Zufälle. Im Gegensatz zur heutigen Rechtslage, wo § 5 KSchG und § 233 ZPO unterschiedliche Begriffe als Zulassungsgrund festlegen,[27] waren zu dieser Zeit die Begrifflichkeiten dem damaligen § 233 ZPO entnommen.[28]

Während als Naturereignis in diesem Sinne beispielsweise eine Überschwemmung angesehen wurde, verstand man unter einem unabwendbaren Zufall in Abgrenzung zur sog. objektiven Theorie, die den unabwendbaren Zufall auf das von außen kommende unvoraussehbare Ereignis beschränkte, überwiegend ein „Ereignis, das unter den gegebenen, nach der Besonderheit des Falles zu berücksichtigenden Umständen auch durch die äußerste diesen Umständen angemessene und vernünftigerweise zu erwartende Sorgfalt weder abzuwehren noch in seinen schädlichen Folgen zu vermeiden ist"[29], sog. subjektive Theorie.[30] Damit war im Ergebnis bei einem Verschulden des Arbeitnehmers an der Fristversäumung die Wiedereinsetzung ausgeschlossen.[31]

Schuldhaft in diesem Sinne handelte beispielsweise derjenige, der Erklärungen mit der Post bis zur letzten Stunde hinauszögerte, da davon ausgegangen wurde, daß man mit einer Verzögerung stets zu rechnen habe.[32] Umgekehrt war man im allgemeinen nicht verpflichtet, während einer Reise oder einer Krankheit einen Vertreter zu bestellen, so daß in diesen Fällen die Wiedereinsetzung gemäß § 90 BRG zu gewähren war.[33]

Das *Verfahren* der Wiedereinsetzung in den vorigen Stand (§ 90 BRG) war in der „Verordnung zur Ausführung des § 90 des Betriebsrätegesetzes vom 5. Juni 1920" (RGBl. S. 1139) geregelt, wobei die überwiegende Ansicht davon ausging, daß es sich hierbei um ein besonderes – außerhalb des arbeitsrechtlichen Urteils- und Beschlußverfahrens stehendes – Verfahren handelte, auf das mangels Verweisung ausschließlich die Vorschriften der Verordnung, nicht aber die des ArbGG und die der ZPO zur Anwendung kamen.[34] Im einzelnen ergaben sich nach der genannten Verordnung folgende Zulässigkeitsvoraussetzungen der Wiedereinsetzung nach § 90 BRG:

---

27 § 5 Abs. 1 KSchG spricht von „aller ihm nach Lage der Dinge zuzumutenden Sorgfalt", während § 233 ZPO ein Fristversäumnis „ ohne sein Verschulden" fordert.
28 *Flatow*, BRG, § 90 Anm. 2.
29 *Flatow*, BRG, § 90 Anm. 2; *Melzer* S. 11.
30 Auch im Rahmen des heutigen § 5 Abs. 1 KSchG geht die ganz einhellige Auffassung von einem subjektivierten Verschuldensmaßstab aus, vgl. hierzu unten Dritter Teil D. I. 1.
31 *Flatow*, BRG, § 90 Anm. 2.
32 *Flatow*, BRG, § 90 Anm. 2.
33 *Flatow*, BRG, § 90 Anm. 2.
34 *Melzer* S. 7 f. m. w. N.

Der Antrag mußte fristgemäß nämlich innerhalb einer zweiwöchigen Frist, beginnend an dem Tage, an welchem das Hindernis gehoben ist, gestellt werden, vgl. § 2 Abs. 1 und 2 der Verordnung zur Ausführung des § 90 BRG.[35] Gemäß § 2 Abs. 3 der Verordnung war der Antrag zudem unabhängig von der Behebung des Hindernisses spätestens nach Ablauf von einem Monat, vom Ende der versäumten Frist an gerechnet, unzulässig.[36]

Die Form des Antrags war in § 3 der Verordnung geregelt: Demnach mußte der Antrag die Angabe der die Wiedereinsetzung begründenden Tatsachen sowie die Mittel für deren Glaubhaftmachung enthalten.[37] Im Falle der Fünf- Tages- Frist des § 86 Abs. 1 BRG war zugleich die Klage zu erheben,[38] im Falle der Frist des § 84 Abs. 1 BRG die versäumte Erklärung, d.h. die Anrufung des Arbeiter- und Angestelltenrates, spätestens zwei Tage nach Gewährung der Wiedereinsetzung nachzuholen.[39] Zu richten war der Antrag an das Arbeitsgericht,[40] das dann durch Beschluß entschied.[41] Dabei ging man aufgrund des Wortlauts des § 1 der Verordnung, der vom Beschluß des *Schlichtungsausschußes* bzw. des *Arbeitsgerichts* sprach, davon aus, daß das Verfahren stets vor der gesamten Kammer stattfinden mußte.[42] Streitig war jedoch – wie in heutiger Zeit[43] – , inwieweit die Entscheidung in entsprechender Anwendung des § 238 ZPO auch gleichzeitig mit dem Urteil über den Kündigungseinspruch ergehen konnte bzw. sogar mußte oder ob stets ein gesonderter Beschluß erforderlich war.[44] Dementsprechend war auch die Möglichkeit einer Anfechtung der Entscheidung umstritten.[45]

Im Gegensatz zu den Fristen der §§ 84 Abs. 1, 86 Abs. 1 S. 3 BRG, bei denen man einheitlich von einer prozessualen Natur ausging,[46] war die *Rechtsnatur* des Verfahrens des § 90 BRG ungeklärt: Während sich eine Auffassung für eine völlige Übereinstimmung mit den §§ 233 ff. ZPO aussprach, stellte die Gegenmeinung mit dem Argument, daß es sich bei den Fristen des BRG nicht um Fristen innerhalb eines Verfahrens handle, sondern um Fristen durch die das Verfahren erst begonnen wird, die grundsätzliche Verschiedenheit zu den §§ 233 ff. ZPO heraus und sah im Verfahren nach § 90 BRG einen Akt der freiwilligen Gerichts-

---

35 Ebenso heutzutage § 5 Abs. 3 S. 1 KSchG.
36 Demgegenüber sieht § 5 Abs. 3 S. 2 KSchG nunmehr eine sechsmonatige Frist vor.
37 So auch § 5 Abs. 2 S. 2 KSchG.
38 Ebenso § 5 Abs. 2 S. 1 KSchG.
39 Vgl. § 4 S. 2 1. HS der Verordnung und *Hueck/Nipperdey* I S. 329 Fn. 60. Eine nochmalige Wiedereinsetzung war dann gemäß § 4 S. 2 2. HS ausgeschlossen.
40 *Hueck/Nipperdey* I S. 329 Fn. 60.
41 Vgl. § 1 der Verordnung; ebenso § 5 Abs. 4 S. 1 KSchG.
42 *Melzer* S. 8 m. w. N.
43 Vgl. hierzu ausführlich unten Vierter Teil B. III. 1.
44 *Lepke* AuR 1970, 109 (110) m. w. N.
45 *Neumann* RdA 1954, 269. Diese Frage ist heutzutage kraft Gesetzes zugunsten der Anfechtbarkeit entschieden, vgl. § 5 Abs. 4 S. 2 KSchG.
46 *Vollkommer* AcP Bd. 161 S. 332 (346).

barkeit. Eine dritte Ansicht schließlich sprach von einer „klagebegründenden Tatsache der Einhaltung der Frist".[47]

C. Die Entwicklung der nachträglichen Klagezulassung in der Zeit des Nationalsozialismus

Am 20. Januar 1934 wurde entsprechend der Ideologie der NSDAP das BRG durch das Gesetz zur Ordnung der nationalen Arbeit (RGBl. I S. 45) – AOG – ersetzt. An die Stelle der bisherigen §§ 84 ff. BRG traten nunmehr die §§ 56 ff. AOG.[48] In diesen Vorschriften war im Gegensatz zum BRG nur noch ein Kündigungsgrund – nämlich der der unbillig harten und nicht betriebsbedingten Kündigung – vorgesehen, § 56 Abs. 1 AOG.[49] Die anderen drei Einspruchsgründe des BRG waren ersatzlos entfallen.[50] Statt vier Einspruchsgründen galt damit nurmehr eine Generalklausel.[51] Weggefallen war zudem die Mitwirkung der Betriebsvertretung, d. h. das Kündigungsschutzrecht war als reines Individualrecht ausgestaltet.[52] Für die Klage auf Widerruf der Kündigung vor dem Arbeitsgericht, die eine Geltendmachung des Kündigungsgrundes des § 56 Abs. 1 AOG ermöglichte, war eine Frist von zwei Wochen nach Zugang der Kündigung einzuhalten.[53] Bei Versäumung dieser Frist war zunächst eine Wiedereinsetzung in den vorigen Stand nicht vorgesehen.[54] Erst § 6 der 14. Verordnung zur Durchführung des Gesetzes zur Ordnung der nationalen Arbeit vom 15. Oktober 1935 (RGBl. I S. 1240) – 14. DVO – eröffnete diese Möglichkeit:

§ 6

(1) War ein Angestellter oder Arbeiter nach erfolgter Kündigung trotz Anwendung aller ihm nach Lage der Umstände zuzumutenden Sorgfalt verhindert, die Frist zur Erhebung der Klage auf Widerruf der Kündigung (§ 56 Abs. 1 des Gesetzes zur Ordnung der nationalen Arbeit) einzuhalten, so ist ihm auf Antrag die Wiedereinsetzung in den vorigen Stand zu gewähren.

---

47 Vgl. zum Ganzen *Melzer* S. 10 m. w. N.
48 *Hueck*, Deutsches Arbeitsrecht, S. 135.
49 Der Kündigungsschutz griff aber nur, wenn der Arbeitnehmer mindestens ein Jahr in dem gleichen Betrieb beschäftigt worden war und wenn in dem Betrieb mindestens zehn Arbeitnehmer beschäftigt waren, siehe § 56 Abs. 1 AOG.
50 *Hueck*, Deutsches Arbeitsrecht, S. 136.
51 *Göller* S. 74.
52 *Hueck*, Deutsches Arbeitsrecht, S. 135; *Göller* S. 73. Anders als unter der Geltung des BRG hatte damit die Betriebsvertretung kein eigenes Recht mehr an der Durchsetzung des Kündigungsschutzverfahrens, *Göller* a. a. O.
53 Vgl. § 56 Abs. 1 AOG und *Molitor*, Deutsches Arbeitsrecht, S. 138.
54 KR-*Friedrich* § 5 KSchG Rn. 2; *Hueck/Nipperdey/Dietz*, AOG, § 56 Rn. 19 a.

(2) Der Antrag muß gleichzeitig mit der Klageerhebung und, wenn die Klage bereits erhoben ist, unter Bezugnahme hierauf gestellt werden; er muß die die Wiedereinsetzung begründenden Tatsachen und die Mittel für ihre Glaubhaftmachung angeben.

(3) Der Antrag ist nur innerhalb von zwei Wochen nach Behebung des Hindernisses zulässig. Er kann nach Ablauf von zwei Monaten, vom Ende der versäumten Frist an gerechnet, nicht mehr gestellt werden.

Als *Zulassungsgrund* war nunmehr in Anerkennung der schon bisher herrschenden subjektiven Theorie[55] vorzutragen, daß der Gekündigte trotz aller ihm nach Lage der Dinge zuzumutenden Sorgfalt verhindert war, die Frist zur Klageerhebung einzuhalten.[56] Voraussetzung war also, daß den Gekündigten keinerlei Schuld, auch nicht leichte Fahrlässigkeit, an der Fristversäumung traf.[57] Anders als bei dem damaligen § 233 ZPO wurde damit nicht mehr auf eine Verhinderung durch Naturereignisse oder andere unabwendbare Zufälle abgestellt.[58] Ein derartiges die Wiedereinsetzung ausschließendes Verschulden lag z. B. im Falle der Rechtsunkenntnis – insbesondere bei Unkenntnis der Zwei-Wochen-Frist des § 56 Abs. 1 AOG – vor, da man von dem Betroffenen die Einholung von Rechtsrat erwarten durfte.[59]

Der *Antrag* war beim Arbeitsgericht zu stellen[60] und mußte den in § 6 Abs. 3 der 14. DVO genannten Anforderungen genügen, d. h. er mußte die die Wiedereinsetzung begründenden Tatsachen sowie die Mittel für deren Glaubhaftmachung enthalten. Gleichzeitig mußte die versäumte Handlung – nämlich die Klageerhebung – nachgeholt werden bzw. auf die bereits erhobene Klage Bezug genommen werden. Die Regelung entsprach also in diesem Punkt dem damaligen § 233 ZPO[61] sowie der Rechtslage unter Geltung des BRG.[62] Sie findet sich zudem noch heute in § 5 Abs. 2 KSchG.

Die *Fristen* für den Antrag ergaben sich aus § 6 Abs. 3 der 14. DVO: Demnach mußte der Antrag – ebenso wie bei § 2 Abs. 1 und 2 der Verordnung zur Ausführung des § 90 des Betriebsrätegesetzes und dem heutigen § 5 Abs. 3 S. 1 KSchG – spätestens zwei Wochen nach Behebung des Hindernisses gestellt werden. Ab-

---

55 Vgl. oben Erster Teil B.
56 Damit tauchte zu dieser Zeit erstmals die Formulierung des heutigen § 5 Abs. 1 KSchG auf.
57 *Hueck/Nipperdey/Dietz*, AOG, § 56 Rn. 19 a.
58 *Hueck/Nipperdey/Dietz*, AOG, § 56 Rn. 19 a. Demgegenüber war der Zulassungsgrund des § 90 BRG noch dem damaligen § 233 ZPO entnommen, vgl. *Flatow*, BRG, § 90 Anm. 2.
59 *Hueck/Nipperdey/Dietz*, AOG, § 56 Rn. 19 a. Dasselbe galt im Rahmen des § 90 BRG, vgl. Flatow, BRG, § 90 Anm. 2.
60 *Hueck/Nipperdey/Dietz*, AOG, § 56 Rn. 19 a.
61 *Hueck/Nipperdey/Dietz*, AOG, § 56 Rn. 19 a.
62 Vgl. § 3 der Verordnung zur Ausführung des § 90 des Betriebsrätegesetzes.

weichend von § 2 Abs. 3 der Verordnung zur Ausführung des § 90 des Betriebsrätegesetzes, wo eine Einmonatsfrist kodifiziert war, war jetzt aber eine absolute – d.h. von der Behebung des Hindernisses unabhängige – Frist von zwei Monaten vorgesehen.[63]

Seiner *Rechtsnatur* nach wurde das Verfahren – da die 14. DVO keine Verfahrensvorschriften enthielt – als echte Wiedereinsetzung gegen die Versäumung einer prozessualen Frist angesehen, auf das die §§ 233 ff. ZPO voll zur Anwendung kamen.[64]

D. Die Rechtslage im Nachkriegsdeutschland

I. Die Zeit von 1945 bis 1951

Nach dem Zusammenbruch des Dritten Reiches galt das AOG zunächst weiter, wurde dann aber durch das Kontrollratsgesetz Nr. 40 vom 30. Juni 1946 ersatzlos aufgehoben.[65] Da man jedoch von der Notwendigkeit einer Regelung des Kündigungsschutzrechts ausging, erließen die Länder[66] nach und nach entsprechende Vorschriften.[67] Die jeweilige Ausgestaltung war im einzelnen sehr verschieden[68]:

Während z.B. Hessen als *Kündigungsgrund* nur eine Generalklausel vorsah, orientierten sich Bayern und Rheinland-Pfalz mehr am BRG und führten noch drei weitere Kündigungsgründe auf. Berlin und Bremen normierten wieder andere Kündigungsgründe.[69]

In *verfahrensrechtlicher* Hinsicht war teilweise[70] eine starke Beteiligung des Betriebsrats, teilweise[71] eine mehr oder minder schwache Mitwirkung vorgesehen.[72]

Auch die einzuhaltenden *Fristen* waren sehr unterschiedlich: So war für die Klageerhebung in Rheinland-Pfalz eine Fünftagesfrist nach Scheitern der Verständigungsverhandlungen vorgesehen, in Hessen zwei Wochen, in Bayern und Württemberg-Baden drei Wochen nach Zugang der Kündigung.[73]

---

63 Abweichend auch § 5 Abs. 3 S. 2 KSchG: Sechsmonatsfrist.
64 *Melzer* S. 12 m.w.N.; *Vollkommer*, AcP Bd. 161 S. 332 (346).
65 *Göller* S. 85.
66 Ausführlicher Überblick über die entsprechenden Gesetze bei *Göller* S. 85 ff.
67 Eine Ausnahme bildeten insbesondere die Länder der britischen Besatzungszone, in denen keine Kündigungsschutzbestimmungen erlassen wurden, vgl. *Göller* S. 90.
68 Ausführlich *Göller* S. 86 ff.
69 *Göller* S. 86 f.
70 So in Bayern, Rheinland-Pfalz und Württemberg.
71 So in den übrigen Ländern.
72 Ausführlich *Göller* S. 87 f.
73 *Göller* S. 88; *Besta* S. 10.

Eine *Wiedereinsetzung in den vorigen Stand* gegen die Versäumung der Klagefristen war in fast allen Ländern vorgesehen.[74] Dies waren: Bayern (Art. 13 des Gesetzes Nr. 76, KSchG vom 1. August 1947 (BayGBl., S. 166)), Bremen (§ 45 des Ausführungsgesetzes zu Art. 47 der Landesverfassung der Freien Hansestadt Bremen – Bremisches Betriebsrätegesetz – vom 10. Januar 1949 (GBl. der freien Hansestadt Bremen, S. 7)), Hessen (§ 49 des Betriebsrätegesetzes für das Land Hessen vom 31. Mai 1948 (GVBl., S. 117)), Württemberg-Baden (§ 12 des Gesetzes Nr. 708, KSchG vom 18. August 1948 (RegBl., S. 134)), Württemberg-Hohenzollern (§ 90 des Betriebsrätegesetzes vom 21. Mai 1949 (RegBl., S. 153)) sowie Berlin (§ 7 des KSchG vom 20. Mai 1950 (VOBL., S. 173)). Die Ausgestaltung entsprach im einzelnen weitgehend dem § 6 der 14. DVO.[75]

II. Das Kündigungsschutzgesetz von 1951

Ein Ende fand diese – als unbefriedigend empfundene[76] – Rechtszersplitterung mit dem Erlaß des Kündigungsschutzgesetzes vom 10. August 1951 (BGBl. I S. 499). Grundlage hierfür war der sog. „Hattenheimer Entwurf"[77], ein von den Sozialpartnern, den Gewerkschaften sowie den Arbeitgebern erarbeiteter Gesetzesentwurf. Das Kündigungsschutzgesetz von 1951 entsprach weitgehend dem heute geltenden Kündigungsschutzgesetz 1969[78], so daß insoweit auf die Ausführungen zur heutigen Rechtslage unter dem Punkt III verwiesen werden kann.[79] So war insbesondere die nachträgliche Klagezulassung in § 4 KSchG 1951 wortgleich mit der bis zum 30. April 2000 geltenden Fassung des § 5 KSchG geregelt.[80] Größere Abweichungen gab es im Grunde genommen nur im Anwendungsbereich, denn das KSchG 1951 galt nicht für leitende Angestellte.[81] Auch mußte im Gegensatz zum heutigen KSchG der Arbeitnehmer gemäß § 1 Abs. 1 KSchG 1951 mindestens zwanzig Jahre alt und ohne Unterbrechung mindestens sechs Monate in demselben Betrieb beschäftigt sein[82], wobei in dem Betrieb mindestens sechs Arbeitnehmer beschäftigt sein mußten.[83]

---

74 Eine Ausnahme bildete die Landesverordnung von Rheinland-Pfalz.
75 *Melzer* S. 13.
76 *Hueck/v. Hoyningen-Huene* Einl. Rn. 27.
77 Abgedruckt unter RdA 1950, 63 ff.
78 *Göller* S. 94.
79 Ausführlich zum KSchG 1951: *Göller* S. 94 ff.
80 Demgegenüber hatte § 8 des Hattenheimer Entwurfs noch eine Abweichung von der heutigen Rechtslage enthalten: Anders als in § 5 Abs. 3 S. 2 KSchG war dort nämlich in § 8 Abs. 3 S. 2 eine Einjahresfrist bestimmt.
81 *Göller* S. 100 f. Anders nunmehr § 14 KSchG 1969.
82 Im Gegensatz zur heutigen Rechtslage griff der Kündigungsschutz also nicht, wenn der Arbeitnehmer krank oder das Arbeitsverhältnis durch Streik suspendiert war, vgl. *Göller* S. 107.
83 § 21 KSchG 1951.

III. Die heutige Rechtslage: § 5 KSchG 1969

Die heutige kündigungsschutzrechtliche Rechtslage beurteilt sich nach dem am 25. August 1969 neu bekanntgemachten Kündigungsschutzgesetz (KSchG) 1969 (BGBl. I S. 1106) unter Berücksichtigung der durch das Gesetz zur Förderung von Wachstum und Beschäftigung (Arbeitsrechtliches BeschFG vom 25. Oktober 1996; BGBl. I S. 1476) und das Gesetz zur Vereinfachung und Beschleunigung des arbeitsgerichtlichen Verfahrens (Arbeitsgerichtsbeschleunigungsgesetz vom 30. März 2000; BGBl. I S. 333) bewirkten Veränderungen. Von Interesse sind hierbei für die vorliegende Untersuchung vor allem die Regelungen der §§ 4, 5 KSchG:

1. Die Dreiwochenfrist des § 4 S. 1 KSchG

Gemäß § 4 S. 1 KSchG muß ein Arbeitnehmer, der die Sozialwidrigkeit einer *ordentlichen Kündigung* i. S. d. § 1 KSchG[84] geltend machen will und auf das Kündigungsschutzgesetz Anwendung findet,[85] innerhalb von drei Wochen nach Zugang der Kündigung Klage zum Arbeitsgericht erheben. Versäumt der Arbeitnehmer diese Frist, so gilt die Kündigung gemäß § 7 KSchG als sozial gerechtfertigt.[86] Nach dem klaren Wortlaut dieser Vorschrift gilt dies jedoch nicht für andere Unwirksamkeitsgründe, wie z. B. die fehlende Geschäftsfähigkeit, die fehlende Betriebsratsanhörung oder Formmängel.[87] Diese Nichtigkeitsgründe können also unabhängig von der Frist des § 4 S. 1 KSchG geltend gemacht werden.[88] Dies gilt insbesondere auch für Verstöße gegen das Schriftformerfordernis

---

84 Sozialwidrig i. S. d. § 1 KSchG ist eine Kündigung dann, wenn sie nicht durch verhaltens-, personen- oder betriebsbedingte Gründe gerechtfertigt ist, vgl. statt aller *Stahlhacke/Preis* Rnd. 611. Im Gegensatz zur Regelung des BRG und des AOG ist eine sozialwidrige Kündigung unwirksam und nicht nur – bei grundsätzlicher Wirksamkeit – angreifbar, KR-*Rost* § 7 KSchG Rn. 2.
85 Das ist seit der Änderung des 23 Abs. 1 KSchG durch das Gesetz zu Korrekturen in der Sozialversicherung und zur Sicherung der Arbeitnehmerrechte vom 19. Dezember 1998 (BGBl. I S. 3843) mit Wirkung vom 1. Januar 1999 an wieder dann der Fall, wenn das Arbeitsverhältnis mindestens sechs Monate bestanden hat und in dem Betrieb mindestens sechs Arbeitnehmer beschäftigt sind, vgl. §§ 1 Abs. 1, 23 Abs. 1 S. 2 KSchG. Vgl. ausführlich zum Korrekturgesetz vom 19. Dezember 1998 *Marschner*, ZAP 1999, Fach 17, S. 465 ff.
86 Vgl. zur Streitfrage, ob es sich hierbei um eine Fiktion oder um eine unwiderlegbare Vermutung handelt, *Vollkommer* AcP Bd. 161, 333 (341); *Lepke* DB 1991, 2034.
87 Als Formmängel in diesem Sinne kommen seit 1. Mai 2000 vor allem Verstöße gegen das Schriftformerfordernis des § 623 BGB n. F. in Betracht, vgl. hierzu ausführlich *Preis/Gotthardt* NZA 2000, 348.
88 KR-*Rost* § 7 KSchG Rn. 21 f. Aufzählung der übrigen Nichtigkeitsgründe bei KR-*Friedrich* § 13 KSchG Rn. 177 ff. Eingehend zu Bestrebungen aus neuerer Zeit, eine einheitliche Klagefrist für sämtliche Bestandsschutzstreitigkeiten einzuführen, *Francken* S. 6 f., 53 ff.

des § 623 BGB in der seit 1. Mai 2000 geltenden Fassung.[89] Eine Besonderheit ist jedoch bei der *sittenwidrigen Kündigung* zu beachten: Zwar kann die Sittenwidrigkeit einer Kündigung nach ganz h. M. unabhängig von § 4 S. 1 KSchG geltend gemacht werden,[90] erfolgt aber Klageerhebung innerhalb von drei Wochen nach Zugang der Kündigung, so steht dem Arbeitnehmer unter den Voraussetzungen des § 9 Abs. 1 S. 1 KSchG das Recht zu, eine Auflösung des Arbeitsverhältnisses gegen Zahlung einer Abfindung zu verlangen, vgl. § 13 Abs. 2 S. 2 1. HS KSchG.

Die Dreiwochenfrist ist nach § 13 Abs. 1 S. 2 KSchG weiterhin bei der Klage gegen eine *außerordentliche Kündigung* einzuhalten[91] und führt bei dieser im Falle der Versäumung dazu, daß der Mangel des rechtlichen Grundes und die Nichteinhaltung der Kündigungserklärungsfrist des § 626 Abs. 2 BGB nicht mehr geltend gemacht werden können.[92] Andere Unwirksamkeitsgründe können jedoch auch bei der außerordentlichen Kündigung unabhängig von § 4 S. 1 KSchG eingeklagt werden.[93] Dabei sollen diese Grundsätze nach h. M. auch dann gelten, wenn es sich um die außerordentliche Kündigung eines Betriebsratsmitglieds handelt.[94]

Desweiteren erstreckt sich der Anwendungsbereich der Dreiwochenfrist auf die ordentliche und außerordentliche *Änderungskündigung* (§ 4 S. 2 KSchG)[95], sowie auf die Kündigung von *Berufsausbildungsverhältnissen*, wenn in dem betroffenen Betrieb ein Schlichtungsausschuß i. S. d. § 111 Abs. 2 ArbGG nicht besteht.[96] Für die Änderungskündigung bedeutet dies, daß fristgemäß vorzutragen ist, daß die Änderung der Arbeitsbedingungen sozial ungerechtfertigt ist.[97]

---

89 *Preis/Gotthardt* NZA 2000, 348 (352).
90 Vgl. *Besta* S. 23.
91 Dies gilt nach ganz h. m. nicht für solche Personen, die noch nicht sechs Monate im Betrieb beschäftigt sind und daher gemäß § 1 Abs. 1 KSchG aus dem Anwendungsbereich des Kündigungsschutzgesetzes herausfallen,vgl. *Besta* S. 36 ff.
92 *KR-Rost* § 7 KSchG Rn.16 und 18; *Lüke* JuS 1996, 969. Für § 626 Abs. 2 BGB ist dies allerdings nicht unbestritten. Die ganz h. M. geht jedoch davon aus, daß auch die Nichteinhaltung der Frist des § 626 Abs. 2 BGB innerhalb der Frist des § 4 S. 1 KSchG geltend zu machen ist. Vgl. ausführlich zu diesem Meinungsstreit *Besta* S. 31 ff.
93 Dies ist zwar im Gesetz nicht ausdrücklich bestimmt, ergibt sich aber daraus, daß man ansonsten die außerordentliche Kündigung strengeren Anforderungen unterstellen würde als die ordentliche, vgl. *KR-Rost* § 7 KSchG Rn.16.
94 *Besta* S. 71.
95 *Gift/Baur* E Rn. 183.
96 *Grunsky* § 111 ArbGG Rn. 3; *Petri-Klar* AiB 1992, 138. Demgegenüber gilt § 4 KSchG nach h. M. dann nicht, wenn in dem Betrieb ein Schlichtungsausschuß besteht, denn in diesem Falle verdrängt § 111 Abs. 2 ArbGG als die speziellere Vorschrift §§ 4, 13 Abs. 1 S. 2 KSchG, vgl. BAG NZA 1990, 395 (396 f.) (bestätigt in NZA 1999, 934); *Vollkommer* Anm. zu LAG Hamm LAGE § 5 KSchG Nr. 24; *Petri-Klar* a. a. O.
97 *Becker-Schaffner* BlStSozArbR 1975, 273 (275).

Tiefgreifende Änderungen hat der Anwendungsbereich der Dreiwochenfrist zudem durch das am 1. Oktober 1996 in Kraft getretene Arbeitsrechtliche Beschäftigungsförderungsgesetz (BeschFG) erfahren.[98] Für die vorliegende Untersuchung sind vor allem die Änderungen betreffend die *Kündigung durch den Konkursverwalter* sowie die Geltendmachung der Unwirksamkeit der *Befristung* eines Arbeitsverhältnisses von Interesse:

Nach Art. 6 BeschFG 1996 sind im Geltungsbereich der bisherigen Konkursordnung – d.h. in den alten Bundesländern – die §§ 113, 120 bis 122, 125 bis 128 der Insolvenzordnung (InsO) vom 5. Oktober 1994 (BGBl. I S. 2866) bereits vorzeitig – nämlich am 1. Oktober 1996 – in Kraft getreten.[99] Seit 1. Januar 1999 sind nunmehr auch die neuen Bundesländer hinzugekommen.[100] Die für die Anfechtung von Kündigungen durch den Konkursverwalter (seit 1. Januar 1999: Insolvenzverwalter) maßgebliche Regelung findet sich in § 113 Abs. 2 S. 1 InsO. Dort ist ausgeführt, daß der Arbeitnehmer auch dann innerhalb von drei Wochen nach Zugang der Kündigung Klage erheben muß, wenn er seine Klage auf andere als die in § 1 Abs. 2 und 3 KSchG genannten Gründe stützen will.[101] Im Ergebnis werden damit – wie sich aus der Verwendung des Wortes „auch" in § 113 Abs. 2 S. 1 InsO ergibt – für den Fall der Kündigung durch den Insolvenzverwalter in Abweichung zur Rechtslage außerhalb des Insolvenzrechts *sämtliche* Unwirksamkeitsgründe der Dreiwochenfrist unterworfen.[102]

Die Geltendmachung der Unwirksamkeit einer Befristung eines Arbeitsverhältnisses ist in § 1 Abs. 5 BeschFG 1996 angesprochen. Dementsprechend muß der Arbeitnehmer nunmehr entgegen der bisherigen Rechtslage innerhalb von drei Wochen nach dem vereinbarten Ende des befristeten Arbeitsvertrages Klage beim Arbeitsgericht auf Feststellung erheben, daß sein Arbeitsverhältnis auf Grund der Befristung nicht beendet ist. Damit besteht in § 1 Abs. 5 S. 1 BeschFG

---

98 Vgl. hierzu *Hueck/v. Hoyningen-Huene* Einl. Rn. 62 c; *Bader/Bram/Dörner/Wenzel* § 4 KSchG Rn. 9 ff.; *Lorenz* DB 1996, 1973; *Löwisch* NZA 1996, 1009; *Rolfs* NZA 1996, 1134; *Leinemann* BB 1996, 1381; *Preis* NJW 1996, 3369; *Schrader* NZA 1997, 70; *Fischermeier* NZA 1997, 1089; *v. Hoyningen-Huene/Linck* DB 1997, 41; *Schiefer/Worzalla*, Das Arbeitsrechtliche Beschäftigungsförderungsgesetz und seine Auswirkungen für die betriebliche Praxis, 1996.

99 Vgl. KR/*Weigand* § 113 InsO Rn. 5; *Bader/Bram/Dörner/Wenzel* § 4 KSchG Rn. 30; *Kittner/Trittin* vor § 113 InsO Rn. 1; *Lorenz* DB 1996, 1973 (1977); *Preis* NJW 1996, 1996, 3369 (3377); *Schrader* NZA 1997, 70.

100 Dort gilt die neue Regelung also für alle nach dem 31. 12. 1998 beantragten Insolvenzverfahren, vgl. KR-*Weigand* § 113 InsO Rn. 6. Eingehend zu den Auswirkungen des Inkrafttretens der InsO am 1. Januar 1999 *Heinze* NZA 1999, 57 ff.

101 Vgl. zur Streitfrage, ob die in § 113 Abs. 2 S. 1 InsO vorgesehene Ausdehnung der Klagefrist des § 4 KSchG auf alle Kündigungsgründe voraussetzt, daß das KSchG auf das Arbeitsverhältnis grundsätzlich Anwendung findet, *Kittner/Däubler/Zwanziger* § 113 InsO Rn. 49; *Stahlhacke/Preis/Vossen* Rn. 1332.

102 *Preis* NJW 1996, 3369 (3377); *Wenzel*, Festschrift für Schneider, S. 325 (326). Vgl. auch *Heinze* NZA 1999, 57 (59).

1996 eine der Dreiwochenfrist des § 4 S. 1 KSchG entsprechende dreiwöchige Klagefrist.[103] Diese Klagefrist erfaßt trotz ihres mißverständlichen Wortlauts nicht nur Befristungen nach § 1 Abs. 1 und 2 BeschFG 1996 sondern vielmehr alle Befristungen – unabhängig davon auf welcher rechtlichen Grundlage sie beruhen (also auch diejenigen nach § 620 BGB, §§ 57 a ff. HRG, § 21 BErzGG).[104] Demgegenüber fällt die Beendigung eines Arbeitsvehältnisses infolge des Eintritts einer auflösenden Bedingung nach herrschender Meinung[105] nicht in den Anwendungsbereich des § 1 Abs. 5 BeschFG 1996.

2. Die Regelung des § 5 KSchG

a) Anwendungsbereich, Normzweck und Voraussetzungen der nachträglichen Klagezulassung

Sinn und Zweck der Klagefrist des § 4 S. 1 KSchG ist es, im Interesse des Rechtsfriedens und zur Vermeidung von Beweisschwierigkeiten möglichst bald Klarheit darüber zu schaffen, ob das Arbeitsverhältnis weiterbesteht.[106] Diese Zielsetzung wird auch auf die Klagefristen der §§ 1 Abs. 5 BeschFG 1996, 113 Abs. 2 InsO ausgeweitet.[107] Eine strenge Durchführung dieses Grundsatzes würde jedoch zu unbilligen Härten führen. Um diese zu vermeiden, besteht die Möglichkeit auf Antrag des Arbeitnehmers die Klage nachträglich durch Beschluß zuzulassen, wenn dieser trotz Anwendung aller ihm nach Lage der Dinge zuzumutenden Sorgfalt verhindert war, die Klagefrist einzuhalten (§ 5 KSchG).[108] Zulässig ist der Antrag gemäß § 5 Abs. 2 und 3 KSchG nur dann, wenn gleichzeitig mit ihm Klage erhoben wird bzw. wenn die Klage bereits eingereicht ist, auf diese Bezug genommen wird, er die Angabe der die nachträgliche Zulassung begründenden Tatsachen und der Mittel für deren Glaubhaftmachung enthält und die Fristen für die Antragstellung (Zwei Wochen nach Behebung des Hindernisses längstenfalls jedoch sechs Monate vom Ende der versäumten Frist an gerechnet) eingehalten sind. Über den Antrag entscheidet nach der seit 1. Mai

---

103 *Rolfs* NZA 1996, 1134 (1139); *Schiefer/Worzalla* Rn. 401.
104 BAG DB 1999, 233; LAG Berlin NZA 1998, 1136; KR-*Lipke* § 1 BeschFG 1996 Rn. 11; *Bader/Bram/Dörner/Wenzel* § 4 KSchG Rn. 27; *Preis* NJW 1996, 3369 (3374); *Schiefer/Worzalla* Rn. 401.
105 Vgl. beispielsweise BAG BB 2000, 1473.
106 *Hueck/v. Hoyningen-Huene* § 4 KSchG Rn. 2; *Küttner/Eisemann*, Personalbuch 1998, Kündigungsschutz, Rn. 122; *Lepke* DB 1991, 2034 (2035); *Hohmeister* ZRP 1994, 141; vgl. auch *Besta* S. 12.
107 *Francken* S. 51 f.
108 KR-*Friedrich* § 5 KSchG Rn. 6; HK-KSchG/*Hauck* § 5 KSchG Rn. 1; *Küttner/Eisemann*, Personalbuch 1998, Kündigungsschutz, Rn. 122; *Hohmeister* ZRP 1994, 141 (142) Fn.11. Im Ergebnis wird damit im Rahmen des § 5 KSchG eine Abwägung vor allem zwischen dem durch den Fristablauf begründeten Vertrauensinteresse des Arbeitgebers in die Wirksamkeit der Kündigung und dem Rechtsverfolgungsinteresse des Arbeitnehmers, die Kündigung anhand des KSchG überprüfen zu lassen, getroffen, vgl. *Vollkommer*, Festschrift für Stahlhacke, S. 599 (614 f.).

2000 geltenden Fassung des § 5 Abs. 4 S. 1 KSchG die Kammer des Arbeitsgerichts durch Beschluß, der ohne mündliche Verhandlung ergehen kann. Aufgrund des bereits genannten Zwecks der nachträglichen Klagezulassung, die Härten der Dreiwochenfrist auszugleichen, decken sich die Anwendungsbereiche von §§ 4 KSchG, 1 Abs. 5 BeschFG 1996, 113 Abs. 2 InsO und § 5 KSchG.[109] Die nachträgliche Klagezulassung kommt daher in Betracht bei[110]:

- der ordentlichen Kündigung,
- der sittenwidrigen Kündigung in Bezug auf das Recht aus § 9 Abs. 1 S. 1 KSchG,
- der außerordentlichen Kündigung,[111]
- der Änderungskündigung, jedoch mit der Besonderheit, daß dies nicht für die Versäumung der Vorbehaltsfrist des § 2 S. 2 KSchG gilt, da hierfür vom Gesetz eine nachträgliche Zulassung nicht vorgesehen ist,[112]
- der Kündigung von Berufsausbildungsverhältnissen, soweit auf diese § 4 KSchG anwendbar ist, d.h. in den Fällen in denen ein Schlichtungsausschuß nach § 111 Abs. 2 ArbGG nicht besteht,[113]
- der Kündigung durch den Insolvenzverwalter,[114]
- der für die Geltendmachung der Unwirksamkeit einer Befristung maßgeblichen Dreiwochenfrist des § 1 Abs. 5 S. 1 BeschFG 1996.[115]

b) Problempunkte

Im Gegensatz zum relativ klar abgrenzbaren Anwendungsbereich des § 5 KSchG ist die zu dieser Vorschrift vertretene Meinungsvielfalt – wie bereits im Vorwort angedeutet – kaum mehr zu überblicken. Als wesentliche, im folgenden zu erörternde Streitfragen der aktuellen Rechtslage lassen sich jedoch überblicksmäßig ausmachen:

aa) Die Frage nach der *Rechtsnatur* der nachträglichen Klagezulassung: Der Theorienstreit um die Rechtsnatur der Dreiwochenfrist des § 4 S. 1 KSchG wirkt sich auch im Rahmen des § 5 KSchG aus. Offen ist insbesondere, ob es sich bei der nachträglichen Klagezulassung um ein materiell-rechtliches, ein der Wiedereinsetzung in den vorigen Stand nachgebildetes prozeßrechtliches Institut oder um ein Verfahren mit Doppelnatur handelt.[116]

bb) Bei den formalen und sachlichen Voraussetzungen der nachträglichen Klagezulassung:

---

109 *Güntner* AuR 1954, 193 (194).
110 Vgl. auch die Übersicht bei *Bader/Bram/Dörner/Wenzel* (36. Erg. Lfg.) § 5 KSchG Rn. 12 ff.
111 KR-*Friedrich* § 13 KSchG Rn. 51.
112 *Becker-Schaffner* BlStSozArbR 1975, 273 (275); KR-*Rost* § 2 KSchG Rn.70.
113 *Petri-Klar* AiB 1992,138.
114 Vgl. § 113 Abs. 2 S. 2 InsO.
115 Vgl. § 1 Abs. 5 S. 2 BeschFG 1996 sowie *Schiefer/Worzalla* Rn. 404.
116 Vgl. hierzu den Zweiten Teil dieser Untersuchung.

In diesem Bereich sind – neben zahlreichen Einzelproblemen betreffend die Zulässigkeitsvoraussetzungen der Absätze 2 und 3 des § 5 KSchG – vor allem bei der Handhabung des *Begriffs der „zuzumutenden Sorgfalt"* i.S.d. § 5 Abs. 1 KSchG Unklarheiten aufgetaucht. Streitig ist insbesondere, ob zur Auslegung des Begriffs der „zuzumutenden Sorgfalt" auf die zu § 233 ZPO n.F. entwickelte Judikatur zurückgegriffen werden darf[117] und ob die Vorschrift des § 5 Abs. 1 KSchG eine Abkehr vom Verschuldensprinzip beinhaltet.[118] Zudem sind bei der Anwendung des § 5 Abs. 1 KSchG auf den jeweiligen Einzelfall zahlreiche Differenzen aufgetreten. Hierzu gehört beispielsweise der „Klassiker", ob im Falle der Falschauskunft durch ein Betriebsratsmitglied die nachträgliche Zulassung zu gewähren ist oder nicht.[119] Einen seit neuestem wieder heftig umstrittenen Streitpunkt im Rahmen der Begründetheit des Zulassungsantrags bildet die Frage nach der *Zurechnung des Vertreterverschuldens*. Unklar ist, inwiefern sich der Antragsteller überhaupt das Verschulden seines Prozeßbevollmächtigten an der Versäumung der Dreiwochenfrist des § 4 S.1 KSchG zurechnen lassen muß bzw. – wenn man die Zurechenbarkeit bejaht – welche Zurechnungsnorm heranzuziehen ist.[120]

cc) Erstinstanzliches Verfahren: Da bis zum Inkrafttreten des Arbeitsgerichtsbeschleunigungsgesetzes vom 30. März 2000 eine Regelung über den *Ablauf des Verfahrens* nach § 5 KSchG im Kündigungsschutzgesetz fehlte, herrschte – wie schon unter Geltung des BRG – Unklarheit über die genaue Verfahrensweise. Diskutiert wurde vor allem die Frage nach der Besetzung des Gerichts (Kammer oder Vorsitzender allein?),[121] nach dem Erfordernis einer mündlichen Verhandlung bzw. eines Gütetermins[122] sowie nach der Möglichkeit eines Versäumnisurteils.[123] Ungeklärt war auch, inwiefern die Entscheidung stets durch gesonderten Beschluß ergehen muß oder ob auch eine Inzidententscheidung im Urteil über die Hauptsache möglich ist.[124]

Seit Inkrafttreten des Arbeitsgerichtsbeschleunigungsgesetzes vom 30. März 2000 am 1. Mai 2000 ist nunmehr klar, daß über den Zulassungsantrag nach freigestellter mündlicher Verhandlung die Kammer zu entscheiden hat, § 5 Abs. 4 S. 1 KSchG n.F. Offen sind jedoch nach wie vor die Fragen nach der Möglichkeit eines Versäumnisurteils sowie einer Inzidententscheidung im Urteil über die Hauptsache.

---

117 Vgl. hierzu unten Dritter Teil D. I. 3.
118 Vgl. hierzu unten Dritter Teil D. I. 2.
119 Vgl. ausführlich unten Dritter Teil D. III. 2 b.
120 Ausführlich hierzu unten Dritter Teil D. IV.
121 Vgl. hierzu unten Vierter Teil B. II. 3.
122 Ausführlich hierzu unten Vierter Teil B. II. 2 a./b.
123 Vgl. unten Vierter Teil B. III. 3.
124 Vgl. unten Vierter Teil B. III. 1.

Ebenfalls nach wie vor ungeklärt ist das *Verhältnis des Zulassungsverfahrens zum Hauptsacheverfahren*: Nicht einheitlich beurteilt wird die Abgrenzung des Prüfungsumfangs des Zulassungsverfahrens von dem des Hauptsacheverfahrens. Problematisch ist vor allem, ob § 5 KSchG auch einer Prüfung materieller Fragen – wie z.B. der Frage nach der Anwendbarkeit des Kündigungsschutzgesetzes – zugänglich ist.[125] Weiter gehört in diesen Zusammenhang die Streitfrage, ob das Zulassungsverfahren als Vorverfahren vor dem Hauptsacheverfahren durchzuführen ist oder ob in das Zulassungsverfahren erst eingetreten werden darf, wenn im Hauptsacheverfahren die Verspätung der Klageerhebung festgestellt worden ist (sog. Zwischenverfahren).[126]

dd) Rechtsmittelverfahren: Hier stellt sich insbesondere die Frage, wie zu verfahren ist, wenn das LAG eine *andere Auffassung betreffend die Versäumung der Dreiwochenfrist* vertritt als das ArbG.[127] Umstritten ist darüber hinaus in welcher *Besetzung* das Beschwerdegericht entscheiden muß.[128] Unklar ist schließlich auch, welche Rechtsfolgen sich ergeben, wenn es durch die Entscheidung des Rechtsmittelgerichts zu *widersprechenden, rechtskräftigen Entscheidungen* im Zulassungs- und im Hauptsacheverfahren kommt.[129]

---

125 Ausführlich hierzu unten Vierter Teil B. III. 2. b.
126 Vgl. zu dieser Problematik unten Vierter Teil B. I.
127 Vgl. unten Vierter Teil C. IV. 1./2.
128 Vgl. hierzu unten Vierter Teil C. III. 2.
129 Vgl. unten Vierter Teil C. V.

Zweiter Teil:
Die Rechtsnatur der nachträglichen Zulassung der Kündigungsschutzklage

A. Einführung

Die Beurteilung der Rechtsnatur der nachträglichen Klagezulassung ist einer der am heftigsten umstrittenen Streitpunkte des § 5 KSchG. Dabei konzentriert sich der Streit auf die Frage, ob es sich bei der nachträglichen Klagezulassung um ein prozeßrechtliches, der Wiedereinsetzung in den vorigen Stand angenähertes Institut handelt, um einen materiell-rechtlichen Verfahrensteil oder um ein Verfahren mit Doppelnatur. Von der Einordnung hängt wiederum die Beurteilung wichtiger Folgeprobleme ab: Geht man nämlich von einem prozeßrechtlichen Institut aus, so liegt die grundsätzliche Anwendbarkeit der §§ 233 ff. ZPO auf § 5 KSchG nahe, wohingegen bei Annahme eines materiell-rechtlichen Verfahrensteils der Weg zu den genannten Vorschriften grundsätzlich versperrt ist, da es sich bei der Wiedereinsetzung um ein prozessuales Institut handelt. Auch hängt hiervon die Beurteilung der Rechtswirkungen einer nachträglichen Klagezulassung ab: Handelt es sich hierbei – wie bei den §§ 233 ff. ZPO – um die Beseitigung rein prozessualer Folgen oder liegt eine materiell-rechtliche Entscheidung vor, etwa in Form einer Gestaltungsentscheidung oder einer Feststellung der Hemmung bzw. Unterbrechung der Frist des § 4 S. 1 KSchG.[130] Schließlich erlangt die Frage der Einordnung Bedeutung bei der Bestimmung des Prüfungsumfangs im Verfahren nach § 5 KSchG. Während nämlich für die Vertreter der materiell-rechtlichen Auffassung die Prüfung materieller Fragen – wie z.B. die Anwendbarkeit des Kündigungsschutzgesetzes – im Rahmen des Zulassungsverfahrens grundsätzlich möglich erscheint, ist hierfür für die Vertreter der prozessualen Ansicht kein Raum.[131] Entscheidender Anknüpfungspunkt für die Lösung des Einordnungsproblems muß letztlich der Rechtscharakter der Klagefristen der §§ 4 S. 1 KSchG, 1 Abs. 5 BeschFG 1996, 113 Abs. 2 InsO sein. Vergegenwärtigt man sich nämlich, daß das Verfahren nach § 5 KSchG der Beseitigung der Rechtsfolgen des Verstreichens dieser Fristen dient, so wird klar, daß die Rechtsnatur des Zulassungsverfahrens der der §§ 4 S. 1 KSchG, 1 Abs. 5 BeschFG 1996, 113 Abs. 2 InsO folgen muß.[132] Handelt es sich um prozessuale Fristen, so dient § 5

---
130 Vgl. *Vollkommer* AcP Bd. 161, 332 (352 f.).
131 Vgl. *Vollkommer* Anm. zu LAG Hamm LAGE § 5 KSchG Nr. 22. Das übersieht das LAG Sachsen-Anhalt LAGE § 5 KSchG Nr. 92, wenn es die Rechtsnatur der §§ 4, 5 KSchG im Zusammenhang mit der Bestimmung des Prüfungsumfangs des Zulassungsverfahrens für nicht maßgeblich hält.
132 So zutreffend *Lepke* DB 1991, 2034 (2035); *Neumann*, AR-Blattei D, Kündigungsschutz III A, A III; KR-*Friedrich* § 5 KSchG Rn. 7; *Besta* S. 123; *Vollkommer* Anm. zu LAG Hamm LAGE § 5 KSchG Nr. 22.

KSchG der Beseitigung prozessualer Folgen und ist damit als prozeßrechtliches Institut zu qualifizieren. Handelt es sich demgegenüber um materiell-rechtliche Fristen, so führt die nachträgliche Klagezulassung zu einer Beseitigung materiell-rechtlicher Rechtsfolgen, so daß ein materiell-rechtliches Institut vorliegt.[133] Aufgrund dieser Abhängigkeit der nachträglichen Klagezulassung von den Klagefristen der §§ 4 S. 1 KSchG, 1 Abs. 5 BeschFG 1996, 113 Abs. 2 InsO ist daher vor einem Eingehen auf die Rechtsnatur des § 5 KSchG zunächst der Rechtscharakter dieser Fristen näher zu untersuchen. Hierbei soll als Ausgangspunkt die „originär" dem § 5 KSchG unterliegende Klagefrist des § 4 S. 1 KSchG dienen, da die §§ 1 Abs. 5 BeschFG 1996, 113 Abs. 2 InsO dieser nachgebildet sind bzw. deren Anwendungsbereich nur erweitern. Im einzelnen ist im folgenden zu klären, ob die in § 4 S. 1 KSchG kodifizierte Dreiwochenfrist eine Verjährungs- oder eine Ausschlußfrist darstellt, ob diese prozessualer oder materiell-rechtlicher Natur ist und inwiefern ein Verzicht auf die Einhaltung der Frist möglich erscheint.

B. Ausgangspunkt: Rechtsnatur der Dreiwochenfrist des § 4 S. 1 KSchG

I. Begriffsbestimmungen:
Die Unterscheidung zwischen Verjährungs- und Ausschlußfristen sowie zwischen materieller und prozessualer Fristen

Bevor näher auf die Rechtsnatur des § 4 S. 1 KSchG selbst eingegangen wird, sollen zunächst vorab allgemein die Begrifflichkeiten geklärt werden, die für die Einordnung von Bedeutung sind. Daher sind in einem ersten Schritt die Unterschiede zwischen Verjährungs- und Ausschlußfristen herauszuarbeiten, in einem zweiten dann die für die vorliegende Untersuchung besonders wichtige Differenzierung zwischen materiellen und prozessualen Fristen.

1. Die Unterscheidung zwischen Verjährungs- und Ausschlußfristen

Die in den §§ 194 ff. BGB geregelte *Verjährung* wird gemäß § 222 Abs. 1 BGB als der Zeitablauf definiert, der dem Verpflichteten das Recht gibt, die Leistung zu verweigern.[134] Entscheidendes Merkmal einer Verjährungsfrist ist nach dieser Definition demnach, daß deren Ablauf nicht zum Erlöschen des Anspruchs führt, sondern vielmehr nur zu dessen Entkräftung, so daß dem Beklagten nur die Möglichkeit zur Seite steht, die Erfüllung des weiter bestehenden Anspruchs zu verweigern.[135] Oder anders ausgedrückt: Die Verjährung begründet nur ein Einrederecht des Anspruchsgegners. Eine Berücksichtigung von Amts wegen findet

---

133 Vgl. *Vollkommer* Anm. zu LAG Hamm LAGE § 5 KSchG Nr. 22; *Besta* S. 123.
134 MüKo/*von Feldmann* § 194 Rn. 1.
135 MüKo/*von Feldmann* § 194 Rn. 5; *Soergel/Walter* vor § 194 Rn. 1.

folglich nicht statt, d. h. der Beklagte muß sich im Prozeß auf die Verjährung berufen.[136] Desweiteren ist für die Verjährung kennzeichnend, daß sie grundsätzlich nur Ansprüche erfaßt[137] und zudem nur dann vorliegt, wenn das Gesetz eine Frist ausdrücklich als Verjährungsfrist bezeichnet.[138] Sinn und Zweck der Verjährung sind vor allem die Sicherung der Rechtssicherheit und des Rechtsfriedens sowie der Schutz des Schuldners davor durch Zeitablauf in Beweisschwierigkeiten zu geraten und damit unberechtigten Ansprüchen ausgesetzt zu sein.[139]

Demgegenüber besteht das Wesen einer *Ausschlußfrist* darin, daß eine bestimmte Handlung innerhalb einer Frist vorgenommen werden muß, wenn nicht ein Rechtsnachteil eintreten soll,[140] d. h. der Ablauf einer Ausschlußfrist führt dazu, daß die Parteien mit der Vornahme bestimmter Rechtshandlungen ausgeschlossen sind.[141] Besteht die vorzunehmende Handlung ausschließlich in der Erhebung einer Klage, so handelt es sich bei der Ausschlußfrist um eine Klagefrist.[142] Nach der Art des Entstehungsgrundes wird zwischen vertraglicher und gesetzlicher Ausschlußfrist unterschieden.[143] Im Gegensatz zur Verjährung ist die Einhaltung einer Ausschlußfrist von Amts wegen zu berücksichtigen.[144] Auch erfaßt der Anwendungsbereich der Ausschlußfristen nur ausnahmsweise Ansprüche. Üblicherweise bezieht er sich vielmehr auf andere Rechte insbesondere Gestaltungsrechte.[145] Die für Verjährungsfristen geltenden Vorschriften sind auf Ausschlußfristen grundsätzlich nicht anwendbar.[146] Dennoch ist im Einzelfall zu prüfen, inwieweit nach der gesetzlichen Ausgestaltung eine Anwendung der Bestimmungen über die Verjährungshemmung oder über die Wiedereinsetzung in den vorigen Stand in Betracht kommt.[147]

2. Die Unterscheidung zwischen materiellen und prozessualen Fristen

Ausschlußfristen in Form der Klagefristen können Fristen des materiellen Rechts oder des Prozeßrechts sein. Diese – für § 4 S. 1 KSchG besonders wichtige Unterscheidung – beruht auf den Wirkungen, die der Fristablauf auslöst[148]:

---

136 *Soergel/Walter* vor § 194 Rn. 4; *Wolmerath* AiB 1992, 75 (76).
137 *Soergel/Walter* vor § 194 Rn. 1; *Palandt/Heinrichs* Überbl. v. § 194 Rn. 2.
138 *Creifelds*, Rechtswörterbuch, Stichwort „Frist".
139 *Soergel/Walter* vor § 194 Rn. 2; *Palandt/Heinrichs* Überbl. v. § 194 Rn. 4.
140 MüKo/*von Feldmann* § 194 Rn. 7; *Vollkommer* AcP Bd. 161, 332 (335).
141 *Stein/Jonas/Schumann* vor § 253 Rn. 140.
142 *Vollkommer* AcP Bd. 161, 332 (335).
143 MüKo/*von Feldmann* § 194 Rn. 7.
144 *Palandt/Heinrichs* Überbl. v. § 194 Rn. 7; *Wolmerath* AiB 1992, 75 (76).
145 *Soergel/Walter* vor § 194 Rn. 10.
146 MüKo/*von Feldmann* § 194 Rn. 7; *Staudinger/Peters* vor § 194 ff. Rn. 15.
147 *Soergel/Walter* vor § 194 Rn. 12.
148 *Stein/Jonas/Schumann* vor § 253 Rn. 141; *Vollkommer* AcP Bd. 161, 332 (335); *Fenn* AcP Bd. 163, 152 (157).

Liegt die Wirkung auf materiellem Gebiet, so liegt eine *materiell-rechtliche Ausschlußfrist* vor.[149] Um eine Wirkung auf materiellem Gebiet handelt es sich wiederum, wenn das Verstreichen der Frist zu einer Änderung der materiellen Rechtslage, insbesondere zum Erlöschen eines subjektiven Rechts führt.[150, 151] Ein typisches Beispiel für eine materielle Frist stellt daher § 864 Abs. 1 BGB dar[152], wo es heißt, daß „ein nach den §§ 861, 862 begründeter Anspruch mit dem Ablauf eines Jahres nach der Verübung der verbotenen Eigenmacht *erlischt*, wenn nicht vorher der Anspruch im Wege der Klage geltend gemacht wird." In den Anwendungsbereich der materiell-rechtlichen Ausschlußfristen fallen weiterhin die Fristen bei den Gestaltungsklagen wie z. B. § 2340 Abs. 2 BGB bei der Erbunwürdigkeitsklage gemäß § 2342 Abs. 1 BGB. Der Fristablauf führt in diesem Falle zu einem Erlöschen des privaten Rechts auf Rechtsgestaltung.[153] Aufgrund der eben beschriebenen Rechtsfolge „Änderung der materiellen Rechtslage" ist daher eine trotz Verstreichens einer materiell-rechtlichen Frist erhobene Klage als unbegründet abzuweisen.[154] Ein einheitlicher Zweck läßt sich für die materiell-rechtlichen Ausschlußfristen aufgrund deren Vielgestaltigkeit nicht ausmachen. Jedoch dienen die hier vor allem in Rede stehenden Ausschlußfristen in Form von Klagefristen i. d. R. dann ähnlichen Zwecken wie die Verjährung, wenn sie auf einen längeren Zeitraum angelegt sind, wohingegen die kürzer bemessenen Fristen i. d. R. der Beseitigung unerwünschter Schwebezustände dienen.[155]

Demgegenüber liegt eine *prozessuale Ausschlußfrist* vor, wenn deren Wirkungen auf prozessualem Gebiet liegen. Um eine solche Wirkung auf prozessualem Gebiet handelt es sich aber wiederum, wenn durch den Fristablauf die prozessuale Rechtslage verändert wird.[156] Charakteristisch für eine prozessuale Frist ist demnach, daß deren Verstreichen im Gegensatz zur materiell-rechtlichen Frist die materielle Rechtslage unberührt läßt, vielmehr nur das materielle Recht seines Rechtsschutzes beraubt wird – genauer: der Betroffene sein Klagerecht verliert.[157] Mithin ist eine nach Ablauf einer prozessualen Frist erhobene Klage aufgrund fehlender Klagbarkeit als unzulässig abzuweisen.[158] Als Indiz für das Vor-

---

149 *Vollkommer* AcP Bd. 161,332 (335); *Fenn* AcP Bd. 163,152 (157 f.); *Lepke* DB 1991, 2034 (2036).
150 *Stein/Jonas/Schumann* vor § 253 Rn. 141; *Vollkommer* AcP Bd. 161,332 (335); *Fenn* AcP Bd. 163,152 (158).
151 Hierin liegt ein weiterer entscheidender Unterschied zwischen Ausschlußfrist und Verjährungsfrist, denn letztere führt ja nicht zu einem Erlöschen des Anspruchs sondern nur zu dessen Entkräftung, vgl. *Soergel/Walter* vor § 194 Rn. 1 und 10.
152 *Stein/Jonas/Schumann* vor § 253 Rn. 141; *Fenn* AcP Bd. 163, 152 (158).
153 *Vollkommer* AcP Bd. 161, 332 (336).
154 *Fenn* AcP Bd. 163, 152 (158).
155 *Vollkommer* AcP Bd. 161, 332 (338 f.).
156 *Vollkommer* AcP Bd. 161, 332 (337).
157 *Vollkommer* AcP Bd. 161, 332 (337); *Fenn* AcP Bd. 163, 152 (158).
158 *Stein/Jonas/Schumann* vor § 253 Rn. 147; *Vollkommer* AcP Bd. 161, 332 (337); *Fenn* AcP Bd. 163, 152 (158); *Lepke* DB 1991, 2034 (2036).

liegen einer prozessualen Frist läßt sich weiter die Tatsache werten, daß bei einer Frist die Möglichkeit einer Wiedereinsetzung in den vorigen Stand vorgesehen ist.[159] Zweck der prozessualen Ausschlußfristen in Form der hier vor allem interessierenden Klagefristen ist – wie bei den materiell-rechtlichen Klagefristen – die Beseitigung unerwünschter Schwebezustände, d. h. es soll eine möglichst schnelle Klärung der Rechtslage und damit eine möglichst schnelle Wiederherstellung des Rechtsfriedens erreicht werden.[160]

Problematisch wird die Unterscheidung zwischen materiellen und prozessualen Fristen insbesondere dann, wenn die Wirkungen des Fristablaufs auf prozessualem und materiellem Gebiet liegen. In diesem Falle ist auf die Hauptwirkungen abzustellen, die damit entscheidend den Rechtscharakter der Frist bestimmen.[161] Diese Abgrenzung zwischen Haupt- und Nebenwirkung gestaltet sich jedoch oft schwierig, wie das Beispiel des § 4 S. 1 KSchG zeigen wird. Vor Erörterung dieses Problems soll aber entsprechend der oben getroffenen Unterscheidung zunächst untersucht werden, inwieweit es sich bei der Dreiwochenfrist um eine Verjährungs- oder eine Ausschlußfrist handelt.

II. § 4 S. 1 KSchG als Ausschlußfrist

Die Dreiwochenfrist des § 4 S. 1 KSchG wird ganz überwiegend als Ausschluß- und nicht als Verjährungsfrist angesehen.[162] Eine Begründung hierfür fehlt indessen weitgehend. Die Richtigkeit dieser Auffassung läßt sich jedoch auf mehrere Erwägungen stützen: Zum einen spricht hierfür schon der Wortlaut des § 4 S. 1 KSchG. Während nämlich das Gesetz bei Vorliegen einer Verjährungsfrist üblicherweise von „verjährt" spricht, bringt es im Falle von Ausschlußfristen die Befristung durch Verwendung von Begriffen wie „kann nur während der Frist erfolgen" zum Ausdruck.[163] § 4 S. 1 KSchG lautet aber: „Will ein Arbeitnehmer geltend machen..., so *muß er innerhalb von drei Wochen Klage beim Arbeitsgericht ... erheben.*" Damit ist eindeutig die Befristung im obigen Sinne zum Ausdruck gebracht, davon, daß ein Anspruch „verjährt" – wie es im Falle einer Verjährungsfrist heißen müßte – ist keine Rede. Zum anderen liegt eine

---

159 *Stein/Jonas/Schumann* vor § 253 Rn. 141; *Vollkommer* AcP Bd. 161, 332 (337f.). Ebenso (wohl) auch BGH NJW 1975, 1601: „Daraus <nämlich der Möglichkeit einer Wiedereinsetzung in den vorigen Stand> allein kann nicht geschlossen werden, die Klagefrist ... sei durch dieses Gesetz als zivilprozessuale Frist ausgestaltet worden."
160 *Stein/Jonas/Schumann* vor § 253 Rn. 137; *Lepke* DB 1991, 2034 (2035).
161 *Vollkommer* AcP Bd. 161, 332 (335); *Lepke* DB 1991, 2034 (2036).
162 BAG AP Nr. 7 zu § 3 KSchG 1951; *Vollkommer* AcP Bd. 161, 332; *Lepke* DB 1991, 2034; *Wolmerath* AiB 1992, 75 (76); *Hohmeister* ZRP 1994, 141; *Melzer* S. 33 f.; *Besta* S. 93; *Maus* § 4 KSchG Rn. 45; *Hueck/v.Hoyningen-Huene* § 4 KSchG Rn. 53; unklar *Berkowsky* NZA 1997, 352 (353), der zwar das Vorliegen einer Ausschlußfrist verneint, dann aber im folgenden keine weiteren Ausführungen zur Rechtsnatur macht.
163 *Soergel/Walter* vor § 194 Rn. 10.

Verjährungsfrist – wie oben bereits ausgeführt – nur dann vor, wenn dies im Gesetz ausdrücklich bestimmt ist. Ansonsten ist von einer Ausschlußfrist auszugehen.[164] Eine derartige ausdrückliche Bestimmung fehlt aber im Kündigungsschutzgesetz. Schließlich erfaßt die Verjährung – wie *Melzer*[165] zutreffend ausführt – grundsätzlich nur Ansprüche i. S. d. § 194 Abs. 1 BGB, da sich nur hierauf das Recht des Anspruchsgegners beziehen kann, die Leistung zu verweigern. Im Rahmen der Klage auf Feststellung der Unwirksamkeit der Kündigung wird indessen vom Arbeitnehmer kein Anspruch geltend gemacht gegenüber dem der Arbeitgeber ein Leistungsverweigerungsrecht geltend machen könnte. Der Fristablauf des § 4 S. 1 KSchG führt vielmehr nur dazu, daß der Arbeitnehmer die fehlende soziale Rechtfertigung nicht mehr geltend machen kann. Damit ist aber gerade nach der oben zitierten Definition, wonach das Wesen der Ausschlußfrist darin besteht, daß eine bestimmte Handlung innerhalb einer Frist vorgenommen werden muß, wenn kein Rechtsnachteil eintreten soll, eine typische Ausschlußwirkung angesprochen.[166] Mithin ist § 4 S. 1 KSchG als Ausschlußfrist – genauer: da die vorzunehmende Handlung ausschließlich in der Klageerhebung besteht als Ausschlußfrist in Form der Klagefrist – einzuordnen.

Rechtsfolge dieser Qualifizierung als Ausschlußfrist ist, daß die für die Verjährungsfristen geltenden Hemmungs- und Unterbrechungstatbestände auf § 4 S. 1 KSchG nicht angewendet werden können.[167] Dies folgt daraus, daß – wie bereits oben ausgeführt – auf Ausschlußfristen die für die Verjährung geltenden Vorschriften grds. nicht anwendbar sind und im Kündigungsschutzgesetz eine entsprechende Verweisung fehlt.[168] Im übrigen kommt eine entsprechende Anwendung der für die Verjährung geltenden Hemmungs- und Unterbrechungstatbestände auf Ausschlußfristen sowieso nur dann in Betracht, wenn bei diesen eine Wiedereinsetzung in den vorigen Stand nicht vorgesehen ist.[169] Ein solches der Wiedereinsetzung ähnliches Zulassungsverfahren ist bei § 4 S. 1 KSchG aber in Form des § 5 KSchG gerade vorgesehen.

Die eben genannten Folgerungen aus der Rechtsnatur des § 4 S. 1 KSchG als Ausschlußfrist sind weitgehend unstreitig. Unklar ist jedoch, ob die Einhaltung der Dreiwochenfrist von Amts wegen zu berücksichtigen ist:

---

164 Vgl. *Creifelds*, Rechtswörterbuch, Stichwort „Frist".
165 S. 33 f.
166 So zutreffend *Melzer* S. 34.
167 So zu Recht *Melzer* S. 34. Für § 212 BGB auch LAG Düsseldorf/Köln BB 1953, 88; *Lepke* DB 1991, 2034.
168 LAG Düsseldorf/Köln BB 1953, 88; *Melzer* S. 34.
169 Vgl. *Soergel/Walter* vor § 194 Rn. 12: „Je nach gesetzlicher Ausgestaltung sind auf Ausschlußfristen die Bestimmungen über Verjährungshemmung *oder* über Wiedereinsetzung in den vorigen Stand anzuwenden."

So will *Gamillscheg*[170] trotz der Qualifizierung als Ausschlußfrist eine Berücksichtigung von Amts wegen im Falle der Versäumung der Dreiwochenfrist des § 4 S. 1 KSchG ablehnen. Eine Beachtung der Frist solle vielmehr nur dann erfolgen, wenn sich der Arbeitgeber auf die Einhaltung beruft. Störe es den Arbeitgeber in seinen Dispositionen, daß der Arbeitnehmer verspätet klagt, so werde er sich schon auf die Fristversäumnis berufen. Wolle der Arbeitgeber dies aber – etwa aus Gründen der Fairneß gegenüber einem langjährigen Mitarbeiter – nicht geltend machen, so habe dies auch das Gericht zu akzeptieren.

Dem hat sich jedoch die ganz überwiegende Ansicht[171] zu Recht nicht angeschlossen. Ein wesentlicher Unterschied zwischen Verjährungs- und Ausschlußfrist besteht gerade darin, daß erstere nur dann berücksichtigt werden darf, wenn sich der Anspruchsgegner hierauf beruft, während letztere von Amts wegen zu berücksichtigen ist. Für die Annahme einer Verjährungsfrist ist aber nach dem oben Gesagten kein Raum, so daß das Gericht von Amts wegen die Einhaltung des § 4 S. 1 KSchG zu prüfen hat. Diskutiert werden könnte allenfalls, inwieweit § 4 S. 1 KSchG zwingend ist, also ein Verzicht hierauf möglich ist.[172]

Zusammenfassend läßt sich demnach als Zwischenergebnis festhalten, daß es sich bei der Dreiwochenfrist des § 4 S. 1 KSchG um eine Ausschlußfrist in Form einer Klagefrist handelt, die von Amts wegen zu berücksichtigen ist. Zu klären bleibt aber noch, inwiefern eine prozeßrechtliche oder eine materiell-rechtliche Ausschlußfrist vorliegt.

III. Die Einordnung des § 4 S. 1 KSchG als materielle oder als prozessuale Ausschlußfrist

Während in der Frage der Qualifizierung des § 4 S. 1 KSchG als Ausschlußfrist weitgehende Übereinstimmung herrscht, ist – nach wie vor – heftig umstritten, ob es sich bei der Dreiwochenfrist um eine solche des materiellen Rechts oder um eine solche des Prozeßrechts handelt. Bewegung in die Diskussion ist in neuerer Zeit insbesondere durch zwei Entscheidungen des zweiten Senats des BAG[173] gekommen, in denen dieser sich in Abkehr von der bisherigen ständigen Rechtsprechung für ein prozessuales Verständnis des § 4 S. 1 KSchG ausgesprochen hat. Vertreten werden derzeit eine materiell-rechtliche und eine prozeß-

---

170 Arbeitsrecht I S. 504 f. Ähnlich MüKo/*Schwerdtner* (2. Auflage) vor § 620 Rn. 333, der aufgrund des öffentlichen Interesses an der Feststellung über den Bestand des Arbeitsverhältnisses, das Nichtberufen des Arbeitgebers auf die Versäumung der Dreiwochenfrist nur innerhalb der Fristen des § 5 Abs. 3 KSchG für erheblich erklärt. Diese Auffassung kommt in der 3. Auflage nicht mehr zum Ausdruck, vgl. MüKo/*Schwerdtner* (3. Auflage) § 622 Anh. Rn. 200.
171 KR-*Friedrich* § 4 KSchG Rn. 137; *Hueck/v.Hoyningen-Huene* § 4 KSchG Rn. 53; *Bader/Bram/Dörner/Wenzel* § 4 KSchG Rn. 103; *Lepke* DB 1991, 2034.
172 Hierzu unten Zweiter Teil B. IV.
173 BAG NJW 1986, 3224; NZA 1990, 395.

rechtliche Auffassung sowie – seit neuestem – die Lehre von der Doppelnatur der Dreiwochenfrist des § 4 S. 1 KSchG.

1. Die materiell-rechtliche Auffassung

Ein beachtlicher Teil des Schrifttums,[174] einige LAGe[175] und zum Teil auch das BAG[176] gehen von einer materiell-rechtlichen Rechtsnatur der Dreiwochenfrist des § 4 S. 1 KSchG aus. Rechtsfolge dieser Einordnung ist, daß die im Falle der Fristversäumung ergehende Entscheidung eine Sachentscheidung ist. Die Vertreter der materiell-rechtlichen Auffassung wollen daher einhellig eine nach Ablauf der Dreiwochenfrist erhobene Kündigungsschutzklage als unbegründet abweisen, wenn diese lediglich auf die Sozialwidrigkeit gestützt ist.[177] Die Abweisung der Klage als unbegründet bedeutet weiterhin, daß das in der Sache ergehende Urteil die Beendigung des Arbeitsverhältnisses endgültig feststellt, so daß dessen Rechtskraft nicht nur die fehlende soziale Rechtfertigung erfaßt, sondern auch andere Unwirksamkeitsgründe.[178] Der Arbeitnehmer ist demnach gezwungen, sämtliche Unwirksamkeitsgründe sofort geltend zu machen, da diese aufgrund der Rechtskraftwirkung des im Kündigungsrechtsstreit ergangenen Urteils in einem späteren Prozeß nicht mehr berücksichtigt werden könnten.

a) Die überwiegende Argumentation

Zur Begründung der materiell-rechtlichen Rechtsnatur der Dreiwochenfrist des § 4 S. 1 KSchG wird ganz überwiegend auf § 7 KSchG verwiesen.[179] Diese Vorschrift sei die einzige Norm, die eine Aussage über die im Falle einer Fristversäumung eintretenden Rechtsfolgen enthalte. Daher müsse primär von deren Rechtswirkungen ausgegangen werden.[180] In § 7 KSchG seien aber gerade materiell-rechtliche Folgen angesprochen, denn die Vorschrift ordne für den Fall des fruchtlosen Fristablaufs die Wirksamkeit der Kündigung an und bei der Frage der Wirksamkeit einer Kündigung handle es sich um eine solche des materiellen

---

174 KR-*Friedrich* § 4 KSchG Rn. 136; HK-KSchG/*Hauck* § 4 KSchG Rn. 90; *Neumann*, AR-Blattei D, Kündigungsschutz III A, A III und RdA 1954, 269; *Poelmann* RdA 1952, 205 (208); *Dahns* RdA 1952, 140 (141); *Güntner* AuR 1954, 193; *Osthold* DB 1955, 1225; *Becker-Schaffner* BlStSozArbR 1976, 289; *Corts* BlStSozArbR 1982, 1 (4); *Lepke* AuR 1970, 109 (110) und DB 1991, 2034 (2038); *Fischer* AiB 1987, 186 (187); *Berkowsky* NZA 1997, 352 (355); *Rieble* Anm. zu LAG Hamm LAGE § 5 KSchG Nr. 65; *Melze*r S. 28 ff.; *Besta* S. 88 ff.; *Brox/Rüthers* Rn. 204; *Zöllner/Loritz* § 23 VII (S. 268); *Gamillscheg* S. 504.
175 So z. B. LAG Berlin LAGE § 4 KSchG Nr. 20; LAG Hamburg LAGE § 5 KSchG Nr. 19, MDR 1987, 875, LAGE § 5 KSchG Nr. 85; LAG Hamm MDR 1994, 810.
176 So z. B. AP Nr. 7 zu 3 KSchG 1951; AP Nr. 4 zu § 5 KSchG 1969; DB 1988, 2154.
177 Vgl. statt aller KR-*Friedrich* § 4 KSchG Rn. 217; *Neumann*, AR-Blattei D, Kündigungsschutz III A, A III.
178 KR-*Friedrich* § 4 KSchG Rn. 219; *Lepke* DB 1991, 2034 (2035); *Besta* S. 85 f.
179 So z. B. LAG Hamburg LAGE § 5 KSchG Nr. 85; *Lepke* DB 1991, 2034 (2038); *Melzer* S. 28 ff.
180 *Melzer* S. 28; *Lepke* DB 1991, 2034 (2038).

Rechts. Schon aufgrund dieser – unbestreitbar – materiell-rechtlichen Rechtsfolge müsse daher § 4 S. 1 KSchG materiell-rechtlicher Natur sein.[181] Auch in dem Umstand, daß § 7 KSchG nur zu einer Heilung der Sozialwidrigkeit, nicht aber zu einem Ausschluß anderer Unwirksamkeitsgründe führt, sehen die Vertreter der materiell-rechtlichen Auffassung ein Argument für die materiell-rechtliche Natur des § 4 S. 1 KSchG: Aus dieser Tatsache folge nämlich, daß eine verspätet erhobene Klage nicht – wie dies notwendige Folge der prozeßrechtlichen Auffassung sei – prozessual unzulässig sei. Die Klage, die ja auf die Feststellung gerichtet sei, daß die Kündigung das Arbeitsverhältnis nicht aufgelöst hat, könne ja sachlich durchaus noch Erfolg haben, nämlich dann wenn sich die Unwirksamkeit der Kündigung aus anderen Gründen als der Sozialwidrigkeit – etwa wegen Sittenwidrigkeit – ergebe.[182] Im Ergebnis bewirke daher die Versäumung der Frist keinen Verlust der Klagebefugnis, da ja eine Klage weiterhin möglich sei. Mangels jeglichen Einflußes auf den Gang des Prozesses fehle es damit aber am entscheidenden Wesensmerkmal einer prozeßrechtlichen Frist.[183]

Im übrigen sei – so wird hervorgehoben[184] – die Heilung der Sozialwidrigkeit nicht die einzige materiell-rechtliche Rechtsfolge des fruchtlosen Fristablaufs. Das Verstreichen der Dreiwochenfrist ziehe noch weitere mittelbare materiell-rechtliche Folgen nach sich: So erlösche das (materiell-rechtliche) Recht des Arbeitnehmers, gemäß § 9 Abs. 1 S. 1 KSchG eine Auflösung des Arbeitsverhältnisses durch das Gericht gegen Zahlung einer Abfindung verlangen zu können. Dasselbe gelte für das Recht des § 13 Abs. 2 S. 2 1. HS KSchG im Falle der Sittenwidrigkeit einer Kündigung.

Schließlich werden für die materiell-rechtliche Auffassung praktische Erwägungen ins Feld geführt. Bei Annahme einer prozessualen Frist sei nämlich von einer echten Prozeßvoraussetzung auszugehen und deshalb die Klage im Falle der Fristversäumung als unzulässig abzuweisen.[185] Die Rechtskraft eines derartigen Prozeßurteils stünde dann einer erneuten Klageerhebung gestützt auf andere Unwirksamkeitsgründe nicht entgegen.[186] Ein derartiges „Prozessieren in Raten"[187] widerspräche aber dem Grundsatz der Prozeßökonomie und den in §§ 9 Abs. 1 S. 1, 56, 57 ArbGG verankerten Prinzipien der Verfahrensbeschleunigung und der Konzentrationsmaxime.[188] Auch bliebe durch dieses – die Klage als unzulässig abweisende – Urteil entgegen dem Zweck des § 4 S. 1 KSchG, eine möglichst baldige Klärung der Rechtslage herbeizuführen, ungeklärt, ob durch die Kündi-

---
181 Vgl. *Melzer* S. 29 f.
182 *Neumann*, AR-Blattei D, III A, A III; *Berkowsky* NZA 1997, 352 (353); vgl. auch LAG Hamm MDR 1994, 810.
183 Vgl. *Wenzel*, Festschrift für Schneider, S. 325 (333).
184 *Melzer* S. 32; *Besta* S. 90.
185 *Lepke* DB 1991, 2034 (2035); *Melzer* S. 37; *Besta* S. 85.
186 Vgl. KR-*Friedrich* § 4 KSchG Rn. 219; *Lepke* DB 1991, 2034 (2035); *Besta* S. 85 f.
187 *Besta* S. 91.
188 *Osthold* DB 1955, 1225; *Besta* S. 91.

gung das Arbeitsverhältnis aufgelöst worden sei.[189] Dieses Ergebnis lasse sich aber nur bei Annahme der materiell-rechtlichen Auffassung vermeiden, da in diesem Falle die Rechtskraft des Sachurteils einem erneuten Prozeß entgegenstünde.

In der durch die Annahme einer Sachentscheidung ausgelösten Wirkung, daß der Arbeitnehmer bereits im ersten Prozeß sämtliche Unwirksamkeitsgründe vortragen müsse, sehen die Vertreter der materiell-rechtlichen Lehre auch keine ungerechtfertigte Härte.[190] Der Arbeitnehmer habe ja genügend Möglichkeiten, sich vor Erlaß des Urteils auf sämtliche Unwirksamkeitsgründe zu berufen.[191] Überdies sei nicht einzusehen, warum nur derjenige, der rechtzeitig klagt, alles vorzutragen habe (Denn in diesem Falle sei auch bei prozessualem Verständnis der Frist ein Sachurteil zu erlassen.), wohingegen dies für den verspäteten Kläger nicht gelte (Denn in dieser Konstellation müsse ja bei prozessualem Verständnis der Frist Klageabweisung als unzulässig erfolgen).[192] Letztlich führe die materiell-rechtliche Auffassung also nur dazu, daß bei Fristversäumnis der Kläger so behandelt werde wie derjenige, der rechtzeitig geklagt hat, aber mangels Sozialwidrigkeit mit seiner Klage nicht durchgedrungen sei. Ein Grund dafür, beide Fälle verschieden zu behandeln, sei nicht ersichtlich.

b) Die Argumentation Riebles

Abweichend von der eben genannten Argumentation, die unter den Vertretern der materiell-rechtlichen Auffassung ganz herrschend ist, will *Rieble*[193] den materiell-rechtlichen Charakter der Dreiwochenfrist dadurch herleiten, daß er in dieser unter Berufung auf *Bötticher*[194] die Befristung eines „materiellen (Gegen-)Gestaltungsklagerechts" des Arbeitnehmers sieht.

Bei genauer Betrachtung sei nämlich die sozialwidrige arbeitgeberseitige Kündigung gar nicht schlechthin unwirksam sondern nur anfechtbar.[195] Dies ergibt sich nach *Bötticher a.a.O.* daraus, daß nach der Regelung des Kündigungsschutzgesetzes die Rechtslage nach der Kündigung allein davon abhängig ist, wie sich der Arbeitnehmer verhält, d. h. ob er sich dagegen wehrt oder nicht. Nur diesem stehe das höchstpersönliche Recht zu, durch fristgerechte Kündigungsschutzklage die Kündigung des Arbeitgebers zu Fall zu bringen. Von einer Unwirksamkeit im eigentlichen Sinne könne daher – so *Bötticher a.a.O.* – keine Rede sein, da in diesem Falle auch eine inzidente Geltendmachung der Unwirksamkeit – etwa durch eine Lohnklage – bzw. eine Geltendmachung durch Dritte möglich sein müßte.

---

189 *Melzer* S. 37.
190 *Besta* S. 88.
191 *Besta* a.a.O.
192 *Neumann*, AR-Blattei D, Kündigungsschutz III A, A III; *Besta* a.a.O.
193 Anm. zu LAG Hamm LAGE § 5 KSchG Nr. 65.
194 RdA 1951, 81; Anm. zu BAG AP Nr. 7 zu § 3 KSchG 1951.
195 *Rieble* a.a.O.; *Bötticher* RdA 1951, 81 (83). Vgl. ausführlich zum Streit über die Rechtsnatur der Kündigungsschutzklage *Bandey* S. 15 ff.

Ausgehend von diesem Standpunkt will *Rieble a. a. O.* die Dreiwochenfrist daher als Befristung des angesprochenen (Gegen-)Gestaltungsklagerechts des Arbeitnehmers interpretieren. Ähnlich wie § 626 BGB das materielle Kündigungsrecht begrenze, werde durch § 4 S. 1 KSchG das materielle Kündigungsschutzrecht begrenzt.[196] Lege man aber diese Grundsätze an, so sei die Dreiwochenfrist als materiell-rechtliche Frist zu qualifizieren.

2. Die prozeßrechtliche Auffassung

Demgegenüber geht ein Teil der Literatur[197] von einem prozessualen Verständnis der Dreiwochenfrist des § 4 S. 1 KSchG aus. Dem haben sich aus der Rechtsprechung die LAGe Nürnberg[198], Rheinland-Pfalz[199], Düsseldorf[200] und Baden-Württemberg[201], der zweite Senat des BAG[202] sowie die zweite Kammer des ersten Senats des BVerfG[203] angeschlossen:

a) Die Argumentation

Anders als nach materiell-rechtlicher Auffassung spricht für die Vertreter der prozessualen Ansicht § 7 KSchG keinesfalls zwingend für ein materiell-rechtliches Verständnis des § 4 S. 1 KSchG. Dies ergebe sich schon daraus, daß der Anwendungsbereich beider Vorschriften nicht identisch sei[204]: § 7 KSchG greife ja dann nicht ein wenn andere Unwirksamkeitsgründe vorlägen. In diesem Falle werde also – soweit die Klage verspätet sei – die Berufung auf die mangelnde soziale Rechtfertigung allein durch § 4 S. 1 KSchG ausgeschlossen. Dementsprechend sei keinesfalls schon durch § 7 KSchG festgelegt, daß auch § 4 S. 1 KSchG

---

196 *Rieble* a. a. O.
197 *Hueck/v. Hoyningen-Huene* (12. Auflage) § 4 KSchG Rn. 83; EK-ArbR/*Ascheid* § 4 KSchG Rn. 51; MünchArbR-*Berkowsky* (Band 2) § 145 Rn. 27; *Dütz*, Arbeitsrecht, Rn. 324; *Nikisch* Bd. I S. 779; *Stein/Jonas/Schumann* vor § 253 Rn. 156; *Stahlhacke/ Preis* Rn. 1110 a; *Küttner/Eisemann*, Personalbuch 1998, Kündigungsschutz, Rn. 104; *Rewolle* BB 1952, 147 (148); *Vollkommer* AcP Bd. 161, 332 (341 ff.) und Anm. zu LAG Hamm LAGE § 5 KSchG Nr. 22; *Fenn* AcP Bd. 163 152 (158); *Tschöpe/Fleddermann* BB 1998, 157 (159); *Herschel* Anm. zu LAG Stuttgart AP Nr. 3 zu § 4 KSchG 1951; *Otto*, Die Präklusion, S. 29 f. und Anm. zu BAG EzA § 5 KSchG Nr. 20; *Francken* S. 29 f., 55; unklar *Rüstig* AuR 1953, 175 (176): „echte Prozeßvoraussetzung" aber „materiell-rechtliche" Frist; unklar auch *Lüke* JuS 1996, 969, der zunächst ausführt, daß nach heute ganz h. M. § 4 KSchG eine prozessuale Ausschlußfrist ist (S. 969), dann aber unter Fn. 8 von einem materiell-rechtlichen Verständnis der Dreiwochenfrist ausgeht.
198 LAGE § 5 KSchG Nr. 30.
199 LAGE § 5 KSchG Nr. 43; LAGE § 5 KSchG Nr. 59.
200 ZIP 1996, 191.
201 LAGE § 5 KSchG Nr. 58.
202 NJW 1986, 3224; NZA 1990, 395.
203 NZA 2000, 789.
204 *Otto*, Die Präklusion, S. 29 und Anm. zu BAG EzA § 5 KSchG Nr. 20.

materiell-rechtliche Wirkungen entfaltet.[205] Bei genauer Betrachtung lägen vielmehr die Hauptwirkungen des Fristablaufs auf prozessualem Gebiet.[206] Führe man sich nämlich vor Augen, daß die Sozialwidrigkeit i. S. d. Kündigungsschutzgesetzes allein durch den Arbeitnehmer nicht aber durch Dritte geltend gemacht werden könne – insofern also ein Klagemonopol desselben bestehe – so werde klar, daß die Hauptwirkung des Fristablaufs im Verlust dieses Klagerechts liege.[207] Oder anders ausgedrückt: Das Klagerecht des Arbeitnehmers werde durch § 4 S. 1 KSchG zeitlich beschränkt. Insoweit handle es sich auch um eine prozessuale Wirkung, denn der Arbeitnehmer könne seine Klage nicht mehr auf die fehlende soziale Rechtfertigung stützen, seine Klage sei insoweit unzulässig.[208]

Desweiteren sehen die Vertreter der prozessualen Auffassung in der Vorschrift des § 5 KSchG ein Argument für die prozessuale Rechtsnatur des § 4 S. 1 KSchG.[209] In § 5 KSchG sei nämlich im Falle der Fristversäumnis eine Wiedereinsetzung in den vorigen Stand vorgesehen und das geltende Recht kenne eine Wiedereinsetzung in den vorigen Stand nur bei prozessualen Fristen. Im Rahmen materieller Fristen würden unbillige Ergebnisse nicht durch das Institut der Wiedereinsetzung vermieden, sondern durch das der Hemmung.[210]

Auch die Gesetzesgeschichte des § 4 S. 1 KSchG wird zugunsten eines prozessualen Verständnisses der Dreiwochenfrist angeführt.[211] Bei den Vorläufern des § 4 S. 1 KSchG im BRG und im AOG habe es sich stets um prozeßrechtliche Fristen gehandelt. Ein Grund für den Gesetzgeber, von dieser bisherigen Regelung abzuweichen, sei jedoch nicht ersichtlich.[212]

Schließlich verweisen die Vertreter der prozeßrechtlichen Auffassung noch auf den Zweck der Dreiwochenfrist sowie die „rechtsmittelähnliche" Ausgestaltung der Kündigungsschutzklage.[213] Beides spreche für eine prozessuale Natur des § 4 S. 1 KSchG. Dem liegt folgende Argumentation zugrunde: Tieferer Zweck[214]

---

205 *Otto* Anm. zu BAG EzA § 5 KSchG Nr. 20.
206 *Vollkommer* AcP Bd. 161, 332 (344).
207 *Vollkommer* AcP Bd. 161, 332 (342 ff.); vgl. auch BAG NJW 1986, 3224 (3225). Ähnlich *Tschöpe/Fleddermann* BB 1998, 157 (159): „Für sie < die prozessuale Auffassung> spricht bereits, daß ... zur Fristwahrung nach § 4 KSchG allein die Vornahme einer Prozeßhandlung entscheidend ist."
208 *Vollkommer* AcP Bd. 161, 332 (344).
209 *Nikisch* Bd. I S. 779; *Vollkommer* AcP Bd. 161, 332 (345); *Otto*, Die Präklusion, S. 29 und Anm. zu BAG EzA § 5 KSchG Nr. 20; *Rüstig* AuR 1953, 175 (176).
210 *Vollkommer* AcP Bd. 161, 332 (345); *Herschel* Anm. zu ArbG Berlin AP Nr. 1 zu § 5 KSchG 1969.
211 *Herschel* Anm. zu LAG Stuttgart AP Nr. 3 zu § 4 KSchG 1951; *Vollkommer* AcP Bd. 161, 332 (345 f.).
212 *Herschel* Anm. zu LAG Stuttgart AP Nr. 3 zu § 4 KSchG 1951.
213 Vgl. *Vollkommer* AcP Bd. 161, 332 (346 ff.).
214 Gegenüber dem unmittelbaren Zweck der baldigen Klärung der Rechtslage, vgl. hierzu oben Erster Teil D. III 2. a.

der Dreiwochenfrist sei es, zu verhindern, daß der Arbeitnehmer durch eine späte Klageerhebung die Beweislage zuungunsten des hinsichtlich der sozialen Rechtfertigung beweisbelasteten Arbeitgebers (§ 1 Abs. 2 S. 4 KSchG) beeinflußt.[215] Demgemäß hätten den Gesetzgeber vornehmlich prozessuale Erwägungen auf dem Gebiet des Beweisrechts bewogen, die Dreiwochenfrist einzuführen. Derartige Zwecke, die im Gebiet des Beweisrechts sowie des Rechtsschutzes wurzeln, verfolge der Gesetzgeber jedoch üblicherweise in Form prozessualer und nicht materieller Fristen, so daß auch dies als Indiz für ein prozessuales Verständnis des § 4 S. 1 KSchG gewertet werden könne.

Im übrigen weise die Kündigungsschutzklage eine „rechtsmittelähnliche" Ausgestaltung auf, da der Arbeitnehmer sich – ähnlich der verwaltungsgerichtlichen Anfechtungsklage – gegen das Wirksamwerden einer einseitig geschaffenen Lage, die in seine Rechtssphäre eingreift, wende.[216] Die Fristen bei „rechtsmittelähnlich" ausgestalteten Klagen seien aber vornehmlich prozeßrechtlich einzuordnen, wie z. B. § 74 VwGO beweise.

b) Abweisung als unzulässig oder als unbegründet?

Während in der Art der Herleitung der prozessualen Natur des § 4 S. 1 KSchG unter den Vertretern der prozessualen Auffassung weitgehend Einmütigkeit herrscht, ist umstritten, ob die Klage im Falle der Fristversäumung als unzulässig oder als unbegründet abzuweisen ist. Der Unterschied zwischen beiden Meinungen liegt vor allem in der unterschiedlichen Rechtskraft von Prozeß- und Sachurteilen. Während bei einer Klageabweisung als unzulässig grds. eine erneute Klage – gestützt auf andere Unwirksamkeitsgründe als die mangelnde soziale Rechtfertigung – möglich ist (Prozeßurteil!), steht bei einer Klageabweisung als unbegründet die Rechtskraft des Sachurteils (Feststellung der Wirksamkeit bzw. der Unwirksamkeit der Kündigung) einer erneuten Klageerhebung entgegen.[217]

aa) Abweisung als unzulässig

Insbesondere *Nikisch*[218] und *Herschel*[219] sowie aus neuerer Zeit *Boemke*[220] und *Schumann*[221] haben sich dafür ausgesprochen, eine nach Ablauf der Dreiwochenfrist erhobene Kündigungsschutzklage als unzulässig abzuweisen.[222]

---

215 *Vollkommer* AcP Bd. 161, 332 (348).
216 *Vollkommer* AcP Bd. 161, 332 (348 f.).
217 Vgl. KR-*Friedrich* § 4 KSchG Rn. 219; *Nikisch* Bd. I S. 779; *Lepke* DB 1991, 2034 (2035); *Besta* S. 85 f.
218 Bd. I S. 779 f.
219 Anm. zu LAG Stuttgart AP Nr. 3 zu § 4 KSchG 1951.
220 RdA 1995, 211 (216).
221 In: *Stein/Jonas/Schumann* vor § 253 Rn. 156.
222 So auch *Rewolle* BB 1952, 147 (148); (wohl) auch *Fenn* AcP Bd. 163, 152 (158 f.).

Zur Begründung wird zunächst darauf verwiesen, daß es sich bei § 4 S. 1 KSchG um eine prozessuale Frist handle und deshalb – wie stets bei rein prozessualen Fristen – eine Abweisung als unzulässig erfolgen müsse.[223]

Zudem stünden einer Klageabweisung als unbegründet im Falle der Versäumung der Dreiwochenfrist noch weitere Gründe entgegen:

Eine Klageabweisung als unbegründet stelle eine Sachentscheidung des Inhalts dar, daß die Kündigung unwirksam sei. Die Frage der Wirksamkeit der Kündigung werde aber gerade im Falle der Fristversäumung nicht geprüft, so daß das Gericht eine derartige Feststellung in Form eines Sachurteils gar nicht treffen könne.[224]

Weiter stelle eine Klageabweisung als unbegründet eine „ungerechtfertigte Härte"[225] für den Arbeitnehmer dar, da er hierdurch mit sämtlichen anderen Unwirksamkeitsgründen ausgeschlossen werde. Einer Fristversäumung könne man aber nicht dieselbe Bedeutung beimessen wie einem Urteil, das die Wirksamkeit der Kündigung feststellt und dem eine mündliche Verhandlung vorausgeht, in der der Kläger die Gelegenheit hatte, sämtliche Unwirksamkeitsgründe geltend zu machen.

Im übrigen sei eine Sachentscheidung auch unpraktisch und unsystematisch, da man trotz Feststellung der Fristversäumnis eine sachlich-rechtliche Verhandlung durchführe obwohl man erkenne, daß die Klage sowieso keinen Erfolg haben wird.[226] Ein rechtlich erhebliches Interesse des Arbeitnehmers an der Erhebung der Kündigungsschutzklage bestehe nämlich nur, um den Eintritt der Heilungswirkung des § 7 KSchG zu verhindern.[227] Stehe aber der Eintritt der Heilungswirkung und damit die soziale Rechtfertigung der Kündigung fest, so könne der Arbeitnehmer durch Erhebung der Kündigungsschutzklage nicht mehr den Eintritt der Rechtsfolgen aus § 7 KSchG verhindern. Für ein derartiges Vorgehen fehle es damit im Ergebnis am Rechtsschutzbedürfnis.[228]

bb) Abweisung als unbegründet

Gegen die Abweisung als unzulässig haben insbesondere *Vollkommer*[229] und *Otto*[230] eingewendet, daß eine derartige Entscheidung nur dann in Betracht käme, wenn eine Prozeßvoraussetzung in Bezug auf den *ganzen* Streitgegenstand fehle. Gerade dies sei aber bei der Dreiwochenfrist des § 4 S. 1 KSchG

---
223 *Stein/Jonas/Schumann* vor § 253 Rn. 156.
224 *Nikisch* Bd. I S. 779.
225 *Nikisch* Bd. I S. 779.
226 Vgl. *Herschel* Anm. zu LAG Stuttgart AP Nr. 3 zu § 4 KSchG 1951.
227 *Boemke* RdA 1995, 211 (216).
228 *Herschel* a. a. O.; *Boemke* a. a. O.
229 AcP Bd. 161, 332 (351).
230 Die Präklusion S. 29 und Anm. zu BAG EzA § 5 KSchG Nr. 20, ihm folgend *Stahlhacke/Preis* Rn. 1110 a.

nicht der Fall. Streitgegenstand der Kündigungsschutzklage sei nämlich die Wirksamkeit der Kündigung schlechthin. Demgemäß seien *sämtliche* Unwirksamkeitsgründe Gegenstand des Verfahrens.[231] Demgegenüber betreffe § 4 S. 1 KSchG nur die Frage der sozialen Rechtfertigung und damit nur einen Ausschnitt des möglichen Vorbringens bzw. nur einen einzigen Klagegrund.[232] Dementsprechend werde durch den fruchtlosen Fristablauf nicht die gesamte Klage unzulässig, sondern nur das Vorbringen der Sozialwidrigkeit.[233] Da aber über einzelne Klagegründe – im Fall der Kündigungsschutzklage also über die Frage der sozialen Rechtfertigung – nicht durch Teilurteil entschieden werden könne, sei die Klage insgesamt als unbegründet abzuweisen.[234] Insoweit entspreche die Rechtslage der bei der Zurückweisung verspäteten Vorbringens gemäß § 296 Abs. 1 ZPO bzw. § 61 a Abs. 5 ArbGG, wo ohne weiteres von einer Sachentscheidung ausgegangen werde.[235] Im übrigen spreche auch die Prozeßökonomie für dieses Ergebnis, da nur bei einem Sachurteil ein erneuter Prozeß vermieden werden könne.[236]

Zum selben Ergebnis (Abweisung als unbegründet) gelangt das *BAG*[237], indem es § 7 KSchG in den Mittelpunkt seiner Überlegungen stellt[238]: Diese Vorschrift enthalte die materiell-rechtlich bedeutsame unwiderlegliche Vermutung, daß im Falle der Fristversäumung die Kündigung als von Anfang an unwirksam gelte. Dementsprechend käme bei fruchtlosem Fristablauf eine Abweisung als unzulässig nicht in Betracht. Das Arbeitsgericht leite dann nämlich bei seiner Entscheidung nicht Folgerungen aus der (prozessualen) Frist des § 4 S. 1 KSchG her, sondern es gehe von der Vorschrift des § 7 KSchG aus und stütze sein Urteil hierauf.

3. Die Lehre von der Doppelnatur des § 4 S. 1 KSchG

Neue Wege in der Frage der Einordnung der Dreiwochenfrist des § 4 S. 1 KSchG geht *Wenzel*[239], indem er annimmt, daß dieser „mindestens eine Doppelnatur zu-

---

231 *Vollkommer* AcP Bd. 161, 332 (351); *Otto*, Die Präklusion, S. 29 und Anm. zu BAG EzA § 5 KSchG Nr. 20.
232 *Vollkommer* AcP Bd. 161, 332 (351); *Otto* Anm. zu BAG EzA § 5 KSchG Nr. 20.
233 *Otto*, Die Präklusion, S. 29.
234 *Vollkommer* AcP Bd. 161, 332 (351). Ähnlich *Hueck/v. Hoyningen-Huene* (12. Auflage) § 4 KSchG Rn. 83, der jedoch davon spricht, daß die Kündigungsschutzklage „prozeßrechtlich nicht unzulässig wird."
235 *Otto* Anm. zu BAG EzA § 5 KSchG Nr. 20.
236 *Vollkommer* AcP Bd. 161, 332 (350).
237 NJW 1986, 3224 (3225).
238 So auch MünchArbR-*Berkowksky* (Band 2) § 145 Rn. 27; *Küttner/Eisemann*, Personalbuch 1998, Kündigungsschutz, Rn. 104; *Francken* S. 29 f.; (wohl) auch EK-ArbR/ *Ascheid* § 4 KSchG Rn. 51; *Dütz*, Arbeitsrecht, Rn. 324 f.
239 Festschrift für Schneider S. 325 (340 f.); vgl. auch *Bader/Bram/Dörner/Wenzel* § 4 KSchG Rn. 105.

erkannt werden muß".[240] In Anlehnung an die materiell-rechtliche Auffassung geht er dabei zunächst davon aus, daß der Ablauf der Frist bzw. deren Wahrung materiell-rechtliche Wirkungen äußert. Durch die Fristwahrung werde nämlich – so *Wenzel a. a. O.* – die Möglichkeit der materiellen Überprüfung der Kündigung anhand des § 1 KSchG bzw. anhand des § 626 BGB eröffnet. Umgekehrt führe die Fristversäumung nur zu einem Ausschluß der Berufung auf die fehlende soziale Rechtfertigung bzw. auf das Fehlen des rechtlichen Grundes. Eine Klage, gestützt auf andere Unwirksamkeitsgründe, bleibe aber möglich. Auch sei die Kündigungsschutzklage aufgrund des § 7 KSchG nicht als unzulässig, sondern als unbegründet abzuweisen. Anders als die Vertreter der materiell-rechtlichen Auffassung ist *Wenzel a. a. O.* jedoch der Meinung, daß diese Umstände nicht zwingend für die Annahme einer ausschließlich materiell-rechtlichen Frist sprechen. Es sei vielmehr – so *Wenzel*[241] – neben den genannten materiell-rechtlichen Wirkungen auch zu berücksichtigen, daß sich die Wahrung der Klagefrist des § 4 S. 1 KSchG in den Formen des Prozeßrechts vollzieht. Folgerichtig müsse daher dem § 4 S. 1 KSchG in Verbindung der prozessualen und der materiell-rechtlichen Auffassung eine Doppelnatur zuerkannt werden.

4. Stellungnahme

Da der eben dargestellte Streit um die Rechtsnatur des § 4 S. 1 KSchG letztlich ein Problem der Abgrenzung prozessualer Fristen von denen des materiellen Rechts ist, bietet es sich an, zur Lösung des Problems auf die oben unter I. entwickelten allgemeinen Merkmale zur Unterscheidung der beiden „Fristarten" zurückzugreifen. In einem ersten Schritt (a.) sind daher diese Kriterien auf die Dreiwochenfrist anzuwenden, d. h. es ist zu untersuchen, ob die Wirkungen des Fristablaufs vorwiegend auf materiellem oder prozessualem Gebiet liegen. Dabei wird insbesondere darauf einzugehen sein, inwieweit der Vorschrift des § 7 KSchG tatsächlich die entscheidende Bedeutung zur Lösung des Einordnungsproblems zukommt. Das so gewonnene Ergebnis soll dann in einem zweiten (b.) und dritten Schritt (c.) anhand der Entstehungsgeschichte der Norm sowie dem Kontext anderer Normen im Kündigungsschutzgesetz überprüft werden. Schließlich ist in einem vierten und letzten Schritt (d.) zu untersuchen, welche Auswirkungen der Fristablauf des § 4 S. 1 KSchG auf die Kündigungsschutzklage hat, d. h. es ist zu fragen, ob die verspätete Kündigungsschutzklage als unzulässig oder als unbegründet abzuweisen ist. Dabei werden auch die durch das arbeitsrechtliche BeschFG 1996 bewirkten Änderungen zu berücksichtigen sein.

---

240 *Wenzel,* Festschrift für Schneider, S. 325 (341). Ebenso *Gebhardt/Unmuß,* Arbeitsrecht, S. 179 (Rdn. 58). Der Sache nach auch *Löwisch* § 5 KSchG Rn. 5.
241 In: *Bader/Bram/Dörner/Wenzel* § 4 KSchG Rn. 105.

a) Rechtswirkungen der Versäumung der Dreiwochenfrist des § 4 S.1 KSchG

aa) Die gesetzliche Regelung: § 7 KSchG als maßgebliches Kriterium?

Auszugehen ist bei der Bestimmung der Rechtsfolgen des § 4 S.1 KSchG zunächst von der gesetzlichen Regelung. Das Kündigungsschutzgesetz enthält Vorschriften, die die Rechtsfolgen des fruchtlosen Fristablaufs betreffen, in §§ 7, 9 Abs. 1 S. 1, 13 Abs. 2 S. 2 1. HS KSchG. Auszuscheiden für die Beurteilung sind jedoch von vornherein, entgegen teilweise vertretener Auffassung[242], die §§ 9 Abs. 1 S. 1, 13 Abs. 2 S. 2 1. HS KSchG, die das Recht des Arbeitnehmers betreffen, trotz Unwirksamkeit der Kündigung eine Auflösung des Arbeitsverhältnisses durch das Gericht gegen Zahlung einer angemessenen Abfindung zu verlangen. Diese Bestimmungen geben für die Lösung des Zuordnungsproblems nichts her, da das Erlöschen dieser Rechte mit Ablauf der Dreiwochenfrist neben der primären Rechtsfolge der Fristversäumnis – dem Ausschluß der Möglichkeit, die Kündigung am Maßstab des KSchG überprüfen zu lassen – nur eine mittelbare – erst nach Feststellung der Unwirksamkeit sich ergebende – Nebenwirkung darstellt. Derartige Nebenwirkungen, die den Charakter einer Frist nicht entscheidend prägen, haben aber bei der Einordnung außer Betracht zu bleiben.[243]

Näher zu untersuchen ist aber die Hauptnorm des § 7 KSchG, die als unmittelbare Folge der verspäteten Klage anordnet, daß die Kündigung als rechtswirksam gilt, wenn nicht andere Unwirksamkeitsgründe außerhalb des Kündigungsschutzgesetzes eingreifen. Die Frage der Wirksamkeit einer Kündigung stellt unbestreitbar ein materiell-rechtliches Problem dar, so daß es sich bei der vom Gesetz angeordneten Rechtsfolge um eine solche des materiellen Rechts handelt. Dies erkannt und herausgestellt zu haben, ist das Verdienst der materiell-rechtlichen Auffassung.

Nicht zutreffend ist aber die weitere Folgerung dieser Auffassung, daß hieraus schon zwingend die materiell-rechtliche Rechtsnatur des § 4 S. 1 KSchG folgt. Mit den beiden Feststellungen, daß § 7 KSchG eine materiell-rechtliche Rechtsfolge ausspricht und daß diese Rechtsfolge an den Fristablauf geknüpft wird, ist nämlich noch nicht ausgesagt, daß es sich hierbei um die primäre – der Frist das entscheidende Gepräge gebende – Wirkung handelt. Vielmehr zeigt sich bei näherer Betrachtung, daß § 4 S. 1 KSchG und § 7 KSchG gar nicht denselben Anwendungsbereich haben.[244] Wird nämlich im Falle der Fristversäumung die Klage auf andere – außerhalb des Kündigungsschutzgesetzes stehende – Unwirksamkeitsgründe gestützt, so greift die Vorschrift des § 7 KSchG nicht, da deren Anwendbarkeit ja neben dem Fristablauf als weiteres Tatbestandsmerkmal voraussetzt, daß gerade keine weiteren Unwirksamkeitsgründe vorliegen. In dieser Konstellation wird also die Berufung auf die Sozialwidrigkeit allein durch § 4 S. 1 KSchG ausgeschlossen. Dies beweist augenfällig, daß sich die Rechtsfolgen

---

242 Vgl. oben Zweiter Teil B. III. 1. a.
243 Vgl. oben Zweiter Teil B. I. 2.; *Vollkommer* AcP Bd. 161, 332 (335).
244 So zutreffend *Otto*, Die Präklusion, S. 29 sowie Anm. zu BAG EzA § 5 KSchG Nr. 20.

des § 4 S. 1 KSchG über die Vorschrift des § 7 KSchG gar nicht abschließend erfassen lassen. Aus § 7 KSchG herleiten zu wollen, daß der fruchtlose Ablauf der Dreiwochenfrist stets und primär materiell-rechtliche Rechtsfolgen äußert, erscheint daher nicht möglich.

bb) Der Ausschluß des Klagerechts als maßgebliches Kriterium

Wenn also § 7 KSchG keine endgültige Beurteilung der Rechtsnatur des § 4 S. 1 KSchG zuläßt, so muß unter einem anderen Gesichtspunkt versucht werden, die Hauptwirkungen der Dreiwochenfrist zu erfassen. Dieser andere Gesichtspunkt ist – wie *Vollkommer*[245] und *Bötticher*[246] zutreffend hervorgehoben haben – in dem Umstand zu suchen, daß die Geltendmachung der Sozialwidrigkeit allein dem Arbeitnehmer nicht aber Dritten zusteht.[247] Legt man diese Betrachtungsweise zugrunde, so zeigt sich die unmittelbare Wirkung der Fristversäumnis – nämlich der Wegfall des höchstpersönlichen Klagerechts des Arbeitnehmers.

Gerade in diesem Ausschluß des Klagerechts ist auch gegenüber § 7 KSchG die primäre, der Frist das entscheidende Gepräge gebende Hauptwirkung zu sehen. Das folgt daraus, daß § 7 KSchG aus dem Umstand, daß mit der Beseitigung des Klagerechts des Arbeitnehmers sich *niemand* mehr auf die mangelnde soziale Rechtfertigung berufen kann, erst die weitere Konsequenz zieht, daß die Kündigung deshalb insoweit als wirksam zu behandeln ist.[248] Bei genauer Untersuchung stellt sich daher die in § 7 KSchG ausgesprochene materiell-rechtliche Rechtsfolge nur als mittelbare, erst aus dem Ausschluß des Klagerechts folgende Wirkung dar.

Die Richtigkeit dieses Ansatzpunktes ergibt sich aber auch noch aus folgendem: Im Gegensatz zu § 7 KSchG läßt sich bei Zugrundelegung dieses Verständnisses der Anwendungsbereich der Dreiwochenfrist voll erfassen. In dem oben geschilderten Fall einer nach Fristversäumung erhobenen Klage, die auf andere Unwirksamkeitsgründe gestützt wird, ist die Ausschlußwirkung des § 4 S. 1 KSchG nämlich damit zu erklären, daß dem Kläger in Bezug auf die Geltendmachung der mangelnden sozialen Rechtfertigung die Klagebefugnis gefehlt hat.

Gegen diese Betrachtungsweise spricht auch nicht – wie offenbar *Wenzel*[249] und *Berkowsky*[250] meinen – der Umstand, daß nach Fristversäumung durchaus noch Klage erhoben werden kann, weil dem Kläger nur die Berufung auf die mangelnde soziale Rechtfertigung nicht aber der Vortrag anderer Nichtigkeitsgründe ab-

---

245 AcP Bd. 161, 332 (342).
246 RdA 1951, 81 (83).
247 Das Recht zur Erhebung der Kündigungsschutzklage stellt also ein höchstpersönliches Recht des Arbeitnehmers dar, allg. Meinung. Vgl. *Hueck/v.Hoyningen-Huene* § 4 KSchG Rn. 33; *Bader/Bram/Dörner/Wenzel* § 4 KSchG Rn. 38.
248 So zutreffend *Vollkommer* AcP Bd. 161, 332 (344).
249 Festschrift für Schneider S. 325 (333).
250 NZA 1997, 352 (353).

geschnitten ist. Dieses Ergebnis ist vielmehr die Folge einer nur teilweisen Unzulässigkeit der Klage. Streitgegenstand der Kündigungsschutzklage ist ja nach h. M. die Wirksamkeit der Kündigung schlechthin[251] – also die Frage nach dem Durchgreifen sämtlicher möglicher Unwirksamkeitsgründe. In Bezug auf die außerhalb des Kündigungsschutzgesetzes liegenden Unwirksamkeitsgründe besteht daher durchaus die Klagebefugnis fort, sie entfällt nur im Hinblick auf das Problem der sozialen Rechtfertigung. Davon, daß die Klagebefugnis durch die Fristversäumung „keineswegs"[252] abgeschnitten wird, kann keine Rede sein. Richtigerweise muß vielmehr von einem teilweisen Fortfall der Klagebefugnis gesprochen werden.

cc) Der Ausschluß des Klagerechts als prozessuale Wirkung

Zur Beurteilung der Rechtsnatur der Dreiwochenfrist ist damit entsprechend den oben entwickelten Grundsätzen zur Abgrenzung prozessualer und materieller Fristen weiter zu prüfen, ob dieser Wegfall des Klagerechts Wirkungen auf materiell-rechtlichem oder prozessualem Gebiet entfaltet: Da der Kläger nach Fristablauf seine Klage nicht mehr auf den Klagegrund „Sozialwidrigkeit" stützen kann, ihm also die prozessuale Befugnis fehlt, die mangelnde soziale Rechtfertigung im Wege der Klage – also durch Vornahme einer *Prozeß*handlung[253] – geltend zu machen, ist von einer prozessualen Wirkung auszugehen.

Nicht gefolgt werden kann daher der Auffassung *Riebles*[254], der hierin ein „materielles (!) (Gegen-)gestaltungsklagerecht" sehen will. Abgesehen von der äußerst umständlichen Konstruktion, daß das Bestehen dieses (Gegen-)gestaltungsklagerechts im Wege der Feststellungsklage festgestellt werden müßte[255], bleibt dabei nämlich unklar, woraus sich die materielle Natur dieses Rechts ergeben sollte. Immerhin handelt es sich bei dem *Klage*recht des Arbeitnehmers um eine *prozessuale* Befugnis, die schwerlich als materielles Recht verstanden werden kann.[256] Der von *Rieble a. a. O.* gezogene Vergleich zu § 626 BGB ist jedenfalls wenig aussagekräftig, da das dort genannte Kündigungsrecht im Gegensatz zur Geltendmachung des Mangels der sozialen Rechtfertigung gerade nicht im Klagewege zu verfolgen ist.

Entsprechend den oben genannten Grundsätzen, wonach für die Einordnung maßgeblich ist, auf welchem Gebiet die Hauptwirkungen des Fristablaufs liegen,

---

251 Vgl. *Hueck/v.Hoyningen-Huene* § 4 KSchG Rn. 69; *Bader/Bram/Dörner/Wenzel* § 4 KSchG Rn. 139.
252 So *Wenzel*, Festschrift für Schneider, S. 325 (333).
253 *Tschöpe/Fleddermann* BB 1998, 157 (159). Vgl. auch *Bader/Bram/Dörner/Wenzel* § 4 KSchG Rn. 105: Die Wahrung der Klagefrist vollzieht sich „in den Formen des Prozeßrechts".
254 Anm. zu LAG Hamm LAGE § 5 KSchG Nr. 65.
255 Vgl. *Rieble* a. a. O.
256 Vgl. auch *Otto*, Anm. zu BAG EzA § 5 KSchG Nr. 20.

ist daher bei der Dreiwochenfrist des § 4 S. 1 KSchG von einer prozessualen Frist auszugehen.

dd) Keine Doppelnatur der Dreiwochenfrist

Abzulehnen ist aufgrund dieser Wirkungen des Fristablaufs auch die Lehre von der Doppelnatur der Dreiwochenfrist. Sie steht im Widerspruch zu den oben entwickelten allgemeinen Kriterien zur Abgrenzung prozessualer Fristen von denen des materiellen Rechts, wonach für die Einordnung die Hauptwirkung des Fristablaufs den entscheidenden Ausschlag gibt. Da diese – wie bereits ausgeführt – auf prozessualem Gebiet liegt, ist vielmehr von einer *rein* prozessualen Frist auszugehen.[257] Im übrigen wäre mit einer Einordnung als Frist mit Doppelnatur wenig gewonnen, da zur konkreten Beurteilung des jeweiligen Einzelfalls doch wieder auf die Hauptwirkungen abgestellt werden müßte.[258]

b) Auslegung anhand der Entstehungsgeschichte

Auch die Entstehungsgeschichte spricht für ein prozessuales Verständnis des § 4 S. 1 KSchG, da es sich bei den Vorgängervorschriften des BRG und des AOG um prozessuale Fristen gehandelt hat.[259]

Hiergegen ist eingewandt worden, diese Vorschriften wären mit dem heutigen § 4 S. 1 KSchG nicht vergleichbar, weil in diesen Gesetzen eine dem § 7 KSchG entsprechende Vorschrift gefehlt habe.[260] Dem kann jedoch nicht gefolgt werden. Daß § 7 KSchG keinesfalls zwingend für ein materiell-rechtliches Verständnis der Dreiwochenfrist spricht, ist bereits oben hinreichend nachgewiesen worden. Es bestehen aber auch keine Anhaltspunkte dafür, daß der Gesetzgeber in Verkennung dieser Sachlage durch den Erlaß des § 7 KSchG eine materielle Frist einführen wollte. Das Gegenteil ist der Fall. In der amtlichen Begründung zum Kündigungsschutzgesetz 1951[261] ist nämlich in Bezug auf die nachträgliche Klagezulassung ausgeführt: „Bei schuldloser Fristversäumnis ist, *wie im früheren Recht*, eine nachträgliche Zulassung der Klage vorgesehen." Die Gesetzesmaterialien sprechen also eher dafür, daß der Gesetzgeber die prozessuale Rechtsnatur der Dreiwochenfrist beibehalten wollte.[262]

---

257 So zutreffend *Vollkommer* AcP Bd. 161, 332 (344 und 356).
258 Beispielhaft z. B. *Wenzel*, Festschrift für Schneider, S. 325 (341), der sich zur Beurteilung der Frage der Zurechnung des Vertreterverschuldens im Rahmen des § 5 KSchG genötigt sieht, herzuleiten, daß sich die Lösung dieses Problems nach materiellem Recht richtet.
259 Vgl. *Herschel* Anm. zu LAG Stuttgart AP Nr. 3 zu § 4 KSchG 1951; *Vollkommer* AcP Bd. 161, 332 (345 f.).
260 Vgl. *Besta* S. 87 f.
261 RdA 1951, 61 (63).
262 Vgl. auch *Vollkommer* AcP Bd. 161, 332 (346).

c) Auslegung anhand des Normzusammenhangs

Der Blick auf andere Normen in und außerhalb des Kündigungsschutzgesetzes bestätigt das gefundene Ergebnis. So werden Ausschlußfristen des materiellen Rechts – insbesondere bei der Ausübung von Gestaltungsrechten – üblicherweise durch Erklärung gegenüber dem Vertragspartner und nicht – wie bei § 4 S. 1 KSchG – durch Klageerhebung gewahrt.[263] Auch die Tatsache, daß in Form der nachträglichen Klagezulassung ein wiedereinsetzungsähnliches Institut vorgesehen ist, spricht für die prozessuale Auffassung, da das geltende Recht eine Wiedereinsetzung in den vorigen Stand nur bei prozessualen Fristen kennt.[264]

Demgegenüber wollen *Lepke*[265] und *Besta*[266] dem § 5 KSchG diese Bedeutung nicht beimessen: Zum einen seien die Voraussetzungen des § 5 KSchG und die der Wiedereinsetzung nicht gleich, sondern nur ähnlich.[267] So sei gemäß § 233 ZPO bei der Wiedereinsetzung entscheidend, daß eine unverschuldete Fristversäumung vorliegt, während § 5 KSchG darauf abstellt, daß der Arbeitnehmer trotz Anwendung aller ihm nach Lage der Dinge zuzumutenden Sorgfalt verhindert war, Klage zu erheben. Auch sehe § 5 KSchG ein besonderes, durch Beschluß zu entscheidendes Verfahren vor, wohingegen das Wiedereinsetzungsverfahren gemäß § 238 Abs. 1 S.1, Abs. 2 S.1 ZPO mit dem Hauptverfahren eine Einheit bilde. Zum anderen bestehe für den Gesetzgeber ja Gestaltungsfreiheit.[268] Ein Verbot einer materiell-rechtlich wirkenden Wiedereinsetzung (restitutio in integrum) existiere nicht. Vielmehr sei der Gesetzgeber gerade wegen des materiell-rechtlichen Charakters der Dreiwochenfrist gezwungen gewesen, ein solches besonderes Verfahren einzuführen.[269] Im übrigen spreche auch der Umstand, daß die Sozialwidrigkeit durch Klage und nicht – wie bei Ausschlußfristen des materiellen Rechts sonst üblich – durch Erklärung gegenüber dem Vertragspartner geltend gemacht werden muß, nicht zwingend für die prozessuale Auffassung.[270] Einzig und allein aus Gründen der Rechtssicherheit und der Rechtsklarheit sowie zur Herbeiführung einer öffentlich gemachten Entscheidung habe der Gesetzgeber diese Ausgestaltung gewählt. Dies ergebe sich aus einer Parallele zu anderen materiell-rechtlichen Klage- und Antragsfristen etwa §§ 19 Abs. 2 BetrVG oder § 23 Abs. 4 WEG.

Diese Einwände überzeugen indessen nicht. Zunächst kann an der starken Ähnlichkeit der nachträglichen Klagezulassung zur (prozessualen) Wiedereinsetzung in den vorigen Stand kein Zweifel bestehen. Es ist zwar zuzugestehen, daß gewisse Abweichungen bestehen, aber die Gemeinsamkeiten überwiegen bei

---

263 Vgl. *Lepke* DB 1991, 2034 (2039).
264 Vgl. MüKo/*von Feldmann* § 194 Rn. 7; *Vollkommer* AcP Bd. 161, 332 (345).
265 DB 1991, 2034 (2039).
266 S. 89.
267 *Lepke* a.a.O.
268 *Besta* S. 89.
269 *Lepke* DB 1991, 2034 (2039).
270 *Lepke* DB 1991, 2034 (2039).

weitem: So stimmt z. B. die zweiwöchige Antragsfrist des § 5 Abs. 3 KSchG mit der zweiwöchigen Frist des § 234 ZPO überein. Auch fand § 5 Abs. 2 S. 2 KSchG, wonach der an die Zweiwochenfrist gebundene Antrag die zur Begründung der nachträglichen Zulassung geeigneten Tatsachen sowie die Mittel für deren Glaubhaftmachung enthalten muß, seine Entsprechung in § 236 der im Jahre 1951 geltenden Fassung der ZPO.[271] Zudem ist der Zulassungsgrund des § 5 Abs. 1 KSchG an den damaligen § 233 ZPO angelehnt, da man zu dieser Zeit unter einem „unabwendbaren Zufall" ein Ereignis verstand, das auch durch die äußerste, den Umständen angemessene und vernünftigerweise zu erwartende Sorgfalt nicht zu vermeiden war.[272] Die sich ergebenden Abweichungen sind also großteils durch die ZPO-Vereinfachungsnovelle vom 3. Oktober 1976 bedingt. Selbst *Lepke*[273] sieht sich daher gezwungen, zu konzedieren, daß die Voraussetzungen beider Vorschriften „sehr ähnlich" sind bzw. daß die nachträgliche Klagezulassung „in gewisser Anlehnung" an das Wiedereinsetzungsverfahren nach der ZPO erlassen wurde.

Aber auch der Hinweis auf die Gestaltungsfreiheit des Gesetzgebers greift nicht durch. Zwar ist durchaus zuzugestehen, daß für den Gesetzgeber das Verbot einer materiell-rechtlich wirkenden Wiedereinsetzung nicht besteht. Dies ist aber dennoch kein Hindernis, den Umstand des Bestehens eines „wiedereinsetzungsähnlichen Instituts" als Indiz für die prozessuale Auffassung zu werten. Immerhin verwendet der Gesetzgeber *in der Regel* die Wiedereinsetzung nur bei prozessualen Fristen, so daß im Zweifel bei Vorliegen einer Wiedereinsetzung von einer prozessualen Frist auszugehen ist.[274]

Nichts anderes gilt für die Tatsache, daß materielle Ausschlußfristen üblicherweise durch Erklärung gegenüber dem Vertragspartner und nicht durch Klageerhebung gewahrt werden. Auch hier erscheint entgegen *Lepke*[275] eine Orientierung am Regel- und nicht am Ausnahmefall geboten. Im übrigen besteht bei den von *Lepke a. a. O.* zur Stützung seiner Ansicht zitierten Fristen weitgehend ein weitaus größeres Bedürfnis nach einer öffentlich gemachten Entscheidung als bei § 4 S. 1 KSchG, der sich nur auf die Frage des Fortbestehens eines einzelnen Arbeitsverhältnisses bezieht. So betreffen z.B. §§ 23 Abs. 4 WEG, 19 Abs. 2 BetrVG die Frage der Gültigkeit eines Beschlusses einer Wohnungseigentümerversammlung bzw. einer Betriebsratsratswahl. Insofern bestehen also erhebliche Zweifel an der Vergleichbarkeit der Fristen.

Unrichtig ist schließlich auch die Folgerung *Lepkes*[276], der Gesetzgeber sei gerade wegen des materiell-rechtlichen Charakters der Dreiwochenfrist gezwungen gewesen ein besonderes Zulassungsverfahren einzuführen. Die nachträgliche

---
271 Vgl. *Wenzel*, Festschrift für Schneider, S. 325 (329).
272 Vgl. *Wenzel* a. a. O.
273 DB 1991, 2034 (2039).
274 Vgl. *Vollkommer* AcP Bd. 161, 332 (345 Fn. 70).
275 DB 1991, 2034 (2039).
276 DB 1991, 2034 (2039).

Klagezulassung war auch schon unter Geltung des BRG und des AOG in besonderen Gesetzen geregelt.[277] Bei den dortigen Fristen hat es sich aber unzweifelhaft um prozessuale Fristen gehandelt. Der Gesetzgeber hat also nicht deswegen ein besonderes Verfahren gewählt, weil es sich bei der Dreiwochenfrist um eine materielle Frist handelt, sondern weil er an alte Traditionen angeknüpft hat. In der amtlichen Begründung[278] ist ja auch – wie oben bereits zitiert – ausgeführt, daß *„wie im alten Recht* Wiedereinsetzung gewährt wird."

d) Auswirkungen des Fristablaufs auf die Kündigungsschutzklage:
Abweisung als unzulässig oder als unbegründet?

Als Argument gegen die prozessuale Auffassung wird von den Vertretern der materiell-rechtlichen Lehre vorgebracht, daß sie den Bedürfnissen der Praxis nicht gerecht werde. Aus dem prozessualen Verständnis der Dreiwochenfrist folge nämlich, daß die Klage im Falle der Fristversäumung als unzulässig abgewiesen werden müsse. Dies aber ermögliche ein „Prozessieren in Raten"[279], denn der Kläger wäre durch ein derartiges Prozeßurteil nicht gehindert, erneut eine Klage unter Darlegung von außerhalb des KSchG liegenden Unwirksamkeitsgründen zu erheben.[280] In der Tat widerspräche ein solches Ergebnis den Grundsätzen der Prozeßökonomie. Die hiergegen von den Vertretern der materiellrechtlichen Auffassung vorgebrachten Bedenken überzeugen durchaus. Insbesondere wäre der von *Herschel*[281] für eine Abweisung als unzulässig propagierte Vorteil einer schnellen Abweisung ohne Sachverhandlung nur von kurzer Dauer, da der insoweit unterlegene Kläger im Regelfall sofort wieder klagen wird, nunmehr gestützt auf außerhalb des Kündigungsschutzgesetzes liegende Unwirksamkeitsgründe.

Diese Einwände stehen und fallen indessen mit der These, daß nur bei Annahme einer materiell-rechtlichen Rechtsnatur im Falle der Fristversäumung eine Abweisung als unbegründet in Frage kommt. Im folgenden ist daher zu untersuchen, ob diese Annahme der materiell-rechtlichen Auffassung zutrifft. Dabei ist zwischen der bisherigen Rechtslage und der Rechtslage nach Inkrafttreten des arbeitsrechtlichen BeschFG 1996 zu unterscheiden.

aa) Bisherige Rechtslage

Für die bisherige Rechtslage erweist sich die These, daß im Falle der Versäumung der Dreiwochenfrist nur auf der Grundlage der materiell-rechtlichen Auffassung die Kündigungsschutzklage durch Sachurteil abgewiesen werden kann,

---

277 Siehe oben Erster Teil.
278 RdA 1951, 61 (63).
279 Siehe oben Zweiter Teil B. III. 1. a.
280 Vgl. KR-*Friedrich* § 4 KSchG Rn. 219; *Lepke* DB 1991, 2034 (2035); *Besta* S. 85 f.
281 Anm. zu LAG Stuttgart AP Nr. 3 zu § 4 KSchG 1951.

als unzutreffend. Dies haben *Vollkommer*[282] und *Otto*[283] überzeugend damit begründet, daß bei fruchtlosem Fristablauf die Klage aufgrund des weitergehenden Streitgegenstands „Wirksamkeit der Kündigung *insgesamt*"[284] nur teilweise[285] – nämlich im Hinblick auf die mangelnde soziale Rechtfertigung – unzulässig wird.[286]

Für die restlichen Unwirksamkeitsgründe bleibt aber die Klagebefugnis erhalten, so daß über diese zu entscheiden und die Klage ggflls. als unbegründet abzuweisen ist.[287]

An diesem Ergebnis vermögen auch die Einwände von *Boemke*[288] und von *Nikisch*[289] nichts zu ändern:

Entgegen der Auffassung *Boemkes a. a. O.* kann von einem Wegfall des Rechtsschutzbedürfnisses für ein derartiges Vorgehen keine Rede sein. Das Begehren des Arbeitnehmers richtet sich primär darauf, die Kündigung des Arbeitgebers zu Fall zu bringen. Aus welchem Grunde dies geschieht, ist ihm letztlich gleichgültig. Dementsprechend besteht für den Arbeitnehmer durchaus ein Rechtsschutzbedürfnis, die Wirksamkeit der Kündigung unter allen rechtlichen Gesichtspunkten überprüfen zu lassen.

Nicht gefolgt werden kann zudem dem von *Nikisch a. a. O.* erhobenen Einwand, eine Sachentscheidung könne gar nicht ergehen, weil die Wirksamkeit der Kündigung gar nicht geprüft worden sei. Aufgrund des weitergehenden Streitgegenstands „Wirksamkeit der Kündigung" hat eine derartige Prüfung nach dem eben Gesagten durchaus stattgefunden. Entfallen ist lediglich die Prüfung der sozialen Rechtfertigung. Dies aber ist ja gerade die Folge der Fristversäumung.

bb) Die Rechtslage unter Geltung des BeschFG 1996

Abweichend von dem eben Gesagten gestaltet sich jedoch die Rechtslage bei der Kündigung durch den Insolvenzverwalter gemäß § 113 Abs. 2 S. 1 InsO bzw. bei

---

282 AcP Bd. 161, 332 (351).
283 Die Präklusion S. 29 und Anm. zu BAG EzA § 5 KSchG Nr. 20.
284 Sog. Lehre vom punktuellen Streitgegenstand. Vgl. hierzu BAG AP Nr. 17 zu § 3 KSchG 1951; *Bader/Bram/Dörner/Wenzel* § 4 KSchG Rn. 138 ff.
285 Prozeßvoraussetzungen können sich auch nur auf einzelne Klagegründe beziehen, vgl. *Vollkommer* AcP Bd. 161, 332 (351) sowie *Rosenberg/Schwab/Gottwald* § 96 I 2.
286 Ungenau daher *Hueck/v. Hoyningen-Huene* (12. Auflage) § 4 KSchG Rn. 83: Die Kündigungsschutzklage wird „prozeßrechtlich nicht unzulässig".
287 Demgegenüber kann die Kündigungsschutzklage nicht in Bezug auf die Sozialwidrigkeit durch Teilurteil als unzulässig zurückgewiesen werden, da ein Teilurteil über einzelne Klagegründe nicht möglich ist. Vgl. *Vollkommer* AcP Bd. 161, 332 (351) sowie *Rosenberg/Schwab/Gottwald* § 99 V 2.
288 RdA 1995, 211 (216). Vgl. hierzu oben Zweiter Teil B. III. 2. b. aa.
289 Bd. I S. 779. Vgl. hierzu oben Zweiter Teil B. III. 2. b. aa.

der Geltendmachung der Unwirksamkeit einer Befristung i. S. d. § 1 Abs. 5 BeschFG 1996. Dies gilt zunächst für die Kündigung durch den Insolvenzverwalter. Die Vorschrift des § 113 Abs. 2 S. 1 InsO weitet – wie bereits oben[290] ausgeführt – den Anwendungsbereich der Dreiwochenfrist für den Fall der Kündigung durch den Insolvenzverwalter auf sämtliche Unwirksamkeitsgründe aus. Dementsprechend ist in dieser Konstellation nach der hier zugrunde gelegten prozessualen Ansicht eine nach Ablauf der Dreiwochenfrist erhobene Klage als unzulässig abzuweisen,[291] da ja nunmehr die Klage in Bezug auf den *gesamten* Streitgegenstand[292] unzulässig wird.[293]

Nicht anders verhält es sich im Falle der Geltendmachung der Unwirksamkeit einer Befristung i. S. d. § 1 Abs. 5 BeschFG 1996. Da die Dreiwochenfrist des § 1 Abs. 5 S. 1 BeschFG 1996 dem § 4 S. 1 KSchG nachempfunden ist, ist auch sie als prozessuale Frist einzuordnen.[294] Streitgegenstand der Klage nach § 1 Abs. 5 BeschFG 1996 ist aber, in Anlehnung an die Klage nach § 4 S. 1 KSchG, allein die Frage der Beendigung des Arbeitsverhältnisses auf Grund der Befristung.[295] Mithin erfaßt der Streitgegenstand der Befristungsschutzklage *sämtliche* Unwirksamkeitsgründe der Befristung.[296] Eine nach Ablauf der Dreiwo-

---

290 Erster Teil D. III. 1..
291 So auch KR/*Weigand* § 113 InsO Rn. 29; *v. Hoyningen-Huene/Linck* DB 1997, 41 (45), die dies jedoch damit begründen, daß in § 113 Abs. 2 InsO eine entsprechende Anwendung des § 7 KSchG nicht vorgesehen ist. Da demnach die materielle Wirksamkeit der Kündigung nicht fingiert werde, sei die verspätete Klage – wenn andere Unwirksamkeitsgründe als die des § 1 KSchG geltend gemacht werden – als unzulässig abzuweisen.
292 Vgl. zu den Anträgen einer Klage gegen die Kündigung des Insolvenzverwalters *Bader/Bram/Dörner/Wenzel* § 4 KSchG Rn. 31.
293 Anders müssen konsequenterweise die Vertreter der materiell-rechtlichen Auffassung entscheiden. Nach dieser ist vielmehr auch die verspätete Klage gegen die vom Insolvenzverwalter ausgesprochene Kündigung als unbegründet abzuweisen. So in der Tat EK-ArbR/*Müller-Glöge* § 113 InsO Rn. 37. Ebenso KR-*Rost* § 7 KSchG Rn. 5 b/c; *Stahlhacke/Preis/Vossen* Rn. 1333; *Fischermeier* NZA 1997, 1089 (1098), die dies jedoch damit begründen, daß der Gesetzgeber durch die Verwendung des Wortes „auch" in § 113 Abs. 2 S. 1 InsO zu erkennen gegeben habe, daß die Kündigung bei Versäumung der Klagefrist entsprechend §§ 13 Abs. 1,7 KSchG als rechtswirksam gelten solle.
294 So zu Recht *Stahlhacke/Preis/Vossen* Rn. 1049 a. A. A. – ausgehend von einem materiell-rechtlichen Verständnis des § 4 S. 1 KSchG -*Rolfs* NZA 1996, 1134 (1139): „materiell-rechtliche Ausschlußfrist". Ebenso *Gebhardt/Unmuß*, Arbeitsrecht, S. 53 (Rn. 22). Vgl. auch EK-ArbR/*Müller-Glöge* § 1 BeschFG Rn. 66.
295 KR-*Lipke* § 1 BeschFG 1996 Rn. 174; *Hueck/v.Hoyningen-Huene* § 1 KSchG Rn. 604 b; *Stahlhacke/Preis/Vossen* Rn. 1049 b.
296 So auch EK-ArbR/*Müller-Glöge* § 1 BeschFG Rn. 66; *Stahlhacke/Preis/Vossen* Rn. 1049 d; *Küttner/Kania*, Personalbuch1998, Befristetes Arbeitsverhältnis, Rn. 35. Abweichend *Kittner/Däubler/Zwanziger* § 1 BeschFG 1996 Rn. 54, die elementare Ver-

chenfrist des § 1 Abs. 5 S. 1 BeschFG 1996 erhobene Klage wird damit *insgesamt* unzulässig und ist daher als unzulässig abzuweisen.

Nichts Gegenteiliges läßt sich insoweit aus der in § 1 Abs. 5 S. 2 BeschFG 1996 enthaltenen Verweisung auf die Vorschrift des § 7 KSchG herleiten.[297] Die Verweisung bedeutet nur, daß auch das Recht des Arbeitnehmers, die Unwirksamkeit der Befristung geltend zu machen, als höchstpersönliches Recht des Arbeitnehmers anzusehen ist. Folgerichtig kann – wenn der Arbeitnehmer die Frist des § 1 Abs. 5 S. 1 BeschFG 1996 ungenutzt verstreichen läßt – sich *niemand* mehr auf die Unwirksamkeit der Befristung berufen. Die Befristung ist als wirksam zu behandeln, § 1 Abs. 5 S. 2 BeschFG 1996 i. V. m. § 7 KSchG.

Damit bestätigen letztlich die durch das arbeitsrechtliche BeschFG 1996 bewirkten Änderungen die hier vertretene prozessuale Auffassung. Die in § 113 Abs. 2 S. 1 InsO angesprochenen Unwirksamkeitsgründe unterliegen nämlich nach bisher herrschender Meinung[298] gerade nicht dem höchstpersönlichen Klagerecht des Arbeitnehmers. Daher ist es keinesfalls so, daß sich – wenn der Arbeitnehmer nicht innerhalb der Dreiwochenfrist Klage erhebt – niemand mehr auf diese Unwirksamkeitsgründe berufen kann. Eine fristgerecht erhobene Klage Dritter[299] wäre in diesen Fallkonstellationen durchaus möglich. Aufgrund dessen ist die Verweisung auf § 7 KSchG für den Bereich der Kündigung durch den Insolvenzverwalter zu Recht unterblieben.

Abschließend ist noch anzumerken, daß sich auch in den Fällen der §§ 113 Abs. 2 InsO, 1 Abs. 5 BeschFG 1996 nicht die unerwünschte Folge eines „Prozessierens in Raten" ergibt. Ein Prozeßurteil ist nämlich ebenfalls der Rechtskraft fähig. Diese bezieht sich zwar nicht auf die Entscheidung in der Sache selbst, sehr wohl aber auf die darin entschiedene Prozeßfrage.[300] Damit wäre aber eine erneute Klage unmöglich, da mit dem die Klage als unzulässig abweisenden Urteil rechtskräftig festgestellt ist, daß die Dreiwochenfrist versäumt ist und der Kläger demnach mit sämtlichen Unwirksamkeitsgründen ausgeschlossen ist.

IV. Das Problem des Verzichts auf die Einhaltung der Dreiwochenfrist

Zu erörtern bleibt demnach nur noch, inwieweit § 4 S. 1 KSchG zwingenden Charakter hat. Diese Problematik stellt sich insbesondere in den Fällen, in denen

---

letzungen der Rechtsordnung, wie beispielsweise Verstöße gegen die guten Sitten, von der Frist des § 1 Abs. 5 BeschFG 1996 ausnehmen wollen.
297 A. A. KR-*Rost* § 7 KSchG Rn. 5 d; *Bader/Bram/Dörner/Wenzel* § 4 KSchG Rn. 28, die dementsprechend die verspätet erhobene Befristungsschutzklage als unbegründet abweisen wollen.
298 BAG AP Nr. 7, 19 zu § 6 LohnFG; *Bader/Bram/Dörner/Wenzel* § 4 KSchG Rn. 39.
299 Beispielsweise Pfändungsgläubiger oder Zessionare, vgl. *Vollkommer* AcP Bd. 161, 332 (342 f.).
300 *Thomas-Putzo* § 322 Rn. 3; *Zöller/Vollkommer* § 322 Rn. 1 f.

der Arbeitgeber trotz verspäteter Klageerhebung durch den Arbeitnehmer erklärt, er wolle sich auf die Einhaltung des Dreiwochenfrist nicht berufen bzw. dann, wenn die Parteien einen Vergleich über die Innehaltung der Frist schließen wollen. Die Frage der Verzichtsmöglichkeit wird bei § 4 S. 1 KSchG nicht einheitlich beantwortet:

So geht ein Teil der Literatur[301] davon aus, daß § 4 S. 1 KSchG verzichtbar ist. Genannt werden hierfür im wesentlichen die Argumente, die schon gegen eine Berücksichtigung der Dreiwochenfrist von Amts wegen angeführt wurden[302]: Der Arbeitgeber müsse doch wohl nicht vor sich selbst geschützt werden, wenn er sich mit einer Fristverlängerung einverstanden erklärt.

Demgegenüber wird zu Recht ganz überwiegend der zwingende Charakter der Dreiwochenfrist bejaht.[303] Dies ergibt sich zum einen aus dem Wortlaut des § 4 S. 1 KSchG, wonach die Kündigungsschutzklage innerhalb von drei Wochen nach Zugang der Kündigung erhoben werden *muß*,[304] zum anderen daraus, daß die Dreiwochenfrist auch Interessen der Allgemeinheit – nämlich den Rechtsfrieden – schützen will.[305] Nach der hier vertretenen prozessualen Auffassung läßt sich überdies noch anführen, daß die Fristwahrung Prozeßvoraussetzung ist und Prozeßvoraussetzungen üblicherweise[306] nicht der Dispositionsbefugnis der Parteien unterliegen.[307]

V. Zwischenergebnis

Die oben[308] aufgeworfenen Fragen betreffend die Rechtsnatur der Dreiwochenfrist des § 4 S. 1 KSchG lassen sich demnach für die weitere Untersuchung wie folgt zusammenfassend beantworten:

Bei § 4 S. 1 KSchG handelt es sich nicht um eine Verjährungs- sondern um eine Ausschlußfrist und zwar um eine Ausschlußfrist in Form einer Klagefrist. Dementsprechend ist die Einhaltung der Frist auch von Amts wegen zu berücksichti-

---

301 *Gamillscheg*, Arbeitsrecht I, S. 505; MüKo/*Schwerdtner* (2. Auflage) vor § 620 Rn. 333.
302 Vgl. hierzu oben Zweiter Teil B. II.
303 KR-*Friedrich* § 4 KSchG Rn. 138; *Hueck/v. Hoyningen-Huene* § 4 KSchG Rn. 53; *Stahlhacke/Preis* Rn. 1110 a; *Lepke* DB 1991, 2034; *Vollkommer* AcP Bd. 161, 332 (354); *Besta* S. 93.
304 Vgl. *Lepke* DB 1991, 2034; *Vollkommer* Anm. zu LAG Hamm LAGE § 5 KSchG Nr. 22.
305 Vgl. oben Erster Teil D. III. 2. a.; *Vollkommer* AcP Bd. 161, 332 (347).
306 Vgl. *Schlosser* Jura 1981, 648 (655).
307 Auch in diesem Punkt zeigt sich im übrigen, daß die teilweise vertretene Auffassung, die Einhaltung der Dreiwochenfrist des § 4 S. 1 KSchG sei nur auf Rüge hin zu beachten, nicht haltbar ist. Prozeßvoraussetzungen unterliegen nämlich üblicherweise der Überprüfung von Amts wegen. Vgl. *Zöller/Greger* vor § 253 Rn. 9; *Stein/Jonas/Leipold* vor § 128 Rn. 92; *Schlosser* Jura 1981, 648 (653).
308 Zweiter Teil A.

gen. Weiter ist diese Ausschlußfrist rein prozessualer und nicht materiell-rechtlicher Natur. Ein Verzicht auf die Einhaltung der Frist erscheint nicht möglich.

Im folgenden gilt es nun zu erörtern, welche Folgerungen sich hieraus für die Beurteilung des § 5 KSchG ergeben.

C. Konseqenzen für die Beurteilung der nachträglichen Klagezulassung

Welche Konsequenzen sich aus der Rechtsnatur der Dreiwochenfrist für die Einordnung der nachträglichen Klagezulassung ergeben, ist heftig umstritten. Zu unterscheiden sind – wie bei § 4 S. 1 KSchG – eine materiell-rechtliche und eine prozessuale Auffassung sowie die Lehre von der Doppelnatur des § 5 KSchG.

I. § 5 KSchG als materiell-rechtliches Rechtsinstitut

Der weitaus überwiegende Anteil der Vertreter einer materiell-rechtlichen Rechtsnatur des § 4 S. 1 KSchG geht auch von einem materiell-rechtlichen Verständnis des § 5 KSchG aus.[309] Nach dieser Ansicht handelt es sich bei der nachträglichen Klagezulassung um ein materiell-rechtliches Rechtsinstitut bzw. um einen von zwei materiell-rechtlichen Verfahrensteilen, der – ähnlich dem aus der ZPO geläufigen Grund- und Betragsverfahren – zu einer Aufspaltung des Kündigungsschutzverfahrens in zwei materielle Verfahrensabschnitte führt.[310] Oder anders ausgedrückt: § 5 KSchG stellt nach dieser Konzeption einen Fall dar, in dem eine materiell-rechtliche Frage – nämlich die Frage nach der Beseitigung der durch § 7 KSchG an den fruchtlosen Fristablauf geknüpften Rechtsfolgen – in einem abgesonderten Verfahren selbständig entschieden wird.[311]

1. Begründung der materiell-rechtlichen Auffassung

Die Vertreter einer materiell-rechtlichen Rechtsnatur der nachträglichen Klagezulassung stützen ihre Auffassung vor allem auf das von ihnen angenommene materiell-rechtliche Verständnis der Dreiwochenfrist des § 4 S. 1 KSchG.[312]

---

309 BAG AP Nr. 4 zu § 5 KSchG 1969; LAG Hamburg LAGE § 5 KSchG Nr. 85; KR-*Friedrich* § 5 KSchG Rn. 7; HK-KSchG/*Hauck* § 5 KSchG Rn. 4; *Maus* § 5 KSchG Rn. 1; *Neumann* AR-Blattei D, Kündigungsschutz III A, A III und RdA 1954, 269 (270); *Melzer* S. 48 f.; *Besta* S. 123 f.; *Dahns* RdA 1952, 140 (141); *Güntner* AuR 1954, 193 (197); *Reinecke* NZA 1985, 243 (244); *Berkowsky* NZA 1997, 352 (356); *Lepke* DB 1991, 2034 (2040), anders noch in AuR 1970, 109 (110): „echter Wiedereinsetzungsantrag".
310 Vgl. BAG AP Nr. 4 zu § 5 KSchG 1969; *Neumann* RdA 1954, 269 (270).
311 *Melzer* S. 57 f.; *Berkowsky* NZA 1997, 352 (356).
312 BAG AP Nr. 4 zu § 5 KSchG 1969; KR-*Friedrich* § 5 KSchG Rn. 7; *Lepke* DB 1991, 2034 (2040); *Melzer* S. 48; *Besta* S. 123.

Rechtswirkung der nachträglichen Klagezulassung sei die Beseitigung der durch den fruchtlosen Ablauf der Dreiwochenfrist hervorgerufenen Rechtsfolgen. Die durch den Fristablauf ausgelösten Rechtsfolgen seien aber aufgrund der materiellen Natur des § 4 S. 1 KSchG materiell-rechtlicher Art. Dementsprechend führe die nachträgliche Klagezulassung zu einer Beseitigung materiell-rechtlicher Wirkungen, so daß dann auch konsequentermaßen von einem materiellrechtlichen Institut ausgegangen werden müsse.[313]

Desweiteren zeige sich – so die Befürworter[314] der materiell-rechtlichen Auffassung – auch an der die nachträgliche Klagezulassung abweisenden Entscheidung die materiell-rechtliche Rechtsnatur des Zulassungsverfahrens. Deren Wirkung unterscheide sich nämlich maßgeblich von den Rechtsfolgen einer ablehnenden Entscheidung im (prozessualen) Wiedereinsetzungsverfahren gemäß §§ 233 ff. ZPO. Die Nichtzulassung der verspätet erhobenen Klage führe nur dazu, daß sich der Kläger im weiteren Kündigungsschutzprozeß nicht mehr auf das Fehlen der sozialen Rechtfertigung bzw. das Fehlen eines wichtigen Grundes berufen könne. Andere Unwirksamkeitsgründe könnten weiterhin geltend gemacht werden. Die Wirkung der Nichtzulassung liege damit nur im Ausschluß einzelner Klagegründe.[315] Demgegenüber führe die Nichtgewährung der (prozessualen) Wiedereinsetzung in den vorigen Stand (§§ 233 ff. ZPO) zu einem Verlust des Rechtsmittels bzw. zur Aufrechterhaltung der gerichtlichen Entscheidung, letztlich also zum Verlust der Klagemöglichkeit.[316] An diesem Unterschied werde offenbar, daß bei der den Zulassungsantrag abweisenden Entscheidung – wie bei jeder anderen Klageabweisung wegen der Versäumung einer materiell-rechtlichen Ausschlußfrist – eine materiell-rechtliche Entscheidung vorliege.[317]

Im übrigen könne – genauso wie bei § 4 S. 1 KSchG – aus dem prozessualen Institut der Wiedereinsetzung in den vorigen Stand sowieso nicht überzeugend die prozessuale Natur der nachträglichen Klagezulassung hergeleitet werden.[318] Zur Begründung hierfür verweisen die Vertreter der materiell-rechtlichen Auffassung im wesentlichen auf die Argumente, die sie schon gegen eine Herleitung der prozessualen Rechtsnatur der Dreiwochenfrist aus § 5 KSchG vorgebracht haben.[319] Zum einen seien die Voraussetzungen des § 5 KSchG und der §§ 233 ff. ZPO nur ähnlich und nicht gleich.[320] Zum anderen sei es dem Gesetzgeber ja unbenommen, die Versäumung einer materiell-rechtlichen Frist genauso heilen zu lassen wie die einer prozeßrechtlichen Frist. Daß er sich hierbei an dem

---

313 *Melzer* S. 48; *Besta* S. 123; *Neumann* AR-Blattei D, Kündigungsschutz III A, A III.
314 *Güntner* AuR 1954, 193 (197); *Lepke* DB 1991, 2034 (2040).
315 *Güntner* AuR 1954, 193 (197); LAG Stuttgart AP Nr. 3 zu § 4 KSchG 1951.
316 *Lepke* DB 1991, 2034 (2040).
317 *Güntner* AuR 1954, 193 (197); *Lepke* DB 1991, 2034 (2040).
318 *Besta* S. 124.
319 Vgl. hierzu oben Zweiter Teil B. III. 1. a.
320 *Besta* a. a. O.

prozessualen Institut der Wiedereinsetzung in den vorigen Stand orientiert habe, bedeute noch nichts für die Rechtsnatur des § 5 KSchG.[321]

2. Rechtsfolgen der materiell-rechtlichen Auffassung

Welche Konsequenzen für die Handhabung des § 5 KSchG sich aus der Einordnung als materiell-rechtliches Rechtsinstitut ergeben, ist innerhalb der materiell-rechtlichen Auffassung noch nicht abschließend geklärt. Der Streit entzündet sich vor allem an der Frage der Anwendbarkeit der §§ 233 ff. ZPO sowie an der Frage nach dem Inhalt des Beschlusses nach § 5 KSchG.

a) Anwendbarkeit der §§ 233 ff. ZPO?

Einen wesentlichen Streitpunkt unter den Vertretern der materiell-rechtlichen Auffassung stellt das Problem dar, inwieweit die zur (prozessualen) Wiedereinsetzung in den vorigen Stand entwickelten Prinzipien und Grundsätze auf das von ihnen angenommene materiell-rechtliche Rechtsinstitut des § 5 KSchG übertragbar sind. Früher, d. h. bis zur Novellierung der §§ 233 ff. ZPO durch die am 1. Juli 1977 in Kraft getretene sog. Vereinfachungsnovelle vom 3. Dezember 1976 (BGBl. I S. 3281), wurde auch innerhalb der materiell-rechtlichen Meinung unter Berufung auf die weitgehende inhaltliche Übereinstimmung der Vorschriften die Möglichkeit des Rückgriffs auf die §§ 233 ff. ZPO bejaht.[322] Demgegenüber ist die Frage heute – bedingt durch die Neufassung der §§ 233 ff. ZPO und den damit verbundenen Erleichterungen der Wiedereinsetzung in den vorigen Stand[323] – außerordentlich umstritten. Die Meinungen gehen dabei nicht nur in der Frage des Umfangs der Anwendbarkeit auseinander, sondern auch in der jeweiligen Begründung:

So sehen sich *Corts*[324] und *Besta*[325] zur Vermeidung eines Wertungswiderspruchs bzw. aufgrund einer durch Art. 3 Abs. 1 GG gebotenen verfassungskonformen Auslegung der nachträglichen Klagezulassung gezwungen, auch im Rahmen des § 5 KSchG weitgehend auf die zu §§ 233 ff. ZPO entwickelten Grundsätze zurückzugreifen. Vom Grundsatz des rechtlichen Gehörs (Art. 103 Abs. 1 GG) her sei es nämlich nicht gerechtfertigt, einen Arbeitnehmer, der die Dreiwochenfrist des § 4 S. 1 KSchG versäumt hat, schlechter zu stellen, als einen Arbeitnehmer,

---

321 *Besta* a. a. O.
322 So beispielsweise *Maus* § 5 KSchG Rn. 1; *Melzer* S. 53 ff., der die Anwendbarkeit der §§ 233 ff. ZPO zusätzlich noch damit begründet hat, daß §§ 5 Abs. 2 und 3 KSchG und §§ 234, 236 ZPO als prozessuale Zulässigkeitsvoraussetzungen wesensgleich sind. Vgl. zum Ganzen auch KR-*Friedrich* § 5 KSchG Rn. 14.
323 Vgl. zu den Unterschieden zwischen §§ 233 ff. ZPO n. F. und § 5 KSchG *Wenzel*, Festschrift für Schneider, S. 325 (329 f.).
324 DB 1979, 2081 (2086); BlStSozArbR 1982, 1 (4). Ähnlich LAG Hamm LAGE § 5 KSchG Nr. 78 sowie *Stein/Jonas/Roth* § 233 Rn. 59 f., der jedoch von einem prozessualen Verständnis der §§ 4, 5 KSchG ausgeht.
325 S. 125 f.

der verspätet Einspruch gegen ein seine Klage abweisendes Versäumnisurteil eingelegt hat.[326] Diesem aber stehe gegen die Versäumung der Einspruchsfrist die Wiedereinsetzung in den vorigen Stand gemäß §§ 233 ff. ZPO offen. Zwar sei die Ausschlußfrist des § 4 S. 1 KSchG materiell-rechtlicher Natur, wohingegen es sich bei der Einspruchsfrist um eine prozessuale Frist handelt. Vom Ergebnis der Versagung des rechtlichen Gehörs her bestehe aber kein Unterschied, der eine unterschiedliche rechtliche Behandlung gerechtfertigt erscheinen ließe.[327] Im übrigen dürfe nicht verkannt werden – so *Besta a.a.O.* –, daß trotz der völlig unterschiedlichen Rechtsnatur beider Rechtsinstitute doch noch inhaltliche Übereinstimmungen bestehen.

Demgegenüber steht die überwiegende Meinung[328] innerhalb der materiell-rechtlichen Lehre auf dem Standpunkt, daß die §§ 233 ff. ZPO auf § 5 KSchG grundsätzlich nicht anwendbar sind. Ein Rückgriff auf die zur Wiedereinsetzung in den vorigen Stand entwickelten Grundsätze kommt nach dieser Auffassung allenfalls dann in Betracht, wenn im Einzelfall übereinstimmende Vorschriften bestehen.[329] Konsequenz hiervon ist, daß die nachträgliche Klagezulassung als Sonderregelung zu den §§ 233 ff. ZPO ein eigenständiges Verfahren darstellt, das allein aus § 5 KSchG und den allgemeinen Verfahrensvorschriften herzuleiten ist.[330] Diese Grundsätze werden mit dem Ausnahmecharakter der § 233 ff. ZPO begründet[331]: Die Neufassung des § 233 ZPO, die im einzelnen festlegt, bei welchen Fristen eine Wiedereinsetzung in den vorigen Stand in Betracht kommt, lasse nur den Schluß zu, daß der Anwendungsbereich dieser Vorschrift eng auszulegen sei. Die Dreiwochenfrist des § 4 S. 1 KSchG sei aber in § 233 ZPO nicht genannt. Aber auch eine entsprechende oder ergänzende Anwendung der §§ 233 ff. ZPO scheitere an der materiell-rechtlichen Rechtsnatur der §§ 4 und 5 KSchG, da die Wiedereinsetzung in den vorigen Stand als prozessuales Institut nur auf prozessuale Fristen anwendbar sei.[332] Ferner werde dieses Ergebnis durch die zahlreichen Abweichungen bestätigt, die das Verfahren der nachträglichen Klagezulassung von dem der Wiedereinsetzung in den vorigen Stand in der Fassung der Vereinfachungsnovelle vom 3. Dezember 1976 enthält. Solange also § 5 KSchG den §§ 233 ff. ZPO n. F. nicht angepaßt werde, komme die Heranziehung dieser Vorschriften sowieso nicht in Betracht.[333]

---

326 *Corts* DB 1979, 2081 (2086); *ders.* BlStSozArbR 1982, 1 (4); *Besta* S. 125 f.
327 *Corts* DB 1979, 2081 (2086).
328 KR-*Friedrich* § 5 KSchG Rn. 16; HK-KSchG/*Hauck* § 5 KSchG Rn. 8 f.; *Neumann* AR-Blattei D, Kündigungsschutz III A, A II; *Eylert* AuA 1996, 414 (415).
329 Vgl. *Neumann*, AR-Blattei D, Kündigungsschutz III A, A II.
330 *Neumann*, AR-Blattei D, Kündigungsschutz III A, A II; KR-*Friedrich* § 5 KSchG Rn. 16.
331 *Neumann* a. a. O; KR-*Friedrich* a. a. O.
332 *Neumann* a. a. O.; KR-*Friedrich* a. a. O.
333 *Neumann* a. a. O.

Eine andere Beurteilung ergebe sich entgegen *Corts* und *Besta a. a. O.* auch nicht aufgrund Art. 3 Abs. 1 bzw. 103 Abs. 1 GG.[334] Dabei werde nämlich nicht gesehen, daß unterschiedliche Sachverhalte durchaus unterschiedlich geregelt werden können. Zudem werde nicht berücksichtigt, daß Art. 103 Abs. 1 GG nur eine Gewährleistung des Inhalts enthalte, daß der Zugang zu den Gerichten nicht in unzumutbarer, aus Sachgründen nicht mehr zu rechtfertigender Weise erschwert werden darf. Eine Gleichsetzung des § 5 KSchG mit den §§ 233 ff. ZPO sei daher von Verfassungs wegen nicht geboten. Im übrigen gewähre – so *Friedrich a. a. O.* – Art. 103 Abs. 1 GG sowieso keinen Schutz dagegen, daß das Gericht das Vorbringen der Beteiligten aus Gründen des materiellen oder formellen Rechts unberücksichtigt läßt.

b) Der Inhalt des Beschlusses nach § 5 KSchG: Feststellung der Hemmung bzw. Unterbrechung oder Gestaltungsentscheidung?

Die Qualifizierung des § 5 KSchG als materiell-rechtliches Rechtsinstitut führt zu der weiteren Konsequenz, daß es sich bei dem im Zulassungsverfahren ergehenden Beschluß um eine Sachentscheidung handelt.[335] Offen bleibt dabei jedoch, welchen Inhalt diese Sachentscheidung hat:

Insbesondere *Güntner*[336] und ihm folgend das *LAG Stuttgart (II. Kammer)*[337] haben in dem Verfahren des § 5 KSchG eine Feststellung der Hemmung bzw. Unterbrechung der materiell-rechtlichen Ausschlußfrist des § 4 S. 1 KSchG gesehen. Dies ergebe sich daraus, daß der Gesetzgeber – wenn er bei der Versäumung materiell-rechtlicher Fristen nicht ausnahmslos Rechtsverlust eintreten lassen, sondern vielmehr der Verhinderung an ihrer Einhaltung Rechtserheblichkeit zuerkennen wolle – gezwungen sei, dies – wie allgemein bei materiell-rechtlichen Fristen – über das Institut der Hemmung bzw. Unterbrechung zu tun. Eine Ausgestaltung in Form der Wiedereinsetzung in den vorigen Stand sei nicht möglich, da sich insoweit das materielle Recht gegenüber der verfahrensrechtlichen Konstruktion des Gesetzes als stärker erweise.[338] Dementsprechend müßten die Umstände unter denen die Klage nachträglich zuzulassen sei – nämlich die Verhinderung des Arbeitnehmers, die Klage trotz aller ihm nach Lage der Dinge zuzumutenden Sorgfalt innerhalb von drei Wochen nach Zugang der Kündigung zu erheben – in materiell-rechtliche Hemmungs- bzw. Unterbrechungstatbestände umgedeutet werden, da nur so eine Korrektur des rechtsirrtümlichen Versuchs des Gesetzgebers, eine materiell-rechtlich wirkende Wiedereinsetzung einzuführen, möglich sei.[339] Dem Zulassungsverfahren nach § 5 KSchG komme damit

---

334 KR-*Friedrich* § 5 KSchG Rn. 16.
335 *Vollkommer* Anm. zu LAG Hamm LAGE § 5 KSchG Nr. 22; *Dahns* RdA 1952, 140 (141).
336 AuR 1954, 193 (198).
337 AP Nr. 3 zu § 4 KSchG 1951.
338 *Güntner* AuR 1954, 193 (198).
339 *Güntner* AuR 1954, 193 (198/200).

einzig und allein die Aufgabe zu, (deklaratorisch) festzustellen, ob der Ablauf der Dreiwochenfrist des § 4 S. 1 KSchG infolge Verhinderung des Arbeitnehmers gehemmt bzw. unterbrochen gewesen sei.

Dieser Argumentation ist *Melzer*[340] mit dem Hinweis auf die Gestaltungsfreiheit des Gesetzgebers entgegengetreten. Ein Zwang für den Gesetzgeber, die Verhinderung an der Einhaltung materiell-rechtlicher Fristen nur über das Institut der Hemmung bzw. Unterbrechung zuzulassen, bestehe nicht. Dieser sei vielmehr in seiner Gestaltung frei. Im übrigen sei aber auch – so *Melzer a. a. O.* - aufgrund der Verschiedenheit in der Ausgestaltung zwischen den §§ 202 ff. BGB und §§ 4, 5 KSchG eine Übertragung des Instituts der Hemmung bzw. der Unterbrechung auf das Kündigungsschutzgesetz nicht möglich. Die Rechtsfolgen der Hemmung bzw. der Unterbrechung träten nämlich ohne weiteres mit dem Vorliegen der vom Gesetz anerkannten Tatbestände ein; eine darauf abzielende Handlung der Beteiligten bzw. eine gerichtliche Entscheidung sei hierfür nicht erforderlich. Diese Ausgestaltung liege aber gerade dem Kündigungsschutzgesetz nicht zugrunde. Dort führe nicht schon der bloße Umstand, daß der Arbeitnehmer trotz Anwendung aller ihm nach Lage der Dinge zuzumutenden Sorgfalt an der Klageerhebung verhindert war, zu einer Beseitigung der durch den Fristablauf des § 4 S. 1 KSchG bewirkten Rechtsfolgen. Hierfür bedürfe es vielmehr einer in einem förmlichen Verfahren ergehenden, konstitutiven Entscheidung des Gerichts, nämlich der nachträglichen Klagezulassung nach § 5 KSchG. In Anknüpfung an dieses Erfordernis einer gerichtlichen Entscheidung komme daher allein eine Auslegung als Gestaltungsentscheidung in Betracht, denn das Wesen einer Gestaltungsentscheidung bestehe ja gerade darin, daß die Änderung der materiellen Rechtslage nicht von selbst eintrete, sondern einer richterlichen Entscheidung bedürfe. Dementsprechend sei der die nachträgliche Klage zulassende Beschluß als konstitutive Entscheidung anzusehen, die die durch den Ablauf der Dreiwochenfrist bewirkte Änderung der materiellen Rechtslage (§ 7 KSchG) rückgängig macht.[341] Umgekehrt enthalte die den Antrag ablehnende Entscheidung die Feststellung, daß dem Arbeitnehmer das Recht zur Aufhebung der durch § 7 KSchG bewirkten Rechtsfolgen nicht zustehe.[342]

II. § 5 KSchG als prozeßrechtliches Rechtsinstitut

Abweichend von der eben geschilderten Auffassung sehen die Vertreter einer prozessualen Rechtsnatur der Dreiwochenfrist in der nachträglichen Klagezulassung ein rein prozeßrechtliches, der Wiedereinsetzung in den vorigen Stand

---

340 S. 59 ff. Ablehnend auch LAG Stuttgart (I. Kammer) AP Nr. 6 zu § 4 KSchG 1951 sowie Herschel Anm. zu LAG Stuttgart AP Nr. 3 und 6 zu § 4 KSchG 1951. Vgl. auch *Vollkommer* AcP Bd. 161, 332 (345) Fn. 69: „Auslegung contra legem".
341 Vgl. *Melzer* S. 57 f.
342 *Melzer* S. 264.

nachgebildetes Institut.[343] Dem haben sich auch einige Stimmen in der Literatur angeschlossen, die ansonsten von einem materiell-rechtlichen Verständnis der Dreiwochenfrist des § 4 S. 1 KSchG ausgehen.[344]

1. Begründung der prozessualen Auffassung

Die Vertreter der prozessualen Auffassung leiten ihre Konzeption vorallem aus dem von ihnen überwiegend angenommenen prozessualen Verständnis der Dreiwochenfrist des § 4 S. 1 KSchG ab.[345] Verstehe man die Klagefrist des § 4 S. 1 KSchG als rein prozessuale Frist, so ergebe sich hieraus auch die prozessuale Natur der nachträglichen Klagezulassung.

Dieses Ergebnis sehen die Befürworter eines prozessualen Verständnisses der nachträglichen Klagezulassung durch den „äußeren Schein" des § 5 KSchG bestätigt: Wenn dort die „Zulassung verspäteter Klagen" geregelt sei, so deute dies auf eine Angelegenheit des formellen und nicht auf eine solche des materiellen Rechts hin.[346]

Weiter wird zur Begründung der verfahrensrechtlichen Einordnung des § 5 KSchG auf die Ähnlichkeit zum prozessualen Institut der Wiedereinsetzung in den vorigen Stand[347] sowie auf die Entstehungsgeschichte der Norm verwiesen.[348] Die Vorgängervorschriften des § 5 KSchG unter Geltung des BRG und des AOG sowie die Kündigungsschutzvorschriften der Länder hätten nämlich das kündigungsschutzrechtliche Zulassungsverfahren durchgehend als Wiedereinsetzung in den vorigen Stand bezeichnet. Halte man sich dies vor Augen, so könne kein Zweifel mehr übrigbleiben, daß es sich bei § 5 KSchG wesensmäßig um eine Wiedereinsetzung in den vorigen Stand handelt, auch wenn das Kündigungsschutzgesetz einfacher nur von der nachträglichen Zulassung der Klage

---

343 *Vollkommer* AcP Bd. 161, 332 (353), Anm. zu LAG Hamm LAGE § 5 KSchG Nr. 22 sowie Anm. zu BAG EzA § 4 KSchG Nr. 39; *Otto* Anm. zu BAG EzA § 5 KSchG Nr. 20; *Dütz/Kronthaler* Anm. zu LAG Hamm AP Nr. 8 zu § 5 KSchG 1969; *Gift/Baur* E Rn. 252. Vgl. auch *Schaub* § 136 II 1; *Ascheid/Reiner* Rn. 722; *Rüstig* AuR 1952, 175 (176); *Neumann-Duesburg* ZZP 65, 394 (396); *Hohmeister* ZRP 1994, 141 (142) Fn.11. Unklar EK-ArbR/*Ascheid* § 5 KSchG Rn. 1, der zunächst ausführt, daß die nachträgliche Klagezulassung der Wiedereinsetzung „verwandt" ist, dann aber meint, die Zulassung der verspäteten Klage betreffe nicht deren Zulässigkeit, sondern allein die Beseitigung der materiell-rechtlichen Rechtsfolge des § 7 KSchG.
344 So insbesondere *Gamillscheg* S. 506; MüKo/*Schwerdtner* § 622 Anh. Rn. 226; *Lepke* AuR 1970, 109 (110) (anders nunmehr in DB 1991, 2034 (2040): „materiell-rechtlicher Verfahrensabschnitt").
345 *Vollkommer* Anm. zu LAG Hamm LAGE § 5 KSchG Nr. 22 (S. 33); *Dütz/Kronthaler* Anm. zu LAG Hamm AP Nr. 8 zu § 5 KSchG 1969; *Gift/Baur* E Rn. 252.
346 *Herschel* Anm. zu ArbG Berlin AP Nr. 1 zu § 5 KSchG 1969.
347 Vgl. *Schaub* § 136 II 1; *Gamillscheg* S. 506; *Ascheid/Reiner* Rn. 722; *Rüstig* AuR 1952, 175 f.
348 *Lepke* AuR 1970, 109 (110 f.); *Herschel* Anm. zu ArbG Berlin AP Nr. 1 zu § 5 KSchG 1969.

spreche.[349] Sogar in der amtlichen Begründung zum Entwurf des Kündigungsschutzgesetzes[350] fänden sich insoweit eindeutige Hinweise, da dort ausgeführt werde, daß die mit § 5 KSchG gleichlautende Vorschrift des § 4 KSchG 1951 den in den Ländergesetzen der amerikanischen Zone getroffenen Vorschriften entspreche.[351]

Schließlich verweisen Befürworter der prozessualen Auffassung noch auf rechtssystematische Erwägungen.[352] Bei Annahme eines materiell-rechtlichen Instituts komme es nämlich zu dem systemwidrigen Schönheitsfehler, daß eine Sachentscheidung in Form eines Beschlußes (§ 5 Abs. 4 S. 1 KSchG) in einem summarischen Verfahren (vgl. §§ 5 Abs. 2 S. 2, Abs. 4 S. 2 KSchG, wonach Glaubhaftmachung genügt und gegen den Beschluß nach § 5 KSchG nicht die Revision, sondern nur die sofortige Beschwerde statthaft ist) zu ergehen hätte.

2. Rechtsfolgen der prozessualen Auffassung

Folge der prozessualen Auffassung ist, daß der Beschluß nach § 5 KSchG keine Sachentscheidung darstellt, sondern vielmehr – in Form einer Prozeßentscheidung – nur der Klärung der prozessualen Frage dient, ob die Folgen der Versäumung der prozessualen Frist des § 4 S. 1 KSchG zu beseitigen sind.[353] Desweiteren erscheint aufgrund der zwischen der nachträglichen Klagezulassung und der Wiedereinsetzung in den vorigen Stand bestehenden Wesensgleichheit eine entsprechende Anwendung der §§ 233 ff. ZPO grundsätzlich möglich.[354]

III. § 5 KSchG als Rechtsinstitut mit Doppelnatur

Seit neuestem hat *Wenzel*[355] die von ihm zunächst für die Dreiwochenfrist des § 4 S. 1 KSchG entwickelte Lehre von der Doppelnatur auch auf § 5 KSchG übertragen. Nach dieser Auffassung handelt es sich bei der nachträglichen Klagezulassung um ein „Verfahren mit ambivalenter Verfahrensstruktur, das sich weder einseitig dem materiellen noch dem prozessualen Recht zuordnen läßt".[356] Das Verfahren über die nachträgliche Klagezulassung werde nämlich – so *Wen-*

---

349 *Lepke* AuR 1970, 109 (111).
350 Vgl. hierzu bereits oben Zweiter Teil B. III. 4. b.
351 *Lepke* AuR 1970, 109 (111).
352 *Vollkommer* AcP Bd. 161, 332 (353).
353 Vgl. *Gift/Baur* E Rn. 252; *Vollkommer* Anm. zu LAG Hamm LAGE § 5 KSchG Nr. 22.
354 Vgl. EK-ArbR/*Ascheid* § 5 KSchG Rn. 1; *Vollkommer* AcP Bd. 161, 332 (355 f.); *ders.,* Anm. zu BAG EzA § 4 KSchG Nr. 39; *Otto* Anm. zu BAG EzA § 5 KSchG Nr. 20.
355 In: *Bader/Bram/Dörner/Wenzel* (36. Erg. Lfg.) § 5 KSchG Rn. 9 ff.
356 *Bader/Bram/Dörner/Wenzel* § 5 KSchG Rn. 9 f. A. A. offenbar *Löwisch* § 5 KSchG Rn. 2, der trotz seiner Nähe zur Lehre von der Doppelnatur des § 4 S. 1 KSchG davon ausgeht, daß die nachträgliche Klagezulassung der Wiedereinsetzung nach §§ 233 ff.

zel a. a. O. – einerseits von prozeßrechtlichen Normen und andererseits von Regelungen des materiellen Rechts bestimmt.

Die Einordnung der nachträglichen Klagezulassung als Verfahren mit Doppelnatur führt dazu, daß – anders als nach der materiellen oder prozessualen Auffassung – eine eingleisige Verfahrenshandhabung ausgeschlossen ist. Es bedarf vielmehr „im jeweiligen Zusammenhang einer sorgfältigen Vergewisserung über die Struktur der anzuwendenden Norm".[357]

IV. Stellungnahme

1. Ansatzpunkt: Prozessualer Charakter des § 4 S. 1 KSchG

Mit dem oben[358] begründeten prozessualen Verständnis der Dreiwochenfrist des § 4 S. 1 KSchG ist letztlich schon die Entscheidung zugunsten einer prozessualen Einordnung der nachträglichen Klagezulassung gefallen. Ein Rechtsinstitut, das der Beseitigung der Rechtsfolgen einer prozessualen Frist dient, muß selbst prozessualer Natur sein.[359] Eine Einordnung als materiell-rechtliches Institut oder als Rechtsinstitut mit Doppelnatur kommt von diesem Standpunkt aus nicht in Betracht.

Aufgrund der Abhängigkeit der nachträglichen Klagezulassung von der Rechtsnatur der Dreiwochenfrist ist die Auffassung[360], die trotz einer materiell-rechtlichen Qualifizierung des § 4 S. 1 KSchG den § 5 KSchG als (prozessuale) Wiedereinsetzung in den vorigen Stand begreifen will, als inkonsequent abzulehnen. Ebenso wie die prozessuale Einordnung der Dreiwochenfrist ein prozessuales Verständnis des § 5 KSchG nahe legt, legt die materiell-rechtliche Einordnung der Dreiwochenfrist ein materiell-rechtliches Verständnis der nachträglichen Klagezulassung nahe.[361]

2. Kritik der materiell-rechtlichen Argumentation

Darüber hinaus vermögen aber auch die von den Vertretern der materiell-rechtlichen Auffassung vorgebrachten Argumente nicht überzeugend den materiell-rechtlichen Charakter der nachträglichen Klagezulassung zu begründen.

ZPO „verwandt" ist. Dies spricht dafür, daß nach der Auffassung von Löwisch § 5 KSchG als prozessuales Institut anzusehen ist.
357 *Bader/Bram/Dörner/Wenzel* (36. Erg. Lfg.) § 5 KSchG Rn. 11.
358 S. Zweiter Teil B. III. 4.
359 So zutreffend *Vollkommer* Anm. zu LAG Hamm LAGE § 5 KSchG Nr. 22.
360 Müko/*Schwerdtner* § 622 Anh. Rn. 226; *Gamillscheg* S. 506; *Lepke* AuR 1970, 109 (110).
361 Vgl. *Vollkommer* AcP Bd. 161, 332 (352). Konsequent daher die im Zweiten Teil C. I. 1. genannten Vertreter einer materiell-rechtlichen Rechtsnatur des § 5 KSchG.

Auf die Argumentation, aus dem prozessualen Institut der Wiedereinsetzung in den vorigen Stand könne wegen der Gestaltungsfreiheit des Gesetzgebers und der (angeblichen) „Unähnlichkeit" zwischen §§ 233 ff. ZPO und § 5 KSchG in den Voraussetzungen nichts für die Einordnung der §§ 4, 5 KSchG gewonnen werden, ist bereits oben[362] im Rahmen der Erörterung des § 4 S. 1 KSchG ausführlich eingegangen worden. Die dort angestellten Erwägungen gelten uneingeschränkt auch für § 5 KSchG. Auch hier ist darauf zu verweisen, daß der Gesetzgeber *in der Regel* bei (prozessualen) Fristen zum (prozessualen) Institut der Wiedereinsetzung in den vorigen Stand greift, daß die sich zwischen §§ 233 ff. ZPO und § 5 KSchG ergebenden Abweichungen durch die ZPO-Vereinfachungsnovelle vom 3. Oktober 1976 bedingt sind und daß im übrigen sowieso die Gemeinsamkeiten zwischen beiden Rechtsinstituten überwiegen.

Desweiteren läßt sich aus der die nachträgliche Klagezulassung abweisenden Entscheidung kein Argument für die materiell-rechtliche Auffassung herleiten. Der Umstand, daß die Nichtzulassung im Rahmen des § 5 KSchG nur zu einem Ausschluß der Berufung auf die mangelnde soziale Rechtfertigung i. S. d. Kündigungsschutzgesetzes führt, wohingegen die Nichtgewährung der Wiedereinsetzung in den vorigen Stand den Verlust des Rechtsmittels bzw. die Aufrechterhaltung der gerichtlichen Entscheidung bewirkt, ist die Konsequenz einer nur teilweisen Unzulässigkeit der Klage. Da die Versäumung der Dreiwochenfrist aufgrund des Streitgegenstands „Wirksamkeit der Kündigung schlechthin" die Kündigungsschutzklage nur teilweise – nämlich im Hinblick auf die im Kündigungsschutzgesetz genannten Unwirksamkeitsgründe – unzulässig macht,[363] bedeutet die Nichtzulassung nichts anderes als die Aufrechterhaltung dieser nur teilweisen Unzulässigkeit. Hinsichtlich der anderen Unwirksamkeitsgründe wie beispielsweise dem der Sittenwidrigkeit bleibt aber die Klage weiterhin zulässig, so daß über diese zu entscheiden ist. Hieran vermag auch der die nachträgliche Zulassung ablehnende Beschluß nichts zu ändern, da er sich ja nur auf die Geltendmachung der sich aus dem Kündigungsschutzgesetz ergebenden Unwirksamkeitsgründe bezieht. Demgegenüber führen die in den Anwendungsbereich der Wiedereinsetzung in den vorigen Stand fallenden Fristversäumnisse zur gänzlichen Unzulässigkeit des Rechtsbehelfs und damit auch konsequenterweise zu dessen Verlust. Dies zeigt offenkundig, daß die unterschiedliche Wirkungsweise der §§ 233 ff. ZPO und § 5 KSchG allein im unterschiedlichen Umfang der durch die Fristversäumung bewirkten Unzulässigkeit begründet. Hieraus die materiell-rechtliche Rechtsnatur der die nachträgliche Zulassung ablehnenden Entscheidung ableiten zu wollen, erscheint daher verfehlt.

Besonders klar zeigt sich die Unrichtigkeit der hier abgelehnten Argumentation in den Fällen der Kündigung durch den Insolvenzverwalter gemäß § 113 Abs. 2

---

362 Zweiter Teil B. III. 4. c.
363 Vgl. oben Zweiter Teil B. III. 4. d. aa.

InsO. Durch die durch diese Vorschrift angeordnete Ausweitung der Dreiwochenfrist auf sämtliche Unwirksamkeitsgründe wird die Kündigungsschutzklage insgesamt unzulässig.[364] Dementsprechend hat die die nachträgliche Zulassung ablehnende Entscheidung hier genau dieselbe Wirkung wie die Nichtgewährung der Wiedereinsetzung in den vorigen Stand: Sie führt zur Aufrechterhaltung dieser vollen Unzulässigkeit und damit zum gänzlichen Verlust der Klagemöglichkeit.[365] Dies macht deutlich, daß die unterschiedlichen Wirkungen der ablehnenden Entscheidung im Rahmen der §§ 233 ff. ZPO einerseits und im Rahmen des § 5 KSchG andererseits nichts mit der Frage der Rechtsnatur des § 5 KSchG zu tun haben. Hieraus ein Argument für die materiell-rechtliche Auffassung gewinnen zu wollen, erscheint nicht möglich.

3. Einordnungsprobleme der materiell-rechtlichen Auffassung und der Lehre von der Doppelnatur des § 5 KSchG

Letztlich bestätigen aber auch die Schwierigkeiten, die die materiell-rechtliche Auffassung hat, das von ihnen angenommene materiell-rechtliche Rechtsinstitut des § 5 KSchG in den Griff zu bekommen, die Richtigkeit des hier gewählten prozessualen Ansatzpunktes. Für die Vertreter der materiell-rechtlichen Ansicht ergeben sich zahlreiche Einordnungsprobleme, die daraus resultieren, daß sich die materiell-rechtlich wirkende Wiedereinsetzung als „Fremdkörper" im deutschen Rechtssystem erweist[366] und somit nicht ohne weiteres auf vergleichbare Regelungen zurückgegriffen werden kann.

Nichts anderes gilt für die Lehre von der Doppelnatur des Zulassungsverfahrens. Wenn *Wenzel*[367] ausführt, „es bedürfe vielmehr im jeweiligen Zusammenhang einer sorgfältigen Vergewisserung über die Struktur der anzuwendenden Norm", so beschreibt er augenfällig die Schwierigkeiten, die sich aus der Annahme einer Doppelnatur ergeben. Dadurch, daß eine eindeutige Zuordnung nicht erfolgt, ist dann in jedem Einzelfall zu prüfen, ob ein prozessualer oder ein materieller Aspekt des Zulassungsverfahrens betroffen ist. Die Einordnungsfrage wird damit letztlich nur verlagert, nicht aber gelöst.

a) Anwendbarkeit der §§ 233 ff. ZPO

Diese Schwierigkeiten zeigen sich nicht zuletzt bei der Frage der Anwendbarkeit der §§ 233 ff. ZPO. Für die materiell-rechtliche Auffassung stellt sich ebenso wie für die Lehre von der Doppelnatur des § 5 KSchG das Folgeproblem, inwie-

---

364 Vgl. oben Zweiter Teil B. III. 4. d. bb.
365 Dasselbe gilt für die Fälle des § 1 Abs. 5 BeschFG 1996, da auch die Befristungsschutzklage sämtliche Unwirksamkeitsgründe erfaßt.
366 Dies erkennt letztlich auch *Berkowsky* (NZA 1997, 352 (357)), wenn er die derzeitige Regelung der nachträglichen Klagezulassung – aus materiell-rechtlicher Sicht – als „gesetzessystematisch verfehlt" bezeichnet.
367 In: *Bader/Bram/Dörner/Wenzel* (36. Erg. Lfg.) § 5 KSchG Rn. 11.

weit für das (materiell-rechtliche) Institut bzw. das Institut mit Doppelnatur auf die Grundsätze der (prozessualen) Wiedereinsetzung in den vorigen Stand zurückgegriffen werden kann.[368, 369] Demgegenüber ergibt sich für die prozessuale Ansicht aufgrund der zwischen beiden Rechtsinstituten bestehenden Wesensgleichheit ohne weiteres die grundsätzliche (analoge) Anwendbarkeit der §§ 233 ff. ZPO. Grenzen können sich hierbei nur insoweit ergeben als § 5 KSchG eine gegenüber den §§ 233 ff. ZPO abweichende Sonderregelung enthält oder die Unterschiede zwischen beiden Instituten einer analogen Anwendung der Wiedereinsetzungsvorschriften entgegenstehen. Der Annahme einer Doppelnatur bedarf es entgegen dem Ansatzpunkt *Wenzels*[370] nicht, wenn man sich bei der Anwendung der § 233 ff. ZPO nur vor Augen hält, daß die nachträgliche Klagezulassung trotz der übereinstimmenden Rechtsnatur unter zwei Gesichtspunkten Abweichungen gegenüber der Wiedereinsetzung in den vorigen Stand aufweist[371]:

Die eine Besonderheit besteht darin, daß die nachträgliche Klagezulassung im Hinblick auf den Zweck der Dreiwochenfrist, eine möglichst baldige Klärung der Rechtslage herbeizuführen,[372] deutlich mehr als die Wiedereinsetzung auf einen zeitnahen Eintritt endgültiger Rechtssicherheit angelegt ist.[373] Dies äußert sich vor allem in der gegenüber § 234 Abs. 3 ZPO verkürzten absoluten Antragsfrist des § 5 Abs. 3 S. 2 KSchG[374] sowie darin, daß die nachträgliche Zulassung – anders als die Wiedereinsetzung, die in der Regel gemäß § 238 Abs. 1 S. 1 ZPO mit dem Hauptsacheverfahren eine Einheit bildet[375] – durch gesondert zu erlassenden[376] und gesondert anfechtbaren[377] Beschluß zu gewähren ist. Ebenfalls diesem Zweck „zeitnahe Klärung der Rechtslage" zuzuordnen ist aber auch die Tatsache, daß die Vorschrift des § 5 KSchG im Gegensatz zu § 233 ZPO, der die

---

368 Vgl. zu dieser (umstrittenen) Frage oben Zweiter Teil C. I. 2. a.
369 Augenfällig zeigen sich die Schwierigkeiten der materiell-rechtlichen Auffassung etwa an der Argumentation *Bestas*: Dieser leitet zunächst (S. 124) die (angebliche) materiell-rechtliche Rechtsnatur der nachträglichen Klagezulassung daraus ab, daß § 5 KSchG und §§ 233 ff. ZPO nicht gleich (!) ausgestaltet seien. Dennoch greift er dann aber (S. 125) im Rahmen der Auslegung des § 5 Abs. 1 mit dem Hinweis, daß sowohl § 233 ZPO als auch § 5 KSchG an dieselbe (!) Voraussetzung anknüpfen, auf die zu §§ 233 ff. entwickelten Grundsätze zurück.
370 In: *Bader/Bram/Dörner/Wenzel* § 5 KSchG Rn. 9 ff.
371 Vgl. zu den Abweichungen der nachträglichen Klagezulassung gegenüber der Wiedereinsetzung auch die Gegenüberstellung bei *Bader/Bram/Dörner/Wenzel* (36. Erg. Lfg.) § 5 KSchG Rn. 4; *ders.*, Festschrift für Schneider, S. 325 (327 ff.).
372 Vgl. hierzu oben Erster Teil D. III. 2. sowie *Besta* S. 12 ff. m. w. N.
373 *Wenzel* DB 1970, 730 (732); *Vollkommer*, Festschrift für Stahlhacke, S. 599 (614 f.).
374 Vgl. § 5 Abs. 3 S. 2 KSchG („Sechsmonatsfrist") einerseits und § 234 Abs. 3 S. 1 ZPO („Einjahresfrist") andererseits.
375 *Büttner*, Wiedereinsetzung, § 14 Rn. 1; *Wenzel*, Festschrift für Schneider, S. 325 (329).
376 Vgl. § 5 Abs. 4 S. 1 KSchG.
377 Vgl. § 5 Abs. 4 S. 2 KSchG.

zweiwöchige Antragsfrist des § 234 Abs. 1 ZPO ausdrücklich nennt, keine Wiedereinsetzung in die Zweiwochenfrist des § 5 Abs. 3 S. 1 KSchG vorsieht.[378] Die andere Besonderheit der nachträglichen Klagezulassung gegenüber der Wiedereinsetzung gemäß §§ 233 ff. ZPO liegt in dem unterschiedlichen Anwendungsbereich beider Vorschriften begründet. Anwendungsfälle der Wiedereinsetzung nach §§ 233 ff. ZPO sind vor allem die sog. Rechtsbehelfs- und Rechtsmittelbegründungsfristen[379], mithin Fristen bei denen bereits eine formell rechtskräftige gerichtliche Entscheidung vorliegt oder bei denen ein Rechtsmittel gemäß §§ 519 b, 554 a ZPO verworfen wird.[380] Ferner besteht die Möglichkeit der Wiedereinsetzung bei Versäumung der für die Nichtigkeits- und Restitutionsklage geltenden Klagefrist des § 586 Abs. 1 ZPO.[381] Doch richtet sich auch die Nichtigkeits- und Restitutionsklage gegen ein rechtskräftiges Urteil.[382] Das Wiederaufnahmeverfahren gemäß §§ 578 ff. ZPO dient demnach – wie ein Rechtsmittel – der Fortsetzung des alten Prozesses, was zu seiner Bezeichnung als „außerordentlicher Rechtsbehelf"[383] bzw. als Verfahren mit „rechtsmittelähnlichem Charakter"[384] geführt hat. Mit Rücksicht auf diese Anwendungsfälle – die Rechtsbehelfs- und Rechtsmittelbegründungsfristen sowie die in ihren Wirkungen den Rechtsmittelfristen vergleichbare Klagefrist des § 586 Abs. 1 ZPO[385] – verfolgen die Beschränkungen der Wiedereinsetzungsmöglichkeit durch Antragsfristen, Verschuldenserfordernis u. ä. das Ziel, einer Prozeßverschleppung und einer Gefährdung der Rechtskraft entgegenzuwirken.[386]

Abweichend hiervon fallen in den Anwendungsbereich des § 5 KSchG nur solche Klagefristen, bei denen eine rechtskräftige gerichtliche Entscheidung gerade nicht vorliegt. Die nachträgliche Klagezulassung ist damit – anders als die §§ 233 ff. ZPO – nicht als Rechtsbehelf gegen die Rechtskraft ausgestaltet, sondern als Regelung zur Sicherung des *ersten* Zugangs zum Rechtsschutz.[387] Mithin scheidet bei § 5 KSchG der Schutz der Rechtskraft als Rechtfertigung für die

---

378 Vgl. zur Streitfrage, ob aus verfassungsrechtlichen Gründen trotzdem die Möglichkeit einer Wiedereinsetzung in die Zweiwochenfrist des § 5 Abs. 3 S. 1 KSchG eröffnet werden muß, unten Dritter Teil C. II. 3.
379 Vgl. §§ 339, 516, 519, 552, 554, 577 Abs. 2, 621 e, 629 a ZPO.
380 *Vollkommer*, Festschrift für Stahlhacke, S. 599 (607). Vgl. auch Müko-ZPO/*Feiber* § 233 Rn. 16: § 233 ZPO für solche Fristen, die vor Beginn des Rechtsstreits anfangen und ablaufen, „nicht gedacht und nicht passend".
381 Vgl. zu weiteren Anwendungsfällen auch §§ 958 Abs. 1, 1042 d Abs. 1, 1043 Abs. 2, 1044 Abs. 4 ZPO.
382 Vgl. § 578 Abs. 1 ZPO; *Zöller/Greger* vor § 578 Rn. 1.
383 BGH NJW 1982, 2449; *Vollkommer*, Festschrift für Stahlhacke, S. 599 (607); *Holthaus* S. 78.
384 *Zöller/Greger* vor § 578 Rn. 1.
385 *Holthaus* S. 78.
386 OLG Braunschweig NJW 1962, 1823; *Baumbach/Lauterbach/Albers/Hartmann* § 233 Rn. 2; *Schlicht* BB 1980, 632.
387 *Wenzel* DB 1970, 730 (732); *Vollkommer*, Festschrift für Stahlhacke, S. 599 (614).

Beschränkung der nachträglichen Zulassung aus.[388] Mit Rücksicht auf den Zweck der Dreiwochenfrist des § 4 S. 1 KSchG, eine möglichst baldige Klärung der Rechtslage herbeizuführen, greift vielmehr nur der bereits angesprochene „Beschleunigungsaspekt". Dies gilt es bei der Übertragung der zu §§ 233 ff. ZPO entwickelten Grundsätze auf § 5 KSchG zu beachten.

Der zuletzt genannte Befund macht weiter deutlich, daß der von *Friedrich*[389] im Hinblick auf Art. 19 Abs. 4, 103 Abs. 1 GG geäußerten Rechtsmeinung nicht gefolgt werden kann. Entscheidend für die Beurteilung der nachträglichen Zulassung anhand des Maßstabes der Art. 19 Abs. 4, 103 Abs. 1 GG können vielmehr nur die unterschiedlichen Folgen der Versäumung von Klagefristen und der Versäumung von Rechtsmittelfristen sein. Während nämlich der Ablauf von Rechtsmittelfristen nur zum Verlust weiteren Rechtsschutzes führt, bewirkt die Versäumung einer Klagefrist die *völlige* Vorenthaltung des gerichtlichen Rechtsschutzes in der Sache.[390] Mithin wird entgegen *Friedrich a.a.O.* gerade bei § 5 KSchG zu berücksichtigen sein, daß entsprechend den Vorgaben des BVerfG[391] zu Art. 19 Abs. 4, 103 Abs. 1 GG „der Zugang zum Gericht nicht in unzumutbarer, sachlich nicht gerechtfertigter Weise erschwert werden darf".[392, 393] Hinzu kommt, daß dieses Ergebnis durch den im arbeitsgerichtlichen Verfahren geltenden Grundsatz gestützt wird, daß jeder unnötige Formalismus zu vermeiden ist.[394] Auch dieser macht es – neben den genannten verfassungsrechtlichen Vorgaben – erforderlich, bei der Anwendung des § 5 KSchG in gesteigertem Maße einer übertriebenen Fristenstrenge entgegenzuwirken. Das bedeutet im Ergebnis, daß bei der Lösung der jeweiligen Einzelprobleme der nachträglichen Klagezulassung zu prüfen ist, inwieweit das gefundene Ergebnis eine aus Sachgründen

---

388 Vgl. *Bader/Bram/Dörner/Wenzel* (36. Erg. Lfg.) § 5 KSchG Rn. 8.
389 KR-*Friedrich* § 5 KSchG Rn. 16. Vgl. hierzu oben Zweiter Teil C. I. 2. a.
390 *Vollkommer*, Die Stellung des Anwalts im Zivilprozeß, S. 42; *ders.*, Festschrift für Stahlhacke, S. 599 (609 f.) (unter Berufung auf BVerfG BVerfGE 60, 253); *Holthaus* S. 77.
391 Vgl. etwa BVerfGE 41, 332; BVerfGE 69, 381; BVerfGE 74, 228; BVerfG NJW 1992, 38 sowie NZA 2000, 789.
392 Für eine Berücksichtigung der zu Art. 103 Abs. 1 GG entwickelten Grundsätze auch LAG Hamm LAGE § 5 KSchG Nr. 78; *Stein/Jonas/Roth* § 233 Rn. 59 f.; *Bader/Bram Dörner/Wenzel* (36. Erg. Lfg.) § 5 KSchG Rn. 5; *ders.*, Festschrift für Schneider, S. 325 (345 f.); *Vollkommer*, Festschrift für Stahlhacke, S. 599 (615 f.); *Otto* Anm. zu BAG EzA § 5 KSchG Nr. 20; *Corts* DB 1979, 2081 (2086); *ders.* BlStSozArbR 1982, 1 (4).
393 Nicht gefolgt werden kann daher auch der Auffassung von *Löwisch* § 5 KSchG Rn. 2, wonach der unterschiedliche Regelungsgegenstand von § 5 KSchG einerseits („Im Interesse der Klarheit über das Bestehen des Arbeitsverhältnisses angeordneter Ausschluß der Klagemöglichkeit") und §§ 233 ff. ZPO andererseits („Versäumung von Not- bzw. Rechtsmittelbegründungsfristen") es verbieten soll, § 5 KSchG den teilweise milderen Zulassungsvoraussetzungen der §§ 233 ff. ZPO anzupassen.
394 Vgl. BAG NJW 1994, 1084; ArbG Berlin AP Nr. 1 zu § 5 KSchG 1969.

nicht mehr zu rechtfertigende Zugangserschwerung darstellt.[395] Dabei dürfen die Anforderungen an die nachträgliche Zulassung mit Rücksicht auf die Rechtsprechung des BVerfG „nicht überspannt werden."[396]

Wenn demgegenüber argumentiert wird, aus der gegenüber § 234 Abs. 3 ZPO verkürzten Antragsfrist des § 5 Abs. 3 S. 2 KSchG sei zu folgern, daß der Gesetzgeber die dem § 5 KSchG unterfallenden Klagefristen einer schärferen Fristenstrenge unterwerfen wolle, als die in den Anwendungsbereich der §§ 233 ff. ZPO fallenden Rechtsmittel- und Rechtsmittelbegründungsfristen,[397] so kann dem nicht zugestimmt werden. Hierbei wird schon verkannt, daß die Tatsache einer verkürzten absoluten Antragsfrist nichts daran ändert, daß es sich bei der nachträglichen Klagezulassung um eine Regelung des ersten Zugangs zum Rechtsschutz handelt und dementsprechend den Anforderungen des Art. 19 Abs. 4, 103 Abs. 1 GG betreffend den ersten Zugang zu Gericht genügen muß. Im Gegenteil: Die abgekürzte Sechsmonatsfrist des § 5 Abs. 3 S. 2 KSchG führt zu einer weiteren Zugangsverschärfung, die es vielmehr nahelegt, erst recht zu überprüfen, inwieweit eine aus Sachgründen nicht mehr zu rechtfertigende Zugangserschwerung vorliegt. Dies kann dazu führen, daß innerhalb des ohnehin während des Laufs der Sechsmonatsfrist bestehenden Schwebezustands die nachträgliche Klagezulassung im Einzelfall erleichterten Zulassungsvoraussetzungen unterworfen werden muß als die §§ 233 ff. ZPO.

b) Wesen und Wirkung des Beschlusses nach § 5 KSchG

Darüber hinaus erweist sich die verfahrensrechtliche Auffassung bei der Erfassung von Wesen und Wirkung des Beschlusses nach § 5 KSchG gegenüber dem materiell-rechtlichen Ansatzpunkt und der Lehre von der Doppelnatur des Zulassungsverfahrens als überlegen.

Insbesondere für die materiell-rechtliche Ansicht, die den Beschluß konsequentermaßen als Sachentscheidung auffassen muß, ergeben sich die angesprochenen Einordnungsprobleme. Der Versuch *Güntners*[398], das Verfahren nach § 5 KSchG als Feststellung der Hemmung bzw. Unterbrechung der materiell-rechtlichen Ausschlußfrist des § 4 S. 1 KSchG auszulegen, kann in der Tat mit *Herschel*[399] nur als „begriffliches Kunststück" bezeichnet werden. Abgesehen davon, daß diese Interpretation mit dem Wortlaut des § 5 KSchG nicht zu vereinbaren ist, überzeugt auch der Hinweis auf das (angebliche) Verbot einer materiell-rechtlich

---

395 *Vollkommer*, Festschrift für Stahlhacke, S. 599 (615 f.); *Bader/Bram/Dörner/Wenzel* (36. Erg. Lfg.) § 5 KSchG Rn. 5; *ders.*, Festschrift für Schneider, S. 325 (345 f.).
396 Vgl. BVerfG NJW 1992, 38; NJW 1995, 711; NZA 2000, 789; *Stein/Jonas/Roth* § 233 Rn. 1; *Zöller/Greger* § 233 Rn. 3.
397 *Francken* S. 45.
398 AuR 1954, 193 (198). Vgl. hierzu oben Zweiter Teil C. I. 2. b.
399 Anm. zu LAG Stuttgart AP Nr. 3 zu § 4 KSchG 1951.

wirkenden Wiedereinsetzung nicht.[400] Einzig und allein denkbar erscheint der Lösungsversuch *Melzers*[401], den Beschluß nach § 5 KSchG als Gestaltungsentscheidung anzusehen.[402]

Demgegenüber stellen sich bei einem prozessualen Verständnis des § 5 KSchG diese Probleme nicht, da insoweit ohne weiteres eine Orientierung am Vorbild der §§ 233 ff. ZPO möglich ist: Die gewährte Wiedereinsetzung hat zur Folge, daß die versäumte und nachgeholte Prozeßhandlung als rechtzeitig fingiert wird.[403] Eine Fristverlängerung findet demzufolge nicht statt.[404] Konsequenz der angesprochenen Fiktionswirkung ist es, daß die Erteilung der Wiedereinsetzung einen bisher wegen Fristversäumung unzulässigen Rechtsbehelf zulässig und damit eine Sachentscheidung möglich macht.[405] Übertragen auf § 5 KSchG bedeutet dies: Der die nachträgliche Klage zulassende Beschluß stellt eine Prozeßentscheidung dar, der in Anlehnung an die Auswirkungen erteilter Wiedereinsetzung die Wirkung zukommt, daß die Kündigungsschutzklage als rechtzeitig gilt.[406] Eine Verlängerung der Dreiwochenfrist des § 4 S. 1 KSchG findet dabei nicht statt.[407] Aufgrund der „Rechtzeitigkeitsfiktion" entfällt die bisher wegen der Versäumung der Dreiwochenfrist des § 4 S. 1 KSchG bestehende (teilweise) Unzulässigkeit der Kündigungsschutzklage und es wird – in Bezug auf die Sozialwidrigkeit bzw. den Mangel des rechtlichen Grundes und die Einhaltung der Kündigungserklärungsfrist des § 626 Abs. 2 BGB – eine Entscheidung in der Sache möglich.[408, 409] In den Fällen der Kündigung durch den Insolvenzverwalter bzw. der Geltendmachung der Unwirksamkeit einer Befristung bewirkt die „Rechtzeitigkeitsfiktion", daß die bisher (insgesamt) unzulässige Klage zulässig wird. Umgekehrt kommt dem die nachträgliche Klagezulassung ablehnenden Beschluß die Bedeutung zu, daß die bereits durch die Fristversäumung eingetretenen Rechtsnachteile bestehen bleiben. Dies hat zur Folge, daß die Klage (teilweise) unzulässig bleibt und eine Entscheidung in der Sache im Hinblick auf die

---

400 Vgl. den insoweit zutreffenden Hinweis *Melzers* (S. 59 ff.) auf die „Gestaltungsfreiheit" des Gesetzgebers.
401 S. 49 ff. Vgl. hierzu bereits oben Zweiter Teil C. I. 2. b.
402 Vgl. *Vollkommer* AcP Bd. 161, 332 (352 f.).
403 *Stein/Jonas/Roth* § 233 Rn. 2; MüKo-ZPO/*Feiber* § 233 Rn. 4; *Zöller/Greger* § 233 Rn. 1; *Vollkommer* JR 1987, 225 (228).
404 MüKo-ZPO a. a. O.; *Zöller/Greger* a. a. O.
405 *Vollkommer* Anm. zu LAG Hamm LAGE § 5 KSchG Nr. 22.
406 *Gift/Baur* E Rn. 277; *Vollkommer* Anm. zu LAG Hamm LAGE § 5 KSchG Nr. 22.
407 Ungenau ist es daher, wenn *Besta* (S. 121 ff.) die nachträgliche Klagezulassung unter dem Stichwort „Verlängerung der Dreiwochenfrist" erörtert.
408 *Vollkommer* Anm. zu LAG Hamm LAGE § 5 KSchG Nr. 22.
409 Hierauf beschränkt sich jedoch die verfahrensrechtliche Wirkung der nachträglichen Zulassung. Soll demgegenüber mit der Kündigungsschutzklage eine tarifvertragliche oder einzelvertragliche Ausschlußfrist gewahrt werden, so wird insoweit die Kündigungsschutzklage nicht als rechtzeitig fingiert. Der Zulassungsschluß erfaßt also nur die Folgen für die versäumte Prozeßhandlung. Vgl. *Gift/Baur* E Rn. 277.

Sozialwidrigkeit bzw. den Mangel des rechtlichen Grundes und die Einhaltung der Kündigungserklärungsfrist des § 626 Abs. 2 BGB nicht möglich ist. Abweichend gestaltet sich wiederum die Rechtslage im Anwendungsbereich des BeschFG 1996. Bei der Insolvenzkündigung bzw. der Geltendmachung der Unwirksamkeit einer Befristung bleibt die Klage (insgesamt) unzulässig. Eine Entscheidung in der Sache ist damit in Bezug auf den gesamten Streitgegenstand nicht möglich.

D. Zusammenfassung und Ergebnis des zweiten Teils

Wegen dessen außerordentlicher Wichtigkeit für den Fortgang der Untersuchung sei an dieser Stelle kurz das Ergebnis des zweiten Teils zusammengefaßt:

Die besseren Argumente sprechen dafür, in der Dreiwochenfrist des § 4 S. 1 KSchG eine rein prozessuale Frist zu sehen. Dementsprechend ist auch die nachträgliche Klagezulassung als rein prozessuales, der Wiedereinsetzung in den vorigen Stand nachgebildetes Rechtsinstitut anzusehen. Aus der rein verfahrensrechtlichen Rechtsnatur des § 5 KSchG folgt wiederum die grundsätzliche (analoge) Anwendbarkeit der §§ 233 ff. ZPO. Für die Lösung der Einzelprobleme kann daher in Zweifelsfragen auf die zur Wiedereinsetzung in den vorigen Stand entwickelten Grundsätze zurückgegriffen werden. Bei der Übertragung dieser Grundsätze gilt es jedoch, die Besonderheiten der nachträglichen Klagezulassung gegenüber den §§ 233 ff. ZPO zu beachten. Dabei besteht die eine zu berücksichtigende Besonderheit darin, daß die nachträgliche Klagezulassung entsprechend dem Zweck der Dreiwochenfrist des § 4 S. 1 KSchG, eine baldige Klärung der Rechtslage herbeizuführen, gegenüber den §§ 233 ff. ZPO in gesteigertem Maße auf den zeitnahen Eintritt endgültiger Rechtssicherheit angelegt ist. Die andere Abweichung gegenüber den §§ 233 ff. ZPO ist darin zu sehen, daß sich § 5 KSchG nicht auf den Verfahrensabschnitt nach Vorliegen einer (formell rechtskräftigen) Entscheidung bezieht. Die nachträgliche Klagezulassung stellt damit – anders als die §§ 233 ff. ZPO – eine Regelung zur Wiedereröffnung des ersten Zugangs zu Gericht dar. Der zuletzt genannte Gesichtspunkt macht es erforderlich, bei der Anwendung des § 5 KSchG auf die Rechtsprechung des Bundesverfassungsgerichts betreffend den ersten Zugang zum Gericht Rücksicht zu nehmen. Es ist daher stets eine Überprüfung dahingehend vorzunehmen, inwieweit eine aus Sachgründen nicht mehr zu rechtfertigende Zugangserschwerung vorliegt.

Dritter Teil:

Die Prüfungsfolge bei § 5 KSchG – Formale und sachliche Voraussetzungen der nachträglichen Klagezulassung

A. Einführung

Das Verfahren der nachträglichen Klagezulassung gliedert sich – ähnlich dem Verfahren der Wiedereinsetzung in den vorigen Stand – in formale und sachliche Voraussetzungen auf. Die formalen Voraussetzungen des Zulassungsantrags ergeben sich aus § 5 Abs. 2 und 3 KSchG, d.h. es sind die in § 5 Abs. 3 KSchG genannten Fristen einzuhalten sowie die in § 5 Abs. 2 KSchG kodifizierten Anforderungen an den Inhalt des Antrags zu erfüllen. Ein Verstoß hiergegen führt ohne jede Prüfung der sachlichen Voraussetzungen zu einer Verwerfung des Antrags als unzulässig.[410] Demgegenüber sind die sachlichen Voraussetzungen der nachträglichen Klagezulassung, bei deren Fehlen der Antrag als unbegründet abzuweisen ist,[411] in § 5 Abs. 1 KSchG geregelt, d.h. es ist im Rahmen der Begründetheit des Antrages zu prüfen, inwieweit der Arbeitnehmer trotz Anwendung aller ihm nach Lage der Dinge zuzumutenden Sorgfalt verhindert war, die Klage innerhalb der Dreiwochenfrist des § 4 S. 1 KSchG zu erheben und inwieweit die Tatsachen für eine Verhinderung in diesem Sinne glaubhaft gemacht sind. Umgekehrt ausgedrückt bedeutet dies, daß der Arbeitnehmer mit seinem Antrag auf nachträgliche Klagezulassung nur dann durchdringen wird, wenn er den Antrag innerhalb der in § 5 Abs. 3 KSchG genannten Fristen stellt, der Antrag den inhaltlichen Anforderungen des § 5 Abs. 2 KSchG entspricht und zudem ein Zulassungsgrund im Sinne des § 5 Abs. 1 KSchG vorliegt. Im Folgenden sollen nun die angesprochenen Anforderungen der §§ 5 Abs. 1 bis 3 KSchG näher untersucht werden.

---

410 Vgl. etwa EK-ArbR/*Ascheid* § 5 KSchG Rn. 31; *Löwisch* § 5 KSchG Rn. 28. Abweichend hiervon kommt nach *Güntner* AuR 1954, 193 (199) – zumindest im Falle der Versäumung der Fristen des § 5 Abs. 3 KSchG – eine Verwerfung des Antrags nach § 5 KSchG als unzulässig nicht in Betracht, da es sich – so *Güntner a. a. O.* – in jedem Fall um eine materiell-rechtliche Entscheidung handelt. Dem kann jedoch nicht gefolgt werden. Abgesehen davon, daß diese Auffassung dem klaren Wortlaut des § 5 Abs. 3 KSchG widerspricht („Der Antrag ist nur innerhalb von zwei Wochen nach Behebung des Hindernisses *zulässig*"), beruht sie auch auf dem (in dieser Arbeit abgelehnten) materiell-rechtlichen Verständnis der nachträglichen Klagezulassung.
411 EK-ArbR/*Ascheid* § 5 KSchG Rn. 31; *Löwisch* § 5 KSchG Rn. 29.

B. Der Antrag auf nachträgliche Klagezulassung – § 5 Abs. 2 KSchG

I. Die Anforderungen im Überblick

Die für die Antragstellung nach § 5 KSchG einzuhaltenden Formalien ergeben sich aus § 5 Abs. 2 KSchG. Hiernach sind folgende Kriterien zu erfüllen[412]: Der Antrag muß in der hierzu erforderlichen Form beim zuständigen Arbeitsgericht gestellt werden. Mit dem Antrag ist die Klageerhebung zu verbinden, § 5 Abs. 2 S. 1 1. HS KSchG. Ist bereits Klage erhoben, so muß gemäß § 5 Abs. 2 S.1 2. HS KSchG auf diese Bezug genommen werden. Inhaltlich muß der Antrag die Angabe der die nachträgliche Zulassung begründenden Tatsachen sowie – in Abweichnung von § 236 Abs. 2 S. 1 1. HS ZPO[413] – die Angabe der Mittel für deren Glaubhaftmachung enthalten. Der so abgefaßte Antrag ist dann dem Arbeitgeber zuzustellen.[414] Diese auf den ersten Blick klaren Anforderungen bedürfen im Folgenden näherer Erörterung.

II. Die Form für den Antrag

Besondere Formvorschriften für die Stellung des Antrags existieren nicht. Eine schriftliche Einreichung des Antrags bzw. dessen mündliche Stellung zu Protokoll der Geschäftsstelle empfiehlt sich zwar, notwendig ist dies jedoch nicht.[415] Als streitig hat sich aber die Frage erwiesen, inwieweit es zur Antragstellung eines ausdrücklichen Antrags bedarf:

So gehen *Ascheid/Reiner*[416] ohne nähere Begründung[417] davon aus, daß es zur Antragstellung eines ausdrücklichen Antrags bedarf.

---

412 Vgl. hierzu auch *Berkowsky* NZA 1997, 352 (355).
413 Diese Vorschrift fordert nach ihrem klaren Wortlaut nur die Angabe der die Wiedereinsetzung begründenden Tatsachen, nicht aber die Angabe der Mittel für deren Glaubhaftmachung. Zur Streitfrage, ob § 5 Abs. 2 S. 2 KSchG trotzdem im Wege der teleologischen Reduktion dem Inhalt des § 236 Abs. 2 S. 1 1. HS ZPO anzupassen ist, unten Dritter Teil B. III. 1. b.
414 *Melzer* S. 104.
415 KR-*Friedrich* § 5 KSchG Rn. 78; *Wenzel* MDR 1978, 276 (277); *Löwisch* Anm. zu LAG Baden-Württemberg LAGE § 5 KSchG Nr. 37. In den Fällen der schriftsätzlichen Ankündigung des Zulassungsantrags ist umstritten, ob dieser in der mündlichen Verhandlung wiederholt werden muß oder nicht. Vgl. KR-*Friedrich* § 5 KSchG Rn. 126 a; *Gift/Baur* E Rn. 254 einerseits und *Löwisch* § 5 KSchG Rn. 19 andererseits.
416 Rn. 723 (Anders nunmehr – im Sinne der h. M. – EK-ArbR/*Ascheid* § 5 KSchG Rn. 18). Ebenso *Monjau/Heimeier* § 5 KSchG Anm. 6.
417 *Ascheid/Reiner* a.a.O. berufen sich zur Begründung ihrer Auffassung nur auf *Knorr/Bichlmeier/Kremhelmer*, indessen zu Unrecht. Diese vertreten unter S. 669 (Rdn. 59) eine mit der h. M. übereinstimmende Ansicht.

Dem hat sich die ganz überwiegende Auffassung[418] jedoch nicht angeschlossen. Nach dieser ist vielmehr eine stillschweigende Antragstellung ausreichend aber auch notwendig. Eine nicht zu engherzige Auslegung des § 5 Abs. 2 KSchG erscheine deswegen gerechtfertigt, weil der Arbeitnehmer ansonsten wegen der kurzen zweiwöchigen Antragsfrist des § 5 Abs. 3 S. 1 KSchG leicht der Gefahr eines formalen Rechtsverlustes ausgesetzt wäre.[419] Zudem sei kein zwingender Grund dafür ersichtlich, warum übermäßig strenge Anforderungen gestellt werden sollten. Dementsprechend sei es ausreichend, wenn in irgendeiner Form zum Ausdruck komme, daß die Klage trotz Fristversäumung noch zugelassen werden soll.[420] Hierfür reiche allerdings die bloße verspätete Klageerhebung noch nicht aus. § 236 Abs. 1 S. 2 ZPO, der eine Wiedereinsetzung von Amts wegen vorsehe, sei auf § 5 KSchG wegen dessen Sonderstellung nicht anwendbar.[421] Daß die bloße verspätete Klageerhebung nicht ausreichend sei, ergebe sich überdies aber auch aus dem Wortlaut des § 5 Abs. 2 KSchG, in dem bestimmt sei, daß Zulassungsantrag und Klageerhebung *nebeneinander* vorliegen müßten.[422]

Keine der beiden vorgenannten Meinungen vermag indessen im Ergebnis zu überzeugen. Die Ansicht, die das Vorliegen eines ausdrücklichen Antrags fordert, ist von der herrschenden Auffassung zu Recht dahingehend kritisiert worden, daß sie den Arbeitnehmer angesichts der kurzen Antragsfristen des § 5 Abs. 3 KSchG unnötigerweise der Gefahr eines formalen Rechtsverlusts aussetzt. Sie steht überdies im Widerspruch zu dem allgemeinen Grundsatz, daß Prozeßhandlungen analog § 133 BGB der Auslegung zugänglich sind.[423] Aber auch die herrschende Meinung mit ihrem Festhalten an dem Erfordernis eines zumindest stillschweigend gestellten Antrags vermag letztlich nicht zu befriedigen. Sind sämtliche die nachträgliche Klagezulassung begründenden Tatsachen aktenkundig und ist die Kündigungsschutzklage erhoben, so erscheint es als reiner Formalismus, darüber hinaus noch weitergehend das Vorliegen eines zumindest schlüssig gestellten Antrages zu fordern.[424] Die Vorschrift des § 236 ZPO zeigt augenfällig auf, daß die Grenzen zwischen einer nachträglichen Zulassung von Amts wegen und einer nachträglichen Zulassung aufgrund stillschweigend

---

418 LAG Berlin AP Nr. 11 zu § 4 KSchG 1951; LAG Kiel RdA 1952, 399; KR-*Friedrich* § 5 KSchG Rn. 78f.; *Hueck/v. Hoyningen-Huene* § 5 KSchG Rn. 20; *Neumann*, AR-Blattei D, Kündigungsschutz III A, B III; *Gift/Baur* E Rn. 220; *Melzer* S. 71 ff.; *v. Hoyningen-Huene* JuS 1986, 897 (900); *Becker-Schaffner* ZAP 1999, Fach 17, 481 (483); *Löwisch* Anm. zu LAG Baden-Württemberg LAGE § 5 KSchG Nr. 37.
419 *Melzer* S. 72.
420 KR-*Friedrich* § 5 KSchG Rn. 78; *Hueck/v. Hoyningen-Huene* a.a.O.; *Löwisch* a.a.O.
421 KR-*Friedrich* § 5 KSchG Rn. 79; *Neumann* a.a.O. Beide Autoren verweisen insoweit auf die von ihnen entwickelten Gründe für eine Nichtanwendbarkeit der §§ 233 ff. ZPO auf § 5 KSchG. Vgl. hierzu ausführlich oben Zweiter Teil C. I. 2. a.
422 *Melzer* S. 73.
423 Vgl. hierzu *Thomas/Putzo* Einl. III Rn. 16.
424 Ähnlich zu § 236 ZPO a. F. auch RGZ 169, 196 (200).

gestellten Antrags fließend sind.[425] So wurde beispielsweise auch im Rahmen des § 236 ZPO a. F., der im Unterschied zu § 236 Abs. 2 S.2 2. HS ZPO n. F. noch keine Wiedereinsetzung von Amts wegen vorsah, eine Wiedereinsetzung von Amts wegen anerkannt.[426] Das hat letztlich auch die überwiegende Auffassung erkannt, indem sie die Anforderungen an einen schlüssig gestellten Antrag sehr weit faßt und es ausreichen läßt, daß in irgendeiner Form zum Ausdruck kommt, daß die Klage trotz Fristversäumung nachträglich zugelassen werden soll. Im Ergebnis hält damit auch die herrschende Meinung letztlich nur noch formal am Antragserfordernis fest. Das legt es nahe – ausgehend von einem prozessualen Verständnis der nachträglichen Klagezulassung – § 236 Abs. 2 S. 2 ZPO auf § 5 KSchG analog anzuwenden und auf das Antragserfordernis gänzlich zu verzichten. Dies nicht zuletzt auch vor dem Hintergrund, daß das Bundesverfassungsgericht[427] eine übertriebene Formenstrenge als unzumutbare Zugangserschwerung zum Gericht anerkannt hat. Diese Rechtsprechung des BVerfG muß im arbeitsgerichtlichen Verfahren im besonderen Maße Berücksichtigung finden, da im Arbeitsgerichtsprozeß im Gegensatz zum allgemeinen Zivilprozeß der Grundsatz gilt, daß jeder unnötige Formalismus zu vermeiden ist.[428] Im Ergebnis bleibt daher festzuhalten, daß auch die Kündigungsschutzklage in analoger Anwendung des § 236 Abs. 2 S. 2 ZPO von Amts wegen nachträglich zuzulassen ist, wenn die die nachträgliche Klagezulassung begründenden Tatsachen aktenkundig sind.[429]

III. Der Inhalt

1. Angabe der die Zulassung begründenden Tatsachen und der Mittel für deren Glaubhaftmachung

a) Die die Zulassung begründenden Tatsachen

In § 5 Abs. 2 S. 2 KSchG ist bestimmt, daß der Antrag die die nachträgliche Zulassung begründenden Tatsachen enthalten muß. Damit stellt sich das Problem,

---

425 In diesem Sinne auch *Stein/Jonas/Roth* § 236 Rn. 3, der es häufig dahingestellt sein lassen will, ob eine Wiedereinsetzung von Amts wegen vorliegt oder eine solche aufgrund stillschweigend gestellten Antrags. Vgl. zu den Abgrenzungsschwierigkeiten der Rechtsprechung auch Müko-ZPO/*Feiber* § 236 Rn. 20.
426 RGZ 169, 196; *Vollkommer* ZZP 89, 206 (209 f.) sowie Anm. zu BAG EzA § 4 KSchG KSchG Nr. 39; ähnlich weitgehend BGHZ 63, 389: „Bloße Vornahme der verspäteten Handlung als stillschweigender Wiedereinsetzungsantrag".
427 BVerfGE 74, 228.
428 Vgl. BAG NJW 1994, 1084; ArbG Berlin AP Nr. 1 zu § 5 KSchG 1969.
429 So zutreffend *Vollkommer* Anm. zu BAG EzA § 4 KSchG Nr. 39. Im Ergebnis ebenso *Güntner* AuR 1954, 193 (198), der dies jedoch mit dem von ihm angenommenen Verständnis der nachträglichen Klagezulassung als Feststellung der Hemmung bzw. Unterbrechung der Dreiwochenfrist des § 4 S. 1 KSchG begründet. Vgl. ausführlich zur Auffassung *Güntners* oben Zweiter Teil C. I. 2. b.

was unter den die nachträgliche Zulassung begründenden Tatsachen zu verstehen ist. Sicherlich fallen hierunter die Tatsachen, die die Begründetheit der nachträglichen Klagezulassung ausmachen, also die Tatsachen, die die Frage betreffen, ob der Arbeitnehmer trotz Anwendung aller ihm nach Lage der Umstände zuzumutenden Sorgfalt verhindert war, die Klagefrist des § 4 S. 1 KSchG einzuhalten. Diese müssen daher in jedem Fall im Antrag enthalten und nach einer häufig[430] gebrauchten Formel „nach allen Richtungen hin schlüssig dargetan sein." Fraglich erscheint aber, ob auch die für die Zulässigkeit, insbesondere die Fristwahrung, maßgeblichen Tatbestände als Tatsachen im Sinne des § 5 Abs. 2 S. 2 KSchG anzusehen sind. Die Lösung dieser Problematik wird in Literatur und Rechtsprechung kontrovers diskutiert:

Die überwiegende Auffassung[431] nimmt unter Hinweis auf den Wortlaut des § 5 Abs. 2 S. 2 KSchG an, daß es sich bei den die Zulässigkeit des Antrags betreffenden Tatsachen nicht um „die nachträgliche Zulassung begründende Tatsachen" im Sinne des § 5 Abs. 2 S. 2 KSchG handelt. Konsequenz der herrschenden Meinung ist, daß der Arbeitnehmer zwar darlegen muß, daß er die Antragsfrist des § 5 Abs. 3 KSchG eingehalten hat, hierbei aber nicht den Anforderungen des § 5 Abs. 2 S. 2 KSchG unterliegt. Er muß die die Zulässigkeit betreffenden Tatsachen demnach weder im Antrag selbst schildern noch – soweit man dies fordert[432] – die Mittel für deren Glaubhaftmachung angeben. Zudem besteht eine Bindung an die Antragsfristen nicht, so daß die für die Zulässigkeit maßgeblichen Tatsachen ohne weiteres nachgeschoben werden können.[433]

Demgegenüber steht die Gegenmeinung[434] auf dem Standpunkt, daß die „die nachträgliche Zulassung begründenden Tatsachen" sowohl solche der Zulässigkeit als auch solche der Begründetheit sind. Dies wird zum einen damit begründet, daß das Gericht nur so prüfen könne, ob auch die Zweiwochenfrist des § 5 Abs. 3 KSchG gewahrt sei.[435] Zum anderen sei § 5 Abs. 2 S. 2 KSchG aber auch § 236 Abs. 2 S. 1 ZPO nachgebildet.[436] Bei dieser Vorschrift sei es aber einhellige Meinung, daß innerhalb der Antragsfrist auch die Tatsachen für die Fristwahrung angegeben werden müßten. Dies müsse daher auch auf § 5 Abs. 2 S. 2 KSchG übertragen werden. Folge dieser Ansicht ist, daß auch für die die Zuläs-

---

430 Vgl. etwa KR-*Friedrich* § 5 KSchG Rn. 82; *Gift/Baur* E Rn. 228; *Wenzel* MDR 1978, 276 (277).
431 LAG Düsseldorf DB 1971, 1120; KR-*Friedrich* § 5 KSchG Rn. 124; *Kittner/Trittin* § 5 KSchG Rn. 19; *Wenzel* AuR 1976, 325 (326); *ders.* MDR 1978, 276 (277).
432 Ausführlich zum Meinungsstreit, ob im Antrag die Mittel für die Glaubhaftmachung anzugeben sind unten Dritter Teil B. III. 1. b.
433 Vgl. ausführlich zur Streitfrage, inwieweit Tatsachen im Rahmen des § 5 KSchG nachgeschoben werden können unten Dritter Teil B. III. 1. c.
434 LAG Frankfurt LAGE § 5 KSchG Nr. 54; *Löwisch* § 5 KSchG Rn. 20; *Bader/Bram/Dörner/Wenzel* § 5 KSchG Rn. 4 a; *Eylert* AuA 1996, 414 (416). Vgl. auch *Bader* NZA 1997, 905 (907).
435 *Löwisch* a. a. O.
436 LAG Frankfurt a. a. O.

sigkeit des Antrags betreffenden Tatsachen die Anforderungen des § 5 Abs. 2 S. 2 KSchG – insbesondere also auch die Antragsfristen – einzuhalten sind.
Der zuletzt genannten Auffassung gebührt der Vorzug. Bei der nachträglichen Klagezulassung handelt es sich nach oben[437] ausführlich begründeter Meinung um ein rein prozessuales, der Wiedereinsetzung nachgebildetes Rechtsinstitut. Demzufolge erscheint eine Orientierung an der dem § 5 Abs. 2 S. 2 KSchG entsprechenden Vorschrift des § 236 ZPO als zutreffend. Für diese Vorschrift ist aber anerkannt, daß unter die „die Wiedereinsetzung begründenden Tatsachen" auch die Tatsachen fallen, aus denen sich die Einhaltung der Wiedereinsetzungsfrist des § 234 Abs. 1 ZPO ergibt.[438] Demgegenüber hat die herrschende Auffassung bisher nicht überzeugend zu begründen vermocht, warum die in diesem Punkt gleichlautende Vorschrift des § 5 Abs. 2 S. 2 KSchG in einem anderen Sinne ausgelegt werden sollte als § 236 ZPO. Insofern ergibt sich auch aus dem Hinweis *Friedrichs*[439], es sei schon von der Gesetzesgeschichte her unrichtig, daß § 5 Abs. 2 S. 2 KSchG dem § 236 Abs. 1 S. 2 ZPO nachgebildet sei, keine andere Beurteilung. § 5 Abs. 2 S. 2 KSchG ist zwar nicht § 236 Abs. 1 S. 2 ZPO in der Fassung der Vereinfachungsnovelle vom 3. Dezember 1976 nachgebildet,[440] sehr wohl aber dessen Vorgängervorschriften. Zu diesen hat aber bereits das *Reichsgericht*[441] und später dann auch der *BGH*[442] die Auffassung vertreten, daß zu den „die Wiedereinsetzung begründenden Tatsachen" auch die Darlegung gehört, daß die für die Wiedereinsetzung maßgeblichen Antragsfristen eingehalten wurden. Aus der Gesetzesgeschichte läßt sich daher entgegen der Auffassung *Friedrichs* nichts Gegenteiliges herleiten, so daß es als zutreffend erscheint, in Übereinstimmung mit dem *LAG Frankfurt*[443] unter die „die nachträgliche Zulassung begründenden Tatsachen" auch die für die Zulässigkeit des Antrags maßgeblichen Tatsachen zu fassen.

b) Angabe der Mittel für die Glaubhaftmachung?

In § 5 Abs. 2 S. 2 KSchG ist weiter ausgeführt, daß der Antrag die Angabe der Mittel für die Glaubhaftmachung der die nachträgliche Zulassung begründenden Tatsachen enthalten muß. In diesem Zusammenhang ist zunächst klarstellend darauf hinzuweisen, daß die genannte Vorschrift nur die *Angabe* der Mittel für

---

437 Zweiter Teil C. IV.
438 BGH VersR 1992, 636; *Stein/Jonas/Roth* § 236 Rn. 7; *Thomas/Putzo* § 236 Rn. 4; *Müller* NJW 1993, 681 (682).
439 KR-*Friedrich* § 5 KSchG Rn. 124.
440 Dies wäre in der Tat von der Gesetzesgeschichte her unmöglich. Das Kündigungsschutzgesetz und damit auch § 4 bzw. § 5 KSchG stammen aus dem Jahre 1951 bzw. 1969. Vgl. eingehend zur Entstehungsgeschichte der nachträglichen Klagezulassung oben Erster Teil.
441 RGZ 31, 400.
442 BGHZ 5, 157. Vgl. auch *Stein/Jonas* (19. Auflage) § 236 Anm. 1.
443 LAGE § 5 KSchG Nr. 54.

die Glaubhaftmachung fordert. Das bedeutet, daß die Mittel für die Glaubhaftmachung im Antrag nur bezeichnet, nicht aber diesem beigefügt werden müssen.[444] Die Glaubhaftmachung als solche braucht also nicht im Antrag enthalten zu sein.[445] Sie ist an die Fristen des § 5 Abs. 3 KSchG nicht gebunden und kann daher bis zur Beschlußfassung nachgeholt werden.[446] Angesichts dessen erhebt sich die Frage, inwieweit überhaupt am Erfordernis der Angabe der Mittel für die Glaubhaftmachung im Antrag festgehalten werden sollte:

Die ganz überwiegende Auffassung[447] orientiert sich – ohne näher auf das Problem einzugehen – am Wortlaut des § 5 Abs. 2 S. 2 KSchG und verlangt neben der Angabe der die nachträgliche Zulassung begründenden Tatsachen auch die Angabe der Mittel für deren Glaubhaftmachung. Dabei schwächt die herrschende Meinung dieses von ihr aufgestellte Erfordernis jedoch dahingehend ab, daß sie nicht die ausdrückliche Angabe fordert, sondern es vielmehr für ausreichend erachtet, daß die Mittel für die Glaubhaftmachung als solche erkennbar sind und sich durch Auslegung ermitteln lassen.[448] Dies wird damit begründet, daß dem Kündigungsschutzprozeß und damit auch der nachträglichen Klagezulassung jegliche unnötige Förmelei fremd sei.[449] Umstritten ist dabei jedoch innerhalb der herrschenden Auffassung, inwieweit bei dieser Auslegung allein aus der Angabe der Gründe für die Verspätung auf die Mittel für deren Glaubhaftmachung geschlossen werden kann.[450]

Dieser Interpretation des § 5 Abs. 2 S. 2 KSchG kann jedoch nicht gefolgt werden. Ausgehend von dem auch von der herrschenden Auffassung zugrundegelegten Grundsatz, daß dem Kündigungsschutzgesetz jegliche unnötige Förmelei fremd ist, läßt sich kein vernünftiger Grund dafür finden, warum bei der nachträglichen Klagezulassung anders als bei § 236 Abs. 2 S. 1 1. HS ZPO die Angabe der Mittel für die Glaubhaftmachung im Antrag verlangt werden sollte. Hierfür läßt sich insbesondere nicht der bei § 5 KSchG im Gegensatz zu den §§ 233 ff. ZPO deutlich mehr im Vordergrund stehende Beschleunigungsaspekt

---

444 Vgl. statt aller EK-ArbR/*Ascheid* § 5 KSchG Rn. 22.
445 Vgl. etwa KR-*Friedrich* § 5 KSchG Rn. 95; *Hueck/v. Hoyningen-Huene* § 5 KSchG Rn. 25; *Kittner/Trittin* § 5 KSchG Rn. 21; *Fischer* AiB 1987, 186 (188).
446 KR-*Friedrich* a. a. O.; *Kittner/Trittin* a. a. O.
447 KR-*Friedrich* § 5 KSchG Rn. 81/84; *Hueck/v. Hoyningen-Huene* § 5 KSchG Rn. 20; *Kittner/Trittin* § 5 KSchG Rn. 19; *Bader/Bram/Dörner/Wenzel* (36. Erg. Lfg.) § 5 KSchG Rn. 26; *Melzer* S. 71; *Fischer* AiB 1987, 186 (188).
448 KR-*Friedrich* § 5 KSchG Rn. 92; *Neumann*, AR-Blattei D, Kündigungsschutz III A, B III; *Kittner/Trittin* § 5 KSchG Rn. 20; *Wenzel* AuR 1976, 325 (327); *ders.* MDR 1978, 276 (277); *Melzer* S. 74.
449 *Wenzel* AuR 1976, 325 (327); *Melzer* a. a. O.
450 Dafür: *Fischer* AiB 1987, 186 (188); *Wenzel* AuR 1976, 325 (327) („Aus bloßem Vortrag der Erkrankung läßt sich schließen, daß der Nachweis durch Benennung der behandelnden Ärzte geführt werden soll"). Dagegen: *Löwisch* § 5 KSchG Rn. 22; *Gift/Baur* E Rn. 233.

anführen.[451] Auch vom Boden der herrschenden Auffassung müssen – wie bereits ausgeführt – die Mittel für die Glaubhaftmachung nur angegeben, nicht aber dem Antrag beigefügt werden. So kann etwa eine eidesstattliche Versicherung oder ein ärztliches Attest bis zur Beschlußfassung nachgereicht werden.[452] Eine bessere Vorbereitung des Termins durch die bloße Angabe der Mittel der Glaubhaftmachung durch das Gericht ist also regelmäßig sowieso nicht zu erwarten. Dies gilt auch im Hinblick auf den Zeugenbeweis, da das Gericht aufgrund § 294 Abs. 2 ZPO nur präsente, von der Partei zu stellende Zeugen vernehmen darf und daher eine Vertagung zur späteren Beweisaufnahme sowieso nicht möglich ist.[453] Hinzu kommt, daß Teile der herrschenden Meinung im Ergebnis sowieso schon auf die Angabe der Mittel für die Glaubhaftmachung im Antrag verzichtet haben, indem sie diese allein aus der Angabe der Gründe für die Verspätung herleiten wollen. Es bietet sich daher an, diesen Denkansatz konsequent zu Ende zu führen und unter Zugrundelegung eines prozessualen Verständnisses der nachträglichen Klagezulassung § 5 Abs. 2 S. 2 KSchG in Anlehnung an § 236 Abs. 2 S. 1 1. HS ZPO dahingehend teleologisch zu reduzieren, daß das Erfordernis der Angabe der Mittel für die Glaubhaftmachung im Antrag gänzlich aufgegeben wird.[454] Zu berücksichtigen bleibt in diesem Zusammenhang aber, daß nach der seit 1. Mai 2000 geltenden Fassung des § 5 Abs. 4 S. 1 KSchG die Entscheidung über den Zulassungsantrag auch ohne mündliche Verhandlung ergehen kann. Dies birgt die Gefahr in sich, daß Mittel der Glaubhaftmachung, die im Antrag weder angegeben noch diesem beigefügt werden, verloren gehen.[455] Dieser Umstand darf jedoch nicht dazu führen, daß nunmehr in Abweichung zur bisherigen Rechtslage gefordert wird, daß dem Zulassungsantrag die Mittel der Glaubhaftmachung beigefügt werden.[456] Richtigerweise ist es vielmehr Sache des Arbeitsgerichts in diesen Fällen nach § 139 ZPO auf eine Einreichung der Mittel zur Glaubhaftmachung hinzuwirken.[457]

c) Nachholung der Angaben?

§ 5 Abs. 2 S. 2 KSchG verlangt seinem Wortlaut nach, daß die die nachträgliche Zulassung begründenden Tatsachen sowie die Mittel für deren Glaubhaftmachung im Antragsschriftsatz selbst angegeben werden. Fraglich erscheint daher, ob es dem Arbeitnehmer zu gestatten ist, die nach § 5 Abs. 2 S. 2 KSchG erforderlichen Angaben nachzureichen, wenn er diese dem Antragsschriftsatz nicht beigefügt hat. Dabei spitzt sich das Problem noch zusätzlich zu, wenn die Nach-

---

451 Vgl. hierzu oben Zweiter Teil C. IV. 3. a.
452 Vgl. etwa KR-*Friedrich* § 5 KSchG Rn. 95.
453 Vgl. zur Streitfrage, ob § 294 Abs. 2 ZPO im Rahmen des § 5 KSchG gilt ausführlich unten Vierter Teil B. II. 2 c. aa.
454 So auch LAG München ARSt 1980 Nr. 1167.
455 Vgl. *Bader/Bram/Dörner/Wenzel* (39. Erg. Lfg.) § 5 KSchG aktuell Rn. 4.
456 So aber offenbar *Schaub* NZA 2000, 344 (348).
457 *Bader/Bram/Dörner/Wenzel* (39. Erg. Lfg.) § 5 KSchG aktuell Rn. 4.

holung erst nach Ablauf der in § 5 Abs. 3 KSchG bestimmten Fristen erfolgt. Die in Literatur und Rechtsprechung zu diesem Fragenkomplex vertretenen Meinungen gehen weit auseinander. Neben den beiden Extrempositionen – Angabe der nach § 5 Abs. 2 S. 2 KSchG erforderlichen Angaben nur im Antrag selbst einerseits, unbeschränkte Nachholung der Angaben auch nach Ablauf der in § 5 Abs. 3 KSchG bestimmten Fristen andererseits – werden zahlreiche vermittelnde Auffassungen vertreten.

Die strengste Position nehmen *Monjau/Heimeier*[458] ein. Ausschließlich orientiert am Wortlaut des § 5 Abs. 2 S. 2 KSchG nehmen diese an, daß die Angabe der nach § 5 Abs. 2 S. 2 KSchG erforderlichen Angaben nur im Antrag selbst erfolgen kann. Der Antrag kann demnach nur im Antragsschriftsatz selbst begründet werden. Eine Nachholung der Angaben ist generell ausgeschlossen.

Einen ähnlich strengen Standpunkt hat das *LAG Baden-Württemberg* in zwei älteren Entscheidungen[459] vertreten. Das Gericht hat dort zwar nicht verlangt, daß der Antrag auf nachträgliche Klagezulassung im Antragsschriftsatz selbst begründet wird, sehr wohl aber die Auffassung vertreten, daß nach Ablauf der in § 5 Abs. 3 KSchG genannten Fristen eine Nachholung ausnahmslos ausgeschlossen sei. Das Gesetz habe die Zulassung verspätet erhobener Kündigungsschutzklagen nicht als Zulassungsstreit geregelt, in dem eine Ergänzung der Tatsachenbehauptung und der Mittel der Glaubhaftmachung zulässig würde. Das Zulassungsverfahren nach § 5 KSchG habe vielmehr den Rechtscharakter der prozessualen Wiedereinsetzung in den vorigen Stand. Dies aber habe zur Folge, daß nach Ablauf der in § 5 Abs. 3 KSchG bestimmten Fristen zur Begründung des Antrages eine Ergänzung des Sachverhalts nicht nachgeschoben werden könne.

Die in Literatur[460] und Rechtsprechung[461] ganz überwiegend vertretene Auffassung schließt sich dem Grundsatz nach dem *LAG Baden-Württemberg* an. Auch nach dieser müssen die nach § 5 Abs. 2 S. 2 KSchG erforderlichen Angaben nicht im Antrag selbst enthalten sein, sondern können nachgeschoben werden. Ein solches Nachschieben soll indessen grundsätzlich nur dann möglich sein, wenn es innerhalb der in § 5 Abs. 3 KSchG kodifizierten Fristen vorgenommen wird. Anders als das *LAG Baden-Württemberg* will die herrschende Meinung – in Anlehnung an die zu §§ 234, 236 ZPO ergangene Rechtsprechung – von diesem Grundsatz jedoch dann eine Ausnahme zulassen, wenn es sich bei den nachgeschobenen Angaben um bloße Ergänzungen, Konkretisierungen oder Vervollständigungen von bereits fristgerecht Vorgetragenem handelt. Dies soll insbe-

---

458 § 5 KSchG Anm. 6.
459 BB 1966, 248; BB 1966, 1188.
460 KR-*Friedrich* § 5 KSchG Rn. 84 ff.; *Hueck/v. Hoyningen-Huene* § 5 KSchG Rn. 25; *Kittner/Trittin* § 5 KSchG Rn. 23; *Neumann* AR-Blattei D, Kündigungsschutz III A, B III; *Stahlhacke/Preis* Rn. 1142; *Gift/Baur* E Rn. 230; *Melzer* S. 75 ff.; *Becker-Schaffner* BlStSozArbR 1976, 289.
461 Vgl. etwa LAG Hamburg DB 1967, 2123; LAG München DB 1976, 732; LAG Bremen DB 1988, 814.

sondere dann gelten, wenn das Gericht Unklarheiten des Sachverhalts durch Befragung nach § 139 ZPO beseitigen will. In den genannten Ausnahmefällen ist daher nach der herrschenden Auffassung eine Nachholung der nach § 5 Abs. 2 S. 2 KSchG erforderlichen Angaben auch noch nach Ablauf der in § 5 Abs. 3 KSchG festgelegten Fristen möglich.

Den weitestgehenden Standpunkt vertritt schließlich *Güntner*[462], der annimmt, daß die nach § 5 Abs. 2 S. 2 KSchG erforderlichen Angaben auch noch nach Ablauf der in § 5 Abs. 3 KSchG kodifizierten Fristen nachgeschoben werden können.[463] Nach Ansicht *Güntners* handelt es sich bei den in § 5 Abs. 2 S. 2 KSchG aufgestellten Anforderungen um Anforderungen, die auf dem (aus seiner Sicht) verfehlten Verständnis der nachträglichen Klagezulassung als Wiedereinsetzung in den vorigen Stand beruhen. *Güntner* setzt damit konsequent den von ihm eingeschlagenen Weg einer offenen Korrektur des § 5 KSchG im Sinne eines materiell-rechtlichen Instituts zur Feststellung und Hemmung bzw. Unterbrechung der Dreiwochenfrist des § 4 S. 1 KSchG fort.[464]

Der herrschenden Auffassung gebührt im Ergebnis der Vorzug:

Dem von *Monjau/Heimeier*[465] vertretenen formstrengen Standpunkt kann schon deshalb nicht gefolgt werden, weil es nach hier[466] vertretener Meinung für die Gewährung der nachträglichen Zulassung eines Antrags gar nicht bedarf, sondern vielmehr in analoger Anwendung des § 236 Abs. 2 S. 2 ZPO auch die nachträgliche Zulassung von Amts wegen möglich erscheint. Auf eine notwendige Verbindung von Antrag und Begründung kann es daher gar nicht ankommen. Die von *Monjau/Heimeier* vertretene Meinung läßt sich aber selbst dann nicht halten, wenn man die Möglichkeit einer nachträglichen Klagezulassung von Amts wegen ablehnt. Würden nämlich die gemäß § 5 Abs. 2 S. 2 KSchG erforderlichen Angaben nachgeholt, so müßte hierin zumindest ein stillschweigend gestellter neuer Antrag in Verbindung mit der Rücknahme des alten gesehen werden.[467]

Aber auch die von *Güntner*[468] vertretene Auffassung einer von den Fristen des § 5 Abs. 3 KSchG unabhängigen Nachholungsmöglichkeit vermag nicht zu überzeugen. Abgesehen davon, daß diese Ansicht auf dem in dieser Arbeit abgelehnten materiell-rechtlichen Verständnis der nachträglichen Klagezulassung be-

---

462 AuR 1954, 193 (196/199).
463 Ebenso für den Sonderfall, daß das Arbeitsgericht zunächst über den Zeitpunkt des Zugangs der Klage Beweis erhebt und erst danach – d. h. nach Feststellung der Verspätung – auf den fristgemäß gestellten, aber nicht ordnungsgemäß begründeten Antrag auf nachträgliche Klagezulassung zurückkommt LAG Köln LAGE § 5 KSchG Nr. 48.
464 Vgl. hierzu ausführlich oben Zweiter Teil C. I. 2. b.
465 § 5 KSchG Anm. 6.
466 Dritter Teil B. II.
467 So zutreffend *Herschel* Anm. zu ArbG Göttingen AP Nr. 4 zu § 4 KSchG 1951; *Neumann* AR-Blattei D, Kündigungsschutz III A, B III.
468 AuR 1954, 193 (196/199).

ruht, führt sie auch zu einer Aushöhlung des mit der Festlegung der Antragsfristen verfolgten Zwecks, im Interesse der Rechtssicherheit eine möglichst schnelle Beendigung des Schwebezustandes herbeizuführen. Richtigerweise wird man daher davon auszugehen haben, daß die Nachholung der nach § 5 Abs. 2 S. 2 KSchG erforderlichen Angaben grundsätzlich nur innerhalb der Antragsfristen zulässig ist. Unter Zugrundelegung eines prozessualen Verständnisses der nachträglichen Klagezulassung wird man jedoch darüber hinaus auch die im Rahmen der §§ 234, 236 ZPO entwickelten Ausnahmen vom Fristerfordernis auf § 5 KSchG zu übertragen haben. Die gegenteilige Auffassung des *LAG Baden-Württemberg*[469] überzeugt nicht. Es erscheint schon widersprüchlich wenn das *LAG Baden-Württemberg*[470] zum einen ausführt, daß „das Zulassungsverfahren weitgehend den Rechtscharakter der prozessualen Wiedereinsetzung in den vorigen Stand bei Versäumung von Verfahrensfristen hat", zum anderen aber die zum Wiedereinsetzungsrecht entwickelten Ausnahmen vom Fristerfordernis nicht anwenden will. Bei den §§ 233 ff. ZPO ist nämlich anerkannt, daß erkennbar unklare oder ergänzungsbedürftige Angaben, deren Aufklärung nach § 139 ZPO geboten war, auch noch nach Ablauf der Wiedereinsetzungsfrist erläutert und vervollständigt werden dürfen.[471] Ausgehend von einem prozessualen Verständnis der nachträglichen Klagezulassung bestehen daher keine Bedenken unter diesen Voraussetzungen auch im Rahmen des § 5 KSchG eine Nachholung der nach § 5 Abs. 2 S. 2 KSchG erforderlichen Angaben zuzulassen.

2. Die Verbindung des Antrags mit der Klageerhebung

Gemäß § 5 Abs. 2 S. 1 KSchG ist die Klageerhebung mit dem Zulassungsantrag zu verbinden bzw. – wenn die Klage bereits eingereicht ist – auf diese Bezug zu nehmen. Diese weitere Zulässigkeitsvoraussetzung des Antrags auf nachträgliche Klagezulassung stellt die erforderliche Verbindung zwischen Zulassungs- und Hauptverfahren her. Sie macht überdies den unselbständigen Charakter der nachträglichen Klagezulassung offenkundig. Bei genauerer Betrachtung erweist sich daher der Antrag auf nachträgliche Zulassung der Kündigungsschutzklage – trotz seiner Ausgestaltung als selbständiges Verfahren – nur als eine Entschuldigung für die Versäumung der Dreiwochenfrist des § 4 S. 1 KSchG und als eine die eigentlich entscheidende, versäumte Erhebung der Kündigungsschutzklage begleitende Bitte, die Folgen des Fristablaufs zu beseitigen.[472] Dies läßt die Nachholung der Klageerhebung als besonders wichtige Zulässigkeitsvoraussetzung des Antrags nach § 5 KSchG erscheinen.[473]

---

469 BB 1966, 248; BB 1966, 1188.
470 BB 1966, 248.
471 BGHZ 2, 342 (345); BGH NJW 1991, 1892; *Thomas/Putzo* § 236 Rn. 6; MüKo-ZPO/*Feiber* § 236 Rn. 11.
472 So zutreffend zu § 236 ZPO Müko-ZPO/*Feiber* § 236 Rn. 3.
473 So auch zu § 236 Abs. 2 S. 2 ZPO Müko-ZPO/*Feiber* § 236 Rn. 17.

Für die Nachholung der Klageerhebung gilt im Falle des § 5 Abs. 2 1. HS KSchG das zu § 5 Abs. 2 S. 2 KSchG Gesagte[474]:
Die Klageerhebung muß – trotz des insoweit abweichenden Wortlauts des § 5 Abs. 2 S. 1 KSchG – nicht notwendig bei Stellung des Zulassungsantrages erfolgen. Sie kann vielmehr – ebenso wie bei § 236 Abs. 2 S. 2 ZPO[475] – auch noch nach Stellung des Antrages nachgeholt werden, soweit dies nur innerhalb der in § 5 Abs. 3 KSchG bestimmten Fristen erfolgt.[476] Die gegenteilige Auffassung von *Monjau/Heimeier*[477], die auch hier – in Anlehnung an den Wortlaut des § 5 Abs. 2 S. 1 KSchG – fordern, daß der Antrag gleichzeitig mit der Klageerhebung erfolgt, vermag nicht zu überzeugen. Dem Sinn und Zweck des § 5 Abs. 2 S. 1 KSchG ist auch dann Genüge getan, wenn die Klageerhebung zum Ende der Antragsfristen vorliegt.[478] Zuzustimmen ist *Monjau/Heimeier*[479] jedoch insoweit als sie – abweichend von den zu § 5 Abs. 2 S. 1 1. HS KSchG und § 5 Abs. 2 S. 2 KSchG entwickelten Grundsätzen – im Falle des § 5 Abs. 2 S. 1 2. HS KSchG eine Nachholung der Bezugnahme auf die bereits eingereichte Klage auch noch nach Ablauf der Antragsfristen zulassen bzw. die Bezugnahme gänzlich für entbehrlich halten. Sinn und Zweck des § 5 Abs. 2 S. 2 2. HS KSchG ist nämlich nur, das Gericht auf die bereits eingereichte Klage aufmerksam zu machen.[480] Ausgehend von diesem Zweck erscheint es daher formalistisch, den Antrag wegen der fehlenden Bezugnahme als unzulässig abzuweisen, wenn das Gericht gleichwohl erkennt, welche Klage gemeint ist und so den Antrag mit ihr verbinden kann. Umgekehrt bedeutet dies jedoch auch, daß die Bezugnahme dann nicht entbehrlich ist, wenn unklar bleibt, welche Klage gemeint ist, wie z.B. für den Fall, daß mehrere Kündigungsschutzklagen eingereicht wurden.

IV. Einreichung beim zuständigen Arbeitsgericht

Als letzte, noch zu erörternde Zulässigkeitsvoraussetzung des § 5 Abs. 2 KSchG ist schließlich die Einreichung des Zulassungsantrags beim zuständigen Arbeitsgericht zu nennen. Damit ist zugleich die Frage angesprochen, welche Rechtsfolgen eintreten, wenn der Arbeitnehmer den Antrag nach § 5 KSchG beim unzuständigen Gericht stellt. Zweifelhaft erscheint insbesondere, ob hierdurch die in § 5 Abs. 3 KSchG kodifizierten Antragsfristen gewahrt werden. Insoweit ist zwi-

---

474 Oben Dritter Teil B. III. 1. c.
475 Vgl. etwa Müko-ZPO/*Feiber* § 236 Rn. 17; *Stein/Jonas/Roth* § 236 Rn. 13.
476 LAG Stuttgart AP Nr. 6 zu § 4 KSchG 1951; KR-*Friedrich* § 5 KSchG Rn. 80; *Hueck/ v. Hoyningen-Huene* § 5 KSchG Rn. 24; *Kittner/Trittin* § 5 KSchG Rn. 18; *Neumann* AR-Blattei D, Kündigungsschutz III A, B III; *Knorr/Bichlmeier/Kremhelmer* S. 469 (Rdn. 48); *Melzer* S. 78.
477 § 5 KSchG Rn. 6.
478 Vgl. KR-*Friedrich* § 5 KSchG Rn. 8.
479 § 5 KSchG Rn. 7. Ebenso *Melzer* S. 79.
480 *Monjau/Heimeier* a. a. O.; *Melzer* a. a. O.

schen der Einreichung des Antrags beim örtlich unzuständigen Arbeitsgericht und der Einreichung bei einem Gericht des falschen Rechtswegs zu differenzieren. Dabei ist darauf hinzuweisen, daß seit der Neufassung der §§ 2, 48 ArbGG durch das 4. VwGOÄndG vom 17. Dezember 1990 (BGBl. I S. 2809) bzw. das ArbGGÄndG vom 26. Juni 1990 (BGBl. I S. 1206) die ganz h. M.[481] davon ausgeht, daß die Problematik der Abgrenzung der Arbeitsgerichtsbarkeit von der der allgemeinen Zivilgerichtsbarkeit keine Frage der sachlichen Zuständigkeit mehr darstellt, sondern eine Frage des Rechtswegs. Die Einreichung des Antrags nach § 5 KSchG beim allgemeinen Zivilgericht fällt damit nunmehr unter die Fallgruppe „Einreichung des Antrags beim Gericht des falschen Rechtswegs".

1. Örtlich unzuständiges Arbeitsgericht

Die überwiegende Auffassung[482] geht – in Übereinstimmung mit den zur Erhebung der Kündigungsschutzklage entwickelten Grundsätzen[483] – im Falle der Einreichung des Antrags beim örtlich unzuständigen Arbeitsgericht davon aus, daß die Antragstellung dann fristwahrend wirkt, wenn der Antrag an das zuständige Arbeitsgericht verwiesen und demnächst zugestellt wird.[484] Dabei soll es keine Rolle spielen, ob die Verweisung ihrerseits noch innerhalb der in § 5 Abs. 3 KSchG genannten Fristen erfolgt.[485]

Dies erscheint zutreffend, weil angesichts der Abhängigkeit der nachträglichen Klagezulassung von der Kündigungsschutzklage[486] nicht einzusehen ist, warum der Antrag nach § 5 KSchG anders behandelt werden sollte als die Kündigungsschutzklage selbst.[487]

2. Falscher Rechtsweg

Umstritten ist auch die Beurteilung der Rechtsfolgen für den Fall, daß der Arbeitnehmer den Antrag auf nachträgliche Klagezulassung bei einem Gericht des falschen Rechtswegs – etwa beim allgemeinen Zivilgericht oder einem Sozial- oder Verwaltungsgericht – stellt:

---

481 BAG NZA 1994, 234; KR-*Friedrich* § 4 KSchG Rn. 186; *Hueck/v. Hoyningen-Huene* § 4 KSchG Rn. 57; *Grunsky* § 1 ArbGG Rn. 2; *Klimpe-Auerbach* AuR 1992, 110 (112); *Vollkommer*, Festschrift für Kissel, S. 1183 (1191 f.).
482 KR-*Friedrich* § 5 KSchG Rn. 98; *Kittner/Trittin* § 5 KSchG Rn. 25;*Bader/Bram/Dörner/Wenzel* (36. Erg. Lfg.) § 5 KSchG Rn. 38; *Neumann* AR-Blattei D, Kündigungsschutz III A, B III; MünchArbR-*Berkowsky* (Band 2) § 145 Rdn. 39; *Melzer* S. 70 f.
483 Vgl. hierzu KR-*Friedrich* § 4 KSchG Rn. 181 ff.; *Besta* S. 118 f.
484 A. A. (wohl) *Löwisch* § 5 KSchG Rn. 19 sowie *Monjau/Heimeier* § 5 KSchG Anm. 5: „Dieser <Antrag> muß bei dem Arbeitsgericht gestellt werden, das für die Klage zuständig ist."
485 Vgl. KR-*Friedrich* § 4 KSchG Rn. 181; *Besta* S. 118.
486 Vgl. hierzu oben Dritter Teil B. III. 2.
487 So zu Recht *Kittner/Trittin* § 5 KSchG Rn. 25.

a) Meinungsstand

Nach einer von *Kittner/Trittin*[488] entwickelten Auffassung wirkt die Einreichung des Antrags bei einem Gericht eines anderen Rechtszweigs dann fristwahrend, wenn das Gericht den Zulassungsantrag an das örtlich zuständige Arbeitsgericht weiterleitet.[489] Es sei nämlich – so *Kittner/Trittin a. a. O.* – nicht einzusehen, daß der Antrag nach § 5 KSchG in diesem Punkt anders behandelt werden sollte als die Kündigungsschutzklage selbst. Dort aber sei davon auszugehen, daß die Erhebung der Kündigungsschutzklage bei einem Gericht des falschen Rechtszugs dann fristwahrend wirkt, wenn das Gericht die Kündigungsschutzklage an das zuständige Arbeitsgericht verweist.

Gegenteiliger Auffassung ist vor allem *Friedrich*[490], der annimmt, daß dem bei einem Gericht des falschen Rechtszweigs eingereichten Antrag keine fristwahrende Wirkung zukommt. Dies müsse erst recht[491] gelten, nachdem aufgrund der Änderung des § 48 ArbGG durch das 4. VwGOÄndG vom 7. Dezember 1990 sowie der Änderung des § 2 ArbGG durch das ArbGGÄndG nunmehr davon auszugehen sei, daß die Verfahren vor dem Arbeitsgericht und den ordentlichen Gerichten unterschiedliche Rechtswege und nicht mehr nur verschiedene sachliche Zuständigkeiten ausmachten. Konsequenz der Auffassung *Friedrichs* ist, daß der bei einem Gericht eines anderen Rechtswegs eingereichte Antrag die Antragsfristen nur dann wahrt, wenn er noch innerhalb der Antragsfristen beim zuständigen Arbeitsgericht eingeht.[492]

b) Stellungnahme

Um zu einer tragfähigen Lösung in diesem Meinungsstreit zu gelangen, wird man sich auch hier an den zur Kündigungsschutzklage entwickelten Grundsätzen zu orientieren haben.[493] Demzufolge gilt es, sich zunächst einen Überblick darüber zu verschaffen, wie das Problem der Klageerhebung bei einem Gericht

---

488 (2. Auflage) § 5 KSchG Rn. 25. Etwas einschränkend nunmehr – unter Berufung auf ArbG Hanau BB 1996, 2099 – in der 3. Auflage: „... Fristüberschreitung <dem Arbeitnehmer> jedenfalls dann nicht zuzurechnen, wenn und soweit die Klage trotz eines deutlich erkennbaren Irrtums von dem ordentlichen Gericht nicht innerhalb des ordentlichen Geschäftsgangs an das ArbG weitergeleitet wurde, an das die Klage ersichtlich gerichtet war."
489 Ebenso *Bader/Bram/Dörner/Wenzel* (36. Erg. Lfg.) § 5 KSchG Rn. 38.
490 KR-*Friedrich* § 5 KSchG Rn. 99. Ebenso HK-KSchG/*Hauck* § 5 KSchG Rn. 21; Münch ArbR-*Berkowsky* (Band 2) § 145 Rn. 40; (wohl) auch *Löwisch* § 5 KSchG Rn. 19 sowie *Monjau/Heimeier* § 5 KSchG Anm. 5: „Dieser <Antrag> muß bei dem Arbeitsgericht gestellt werden, das für die Klage zuständig ist."
491 *Friedrich* hat diese Auffassung – allerdings ohne Begründung – bereits in der Vorauflage vertreten, vgl. KR-*Friedrich* (3. Auflage) § 5 KSchG Rn. 99.
492 MünchArbR-*Berkowsky* a. a. O.
493 A. A. – ohne Begründung – offenbar KR-*Friedrich*, vgl. § 4 KSchG Rn. 186 einerseits und § 5 KSchG Rn. 99 andererseits.

des falschen Rechtswegs im Rahmen der Kündigungsschutzklage gelöst wird. Die Frage ist – ähnlich wie bei § 5 KSchG – umstritten:

aa) Rechtslage bei der Kündigungsschutzklage

Während die ganz überwiegende Auffassung[494] unter Hinweis auf § 17 b Abs. 1 S. 2 GVG davon ausgeht, daß der Erhebung der Kündigungsschutzklage beim Gericht des falschen Rechtszweigs fristwahrende Wirkung zukommt, wird dies von anderen[495] verneint. Die Begründung für die Ablehnung der fristwahrenden Wirkung ist indessen nicht einheitlich: Nach *Hueck/v. Hoyningen-Huene*[496] ergab sich dies schon aus der Tatsache, daß die Arbeitsgerichtsbarkeit seit den Änderungen durch das 4. VwGOÄndG und durch das ArbGGÄndG im Verhältnis zur ordentlichen Gerichtsbarkeit einen eigenständigen Rechtsweg darstellt. Demgegenüber stellt *Lüke*[497] maßgeblich auf den Wortlaut des § 4 S. 1 KSchG ab. Wenn dort bestimmt sei, daß der Arbeitnehmer zur Geltendmachung der Sozialwidrigkeit innerhalb von drei Wochen nach Zugang der Kündigung Klage beim *Arbeitsgericht* zu erheben habe, so könne der Erhebung der Kündigungsschutzklage bei einem Gericht eines anderen Rechtszweigs keine fristwahrende Wirkung zukommen. Hieran ändere auch § 17b Abs. 1 S. 2 GVG nichts, denn die Klageerhebung vor einem Gericht eines anderen Rechtswegs habe gerade keine fristwahrende Wirkung; diese könne daher auch nicht bestehenbleiben.

Die zuletzt genannten Argumente überzeugen indessen nicht. Mit der bloßen Existenz zweier verschiedener Rechtswege läßt sich sicherlich nicht schon die fristwahrende Wirkung einer bei einem Gericht eines anderen Rechtswegs eingereichten Klage verneinen.[498] Diese Argumentation trägt schon deshalb nicht, weil hierbei völlig außer Betracht bleibt, daß die angesprochenen Änderungen des ArbGG durch das 4. VwGOÄndG sowie das ArbGGÄndG – in Anknüpfung an die §§ 17–17c GVG, 48 Abs. 1 ArbGG i.d.F. des § 191 Abs. 1 Nr. 1–3, Abs. 3 Nr. 2 des nicht Gesetz gewordenen Entwurfs einer Verwaltungsprozeßordnung aus dem Jahre 1985 (VwPO), BT-Drs. 10/3437 – entsprechend der grundgesetzlichen Wertung die „Einheit der rechtsprechenden Gewalt" sowie die „Gleichwertigkeit aller Gerichtszweige" hervorgehoben haben.[499] Die

---

494 KR-*Friedrich* § 4 KSchG Rn. 186; *Hueck/v. Hoyningen-Huene* (12. Auflage) § 4 KSchG Rn. 57; *Kittner/Trittin* § 4 KSchG Rn. 49; *Klimpe-Auerbach* AuR 1992, 110 (113 f.); *Schaub* BB 1993, 1666 (1669).
495 ArbG Hanau BB 1996, 2099; *Hueck/v. Hoyningen-Huene* (11. Auflage) § 4 KSchG Rn. 57; *Lüke* JuS 1996, 969 (970); *Berkowsky* NZA 1997, 352 (354).
496 (11. Auflage) § 4 KSchG Rn. 57.
497 JuS 1996, 969 (970). Ebenso *Berkowsky* NZA 1997, 352 (354).
498 Demzufolge vertreten nunmehr auch *Hueck/v. Hoyningen-Huene* in der 12. Auflage, § 4 KSchG Rn. 57, eine mit der herrschenden Meinung übereinstimmende Auffassung.
499 Vgl. ausführlich hierzu *Vollkommer*, Festschrift für Kissel, S. 1183 (1194 ff.) sowie *Schaub* BB 1993, 1666.

Rechtswegfrage hat damit durch die Reform viel von ihrer Bedeutung verloren.[500] Die die fristwahrende Wirkung verneinende Auffassung führt vielmehr zu der seltsamen Konsequenz, daß – anders als nach bisher herrschender Auffassung[501] – der Klage beim allgemeinen Zivilgericht keine fristwahrende Wirkung mehr zukäme. Dies aber steht in klarem Widerspruch zu den vom Gesetzgeber mit der Gesetzesnovelle verfolgten Intentionen, die nicht darauf abgezielt haben, die Arbeitsgerichtsbarkeit von der ordentlichen Gerichtsbarkeit abzukoppeln, sondern vielmehr nur dazu geführt haben, daß – bei Aufrechterhaltung der bisherigen Rechtsfolgen – die frühere sachliche Zuständigkeit[502] in der (zunehmend bedeutungslos gewordenen) Rechtswegzuständigkeit aufgegangen ist.[503]

Überdies berücksichtigt die die Fristwahrung verneinende Auffassung nicht hinreichend den Grundgedanken des § 17 b Abs. 1 S. 2 GVG, der darin besteht, zu verhindern, daß die Anrufung des falschen Gerichts zu Lasten des Klägers geht.[504] Wenn *Lüke a.a.O.* argumentiert, der Erhebung der Kündigungsschutzklage beim Gericht des falschen Rechtswegs komme keine fristwahrende Wirkung zu, so daß diese auch nicht über § 17 b Abs. 1 S. 2 GVG erhalten bleiben könne, mißachtet er gerade den eben genannten Zweck des § 17 b Abs. 1 S. 2 GVG zugunsten einer rein am Wortlaut der Vorschrift orientierten Auslegung des § 17 b Abs. 1 S. 2 GVG. Auch die Begründung *Lükes* ändert daher nichts an dem gefundenen Ergebnis, daß auch der beim Gericht des falschen Rechtswegs erhobenen Kündigungsschutzklage fristwahrende Wirkung zukommt.

bb) Übertragung auf § 5 KSchG

Übertragen auf die hier zu beurteilende Frage der Stellung des Antrags auf nachträgliche Klagezulassung beim Gericht des falschen Rechtswegs bedeutet dies: Da der Einreichung der Kündigungsschutzklage beim Gericht des falschen Rechtszweigs fristwahrende Wirkung zukommt, kann für die nachträgliche Klagezulassung aufgrund deren Abhängigkeit von der Kündigungsschutzklage nichts anderes gelten. Hiergegen spricht auch nicht das von *Friedrich*[505] zur Begründung seiner gegenteiligen Auffassung herangezogene Argument, gerade wegen der nunmehr bestehenden eigenen Rechtswegzuständigkeit der Arbeitsgerichtsbarkeit könne dem beim Gericht des falschen Rechtswegs eingereichten Antrag auf nachträgliche Klagezulassung keine fristwahrende Wirkung zukommen. Wie wenig tragfähig diese Argumentation ist, ist bereits oben[506] im Rah-

---

500 *Vollkommer*, Festschrift für Kissel, S. 1183 (1195).
501 Vgl. hierzu *Besta* S. 119 f.
502 Vor der Neufassung der §§ 2, 48 ArbGG ist man überwiegend davon ausgegangen, daß die Arbeitsgerichtsbarkeit eine besondere sachliche Zuständigkeit der allgemeinen Zivilgerichtsbarkeit darstellt, vgl. *Besta* S. 119.
503 Vgl. *Vollkommer*, Festschrift für Kissel, S. 1183 (1197).
504 Vgl. hierzu MüKo-ZPO/*Manfred Wolf* § 17 b GVG Rn. 7.
505 § 5 KSchG Rn. 99.
506 Dritter Teil B. IV. 2. b. aa.

men der Kündigungsschutzklage hinreichend nachgewiesen worden. Auf die dortigen Ausführungen kann daher verwiesen werden. Sie gelten uneingeschränkt auch für § 5 KSchG.

C. Die Fristen für den Antrag – § 5 Abs. 3 KSchG

I. Bewegliche und feste Frist

Der Blick auf § 5 Abs. 3 KSchG zeigt, daß für die Stellung des Antrages auf nachträgliche Klagezulassung zwei Fristen festgelegt sind, nämlich eine Frist von zwei Wochen nach Behebung des Hindernisses (§ 5 Abs. 3 S. 1 KSchG) sowie eine solche von sechs Monaten vom Ende der versäumten Frist an gerechnet (§ 5 Abs. 3 S. 2 KSchG). Der Zweck beider Fristen ist derselbe: Sie dienen der alsbaldigen Beendigung des Schwebezustandes und damit letztlich dem Rechtsfrieden.[507] Unterschiedlich ist jedoch deren Beginn. Im Gegensatz zur festen Frist des § 5 Abs. 3 S. 2 KSchG, die unabhängig von der Behebung des Hindernisses stets mit Ablauf der Dreiwochenfrist des § 4 S. 1 KSchG zu laufen beginnt, kann der Beginn der beweglichen Frist des § 5 Abs. 3 S. 1 KSchG nämlich je nach Wegfall des Hindernisses unterschiedlich ausfallen.

Umstritten ist dabei allerdings, ob dieser Zeitpunkt „Wegfall des Hindernisses" auch schon vor Ablauf der Dreiwochenfrist des § 4 S. 1 KSchG liegen kann. Während die ganz überwiegende Auffassung[508] annimmt, daß dies durchaus möglich sei[509], steht die Gegenmeinung[510] auf dem Standpunkt, daß in diesem Falle die Zweiwochenfrist in entsprechender Anwendung des § 5 Abs. 3 S. 2 KSchG erst mit Ablauf der Dreiwochenfrist zu laufen beginnt, da ansonsten eine Verkürzung der Antragsfrist zu Lasten des Arbeitnehmers eintrete. Für eine entsprechende Anwendung des § 5 Abs. 3 S. 2 KSchG besteht jedoch kein Bedürfnis, da in den angesprochenen Fällen der Antrag auf nachträgliche Klagezulassung sowieso regelmäßig unbegründet sein wird, denn der Arbeitnehmer war dann ja aufgrund des Wegfalls des Hindernisses nicht mehr unverschuldet daran gehindert, die Dreiwochenfrist des § 4 S. 1 KSchG einzuhalten. Sollte dies aber im Einzelfall nicht der Fall sein – etwa weil das Hindernis so knapp vor Ablauf der Dreiwochenfrist entfallen ist, daß eine rechtzeitige Klageerhebung nicht mehr möglich war – besteht kein Anlaß, dem Arbeitnehmer eine längere Frist zur Antragstellung zu gewähren als demjenigen, bei dem das Hindernis erst nach Ablauf der Dreiwochenfrist entfallen ist. Diesem wird dann ja auch zugemutet

---

507 HK-KSchG/*Hauck* § 5 KSchG Rn. 2; *Stahlhacke/Preis* Rn. 1126.
508 Vgl. beispielsweise KR-*Friedrich* § 5 KSchG Rn. 105; *Bader/Bram/Dörner/Wenzel* § 5 KSchG Rn. 5; *Neumann*, AR-Blattei D, Kündigungsschutz III A, B II.
509 So auch die herrschende Meinung zu § 234 Abs. 2 ZPO, vgl. *Zöller/Greger* § 234 Rn. 5 m. w. N.
510 *Kunkel* Anm. zu LAG Düsseldorf AR-Blattei, D-Blatt Kündigungsschutz, Entsch. 7.

innerhalb von zwei Wochen den Antrag auf nachträgliche Klagezulassung zu stellen.

Da die Berechnung der Fristen nicht besonders geregelt ist, erfolgt sie gemäß § 222 ZPO nach den Bestimmungen des BGB, also den §§ 187 ff. BGB.[511] Dementsprechend wird bei der Zweiwochenfrist des § 5 Abs. 3 S. 1 KSchG wegen § 187 Abs. 1 BGB der Tag, an dem das Hindernis für die Klageerhebung entfallen ist, nicht mitgerechnet.[512] Das Ende fällt somit bei dieser Frist auf den Ablauf des dem Anfangstage entsprechenden Wochentages, § 188 Abs. 2 1. HS BGB. Demgegenüber schließt sich die feste Frist des § 5 Abs. 3 S. 2 KSchG unmittelbar an die ablaufende Frist des § 4 S. 1 KSchG an, so daß sie gemäß § 187 Abs. 2 BGB mit dem Anfang des Tages, der dem letzten Tag der Dreiwochenfrist des § 4 S. 1 KSchG folgt, beginnt.[513] Die Frist endet demzufolge mit Ablauf des Tages, der dem dem Anfangstage entsprechenden Tag des letzten Monats vorausgeht, § 188 Abs. 2 2. HS. Fällt das Ende der Frist auf einen Sonnabend, Sonntag oder Feiertag so verlängert sich die Frist in beiden Fällen – also sowohl bei § 5 Abs. 3 S. 1 KSchG als auch bei § 5 Abs. 3 S. 2 KSchG – bis zum Ende des nächstfolgenden Werktages, § 193 BGB.[514]

Nicht abschließend geklärt ist die Rechtsnatur der in § 5 Abs. 3 KSchG genannten Fristen. Während vereinzelt[515] mit der Begründung, daß bei nicht rechtzeitigem Antrag auf nachträgliche Klagezulassung dieselben Folgen einträten wie bei verspäteter Kündigungsschutzklage ohne Antrag nach § 5 KSchG (§ 7 1. HS KSchG) von einer materiell-rechtlichen Rechtsnatur der genannten Fristen ausgegangen wird, beurteilt die ganz überwiegende Auffassung[516] die Vorschrift des § 5 Abs. 3 KSchG zu Recht als prozessuale, dem § 234 ZPO entsprechende Fristbestimmung. Der herrschenden Meinung ist schon deshalb der Vorzug zu geben, weil die gegenteilige Ansicht voraussetzt, daß es sich bei der Dreiwochenfrist des § 4 S. 1 KSchG um eine materiell-rechtliche Frist handelt. Richtigerweise ist aber die in § 4 S. 1 KSchG bestimmte Frist als prozessuale Frist einzuordnen,[517] so daß man selbst dann, wenn man dem von der Mindermeinung gewählten Ansatzpunkt folgt, von einem prozessualen Verständnis des § 5 Abs. 3 KSchG ausgehen müßte.[518] Abgesehen davon erweist sich die Lehre von der materiell-recht-

---

511 KR-*Friedrich* § 5 KSchG Rn. 120; *Neumann* AR-Blattei D, Kündigungsschutz III A, B I.
512 KR-*Friedrich* § 5 KSchG Rn. 120; *Melzer* S. 81.
513 Vgl. *Melzer* S. 81.
514 KR-*Friedrich* § 5 KSchG Rn. 120; *Neumann* AR-Blattei D, Kündigungsschutz III A, B I.
515 KR-*Friedrich* (4. und 5. Auflage) § 5 KSchG Rn. 123 (klarer noch in der 3. Auflage); *Kittner/Trittin* § 5 KSchG Rn. 33/35; *Brox/Rüthers* Rn. 204.
516 LAG Frankfurt AuR 1984, 89; LAG Hamm MDR 1981, 172; LAG Köln LAGE § 5 KSchG Nr. 70; *Stahlhacke/Preis* Rn. 1141 (Fn. 117); *Melzer* S. 83 (auch abgedruckt unter RdA 1959, 59); *Berkowsky* NZA 1997, 352 (357).
517 Vgl. hierzu ausführlich oben Zweiter Teil B. III. 4.
518 So in der Tat *Gift/Baur* E Rn. 238.

lichen Rechtsnatur des § 5 Abs. 3 KSchG noch unter einem anderen Gesichtspunkt als angreifbar. Sie führt zu dem Schönheitsfehler, daß die Einhaltung materiell-rechtlicher Fristen im Rahmen der Zulässigkeit des Antrags auf nachträgliche Klagezulassung zu prüfen wäre.

II. Die Zweiwochenfrist des § 5 Abs. 3 S. 1 KSchG

Im Rahmen der Zweiwochenfrist des § 5 Abs. 3 S. 1 KSchG lassen sich folgende Problemkreise ausmachen, die nachstehend zu diskutieren sind:

Problematisch gestaltet sich zunächst die Auslegung des Begriffs „Behebung des Hindernisses", also die Festlegung des Zeitpunkts des Fristbeginns. Dieser Problemstellung schließt sich die Frage an, inwiefern sich der Arbeitnehmer das Fehlverhalten seines Prozeßbevollmächtigten zurechnen lassen muß, wenn diesem bei der Behebung des Hindernisses ein Verschulden zur Last fällt. Schließlich wird noch zu erörtern sein, ob – ebenso wie bei den §§ 233 ff. ZPO – bei Versäumung der Zweiwochenfrist des § 5 Abs. 3 S. 1 KSchG eine Wiedereinsetzung in den vorigen Stand in Betracht kommt.

1. Der Beginn der Frist

a) Die Behebung des Hindernisses

Die Frist des § 5 Abs. 3 S. 1 KSchG beginnt – wie bereits ausgeführt – mit dem Zeitpunkt der Behebung des Hindernisses zu laufen. Als Hindernis in diesem Sinne kommen dabei sowohl solche Umstände in Betracht, die den Arbeitnehmer schlechthin hindern, die Kündigungsschutzklage zu erheben, wie etwa eine schwere Krankheit, als auch solche, bei denen es für den Wegfall des Hindernisses auf die Kenntnis des Arbeitnehmers ankommt, wie etwa die Rechtsunkenntnis aufgrund falscher Beratung durch einen Rechtsanwalt oder die Unkenntnis davon, daß die Klage im Postverkehr abhanden gekommen ist.[519] Während bei ersterem der Fristbeginn auf den tatsächlichen Wegfall des Hindernisses festzulegen ist,[520] ist der genaue Fristbeginn im zweiten Falle zweifelhaft. In Betracht kommen zwei verschiedene Zeitpunkte: Zum einen der Zeitpunkt, in dem der Arbeitnehmer positive Kenntnis von der Versäumung bzw. vom Wegfall des Hindernisses erhält, zum anderen – in Anlehnung an § 5 Abs. 1 KSchG – der Zeitpunkt, in dem der Arbeitnehmer bei Aufbieten der zumutbaren Sorgfalt Kenntnis von der Versäumung bzw. vom Wegfall des Hindernisses hätte erlangen können. Die Beantwortung dieser Frage ist Gegenstand eines Meinungsstreits:

---

519 *Melzer* S. 87 (auch abgedruckt unter RdA 1959, 59 (60)). Vgl. auch die Aufzählung bei KR-*Friedrich* § 5 KSchG Rn. 113 ff.
520 So beginnt beispielsweise im Falle der Krankheit die Zweiwochenfrist des § 5 Abs. 3 S. 1 KSchG mit dem Zeitpunkt der Gesundung des Arbeitnehmers zu laufen, vgl. *Löwisch* § 5 KSchG Rn. 23.

So wird teilweise der Zeitpunkt der positiven Kenntnis für maßgeblich gehalten.[521] Entsprechend dem Wortlaut des Gesetzes könne die Frist des § 5 Abs. 3 S. 1 KSchG erst mit Behebung des Hindernisses beginnen. Dies aber sei der Zeitpunkt der Erlangung der positiven Kenntnis.[522]

Abweichend hiervon stellt die heute ganz überwiegend vertretene Auffassung[523] auf den Zeitpunkt ab, in dem Arbeitnehmer bei Aufwendung zumutbarer Sorgfalt Kenntnis von der Versäumung bzw. dem Wegfall des Hindernisses hätte erlangen können. Nach dieser Ansicht beginnt die Zweiwochenfrist des § 5 Abs. 3 S. 1 KSchG demnach nicht erst mit positiver Kenntnis zu laufen, sondern bereits dann, wenn die fortbestehende Unkenntnis von der Verspätung der Klage nicht mehr unverschuldet ist.[524]

Der zuletzt genannten Ansicht ist zuzustimmen. Die Vertreter der herrschenden Meinung verweisen mit Recht darauf, daß § 5 KSchG nur die unverschuldete Versäumung der Klagefrist anerkennt und demzufolge auch die spätere Klage und der Antrag auf ihre nachträgliche Zulassung nicht schuldhaft hinausgezögert werden dürfen.[525] Hält man nämlich allein den Zeitpunkt der positiven Kenntnis für maßgeblich, so ergibt sich das sinnwidrige Ergebnis, daß der Arbeitnehmer nur während des Laufs der Dreiwochenfrist des § 4 S. 1 KSchG die ihm nach Lage der Dinge zuzumutende Sorgfalt aufwenden muß, wohingegen nach deren Ablauf diese Anforderungen an ihn nicht mehr gestellt werden.[526] Dies wird vor allem in den Fallkonstellationen deutlich, in denen das verschuldensbegründende Ereignis – d.h. die verschuldete Unkenntnis – in den Zeitraum nach Ablauf der Dreiwochenfrist fällt.[527] Stellt man hier auf den Zeitpunkt der positiven

---

521 LAG Hamm BB 1952, 491; LAG Stuttgart AP Nr. 6 zu § 4 KSchG 1951 sowie BB 1954, 163; *Rüstig* AuR 1953, 175 (176); *Güntner* AuR 1954, 193 (197); *Melzer* S. 98 (auch abgedruckt unter RdA 1959, 59 (62)).
522 *Güntner* AuR 1954, 193 (197).
523 LAG Baden-Würtemberg LAGE § 5 KSchG Nr. 37; LAG Rheinland-Pfalz LAGE § 5 KSchG Nr. 59; LAG Köln LAGE § 5 KSchG Nr. 70; KR-*Friedrich* § 5 KSchG Rn. 104 a; *Hueck/v. Hoyningen-Huene* § 5 KSchG Rn. 22; *Löwisch* § 5 KSchG Rn. 23 f.; *Neumann* AR-Blattei D, Kündigungsschutz III A, B II; *Fischer* AiB 1987, 186 (187) *Berkowsky* NZA 1997, 352 (357).
524 KR-*Friedrich* a.a.O.; *Hueck/v. Hoyningen-Huene* a.a.O.
525 So vor allem KR-*Friedrich* § 5 KSchG Rn. 104 a; *Hueck/v. Hoyningen-Huene* § 5 KSchG Rn. 22 a.
526 Insoweit zutreffend *Melzer* S. 95 (auch abgedruckt unter RdA 1959, 59 (61)). Vgl. auch *Maus* § 5 KSchG Rn. 13 a.
527 Vgl. etwa das Beispiel bei *Melzer* S. 94 (auch abgedruckt unter RdA 1959, 59 (61)): Der Arbeitnehmer schickt die Klage rechtzeitig ab, so daß sie bei normalem Geschehensablauf bei Gericht rechtzeitig – d.h. innerhalb der Dreiwochenfrist – eingehen müßte. Wegen unvorhergesehener Umstände (z.B. Schadensfeuer) kommt die Klage aber überhaupt nicht bei Gericht an. Von den unvorhergesehenen Umständen, die den Arbeitnehmer zu der Überlegung veranlassen müßten, daß seine Klage hiervon betroffen sein könnte, erfährt er aber erst nach Ablauf der Dreiwochenfrist. Dennoch erkundigt er sich nicht, ob seine Klage bei Gericht eingegangen ist.

Kenntnis ab, so ist der Antrag nach § 5 KSchG – trotz des Fehlverhaltens des Arbeitnehmers – zulässig, da die Zweiwochenfrist des § 5 Abs. 3 S.1 KSchG ja erst mit positiver Kenntniserlangung beginnt. Darüber hinaus wäre er aber auch begründet, da dem Arbeitnehmer ja ein Verschulden an der Versäumung der *Dreiwochenfrist* des § 4 S. 1 KSchG nicht zur Last fällt. Fällt demgegenüber das verschuldensbegründende Ereignis in die Dreiwochenfrist des § 4 S. 1 KSchG, so ist – trotz gleichen Fehlverhaltens – auch nach der Mindermeinung der Zulassungsantrag abzuweisen, da dem Arbeitnehmer dann ja ein Verschulden an der Versäumung der Dreiwochenfrist des § 4 S. 1 KSchG anzulasten ist. Dieses offensichtlich sinnwidrige Ergebnis läßt sich nur vermeiden, indem man mit der ganz überwiegenden Auffassung den Fristbeginn auf den Zeitpunkt festlegt, von dem an die Unkenntnis nicht mehr unverschuldet ist. Nach der in dieser Untersuchung vertretenen prozessualen Auffassung läßt sich dieser Befund noch zusätzlich auf die Vorschrift des § 234 Abs. 2 ZPO[528] stützen, die ebenfalls in dem hier zugrundegelegten Sinne ausgelegt wird.[529]

b) Der Fristbeginn im Falle des § 5 Abs. 2 S. 1 2. HS KSchG

Noch problematischer gestaltet sich die Frage nach dem Beginn der Antragsfrist im Falle des § 5 Abs. 2 S. 1 2. HS KSchG – in der Konstellation also, in der der Arbeitnehmer erst nach (verspäteter) Klageerhebung den Zulassungsantrag stellt. Die Besonderheit gegenüber § 5 Abs. 2 S. 1 1. HS KSchG liegt darin, daß bereits eine Klageerhebung vorliegt, der Arbeitnehmer also unter Beweis gestellt hat, daß ihm zumindest im Zeitpunkt der Klageerhebung die Erhebung der Kündigungsschutzklage nicht (mehr) unmöglich war. Dementsprechend erscheint fraglich, ob bereits zum Zeitpunkt der Klageerhebung von einer Behebung des Hindernisses i. S. d. § 5 Abs. 3 S. 1 KSchG auszugehen ist.

Den zuletzt genannten Gedanken greift in der Tat *Kunkel*[530] auf. Er vertritt im Anschluß an das *RAG*[531] die These, daß im Falle des § 5 Abs. 2 S. 1 2. HS KSchG die Antragsfrist – losgelöst vom jeweiligen Einzelfall – spätestens mit der Klageerhebung beginnt. In dem Zeitpunkt, in dem die Klage tatsächlich erhoben wird, könne kein Hindernis mehr vorhanden sein, das die Klageerhebung aufhält.[532]

---

528 Vgl. hierzu *Zöller/Greger* § 234 Rn. 5; *Stein/Jonas/Roth* § 234 Rn. 3.
529 So auch *Neumann*, AR-Blattei D, Kündigungsschutz III A, B II.
530 Anm. zu LAG Düsseldorf AR-Blattei, D-Blatt Kündigungsschutz, Entsch. 7 sowie Anm. zu LAG Hamm AR-Blattei, D-Blatt Kündigungsschutz, Entsch. 14; (wohl) auch *Rüstig* AuR 1953, 175 (176). Ähnlich *Poelmann* RdA 1952, 205 (206), der annimmt, daß im Falle der verspäteten Klageerhebung eine tatsächliche Vermutung dafür spricht, daß der Arbeitnehmer von der Verspätung weiß. Diese tatsächliche Vermutung könne aber durch Darlegung und Glaubhaftmachung von Tatsachen, die einen völlig regelwidrigen Geschehnisablauf erkennen lassen, entkräftet werden.
531 ARS Bd. 25, S. 203.
532 *Kunkel* Anm. zu LAG Düsseldorf AR-Blattei, D-Blatt Kündigungsschutz, Entsch. 7.

Weiter verweist *Kunkel*[533] zur Begründung seiner Auffassung auf den – für diese Fallkonstellationen oft genannten – Schulfall, daß die Klage zwar rechtzeitig abgesandt wird, dann aber infolge unvorhersehbarer Umstände, beispielsweise im Postverkehr, verspätet eingeht. Der Hinderungsgrund, der hier der rechtzeitigen Klageerhebung entgegenstehe, sei die verzögerte Beförderung. Dieses Hindernis werde aber mit dem Abschluß der Beförderung – d. h. mit dem Eingang der Klage bei Gericht – behoben. Hinderungsgrund für die verspätete Klageerhebung sei also keineswegs die Unkenntnis des Arbeitnehmers von der verspäteten Beförderung der Klage. Diese Unkenntnis könne allenfalls als Hinderungsgrund für die verspätete – d. h. nach Ablauf der Zweiwochenfrist des § 5 Abs. 3 S. 1 KSchG erfolgte – Stellung des Antrages auf nachträgliche Klagezulassung angesehen werden. Da es aber für die Versäumung der Zweiwochenfrist keine Wiedereinsetzung gebe,[534] sei der Zeitpunkt der tatsächlichen Klageerhebung entscheidend.

Die Argumente *Kunkels* haben sich jedoch nicht durchzusetzen vermocht. Die heutzutage ganz überwiegend vertretene Auffassung[535] beurteilt den Fristbeginn des § 5 Abs. 2 S. 1 2. HS KSchG vielmehr nicht anders als den des § 5 Abs. 2 S. 1 1. HS KSchG. Demzufolge ist zur Feststellung des Fristbeginns – je nach Standpunkt – auch bei § 5 Abs. 2 S. 1 2. HS KSchG im jeweiligen Einzelfall zu prüfen, ob dem Arbeitnehmer die Verspätung der Klageerhebung bekannt war[536] oder ob sie ihm aufgrund Verschuldens[537] unbekannt geblieben ist.

Die Auffassung *Kunkels* vermag nicht zu überzeugen. Hiergegen ist völlig zu Recht eingewandt worden, daß kein ausreichender Grund ersichtlich ist, den Arbeitnehmer, der die Klage zunächst verspätet einreicht und erst dann den Antrag nach § 5 KSchG stellt, anders zu behandeln als den, der von Anfang an die Klageerhebung mit dem Antrag auf nachträgliche Klagezulassung verbindet.[538] In den zuerst genannten Fällen entfällt vielmehr nur die Verbindung des Antrags mit der Klage.[539] Die Argumentation *Kunkels*, in dem Zeitpunkt, in dem die Klage tatsächlich erhoben werde, könne kein Hindernis mehr vorhanden sein, das die Klageerhebung aufhält, berücksichtigt nicht ausreichend, daß der Klageerhebung eben nicht nur Umstände entgegenstehen können, die diese schlechthin unmöglich machen (wie etwa die angesprochenen Beförderungshindernisse), son-

---

533 Anm. zu LAG Hamm AR-Blattei, D-Blatt Kündigungsschutz, Entsch. 14.
534 Vgl. zu dieser (umstrittenen) Frage unten Dritter Teil C. II. 3.
535 Vgl. hierzu vor allem KR-*Friedrich* § 5 KSchG Rn. 109 f.; KPK-*Ramrath*, Teil H, § 5 KSchG Rn. 20.
536 So LAG Hamm BB 1952, 491; *Güntner* AuR 1954, 193 (197); *Melzer* S. 98 (auch abgedruckt unter RdA 1959, 59 (62)).
537 So KR-*Friedrich* § 5 KSchG Rn. 109 f.; *Hueck/v. Hoyningen-Huene* § 5 KSchG Rn. 23; *Maus* § 5 KSchG Rdn 13 f.; *Neumann*, AR-Blattei D, Kündigungsschutz III A, B II.
538 KR-*Friedrich* § 5 KSchG Rn. 109.
539 KR-*Friedrich* a. a. O.

dern auch solche, die von der Kenntniserlangung des Arbeitnehmers abhängig sind, wie etwa die Rechtsunkenntnis aufgrund falscher Beratung durch einen Rechtsanwalt. Der Schluß, daß dem Arbeitnehmer, der die Klage verspätet einreiche, auch die Notwendigkeit der Klageerhebung innerhalb der Dreiwochenfrist des § 4 S. 1 KSchG bekannt sei, erscheint nicht möglich.[540] Mithin steht aufgrund der bloßen Tatsache, daß die Kündigungsschutzklage erhoben wurde keinesfalls schon fest, daß zu diesem Zeitpunkt auch das Hindernis für die (rechtzeitige) Klageeinreichung entfallen ist.

Nichts anderes gilt für den von *Kunkel* geschilderten Fall des verspäteten Klageeingangs aufgrund postalischer Verzögerungen. Auch in dieser Fallkonstellation kann der Beginn der Antragsfrist nicht schon auf den Zeitpunkt der Klageerhebung festgelegt werden, sondern erst auf den Zeitpunkt verschuldeter Unkenntnis. Der Einwand, daß sich in diesen Fällen die Unkenntnis vom verspäteten Eingang der Klageerhebung nicht als Hindernis für die Klageerhebung, sondern nur als Hindernis für die Stellung des Antrags auf nachträgliche Klagezulassung darstellt, greift nicht durch. Hiergegen spricht der Umstand, daß der Arbeitnehmer nur über den Antrag nach § 5 KSchG erreichen kann, daß seine Klage als rechtzeitig behandelt wird. Geht man aber von diesem Ansatzpunkt aus, so zeigt sich, daß die Unkenntnis sich auch als Hindernis für die Klage darstellt und deshalb auch als solches behandelt werden muß.[541] Im übrigen erscheint es im Hinblick auf die Rechtsprechung des Bundesverfassungsgerichts betreffend den ersten Zugang zu Gericht[542] auch unter verfassungsrechtlichen Gesichtspunkten bedenklich, dem Kläger solche Umstände zur Last zu legen, die sich seiner Einflußsphäre weitgehend entziehen.[543]

2. Zur Frage der Zurechnung des Verschuldens des Prozeßbevollmächtigten

In den bisherigen Ausführungen ist nur erörtert worden, wie sich der Umstand auswirkt, daß dem Arbeitnehmer aufgrund seines eigenen Verschuldens verborgen geblieben ist, daß das Hindernis im Sinne des § 5 Abs. 3 S. 1 KSchG entfallen ist. Offen geblieben ist dabei aber die Frage, wie sich die Einschaltung eines Prozeßbevollmächtigten – etwa eines Anwalts, eines Verbandsvertreters oder eines anderen rechtsgeschäftlich bestellten Vertreters[544] – auf den Fristbeginn auswirkt. Damit ist das Problem angesprochen, inwiefern sich der Arbeitnehmer im Rahmen des § 5 Abs. 3 S. 1 KSchG die Kenntnis bzw. verschuldete Unkenntnis

---

540 KR-*Friedrich* § 5 KSchG Rn. 109; *Neumann*, AR-Blattei D, Kündigungsschutz III A, B II.
541 Insoweit zutreffend *Melzer* S. 92 (auch abgedruckt unter RdA 1959, 59 (61)).
542 Vgl. hierzu oben Zweiter Teil C. IV. 3.
543 So im Ergebnis schon *Volkmar* Anm. zu RAG ARS Bd. 25, S. 203. Vgl. auch KR-*Friedrich* § 5 KSchG Rn. 109.
544 Vgl. § 11 Abs. 1 ArbGG, §§ 46 Abs. 2 ArbGG, 79 ZPO. Eingehend zum Personenkreis der Prozeßbevollmächtigten zur Erhebung einer Kündigungsschutzklage *Francken* S. 61 ff.

seines Prozeßbevollmächtigten zurechnen lassen muß. Hierzu hat sich bisher noch keine einheitliche Meinung herausgebildet:

a) Meinungsstand

Die überwiegende Auffassung[545] rechnet dem Arbeitnehmer die Kenntnis bzw. verschuldete Unkenntnis seines Prozeßbevollmächtigten über § 85 Abs. 2 ZPO[546] bzw. §§ 46 Abs. 2, 85 Abs. 2 ZPO[547] zu: Bei der Zweiwochenfrist des § 5 Abs. 3 S. 1 KSchG handle es sich um eine prozessuale, dem § 234 ZPO vergleichbare Frist.[548] Im Rahmen des § 234 ZPO sei § 85 Abs. 2 ZPO aber unbestreitbar anwendbar. Folglich müsse dies auch für § 5 Abs. 3 S. 1 KSchG gelten. Die Situation im Kündigungsschutzprozeß rechtfertige insoweit keine andere Beurteilung, da sämtliche prozessuale Fristen der ZPO auch im Kündigungsschutzprozeß gälten.[549]

Abweichend hiervon will ein Teil der Literatur[550] im Falle des § 5 Abs. 3 S. 1 KSchG die Kenntnis bzw. verschuldete Unkenntnis des Prozeßbevollmächtigten generell unberücksichtigt lassen. Bei der Zweiwochenfrist des § 5 Abs. 3 S. 1 KSchG sei nämlich von einer materiell-rechtlichen Frist auszugehen und § 85 Abs. 2 ZPO sei auf materiell-rechtliche Fristen nicht anwendbar.[551] Überdies stelle § 5 Abs. 1 KSchG auf den einzelnen Arbeitnehmer und dessen Situation ab.[552] Auf die Kenntnis oder das Verschulden des Prozeßbevollmächtigten könne es daher nicht ankommen. Nach dieser Auffassung beginnt demnach die Zweiwochenfrist des § 5 Abs. 3 S. 1 KSchG erst in dem Moment zu laufen, in dem der Arbeitnehmer selbst von der Fristversäumung erfährt bzw. zu dem Zeitpunkt, zu dem der Arbeitnehmer bei Anwendung zumutbarer Sorgfalt vom Fristablauf hätte erfahren können.[553]

---

545 LAG Frankfurt AuR 1984, 89; LAG Baden-Württemberg LAGE § 5 KSchG Nr. 37; LAG Rheinland-Pfalz LAGE § 5 KSchG Nr. 59; LAG Köln LAGE § 5 KSchG Nr. 70; *Hueck/v. Hoyningen-Huene* § 5 KSchG Rn. 22 a; KPK-*Ramrath*, Teil H, § 5 KSchG Rn. 18; *Löwisch* § 5 KSchG Rn. 23; *Kittner/Däubler/Zwanziger* § 5 KSchG Rn. 26; *Neumann*, AR-Blattei D, Kündigungsschutz III A, B II; *Stahlhacke/Preis/Vossen* Rn. 1141 Fn. 220; *Plagemann* EWiR § 130 BGB 1/89, 749.
546 So etwa *Neumann* a. a. O.; *Stahlhacke/Preis/Vossen* a. a. O.; *Berkowsky* a. a. O.
547 So etwa LAG Rheinland-Pfalz a. a. O.; LAG Köln a. a. O., das zusätzlich noch darauf hinweist, daß die Zurechnungsnorm des § 85 Abs. 2 ZPO einen allgemeinen Grundsatz für Prozeßvertretungen enthält, der auch im arbeitsgerichtlichen Verfahren gilt.
548 LAG Köln a. a. O; *Stahlhacke/Preis/Vossen* a. a. O.; *Berkowsky* a. a. O. Ausführlich zu der Streitfrage, ob es sich bei § 5 Abs. 3 S. 1 KSchG um eine prozessuale oder um eine materielle Frist handelt oben Dritter Teil C. I.
549 Vgl. *Berkowsky* NZA 1997, 352 (357).
550 KR-*Friedrich* § 5 KSchG Rn. 112; Bader/Bram/Dörner/Wenzel (36. Erg. Lfg.) § 5 KSchG Rn. 40 ff.; *Brox/Rüthers* Rn. 204.
551 *Brox/Rüthers* a. a. O.; KR-*Friedrich* (3. Auflage) § 5 KSchG Rn. 112.
552 KR-*Friedrich* § 5 KSchG Rn. 112; (für § 4 S. 1 KSchG) auch *Besta* S. 138.
553 KR-*Friedrich* a. a. O.

Eine differenzierende Ansicht vertritt schließlich das *LAG Hamm*.[554] Unter Berücksichtigung seiner ständigen Rechtsprechung, wonach dem Arbeitnehmer ein Verschulden seines Prozeßbevollmächtigten bei der Versäumung der Dreiwochenfrist des § 4 S. 1 KSchG nicht zuzurechnen ist,[555] will das Gericht wie folgt unterscheiden: Bleibt dem Prozeßbevollmächtigten die Notwendigkeit einer Antragstellung nach § 5 KSchG deshalb verborgen, weil er die Vorschrift des § 4 KSchG fälschlich für unanwendbar hält oder die Regelungen der Klagefrist überhaupt nicht kennt, so kann das Hindernis i. S. d. § 5 Abs. 3 S. 1 KSchG solange fortbestehen, bis der Arbeitnehmer selbst Anlaß sieht (oder sehen muß), wegen der Versäumung der Klagefrist Erkundigungen einzuziehen und die notwendigen Schritte einzuleiten. Das bedeutet im Ergebnis, daß sich der Arbeitnehmer in diesen Fällen das Verschulden seines Prozeßbevollmächtigten im Rahmen des § 5 Abs. 3 S. 1 KSchG nicht zurechnen lassen muß. In allen sonstigen Fällen – etwa wenn infolge eines Büroversehens unerkannt bleibt, daß die bereits eingereichte Klage erst nach Ablauf der Dreiwochenfrist des § 4 S. 1 KSchG beim Arbeitsgericht eingegangen ist[556] – muß sich der Arbeitnehmer demgegenüber uneingeschränkt entgegenhalten lassen, was zur Kenntnis des Prozeßbevollmächtigten gelangt ist bzw. bei gehöriger Sorgfalt hätte gelangen müssen.

Diese Differenzierung ergab sich nach dem *LAG Hamm*[557] bisher aus folgendem Ansatzpunkt: Gehe man davon aus, daß dem Arbeitnehmer ein Verschulden seines Prozeßbevollmächtigten bei der Versäumung der Dreiwochenfrist des § 4 S. 1 KSchG nicht zur Last gelegt werden könne, so erscheine es nicht angängig, ihm andererseits durchgehend entgegenzuhalten, daß sein Prozeßbevollmächtigter bei gehöriger Sorgfalt den unterlaufenen Fehler alsbald hätte bemerken müssen. Folglich sei dem Arbeitnehmer das Verschulden seines Prozeßbevollmächtigten in den Fällen der Unkenntnis der Klagefrist bzw. des Irrtums über die Anwendbarkeit des § 4 S. 1 KSchG nicht anzulasten, denn hier bilde die unrichtige Beurteilung der Sach- und Rechtslage durch den Prozeßbevollmächtigten das Hindernis, das der rechtzeitigen Klageerhebung entgegengestanden habe. Demgegenüber müsse sich der Arbeitnehmer über § 85 Abs. 2 ZPO ein Verschulden an der Versäumung der prozessualen Frist des § 5 Abs. 3 S. 1 KSchG zurechnen lassen.[558] Dies führe dazu, daß dem Arbeitnehmer in allen sonstigen Fallgestaltungen das Verschulden seines Prozeßbevollmächtigten entgegenzuhalten sei.

---

554 LAGE § 5 KSchG Nr. 31. Vgl. auch LAGE § KSchG Nr. 53.
555 Vgl. LAG Hamm MDR 1972, 361; NJW 1981, 1230; MDR 1994, 810. Ausführlich zur heftig umstrittenen Frage, ob dem Arbeitnehmer ein Verschulden seines Prozeßbevollmächtigten an der Versäumung der Klagefrist des § 4 S. 1 KSchG zuzurechnen ist, unten Dritter Teil D. IV.
556 So die Fallgestaltung bei LAG Hamm LAGE § 5 KSchG Nr. 31.
557 LAGE § 5 KSchG Nr. 31.
558 LAG Hamm LAGE § 5 KSchG Nr. 31. Vgl. hierzu auch LAG Hamm MDR 1981, 172; LAGE § 5 KSchG Nr. 53. Für eine unterschiedliche Beurteilung des Zurechnungsproblems bei § 4 S. 1 KSchG einerseits und bei § 5 Abs. 3 S. 1 KSchG andererseits auch *Berkowsky* NZA 1997, 352 (357).

Diese Begründung hat das *LAG Hamm* indessen in zwei neueren Entscheidungen[559] modifiziert. Hiernach soll die bloße Annahme der prozessualen Natur des § 5 Abs. 3 S. 1 KSchG für eine Zurechnung des Verschuldens des Prozeßbevollmächtigten nicht mehr ausreichen. Die Vorschrift des § 85 Abs. 2 ZPO setze nämlich – so das *LAG Hamm a. a. O.* – für ihre Anwendbarkeit das Bestehen eines Prozeßrechtsverhältnisses voraus.[560] Ein solches entstehe aber erst mit Klageerhebung. Vorher komme dem Bevollmächtigten des Arbeitnehmers der Status eines Prozeßbevollmächtigten im Sinne der §§ 78 ff. ZPO (noch) nicht zu. Mithin reiche die prozessuale Natur des § 5 Abs. 3 S. 1 KSchG zumindest dann zur Begründung der Verschuldenszurechnung nicht mehr aus, wenn bei Ablauf der Zweiwochenfrist ein Prozeßrechtsverhältnis nicht bestanden habe. Dennoch sei an der bisherigen Rechtsprechung festzuhalten. Halte man sich nämlich vor Augen, daß eine Wiedereinsetzung in die Zweiwochenfrist des § 5 Abs. 3 S. 1 KSchG nicht vorgesehen sei,[561] so werde klar, daß es im Rahmen des § 5 Abs. 3 S. 1 KSchG auf die Frage des Verschuldens und damit auch auf dessen Zurechnung gar nicht ankomme. Auch dann, wenn weder eigenes Verschulden des Arbeitnehmers noch ein Verschulden des Prozeßbevollmächtigten vorliege, sei dann ja eine Wiedereinsetzung in die Zweiwochenfrist des § 5 Abs. 3 S. 1 KSchG nicht möglich.

b) Stellungnahme

aa) Parallelproblem bei § 4 S. 1 KSchG

Der soeben geschilderte Streit um die Frage der Zurechnung des Vertreterverschuldens im Rahmen des § 5 Abs. 3 S. 1 KSchG erweist sich bei genauerer Betrachtung als „Nebenkriegsschauplatz" der Kontroverse um die Frage der Zurechnung des Verschuldens des Prozeßbevollmächtigten bei der Versäumung der Dreiwochenfrist des § 4 S. 1 KSchG.[562] Die dort genannten Argumente tauchen vielfach auch bei der Zweiwochenfrist des § 5 Abs. 3 S. 1 KSchG wieder auf.[563] Dies ist jedoch letztlich nur die logische Konsequenz dessen, daß die Zweiwochenfrist des § 5 Abs. 3 S. 1 KSchG in der von der herrschenden Auffassung gewählten Interpretation des Begriffs „Behebung des Hindernisses"[564] im Ergebnis

---

559 MDR 1996, 1158, NZA-RR 1997, 85.
560 Ebenso *Rieble* Anm. zu LAG Hamm LAGE § 5 KSchG Nr. 65, der den Vergleich zu § 278 BGB zieht; ebenso wie § 278 BGB ein Schuldverhältnis voraussetzt, verlange § 85 Abs. 2 ZPO das Bestehen eines Prozeßrechtsverhältnisses. Ferner: *Berkowsky* NZA 1997, 352 (355); *Bernstein*, Festschrift für Stege, S. 25 (30 f.); *Wenzel*, Festschrift für Schneider, S. 325 (343).
561 Vgl. zu dieser (umstrittenen) Frage unten Dritter Teil C. II. 3.
562 Vgl. hierzu unten Dritter Teil D. IV. Einen Zusammenhang beider Fragenkreise sieht auch das LAG Hamm (MDR 1996, 1158, NZA-RR 1997, 85).
563 So etwa das Argument, der Wortlaut des § 5 Abs. 1 KSchG spreche gegen eine Zurechnung des Vertreterverschuldens. Vgl. KR-*Friedrich* § 5 KSchG Rn. 112 (für § 5 Abs. 3 S. 1 KSchG) und *Wenzel* DB 1970, 730 (732) (für § 4 S. 1 KSchG).
564 Vgl. hierzu ausführlich oben Dritter Teil C. II. 1. a.

dazu dient, die durch § 5 Abs. 1 KSchG für die Einhaltung der Dreiwochenfrist des § 4 S. 1 KSchG aufgestellten Sorgfaltsanforderungen auch über den Zeitraum der Versäumung der Dreiwochenfrist hinaus auszudehnen. Insofern ist es dann nur folgerichtig, auch die Frage der Zurechnung des Vertreterverschuldens bei Versäumung der Dreiwochenfrist des § 4 S. 1 KSchG sowie bei der Zweiwochenfrist des § 5 Abs. 3 S. 1 KSchG in gleichem Sinne zu lösen.[565]

bb) Keine unterschiedliche Behandlung von § 4 S. 1 und § 5 Abs. 3 S. 1 KSchG

Nicht gefolgt werden kann daher der oben[566] geschilderten differenzierenden Ansicht des *LAG Hamm*. Diese Auffassung führt gerade zu der hier abgelehnten unterschiedlichen Behandlung von § 4 S. 1 KSchG und § 5 Abs. 3 S. 1 KSchG. Abgesehen davon halten aber auch die vom *LAG Hamm* zur Begründung seiner Auffassung angeführten Gründe einer näheren Überprüfung nicht stand:

Das gilt zunächst für die vom *LAG Hamm* im Zuge seiner neueren Rechtsprechung entwickelte These, es komme im Rahmen des § 5 Abs. 3 S. 1 KSchG wegen des Verbots der Wiedereinsetzung in die Zweiwochenfrist des § 5 Abs. 3 S. 1 KSchG auf die Frage des Verschuldens und damit auch der Verschuldenszurechnung gar nicht an. Selbst wenn man nämlich – was im folgenden[567] noch zu untersuchen sein wird – davon ausgeht, daß ein derartiges Verbot existiert, so stellt sich dieses Problem im vorliegend zu beurteilenden Zusammenhang nicht. Auf die Frage „Wiedereinsetzung in die Antragsfrist des § 5 Abs. 3 S. 1 KSchG" kommt es nämlich erst dann an, wenn die *(bereits in Gang gesetzte)* Antragsfrist des § 5 Abs. 3 S. 1 KSchG verschuldet oder unverschuldet versäumt wurde.[568] Vorliegend gilt es aber zu diskutieren, inwieweit sich der Arbeitnehmer im Rahmen des Begriffs „Behebung des Hindernisses" eine eventuelle Kenntnis oder verschuldete Unkenntnis seines Prozeßbevollmächtigten zurechnen lassen muß, d. h. das Problem, ob die Zweiwochenfrist des § 5 Abs. 3 S.1 KSchG *überhaupt schon in Gang gesetzt wurde*.[569] Da die überwiegende Anzahl der Autoren[570] den Begriff „Behebung des Hindernisses" als Kenntnis bzw. verschuldete Unkenntnis von der Verspätung auslegt, stellt sich entgegen der Auffassung des *LAG Hamm* die Frage der Verschuldens bzw. von dessen Zurechnung bei der Anwendung des § 5 Abs. 3 S. 1 KSchG demnach durchaus.[571]

---

565 Im gleichen Sinne *Bader/Bram/Dörner/Wenzel* (36. Erg. Lfg.) § 5 KSchG Rn. 42. Einen Zusammenhang sehen (wohl) auch *Kittner/Trittin* § 5 KSchG Rn. 26 sowie *Holthaus* S. 103.
566 Dritter Teil C. II. 2. a.
567 Dritter Teil C. II. 3.
568 So etwa wenn der Arbeitnehmer von der Verspätung der Klage erfährt und deshalb den Antrag nach § 5 KSchG stellt, der Antrag aber aufgrund von Beförderungsmängeln bei Gericht nicht eingeht.
569 So etwa wenn dem Prozeßbevollmächtigten aufgrund seines Verschuldens verborgen bleibt, daß die Klage verspätet bei Gericht eingegangen ist.
570 Vgl. hierzu oben Dritter Teil C. II. 1. a.
571 So zutreffend *Berkowsky* NZA 1997, 352 (357).

Die vom *LAG Hamm* befürwortete Differenzierung läßt sich weiterhin nicht mit dem Hinweis auf die (angeblich) unterschiedliche Rechtsnatur der Zweiwochen- und der Dreiwochenfrist halten.[572] Dies folgt schon daraus, daß nach zutreffender Auffassung sowohl § 4 S. 1 KSchG als auch § 5 Abs. 3 S. 1 KSchG prozessualer Natur sind,[573] so daß insoweit schon der Ansatzpunkt als verfehlt angesehen werden muß. Darüber hinaus kommt der Qualifizierung als prozessuale oder materielle Frist nicht die entscheidende Bedeutung bei der Lösung des Zurechnungsproblems zu.[574] Die Diskussion um die Rechtsnatur des § 5 Abs. 3 S.1 KSchG steht (auch) im Zusammenhang mit dem Streit um die Rechtsnatur der Dreiwochenfrist des § 4 S. 1 KSchG.[575] Hier wie dort hat aber die Zurechnungsproblematik bei der Einordnung als prozessuale oder materielle Frist keine Rolle gespielt.[576] Ein alleiniges Abstellen auf die Rechtsnatur der Frist würde daher in der Tat zu einer „an bloßen Begriffsinhalten orientierten Schlußfolgerung"[577] führen. Der Rechtsnatur des § 5 Abs. 3 S. 1 KSchG kommt damit nicht die entscheidende Bedeutung zu.[578] Richtigerweise bedarf es vielmehr einer näheren Analyse der in Frage stehenden Norminhalte, insbesondere also des § 85 Abs. 2 ZPO sowie des § 5 KSchG selbst.[579]

cc) Maßgeblichkeit des § 5 Abs. 1 KSchG?

Zu überprüfen ist daher zunächst die Tragfähigkeit des Arguments, wonach § 5 Abs. 1 KSchG auf den einzelnen Arbeitnehmer und dessen Situation abstellt und deshalb eine Zurechnung des Verschuldens des Prozeßbevollmächtigten nicht in Betracht kommt.[580] Dies betreffend läßt sich jedoch feststellen, daß sich aus der in § 5 Abs. 1 KSchG verwandten Formulierung „...aller *ihm* nach Lage der Dinge zuzumutenden Sorgfalt..." nichts für die Lösung des hier zu beurteilenden

---

572 So aber *Berkowsky* NZA 1997, 352 (357).
573 Vgl. oben Zweiter Teil III. 4.; Dritter Teil C. I.
574 So zutreffend *Grunsky* Anm. zu LAG Hamm EzA § 5 KSchG Nr. 8; *Vollkommer*, Festschrift für Stahlhacke, S. 599 (606); *Wenzel*, Festschrift für Schneider, S. 325 (342 f.); *Francken* S. 30 ff.; *Holthaus* S. 61 ff. (jeweils zur Dreiwochenfrist des § 4 S. 1 KSchG).
575 Vgl. vor allem *Brox/Rüthers* Rn. 204; *Gift/Baur* E Rn. 238.
576 Vgl. – zu § 4 S. 1 KSchG – *Grunsky* Anm. zu LAG Hamm EzA § 5 KSchG Nr. 8.
577 *Wenzel*, Festschrift für Schneider, S. 325 (343).
578 So auch *Bader/Bram/Dörner/Wenzel* (36. Erg. Lfg.) § 5 KSchG Rn. 42. Abweichendes ergibt sich u.U. dann, wenn man mit einem Teil der Literatur (beispielsweise Müko-ZPO/v. *Mettenheim* § 85 Rn. 1/4) die Anwendbarkeit des § 85 Abs. 2 ZPO vom Vorliegen prozessualer Wirkungen abhängig macht. Doch kann diese Frage in diesem Zusammenhang offen bleiben, da die §§ 4, 5 KSchG nach der in dieser Untersuchung vertretenen prozessualen Auffassung in jedem Fall prozessuale Wirkungen entfalten. Vgl. eingehend zum vorstehenden Fragenkreis *Holthaus* S. 66 ff.
579 Vgl. *Vollkommer*, Festschrift für Stahlhacke, S. 599 (606).
580 Vgl. hierzu oben Dritter Teil C II. 2.

Problems gewinnen läßt.[581] Insoweit ist *Poelmann a.a.O.* ohne weiteres zuzustimmen, daß eine derartige Vorgehensweise auf eine reine Wortlautinterpretation hinausliefe. Hieraus schließen zu wollen, der Gesetzgeber habe diese enge Fassung bewußt gewählt, um in Form des Umkehrschlußes die Anwendung des § 85 Abs. 2 ZPO auszuschließen, dürfte überdies den Wortlaut der Vorschrift überstrapazieren. Der Gesetzgeber hat vielmehr – wie im Folgenden[582] noch zu zeigen sein wird – mit dieser Formulierung allein den Verschuldensmaßstab des § 5 KSchG festlegen wollen. Für eine weitergehende, die Verschuldenszurechnung ausschließende Auslegung läßt sich indessen kein Ansatzpunkt finden.[583]

dd) Direkte Anwendung des § 85 Abs. 2 ZPO?

Richtigerweise ist daher bei § 85 Abs. 2 ZPO anzusetzen, d.h. es ist dessen Anwendbarkeit auf § 5 Abs. 3 S. 1 KSchG zu überprüfen.

In diesem Zusammenhang ist zunächst festzuhalten, daß die Anwendung des § 85 Abs. 2 ZPO nicht schon am Fehlen eines Prozeßrechtsverhältnisses scheitert.[584] Zwar ist es durchaus zutreffend, daß vor Erhebung der Kündigungsschutzklage noch kein Prozeßrechtsverhältnis existiert[585], doch setzt die Vorschrift des § 85 Abs. 2 ZPO weder hinsichtlich des Begriffs des Prozeßbevollmächtigten[586] noch als ungeschriebene Voraussetzung[587] das Bestehen eines Prozeßrechtsverhältnisses voraus. Der gegenteiligen, ganz offensichtlich auf den Wortlaut „Prozeßbevollmächtigter" abstellenden Auffassung kann nicht gefolgt werden. Gegen sie spricht bereits der Umstand, daß auch der Begriff der Prozeßhandlung kein Prozeßrechtsverhältnis voraussetzt, wie an den zeitlich vor Entstehung des Prozeßrechtsverhältnisses liegenden Prozeßhandlungen „Erteilung der Prozeßvollmacht" und „Klageerhebung" deutlich wird.[588] Dem Vertreterbegriff i.S.d. §§ 78 ff. ZPO ist vielmehr bereits dann Genüge getan, wenn neben der wirksamen Bevollmächtigung ein Mandatsverhältnis begründet wurde.[589] Anders als die

---

581 Ablehnend – für § 4 S. 1 KSchG – auch *Poelmann* RdA 1952, 205 (208); *Vollkommer*, Festschrift für Stahlhacke, S. 599 (602 f.); *Melzer* S. 159 f. (auch abgedruckt unter AuR 1966, 107 (108)); *Francken* S. 25; *Holthaus* S. 49 f.
582 Dritter Teil D. I. 1.
583 Zutreffend *Melzer* S. 159 f. (auch abgedruckt unter AuR 1966, 107 (108)).
584 So auch *Vollkommer* Anm. zu LAG Hamm MDR 1996, 1158; *Brehm* Anm. zu LAG Hamm LAGE § 5 KSchG Nr. 73; *Francken* S. 32 ff.; *Holthaus* S. 53 ff.
585 Vgl. *Francken* S. 33; *Holthaus* S. 54.
586 So aber LAG Hamm MDR 1996, 1158, NZA-RR 1997, 85; *Berkowsky* NZA 1997, 352 (355), *Wenzel*, Festschrift für Schneider, S. 325 (343).
587 So aber *Rieble* Anm. zu LAG Hamm LAGE § 5 KSchG Nr. 65; *Bernstein*, Festschrift für Stege S. 25 (30 f.).
588 *Francken* S. 35; *Holthaus* S. 56 f. Vgl. auch *Zöller/Vollkommer* § 80 Rn. 3; *ders.* Anm. zu LAG Hamm MDR 1996, 1158.
589 Zutreffend *Brehm* Anm. zu LAG Hamm LAGE § 5 KSchG Nr. 73. Vgl. auch *Zöller/ Vollkommer* § 85 Rn. 12/22; *Stein/Jonas/Roth* § 85 Rn. 12 f.; *Entholt* S. 63 f.; *Francken* S. 57 ff.; *Holthaus* S. 52.

Vorschrift des § 278 BGB, die schon nach ihrem Wortlaut („Schuldner") und ihrer systematischen Stellung im Gesetz („Recht der Schuldverhältnisse") das Bestehen eines Schuldverhältnisses erfordert, knüpft die Verschuldenszurechnung nach § 85 Abs. 2 ZPO damit nur an die Bevollmächtigung i. V. m. dem ihr zugrundeliegenden Auftragsverhältnis an. Üblicherweise wird aber nach dem Zustandekommen des Auftragsverhältnisses die Prozeßvollmacht schon vor Klageerhebung erteilt, so daß dann bereits zu diesem Zeitpunkt von einem Prozeßbevollmächtigten im Sinne der genannten Vorschriften auszugehen ist.[590]

Die weitere Analyse des § 85 Abs. 2 ZPO führt – wie *Vollkommer*[591] zutreffend hervorgehoben hat – indessen freilich zu dem Ergebnis, daß es sich insoweit um eine unvollständige Rechtsnorm handelt, die für ihre Anwendbarkeit noch durch – in der ZPO normierte[592] – Einzeltatbestände mit Verschuldensrelevanz ergänzt werden muß. Über § 46 Abs. 2 ArbGG ist der Anwendungsbereich der Vorschrift überdies – wie auch in den anderen Verfahrensordnungen mit Ausnahme des Strafprozesses[593] – auf das arbeitsgerichtliche Verfahren ausgedehnt worden.[594] Außerhalb seines direkten Anwendungsbereichs – des Zivilprozesses – ist die Anwendbarkeit des § 85 Abs. 2 ZPO aber keinesfalls selbstverständlich.[595] Wendet man diese Grundsätze auf die vorliegend zu beurteilende Frage der Anwendbarkeit des § 85 Abs. 2 ZPO im Rahmen des § 5 Abs. 3 S. 1 KSchG an, so zeigt sich, daß der von der herrschenden Meinung eingeschlagene Weg einer direkten Anwendung des § 85 Abs. 2 ZPO nicht gangbar ist. An einem derartigen, in der Verfahrensordnung geregelten, Verschuldenstatbestand fehlt es nämlich gerade im Kündigungsschutzprozeß.[596] Weder in der ZPO noch im ArbGG sind – mit Ausnahme der „rechtsmittelähnlich" ausgestalteten Einmonatsfrist des § 586 Abs. 1 ZPO, der eine Sonderstellung zukommt[597] – Klage-

---

590 Vgl. *Vollkommer* Anm. zu LAG Hamm MDR 1996, 1158.
591 Festschrift für Stahlhacke, S. 599 (606 ff.). Ihm folgend LAG Hamm MDR 1996, 1158, NZA-RR 1997, 85 sowie *Wenzel*, Festschrift für Schneider, S. 325 (343).
592 Vgl. *Vollkommer* a. a. O.; *Stein/Jonas/Bork* § 85 Rn. 9 f.
593 Vgl. § 173 VwGO; § 73 Abs. 4 SGG; § 155 FGO.
594 Vgl. *Vollkommer* a. a. O.; *Stein/Jonas/Bork* § 85 Rn. 28. Abweichend *Holthaus* S. 50 f., nach dem sich die Anwendbarkeit des § 85 Abs. 2 ZPO im arbeitsgerichtlichen Verfahren nicht aus § 46 Abs. 2 ArbGG ergibt, sondern daraus, daß es sich bei dem in § 2 Abs. 1 Nr. 3 b ArbGG bezeichneten Erkenntnisverfahren um einen „echten Zivilprozeß" handelt, der lediglich durch das ArbGG geändert bzw. beeinflußt wird.
595 So eingehend *Vollkommer*, Festschrift für Stahlhacke, S. 599 (608 f.) unter Hinweis auf die Entstehungsgeschichte der VwGO, bei der eine Zurechnung des Vertreterverschuldens ursprünglich nicht vorgesehen war. Vgl. auch *Wenzel*, Festschrift für Schneider, S. 325 (334 f.): „Ausnahmevorschrift mit engem Anwendungsbereich".
596 Anders demgegenüber der Verwaltungsprozeß, bei dem Frist und Versäumungstatbestand in der Prozeßordnung selbst – nämlich in den §§ 60, 74 VwGO – geregelt sind, vgl. *Vollkommer*, Festschrift für Stahlhacke, S. 599 (609).
597 Vgl. hierzu bereits oben Zweiter Teil C. IV. 2. a. Eingehend hierzu auch *Holthaus* S. 77 ff.

fristen normiert.[598] Die allein in Frage kommende Vorschrift des § 5 Abs. 3 S. 1 KSchG in der von der herrschenden Meinung vorgenommenen Auslegung[599], die in ihren Auswirkungen hinsichtlich der Einschränkung des ersten Zugangs zu Gericht den Klagefristen gleichkommt[600], ist kein in der Prozeßordnung (ArbGG oder ZPO) aufgeführter Versäumnisfall.[601]

ee) Analoge Anwendung des § 85 Abs. 2 ZPO?

Mithin verbleibt allenfalls die analoge Anwendung des § 85 Abs. 2 ZPO. Ausgehend von den allgemeinen Grundsätzen einer Analogie ist daher zunächst der Normzweck des § 85 Abs. 2 ZPO näher zu untersuchen.[602] In der Literatur werden als Rechtfertigung des § 85 Abs. 2 ZPO der Schutz formell rechtskräftiger Entscheidungen, das Repräsentationsprinzip – also der Gedanke, daß der Vertreter nicht nur die Rechte, sondern auch die Pflichten der Partei wahrzunehmen hat[603] – sowie das Verbot der Verschiebung des Prozeßrisikos auf den Wiedereinsetzungsgegner genannt.[604] Weiter soll die Vorschrift des § 85 Abs. 2 ZPO bzw. deren Vorgängervorschrift des § 232 Abs. 2 ZPO Mißbräuchen im Fristenwesen entgegenwirken.[605] Der Schutz formell rechtskräftiger Entscheidungen kommt bei der nachträglichen Klagezulassung – wie oben[606] bereits ausgeführt wurde – im Gegensatz zu § 234 ZPO nicht in Betracht.[607] Zu untersuchen bleibt aber, inwieweit die anderen von § 85 Abs. 2 ZPO verfolgten Zwecke – also das Repräsentationsprinzip sowie das Verbot der Verschiebung des Prozeßrisikos auf den Wiedereinsetzungsgegner – zu einer analogen Anwendung der Vorschrift zwingen. Hierbei kommt es maßgeblich darauf an, ob dem bloßen Fristablauf des § 5 Abs. 3 S. 1 KSchG die gleiche Vertrauenswirkung zuerkannt werden muß wie einer formell rechtskräftigen Entscheidung.[608]

---

598 *Vollkommer*, Festschrift für Stahlhacke, S. 599 (607 f.), *ders.* Anm. zu LAG Hamm MDR 1996, 1158; *Holthaus* S. 79.
599 Vgl. hierzu oben Dritter Teil B. IV. 2.
600 Richtig gesehen von *Francken* S. 43; *Holthaus* S. 103.
601 So auch *Bader/Bram/Dörner/Wenzel* (36. Erg. Lfg.) § 5 KSchG Rn. 43. Ebenso für § 4 S. 1 – KSchG – *Vollkommer*, Festschrift für Stahlhacke, S. 599 (609). Vgl. ferner *Entholt* S. 145.
602 Vgl. allgemein zu den Voraussetzungen einer Analogie *Zippelius*, Methodenlehre, § 11 II.
603 *Entholt* S. 75.
604 Vgl. *Stein/Jonas/Bork* § 85 Rn. 8; *Vollkommer*, Die Stellung des Anwalts im Zivilprozeß, S. 37 f., 39; *ders.*, Festschrift für Stahlhacke, S. 599 (610). Ausführlich zur rechtspolitischen Begründung des § 85 Abs. 2 ZPO *Entholt* S. 72 ff.
605 *Vollkommer*, Die Stellung des Anwalts im Zivilprozeß, S. 40 f.; *ders.*, Festschrift für Stahlhacke, S. 599 (610 f.).
606 Zweiter Teil C. IV. 2. a.
607 So auch *Bader/Bram/Dörner/Wenzel* (36. Erg. Lfg.) § 5 KSchG Rn. 43.
608 So zutreffend *Vollkommer*, Festschrift für Stahlhacke, S. 599 (614); *Wenzel*, Festschrift für Schneider, S. 325 (344) (jeweils zum Parallelproblem bei § 4 S. 1 KSchG).

Gerade dies ist aber zu verneinen.[609] In vielen Fällen wird der Arbeitgeber vom Wegfall des Hindernisses i. S. d. § 5 Abs. 3 S. 1 KSchG gar keine Kenntnis erlangen, so daß ein diesbezüglicher Vertrauenstatbestand gar nicht zur Entstehung gelangt. Aber selbst dann, wenn dem Arbeitgeber ausnahmsweise der Wegfall des Hindernisses bekannt ist, besteht für ihn auch noch nach dem Ablauf der zweiwöchigen Antragsfrist innerhalb der sechsmonatigen Frist des § 5 Abs. 3 S. 2 KSchG die Unsicherheit fort, daß die Klage doch noch – gestützt auf einen anderen Hinderungsgrund – nach § 5 KSchG zugelassen wird.[610] Endgültige Rechtssicherheit, die überdies mit Ausnahme des § 113 Abs. 2 InsO bzw. des § 1 Abs. 5 BeschFG 1996 nicht alle Unwirksamkeitsgründe erfasst, tritt für den Arbeitgeber also sowieso erst mit der Beendigung der Sechsmonatsfrist ein. Der Umstand, daß sich die Vorschrift des § 5 KSchG als Durchbrechung der vom Gesetz grundsätzlich getroffenen Regelung der §§ 4, 7 KSchG darstellt, ändert nichts daran, daß sich der Arbeitgeber erst nach Ablauf der in § 5 Abs. 3 S. 2 KSchG bestimmten Frist seiner Sache absolut sicher sein kann.[611] Eventuelle Dispositionen des Arbeitgebers, wie beispielsweise die Neubesetzung des Arbeitsplatzes, erfolgen daher bis zu diesem Zeitpunkt stets auf dessen Risiko. Der dem Arbeitgeber auferlegte Schwebezustand ist im Gegensatz zur Wiedereinsetzung zudem zusätzlich nur von sehr kurzer Dauer,[612] da die nachträgliche Klagezulassung deutlich stärker als die §§ 233 ff. ZPO auf den Eintritt baldiger Rechtssicherheit ausgelegt ist.[613] Das Interesse des Prozeßgegners an einer möglichst baldigen Klärung der Rechtslage wird also durch § 5 KSchG weit weniger beeinträchtigt als durch die §§ 233 ff. ZPO. Dies rechtfertigt es, die nachträgliche Klagezulassung im Einzelfall weniger strengen Zulassungsanforderungen zu unterstellen als die Wiedereinsetzung mit ihrer längeren Verfahrensdauer.[614]

Hinzu kommt, daß das mit den Arbeitgeberinteressen in Ausgleich zu bringende Rechtsverfolgungsinteresse des Arbeitnehmers im Kündigungsschutzverfahren aufgrund des in Streit stehenden Rechtsguts „Arbeitsplatz" sowie der Tatsache, daß es sich bei der nachträglichen Klagezulassung um ein Institut zur Wiedereröffnung des ersten Zugangs zu Gericht handelt, von ganz besonderem Gewicht ist.[615] Ein adäquater Ausgleich für den verlorenen Arbeitsplatz im Wege des Regresses ist von vornherein unmöglich, da der Schadensersatzanspruch gegen den

---

609 *Vollkommer*, Festschrift für Stahlhacke, S. 599 (614 f.); *Wenzel* DB 1970, 730 (732) sowie Festschrift für Schneider, S. 325 (344).
610 *Vollkommer*, Festschrift für Stahlhacke, S. 599 (614); *Wenzel* BB 1975, 791; *ders.*, Festschrift für Schneider, S. 325 (344).
611 A. A. *Holthaus* S. 98.
612 *Wenzel* DB 1970, 730 (732).
613 Vgl. hierzu bereits oben Zweiter Teil C. IV. 3. a.
614 So auch *Wenzel* DB 1970, 730 (732).
615 *Vollkommer*, Festschrift für Stahlhacke, S. 599 (615); *Wenzel* DB 1970, 730 (736); *ders.*, Festschrift für Schneider, S. 325 (335).

Prozeßbevollmächtigten auf Geldersatz gerichtet ist.[616] Der Umstand, daß ein Großteil der Kündigungsschutzprozesse mit einem Abfindungsvergleich endet,[617] vermag nicht darüber hinwegzutäuschen, daß das KSchG im Gegensatz zum BRG[618] als Bestandsschutzrecht ausgestaltet ist.[619] Daß die Bedeutung des in Streit stehenden Rechtsguts Auswirkungen auf die Frage der Zurechnung des Vertreterverschuldens haben kann, zeigt fernerhin der Blick auf andere Verfahren mit vergleichbar einschneidender Wirkung. Im Ehe- und Kindschaftsprozeß wie auch im Asylverfahren ist die Anwendbarkeit des § 85 Abs. 2 ZPO nach wie vor umstritten.[620] Im Strafverfahren wird wegen der besonderen Bedeutung des betroffenen Rechtsguts[621] die Möglichkeit der Zurechnung des Vertreterverschuldens beim Beschuldigten verneint.[622] Insoweit erscheint eine Übertragung dieser strafprozessualen Grundsätze auf den um seine Ehre und seine Existenzgrundlage kämpfenden Arbeitnehmer durchaus möglich.[623] Der Umstand, daß es im Kündigungsschutz- bzw. Befristungsschutzverfahren – anders als im Strafverfahren – nicht um die persönliche Freiheit des Arbeitnehmers geht, steht dem nicht entgegen,[624] da auch im Bußgeldverfahren, bei dem die persönliche Freiheit des Betroffenen gleichermaßen nicht in Rede steht, eine Verschuldenszurechnung abgelehnt wird.[625] Auch die unterschiedlichen Verfahrensgestaltungen (Durchsetzung des staatlichen Strafanspruchs durch die öffentliche Gewalt sowie Amtsermittlungsgrundsatz einerseits – Gleichordnungsverhältnis und Beibringungsgrundsatz andererseits) rechtfertigen keine andere Beurteilung,[626] weil der für die Ablehnung einer Verschuldenszurechnung im Strafverfahren maßgebliche Gesichtspunkt – nämlich die besondere Bedeutung des betroffenen

---

616 Eingehend zu den Regreßmöglichkeiten des Arbeitnehmers gegen seinen Prozeßbevollmächtigten bei schuldhafter Versäumung der dem § 5 KSchG unterliegenden Fristen *Francken* S. 83 ff.
617 So das Argument von *Holthaus* S. 101. Vgl. ferner *Francken* S. 93.
618 Vgl. § 87 Abs. 3, 4 BRG.
619 Vgl. KR-*Etzel* § 1 KSchG Rn. 20/22.
620 Vgl. eingehend *Vollkommer*, Die Stellung des Anwalts im Zivilprozeß, S. 35 ff.; ders., Festschrift für Stahlhacke, S. 599 (607/609).
621 Vgl. etwa RGSt 70, 186, wonach es für den Angeklagten eine außerordentliche Härte bedeuten würde, wenn er in seinem Kampf um Ehre und Freiheit durch ein für ihn nicht abwendbares Verschulden seines Verteidigers behindert würde.
622 So etwa bei der dem § 5 Abs. 3 S. 1 KSchG entsprechenden Vorschrift des § 45 Abs. 1 S. 1 StPO, vgl. *Meyer-Goßner* § 45 Rn. 3. Eine Ausnahme hiervon wird im Strafprozeß jedoch für den Privatkläger, den Nebenkläger sowie den Antragsteller im Klageerzwingungsverfahren gemacht, vgl. *Meyer-Goßner* § 44 Rn. 19. Ausführlich zur Frage der Zurechnung des Vertreterverschuldens im Strafprozeß *Entholt* S. 123 ff.
623 Für eine Vergleichbarkeit des Kündigungsschutzprozesses mit dem Strafprozeß auch *Wenzel* DB 1970, 730 (736); ders., Festschrift für Schneider, S. 325 (335). Vgl. auch *Vollkommer*, Festschrift für Stahlhacke, S. 599 (615).
624 A. A. *Holthaus* S. 102.
625 BVerfG NJW 1991, 1167; *Göhler*, OWiG, § 52 Rn. 13.
626 So aber *Francken* S. 41 f.; *Holthaus* S. 101 f.

Rechtsguts – sowohl im Strafverfahren als auch im Kündigungsschutz- bzw. Befristungsschutzverfahren greift. Hierbei wird nicht verkannt, daß einem Zivilverfahren, insbesondere bei sehr hohen Streitwerten, ebenfalls existentielle Bedeutung zukommen kann.[627] Doch handelt es sich hierbei im Zivilverfahren um den Ausnahmefall, wohingegen im arbeitsgerichtlichen Verfahren die existenzgefährdenden Auswirkungen einer Verschuldenszurechnung den Regelfall darstellen.

Die analoge Anwendung des § 85 Abs. 2 ZPO läßt sich schließlich auch nicht mit der Gefahr des Mißbrauchs im Fristenwesen begründen. Aufgrund der Tatsache, daß Fragen der nachträglichen Klagezulassung und das damit zusammenhängende Problem der Zurechnung des Vertreterverschuldens nur einen sehr engen Teilbereich ausmachen, ist eine negative Auswirkung auf die Büroorganisation der Anwaltskanzleien entgegen der Befürchtung *Grundsteins*[628] nicht zu erwarten.[629]

Zusammenfassend läßt sich deshalb feststellen, daß die besseren Gründe dafür sprechen, dem Arbeitnehmer die Kenntnis bzw. verschuldete Unkenntnis seines Prozeßbevollmächtigten bei der Zweiwochenfrist des § 5 Abs. 3 S. 1 KSchG nicht zuzurechnen. Sachgründe, die eine Zurechnung des Vertreterverschuldens rechtfertigen würden, sind vielmehr nicht auszumachen. Demzufolge muß die gegenteilige Auffassung als eine aus Sachgründen nicht mehr zu rechtfertigende Erschwerung des ersten Zugangs zum Gericht im Sinne der Rechtsprechung des Bundesverfassungsgerichts[630] angesehen werden.[631]

3. Wiedereinsetzung in die Zweiwochenfrist des § 5 Abs. 3 S. 1 KSchG?

Vergleicht man die Regelung des § 5 KSchG mit der Aufzählung in § 233 ZPO, so fällt auf, daß bei der nachträglichen Klagezulassung im Gegensatz zu den §§ 233 ff. ZPO eine Wiedereinsetzung in die versäumte Wiedereinsetzungsfrist – d.h. in die Zweiwochenfrist des § 5 Abs. 3 S. 1 KSchG – nicht vorgesehen ist. Dies wirft die Frage auf, ob trotz des entgegenstehenden Wortlauts des § 5 KSchG eine Wiedereinsetzung gemäß §§ 233 ff. ZPO in die Zweiwochenfrist

---

627 So das Argument von *Holthaus* S. 100 f.
628 BB 1975, 523.
629 *Backmeister/Trittin* § 5 KSchG Rn. 11; *Vollkommer*, Festschrift für Stahlhacke, S. 599 (615); *Wenzel* BB 1975, 791; *ders.*, Festschrift für Schneider, S. 325 (345).
630 Vgl. hierzu oben Zweiter Teil C. I. 2. a.
631 So auch *Bader/Bram/Dörner/Wenzel* (36. Erg. Lfg.) § 5 KSchG Rn. 43. Ebenso – für § 4 S. 1 KSchG – EK-ArbR/*Ascheid* § 5 KSchG Rn. 5; *Vollkommer*, Festschrift für Stahlhacke, S. 599 (615 f.); *Wenzel*, Festschrift für Schneider, S. 325 (345 f.). Vgl. auch *Musielak/Weth*, ZPO, § 85 Rn. 9: „überaus strenge und für die Partei folgenreiche Verschuldenszurechnung." Das sieht letztlich auch die h. M., wenn sie „relativ unbekannte" Klagefristen vom Anwendungsbereich des § 85 Abs. 2 ZPO ausnehmen will, vgl. beispielsweise *Kittner/Däubler/Zwanziger* § 5 KSchG Rn. 15.

des § 5 Abs. 3 S. 1 KSchG zuzulassen ist. Die Antwort hierauf fällt nicht einheitlich aus:

a) Meinungsstand

Roth[632] hält die Zulassung der Wiedereinsetzung in die schuldlos versäumte Zweiwochenfrist des § 5 Abs. 3 S. 1 KSchG aus verfassungsrechtlichen Gründen für geboten. Aufgrund der Wertungsgleichheit der §§ 233, 234 Abs. 1 ZPO und des § 5 Abs. 3 KSchG sowie der Rechtsprechung des Bundesverfassungsgerichts zu § 233 ZPO a.f. müsse dem Arbeitnehmer die Möglichkeit der Wiedereinsetzung in die Zweiwochenfrist des § 5 Abs. 3 S. 1 KSchG eröffnet werden. Die gegenteilige Auffassung berücksichtige nicht hinreichend das verfassungsrechtliche Gebot, den ersten Zugang zum Zivilgericht zu erleichtern. Hinzu komme – so *Roth a. a. O.* –, daß die abweichende Behandlung von Arbeitnehmern gegenüber dem Antragsteller im Rahmen der §§ 233 ff. ZPO mit dem Gleichheitssatz nicht zu vereinbaren wäre.

Die ganz überwiegende Auffassung[633] teilt den Ansatzpunkt *Roths* jedoch nicht. Sie lehnt eine Wiedereinsetzung in die schuldlos versäumte Zweiwochenfrist des § 5 Abs. 3 S. 1 KSchG ab. Dabei nimmt die herrschende Meinung der von ihr vertretenen Ansicht freilich dadurch die Schärfe, daß sie den Begriff „Wegfall des Hindernisses" in § 5 Abs. 3 S. 1 KSchG erweiternd in dem Sinne auslegt, daß hierunter nicht nur die verschuldete Unkenntnis von der Verspätung der Klage gefaßt wird, sondern auch die verschuldete Unkenntnis von der Möglichkeit der Antragstellung nach § 5 KSchG sowie dem Bestehen der Antragsfrist nach § 5 Abs. 3 S. 1 KSchG.[634] In vielen Fällen wird daher schon die Frist des § 5 Abs. 3 S. 1 KSchG gar nicht versäumt sein.[635]

Die Vertreter eines materiell-rechtlichen Verständnisses des § 5 Abs. 3 S. 1 KSchG stützen die Ablehnung der Wiedereinsetzung auf die von ihnen angenommene materiell-rechtliche Natur der Zweiwochenfrist des § 5 Abs. 3 S. 1

---

632 In: *Stein/Jonas/Roth* § 233 Rn. 59 f.
633 BAG NZA 1989, 606; LAG Hamm MDR 1996, 1158; KR-*Friedrich* § 5 KSchG Rn. 122 f.; *Hueck/v. Hoyningen-Huene* § 5 KSchG Rn. 21; *Löwisch* § 5 KSchG Rn. 25; *Bader/Bram/Dörner/Wenzel* (36. Erg. Lfg.) § 5 KSchG Rn. 47; *Neumann*, AR-Blattei D, Kündigungsschutz III A, B I; *Stahlhacke/Preis* Rn. 1141; *Vollkommer*, Festschrift für Stahlhacke, S. 599 (614); *Melzer* S. 82; *Wenzel* AuR 1976, 325 (327); *ders.*, Festschrift für Schneider, S. 325 (344); *Becker-Schaffner* BlStSozArbR 1976, 289; *ders.* ZAP 1991, Fach 17, 151 sowie ZAP 1999, Fach 17, 481 (482); *Berkowsky* NZA 1997, 352 (357).
634 Vgl. etwa *Kittner/Trittin* § 5 KSchG Rn. 3; EK-ArbR/*Ascheid* § 5 KSchG Rn. 25; Für den unvertretenen Arbeitnehmer auch *Wenzel* MDR 1978, 276 (277). Abweichend (wohl) LAG Köln LAGE § 5 KSchG Nr. 70 das (wohl) davon ausgeht, daß sich die Kenntnis bzw. verschuldete Unkenntnis nur auf die Versäumung der Dreiwochenfrist des § 4 S. 1 KSchG bezieht.
635 Vgl. *Stein/Jonas/Roth* § 233 Rn. 61.

KSchG.[636] § 233 ZPO, der bestimme, bei welchen Fristen die Wiedereinsetzung statthaft sei, sei auf eine materiell-rechtliche Frist nicht anwendbar. Aber auch unter den Vertretern der prozessualen Auffassung wird die Möglichkeit der Wiedereinsetzung in die Zweiwochenfrist ganz überwiegend verneint. Zur Begründung hierfür wird zunächst der Wortlaut des § 5 Abs. 3 S. 1 KSchG angeführt.[637] Durch die Verwendung des Wortes „nur" im Wortlaut des § 5 Abs. 3 S. 1 KSchG habe der Gesetzgeber deutlich die unbedingte Befristung des Antrags zum Ausdruck gebracht. Daß der Gesetzgeber sich bewußt gegen eine Wiedereinsetzung in die Frist des § 5 Abs. 3 S. 1 KSchG ausgesprochen habe, zeige sich zudem daran, daß er im Zuge der zahlreichen Novellierungen des ArbGG und des KSchG trotz Kenntnis der vorliegend diskutierten Streitfrage keine Veranlassung gesehen habe, die Vorschrift des § 5 Abs. 3 KSchG entsprechend zu ergänzen.[638] Schließlich stehe der Möglichkeit einer Wiedereinsetzung die Vorschrift des § 233 ZPO entgegen. Bei dieser Norm, die die Statthaftigkeit der Wiedereinsetzung bezeichne, handle es sich um eine eng auszulegende Ausnahmevorschrift.[639] § 233 ZPO lege nämlich im einzelnen fest, bei welchen Fristen die Wiedereinsetzung zulässig sei. Eine erweiternde Auslegung der Vorschrift auf andere Fristen sei damit nicht möglich. Beachte man dies, so könne eine Wiedereinsetzung gemäß §§ 233 ff. ZPO in die Zweiwochenfrist des § 5 Abs. 3 S. 1 KSchG nicht zugelassen werden, da diese Frist in der Aufzählung des § 233 ZPO nicht genannt sei und eine Qualifizierung als Notfrist nicht möglich sei.

b) Stellungnahme

Der Wortlaut sowie die Ausgestaltung des § 5 KSchG sprechen klar für die herrschende Meinung. Das Verfahren der nachträglichen Klagezulassung mit seiner gegenüber § 234 Abs. 3 ZPO verkürzten absoluten Antragsfrist des § 5 Abs. 3 S. 2 KSchG sowie seiner Ausgestaltung als selbständiges Verfahren[640] ist deutlich mehr als die §§ 233 ff. ZPO auf eine zügige Verfahrenserledigung angelegt.[641] Dies legt es nahe, im Interesse einer weiteren Verfahrensbeschleunigung eine Wiedereinsetzung in die Zweiwochenfrist des § 5 Abs. 3 S. 1 KSchG nicht zuzulassen.

Zu überprüfen bleibt aber, inwieweit die von *Roth*[642] vorgetragenen verfassungsrechtlichen Aspekte zu einer anderen Beurteilung zwingen. Diesbezüglich ist jedoch davon auszugehen, daß mit der Ablehnung der Wiedereinsetzungsmöglich-

---

636 KR-*Friedrich* § 5 KSchG Rn. 123; *Kittner/Trittin* § 5 KSchG Rn. 33.
637 So insbesondere *Melzer* S. 82.
638 *Gift/Baur* E Rn. 238.
639 *Neumann*, AR-Blattei D, Kündigungsschutz III A, B I; *Gift/Baur* E Rn. 238. Vgl. auch KR-*Friedrich* § 5 KSchG Rn. 123.
640 Vgl. § 5 Abs. 4 S. 1 KSchG.
641 Vgl. hierzu oben Zweiter Teil C. IV. 3. a.; *Vollkommer*, Festschrift für Stahlhacke, S. 599 (614).
642 *Stein/Jonas/Roth* § 233 Rn. 60.

keit in die Zweiwochenfrist des § 5 Abs. 3 S. 1 KSchG keine „aus Sachgründen nicht mehr zu rechtfertigende Zugangserschwerung" im Sinne der Rechtsprechung des Bundesverfassungsgerichts verbunden ist. Aufgrund der von der herrschenden Auffassung vorgenommenen weiten Interpretation des Begriffs „Wegfall des Hindernisses"[643] wird in den meisten Fällen schon gar kein Fristversäumnis vorliegen. Dies schränkt die mit der Ablehnung der Wiedereinsetzung verbundenen Auswirkungen auf einen sehr engen Teilbereich ein.[644] In den wenigen verbleibenden Fällen – so etwa in den von *Roth*[645] genannten Beförderungsmängeln der Post betreffend die Beförderung des Antrags auf nachträgliche Klagezulassung – ist es dem Arbeitnehmer, der ja immerhin von dem Lauf der in §§ 4, 5 KSchG kodifizierten Fristen weiß bzw. aufgrund seines eigenen Verschuldens nichts weiß (!),[646] durchaus zuzumuten, für eine ordnungsgemäße Beförderung zu sorgen bzw. sich bei Gericht nach dem Eingang seines Antrags zu erkundigen. Eine nennenswerte Beeinträchtigung des Rechtsverfolgungsinteresses des Arbeitnehmers ist daher nicht zu erwarten, so daß dies betreffend – entsprechend der Konzeption des § 5 KSchG – einer zügigen Verfahrenserledigung und damit dem Interesse des Arbeitgebers an der Wirksamkeit der Kündigung der Vorrang einzuräumen ist.

Aus demselben Grunde – nämlich dem gegenüber den §§ 233 ff. ZPO mehr im Vordergrund stehenden Zweck der Verfahrensbeschleunigung – liegt auch der von *Roth* angenommene Verstoß gegen den Gleichheitssatz nicht vor. Hierin ist der die Ungleichbehandlung zwischen Arbeitnehmer und Antragsteller im Verfahren der Wiedereinsetzung rechtfertigende sachliche Grund zu sehen.

An dieser Beurteilung ändert auch die von *Roth*[647] zur Begründung seiner Auffassung zitierte Entscheidung des Bundesverfassungsgerichts BVerfGE 22, 83 betreffend die Wiedereinsetzung in die Wiedereinsetzungsfrist nichts. Bei dem dort vom Bundesverfassungsgericht entschiedenen Fall handelt es sich um einen Sonderfall, nämlich den, daß der Rechtsmittelkläger aufgrund der Durchführung eines Prozeßkostenhilfeverfahrens die Berufungsfrist versäumt und daher ge-

---

643 Vgl. hierzu oben Dritter Teil C. II. 1. a.
644 Als bedenklich einzustufen ist aber die Auffassung des LAG Köln LAGE § 5 KSchG Nr. 70 (vgl. hierzu oben Fn. 634). Das LAG Köln verwechselt in dieser Entscheidung offensichtlich das Problem, ob unter den Begriff „Behebung des Hindernisses" im Sinne des § 5 Abs. 3 S. 1 KSchG neben der verschuldeten Unkenntnis von der Versäumung der Dreiwochenfrist auch die verschuldete Unkenntnis von der Möglichkeit der Antragstellung nach § 5 KSchG sowie deren Fristgebundenheit zu fassen ist mit der Frage, ob diese Unkenntnis verschuldet ist oder nicht. Was das letztere betrifft ist dem LAG Köln nach dem oben Dritter Teil C. II. 1. a. Gesagten durchaus zuzustimmen, daß insofern bei § 5 Abs. 3 S. 1 KSchG keine geringeren Sorgfaltsanforderungen gestellt werden dürfen als im Rahmen des § 5 Abs. 1 KSchG.
645 *Stein/Jonas/Roth* § 233 Rn. 60.
646 Ansonsten beginnt ja auch nach der h. M. die Frist des § 5 Abs. 3 S. 1 KSchG nicht zu laufen.
647 *Stein/Jonas/Roth* § 233 Rn. 59 (Fn. 77).

zwungen wird, Wiedereinsetzung in den vorigen Stand zu beantragen. Dementsprechend stellt das Bundesverfassungsgericht in seiner Begründung[648] maßgeblich darauf ab, daß die auf Prozeßkostenhilfe angewiesene Partei aufgrund der durch den Prozeßhilfeantrag bedingten Bearbeitungszeit *regelmäßig* auf die Wiedereinsetzung in die versäumte Berufungsfrist angewiesen ist. Dementsprechend sei es eine gegen Art. 3 Abs. 1, 20 Abs. 1 GG verstoßende Benachteiligung der armen Partei gegenüber dem vermögenderen Berufungskläger, wenn eine Wiedereinsetzung in die Wiedereinsetzungsfrist nicht zugelassen werde. Diese Begründung trägt aber für die nachträgliche Klagezulassung in dieser Allgemeinheit nicht, da dieses Verfahren im Rahmen der Dreiwochenfrist eher den *Ausnahme-* als den Regelfall betreffen wird, so daß eine Verschiebung des Prozeßrisikos zuungunsten des Arbeitnehmers nicht zu erwarten ist.[649]

III. Die Sechsmonatsfrist des § 5 Abs. 3 S. 2 KSchG

Bei der Sechsmonatsfrist des § 5 Abs. 3 S. 2 KSchG stellen sich die bei der Zweiwochenfrist des § 5 Abs. 3 S. 1 KSchG bestehenden Probleme bezüglich des Beginns der Frist und der damit verbundenen Problematik der Zurechnung des Vertreterverschuldens nicht, da diese Frist, wie bereits ausgeführt,[650] – unabhängig von der Behebung des Hindernisses – sechs Monate vom Ende der versäumten Dreiwochenfrist an gerechnet zu laufen beginnt.

Für die Frage der Wiedereinsetzung in die versäumte Sechsmonatsfrist gelten die zu § 5 Abs. 3 S. 1 KSchG angestellten Erwägungen.[651] Hinzuzufügen ist, daß selbst bei den §§ 233 ff. ZPO eine Wiedereinsetzung in die absolute Antragsfrist des § 234 Abs. 3 ZPO nicht vorgesehen ist[652] und zudem § 5 Abs. 3 S. 2 KSchG mit seinem von der Behebung des Hindernisses unabhängigen Beginn in noch stärkerem Maße auf die endgültige Beendigung des Schwebezustandes ausgerichtet ist als § 5 Abs. 3 S. 1 KSchG. Dementsprechend verneint auch *Roth*[653] die Möglichkeit einer Wiedereinsetzung in die Sechsmonatsfrist des § 5 Abs. 3 S. 2 KSchG.

Anzumerken ist in diesem Zusammenhang nur noch, daß eine Verlängerung der Sechsmonatsfrist selbst im Falle der Arglist des Arbeitgebers nicht in Betracht kommt.[654] Dies wird damit begründet, daß diese Fallgestaltung mit den Ausnah-

---

648 BVerfGE 22, 83 (87).
649 So im Ergebnis auch *Bader/Bram/Dörner/Wenzel* (36. Erg. Lfg.) § 5 KSchG Rn. 47.
650 Oben Dritter Teil C. I.
651 Vgl. auch KR-*Friedrich* § 5 KSchG Rn. 122 f.; *Kittner/Trittin* § 5 KSchG Rn. 35, jedoch mit dem (verfehlten) Argument, daß es sich bei der Sechsmonatsfrist um eine materiell-rechtliche Frist handelt, vgl. hierzu oben Dritter Teil C. I.
652 Vgl. LAG Hamm LAGE § 5 KSchG Nr. 33.
653 *Stein/Jonas/Roth* § 233 Rn. 59 f. Vgl. hierzu oben Dritter Teil C. II. 3.
654 LAG Hamm LAGE § 5 KSchG Nr. 33; KR-*Friedrich* § 5 KSchG Rn. 119; *Kittner/Trittin* § 5 KSchG Rn. 34.

mefällen in denen die Rechtsprechung[655] eine Ausweitung der Jahresfrist des § 234 Abs. 3 ZPO zulässt – nämlich den Fällen, bei denen die äußerstenfalls zur Verfügung stehende Antragsfrist für die Wiedereinsetzung durch die verzögerliche Behandlung des Prozeßkostenhilfeantrages nicht gewahrt werden kann –, nicht vergleichbar ist.[656] Der entscheidende Unterschied liegt nach dem *LAG Hamm a. a. O.* darin, daß in dem hier zu beurteilenden Fall der Arglist ein Schadensersatzanspruch aus §§ 823, 826 BGB gegen den Arbeitgeber in Betracht kommt, während dies bei der verzögerlichen Behandlung des Prozeßkostenhilfeantrages gerade nicht greift, da hier die Verzögerung allein im Verantwortungsbereich des Gerichts liegt.[657]

D. Der Zulassungsgrund – die „zuzumutende Sorgfalt" im Sinne des § 5 Abs. 1 KSchG

Wie bereits oben[658] ausgeführt, ist der Antrag auf nachträgliche Klagezulassung dann begründet, wenn der Zulassungsgrund des § 5 Abs. 1 KSchG vorliegt, d. h. wenn der Arbeitnehmer trotz Anwendung aller ihm zuzumutenden Sorgfalt verhindert war, die Kündigungsschutzklage innerhalb der Dreiwochenfrist des § 4 S. 1 KSchG zu erheben. Hinzukommen muß zusätzlich, daß der geltend gemachte Umstand für die Fristversäumung ursächlich geworden ist.[659] Das bedeutet für den umgekehrten Fall des Vorliegens einer Sorgfaltswidrigkeit des Arbeitnehmers, daß diese für die Fristversäumung kausal geworden sein muß. Hieran fehlt es dann, wenn die Fristversäumung – trotz der Sorgfaltswidrigkeit des Arbeitnehmers – auch bei Anwendung aller dem Arbeitnehmer zuzumutenden Sorgfalt deshalb eingetreten wäre, weil ein anderes Ereignis zu der Fristversäumung geführt hat.[660] Es handelt sich hierbei mit anderen Worten um die Fälle des Abbruchs des Kausalverlaufs. So liegen die Dinge etwa, wenn der Arbeitnehmer sorgfaltswidrig die Klage in den letzten Tagen der Frist nicht durch Eilbrief, sondern gewöhnlichen Brief abschickt,[661] der Brief aber durch ein Schadensfeuer bei der Post vernichtet wird.[662] Hier liegt ein solcher Abbruch des Kausalverlaufs vor, da unstreitig auch ein Eilbrief durch das Schadensfeuer vernichtet worden wäre. Die in der Versendung durch gewöhnlichen Brief liegende Sorgfaltswidrigkeit, die höchstwahrscheinlich dazu geführt hätte, daß die Klage nicht

---

655 BGH NJW 1973, 1373.
656 LAG Hamm LAGE § 5 KSchG Nr. 33.
657 Vgl. auch *Kittner/Trittin* § 5 KSchG Rn. 34.
658 Dritter Teil A.
659 *Bader/Bram/Dörner/Wenzel* (36. Erg. Lfg.) § 5 KSchG Rn. 96; *Maus* § 5 KSchG Rn. 2 a; *Linke* BB 1955, 931 (932); *Melzer* S. 108.
660 *Bader/Bram/Dörner/Wenzel* (36. Erg. Lfg.) § 5 KSchG Rn. 96; *Melzer* S. 108 f.
661 Vgl. zu dieser Fallkonstellation KR-*Friedrich* § 5 KSchG Rn. 21.
662 Vgl. *Melzer* S. 109.

rechtzeitig bei Gericht eingegangen wäre, ist für die Klageversäumung nicht ursächlich geworden.

Abgesehen von diesen Fallkonstellationen liegen die eigentlichen Probleme des § 5 Abs. 1 KSchG jedoch in der Bestimmung des Begriffs der „zuzumutenden Sorgfalt". Diesen gilt es daher im Folgenden näher zu untersuchen. Hierbei wird sich zeigen, daß man sich im Ansatz zwar weitgehend einig ist, bei näherer Betrachtung aber durchaus Meinungsunterschiede festzustellen sind. Bevor ein eigener Lösungsvorschlag entwickelt wird, sollen deshalb zunächst die wesentlichen Grundsätze des Begriffs der „zuzumutenden Sorgfalt" i. S. d. § 5 Abs. 1 KSchG sowie die hierzu vertretenen Ansichten näher dargestellt werden.

I. Meinungsstand und wesentliche Grundsätze des Begriffs der „zuzumutenden Sorgfalt"

1. Subjektivierter Verschuldensbegriff

Der Begriff der zuzumutenden Sorgfalt im Sinne des § 5 Abs. 1 KSchG wird nach einhelliger Auffassung[663] dahingehend ausgelegt, daß den Arbeitnehmer an der Versäumung der Dreiwochenfrist des § 4 S. 1 KSchG kein Verschulden treffen darf. Weiter wird aus dem Wortlaut des § 5 Abs. 1 KSchG („aller *ihm* <d. h. dem Arbeitnehmer> zuzumutenden Sorgfalt") einmütig geschlossen, daß insoweit – anders als im Rahmen des § 276 BGB – nicht von einem objektiven, sondern von einem subjektiven Verschuldensmaßstab auszugehen ist.[664] In Abweichung zum objektiven Maßstab des § 276 BGB soll es damit nicht auf die im Verkehr übliche Sorgfalt ankommen, sondern vielmehr auf das, was von dem *konkreten* Arbeitnehmer in seiner *individuellen* Situation an Sorgfalt gefordert werden kann.[665] Dies führt etwa dazu, daß von einem leitenden Angestellten eine größere Sorgfalt zu verlangen ist als von einem Hilfsarbeiter.[666] Einig ist man sich schließlich auch insoweit, daß bei der Bemessung der zuzumutenden Sorgfalt ein relativ strenger Maßstab anzulegen ist.[667] Dies wird zum einen aus dem

---

663 KR-*Friedrich* § 5 KSchG Rn. 10; *Hueck/v. Hoyningen-Huene* § 5 KSchG Rn. 2; *Kittner/Trittin* § 5 KSchG Rn. 4; *Backmeister/Trittin* § 5 KSchG Rn. 2; *Löwisch* § 5 KSchG Rn. 3; *Stahlhacke/Preis* Rn. 1127; *Berkowsky* NZA 1997, 352 (354); *Melzer* S. 106; *Besta* S. 124 f.

664 KR-*Friedrich* § 5 KSchG Rn. 11 f.; *Hueck/v. Hoyningen-Huene* § 5 KSchG Rn. 2; *Kittner/Trittin* § 5 KSchG Rn. 4; *Backmeister/Trittin* § 5 KSchG Rn. 2; *Löwisch* § 5 KSchG Rn. 4; *Stahlhacke/Preis* Rn. 1127; *Neumann*, AR-Blattei D Kündigungsschutz III A, C I; *Linke* BB 1955, 931 (932); *Fischer* AiB 1987, 186 (187 f.); *Berkowsky* NZA 1997, 352 (354); *Melzer* S. 105 f.; *Besta* S. 126.

665 Vgl. statt aller *Backmeister/Trittin* § 5 KSchG Rn. 3; *Löwisch* § 5 KSchG Rn. 4.

666 KR-*Friedrich* § 5 KSchG Rn. 13; *Backmeister/Trittin* § 5 KSchG Rn. 2.

667 Vgl. etwa KR-*Friedrich* § 5 KSchG Rn. 13; *Hueck/v. Hoyningen-Huene* § 5 KSchG Rn. 2; *Löwisch* § 5 KSchG Rn. 3; *Neumann*, AR-Blattei D Kündigungsschutz III A, C I; *Linke* BB 1955, 931 (932).

Wortlaut des § 5 Abs. 1 KSchG hergeleitet, der von „*aller* ihm zuzumutenden Sorgfalt" spricht[668], zum anderen aber auch aus dem Sinn und Zweck des § 4 S. 1 KSchG, der darin besteht, den Eintritt baldiger Rechtssicherheit über das Bestehen des Arbeitsverhältnisses zu gewährleisten.[669]

Trotz dieser insofern einmütig aufgestellten Grundsätze zeigen sich bei genauerem Hinsehen Unsicherheiten bei der Anwendung des Sorgfaltsbegriffs des § 5 Abs. 1 KSchG. Diese Unklarheiten äußern sich namentlich in der Frage, ob § 5 Abs. 1 KSchG Ausnahmen vom oben angesprochenen Verschuldensprinzip zuläßt bzw. darin, ob zur Auslegung des Begriffs der zuzumutenden Sorgfalt auf die zu den §§ 233 ff. ZPO n. F. entwickelte Judikatur zurückgegriffen werden darf.

2. Ausnahmen vom Verschuldensprinzip oder zusätzliche Anforderungen an das Verschuldenserfordernis?

Darüber, daß eine nachträgliche Zulassung der Kündigungsschutzklage grundsätzlich nur dann in Betracht kommt, wenn den Arbeitnehmer kein Verschulden an der Versäumung der Dreiwochenfrist des § 4 S. 1 KSchG trifft, herrscht – wie eben[670] ausgeführt – Einigkeit. Damit ist klargestellt, daß das Verschuldensprinzip im Rahmen des § 5 Abs. 1 KSchG Geltung beansprucht. Ungeklärt bleibt dabei aber, ob dieser Grundsatz ausnahmslos gilt. Offen bleibt ferner, ob der Nachweis fehlenden Verschuldens für eine nachträgliche Zulassung ausreicht oder ob darüber hinausgehend noch zusätzliche Anforderungen zu stellen sind. Zu diesen Fragen hat sich bisher noch keine einheitliche Meinung herausgebildet.

Nach einer Auffassung[671] gilt das Verschuldensprinzip bei § 5 Abs. 1 KSchG nicht ausnahmslos. Danach darf den Arbeitnehmer zwar grundsätzlich kein Verschulden an der Fristversäumnis treffen. In Ausnahmefällen soll jedoch – je nach den Umständen des Einzelfalls – auch bei Vorliegen eines geringen Verschuldens eine nachträgliche Zulassung der Kündigungsschutzklage möglich sein.

Demgegenüber lehnt die vor allem von *Besta*[672] vertretene Gegenmeinung jegliche Ausnahmen vom Verschuldensprinzip ab. Nach dieser Meinung ist die Klage nur in den Fällen nachträglich zuzulassen, in denen den Arbeitnehmer keinerlei Verschulden an der Versäumung der Dreiwochenfrist trifft. Die gegenteilige Auffassung überschreite – so *Besta a. a. O.* – ohne Not die Wortlautgrenze des § 5 Abs. 1 KSchG. Mit der dort verwendeten Formulierung „trotz Anwendung aller ihm nach Lage der Dinge zuzumutenden Sorgfalt verhindert" habe der Gesetzge-

---

668 *Hueck/v. Hoyningen-Huene* § 5 KSchG Rn. 2.
669 Vgl. oben Erster Teil D III. 2. a.
670 Oben Dritter Teil D I. 1.
671 KR-*Friedrich* § 5 KSchG Rn. 13; *Neumann*, AR-Blattei D Kündigungsschutz III A, C I.
672 S. 127 f. Ebenso KPK-*Ramrath*, Teil H, § 5 KSchG Rn. 2; *Stahlhacke/Preis* Rn. 1127; *Becker-Schaffner* ZAP 1991, Fach 17, 151(154); *ders.* ZAP 1999, Fach 17, 481 (486); *Eylert* AuA 1996, 414 (417); *Scholz* S. 132 f.; *Holthaus* S. 30.

ber hinreichend zum Ausdruck gebracht, daß eine nachträgliche Zulassung nur dann in Betracht kommt, wenn den Arbeitnehmer keinerlei – also auch kein geringes – Verschulden an der Versäumung der Dreiwochenfrist trifft. Hinzu komme, daß die Gegenmeinung den Zweck der Dreiwochenfrist des § 4 S. 1 KSchG nicht ausreichend berücksichtigt. Dieser besteht nach *Besta*[673] darin, einen Interessenausgleich dafür zu schaffen, daß der Arbeitgeber über die in § 1 Abs. 2 KSchG kodifizierten Kündigungsbeschränkungen eine Einschränkung seiner Kündigungs- und damit auch seiner Vertragsfreiheit hinnehmen muß. Halte man sich diesen Zweck vor Augen, so werde klar, daß dieser Ausgleich nur über ein striktes Festhalten an der Dreiwochenfrist des § 4 S. 1 KSchG erreicht werden könne.

Eine dritte Auffassung[674] schließlich beläßt es im Rahmen des § 5 Abs. 1 KSchG nicht beim Verschuldenserfordernis. Hiernach erfordert § 5 Abs. 1 KSchG nicht nur fehlendes Verschulden, sondern darüber hinaus noch das Vorliegen einer besonders außergewöhnlichen Situation, die zur Fristversäumung geführt hat.[675]

3. Rückgriff auf die zu § 233 ZPO n. F. entwickelte Judikatur?

Seit Inkrafttreten der ZPO-Novelle vom 3. Dezember 1976 (BGBl. I S. 3281) am 1. Juli 1977 macht § 233 ZPO in Abweichung zum Wortlaut des § 5 Abs. 1 KSchG die Wiedereinsetzung nur noch vom fehlenden Verschulden des Antragstellers abhängig. Dies hat zu der Streitfrage geführt, ob trotz des anders lautenden Wortlauts bei der Auslegung des Begriffs der zuzumutenden Sorgfalt i. S. d. § 5 Abs. 1 KSchG auf die zu § 233 ZPO n. F. entwickelte Judikatur zurückgegriffen werden darf:

Vor allem *Friedrich*[676] und *Neumann*[677] lehnen in konsequenter Durchführung der von ihnen entwickelten Auffassung[678] unter Hinweis auf die unterschiedlichen Formulierungen in § 233 ZPO n.F. und § 5 Abs. 1 KSchG den Rückgriff auf die zu § 233 ZPO n. F. entwickelte Judikatur generell ab.[679]

Andere[680] wiederum wollen die zu § 233 ZPO n. F. ergangene Rechtsprechung uneingeschränkt auf § 5 Abs. 1 KSchG übertragen, wobei man sich über die Begründung hierfür uneins ist. Während sich *Corts a. a. O.* und *Besta a. a. O.* zur Vermeidung von Wertungswidersprüchen und aufgrund verfassungsrechtlicher

---

673 S. 17 ff.
674 *Linke* BB 1955, 931 (932).
675 Vgl. *Scholz* S. 132.
676 KR-*Friedrich* § 5 KSchG Rn. 16.
677 AR-Blattei D, Kündigungsschutz III A, A II.
678 Vgl. hierzu oben Zweiter Teil C. I. 2. a.
679 Ablehnend auch *Bader/Bram/Dörner/Wenzel* § 5 KSchG Rn. 2; *Löwisch* § 5 KSchG Rn. 2; *Fischer* AiB 1987, 186 (187).
680 *Knorr/Bichlmeier/Kremhelmer* S. 672 (Rdn. 67); *Stahlhacke/Preis* Rn. 1127; *Corts* DB 1979, 2081 (2086) sowie BlStSozArbR 1982, 1 (4); *Gamillscheg* S. 506; *Otto*, Anm. zu BAG EzA § 5 KSchG Nr. 20; *Besta* S. 125 f.

Bedenken zu dieser Auslegung gezwungen sehen[681, 682], begründen *Knorr/Bichlmeier/Kremhelmer a. a. O.* dieses Ergebnis mit dem ihrer Auffassung nach übereinstimmenden Verschuldensmaßstab in § 233 ZPO n. F. und § 5 Abs. 1 KSchG. Abweichend hiervon halten *Stahlhacke/Preis a. a. O.* den Verschuldensmaßstab nicht für entscheidend. Im Gegensatz zur nachträglichen Klagezulassung sei zwar im Rahmen des § 233 ZPO n. F. von einem objektiven Verschuldensmaßstab auszugehen. Im Praktischen ergäben sich hierdurch aber keine Unterschiede, so daß bei der Auslegung des § 5 Abs. 1 KSchG auf die zu § 233 ZPO n. F. ergangene Rechtsprechung zurückgegriffen werden könne. Einen vermittelnden Standpunkt nehmen schließlich *Hueck/v. Hoyningen-Huene*[683] ein, indem sie sich für einen eingeschränkten Rückgriff auf die zu § 233 n. F. ZPO entwickelten Grundsätze aussprechen. Auch *Hueck/v. Hoyningen-Huene a. a. O.* berufen sich auf den unterschiedlichen Wortlaut in § 5 Abs. 1 KSchG und in § 233 n. F. ZPO. Während § 5 Abs. 1 KSchG in Anlehnung an den Begriff des unabwendbaren Zufalls i. S. d. § 233 ZPO in der bis 1977 geltenden Fassung auf die „aller ihm nach Lage der Dinge zuzumutende Sorgfalt" abstelle, sei in § 233 ZPO n. F. nur noch von einem „Verschulden" die Rede. Damit stelle § 233 ZPO n. F. nicht mehr in der für § 5 Abs. 1 KSchG charakteristischen Weise auf die individuellen Möglichkeiten des Betroffenen ab, sondern nur auf die bei der Prozeßführung allgemein übliche Sorgfalt. Demzufolge könnten Parallelen zwischen beiden Vorschriften nur noch mit großer Vorsicht gezogen werden.

II. Stellungnahme

1. Subjektiver Verschuldensmaßstab

Angesichts des klaren Wortlauts des § 5 Abs. 1 KSchG („trotz Anwendung aller ihm nach Lage der Umstände zuzumutenden Sorgfalt") ist in Einklang mit der ganz einhelligen Auffassung davon auszugehen, daß die Kündigungsschutzklage dann nachträglich zuzulassen ist, wenn den Arbeitnehmer an der Versäumung der Dreiwochenfrist kein Verschulden trifft.

Als problematisch erweist sich indessen die Frage nach dem zugrundeliegenden Verschuldensmaßstab. Vom Boden der hier vertretenen prozessualen Auffassung liegt es nahe, sich zunächst am Verschuldensmaßstab des § 233 ZPO zu orientieren. Bei genauerer Betrachtung führt der Blick auf § 233 ZPO jedoch bei der Lösung des Problems nicht weiter. Entgegen der Auffassung einiger Autoren[684] ist nämlich seit der Neufassung der §§ 233 ff. ZPO im Jahre 1977 bei der Wiedereinsetzung keinesfalls abschließend geklärt, ob § 233 ZPO ein objektiver[685] oder

---

681 Vgl. ausführlich zu dieser Argumentation oben Zweiter Teil C. I. 2. a.
682 So auch *Otto*, Anm. zu BAG EzA § 5 KSchG Nr. 20.
683 § 5 KSchG Rn. 3. Ebenso *Schaub* § 136 II 2.
684 *Hueck/v. Hoyningen-Huene* § 5 KSchG Rn. 3; *Stahlhacke/Preis* Rn. 1127.
685 So etwa *Zöller/Greger* § 233 Rn. 12; MüKo-ZPO/*Feiber* § 233 Rn. 21; *Vollkommer*, Festschrift für Ostler, S. 97 (139 f.).

ein subjektiver[686] Verschuldensmaßstab zugrunde liegt. Der Verschuldensmaßstab des § 5 Abs. 1 KSchG läßt sich daher anhand des § 233 ZPO n. F. nicht zweifelsfrei bestimmen. Richtigerweise wird man deshalb die Lösung des Problems unter Berücksichtigung der Gesetzesgeschichte in § 5 Abs. 1 KSchG selbst zu suchen haben. Legt man diesen Ansatzpunkt zugrunde, so zeigt sich, daß die ganz einhellige Auffassung im Rahmen der nachträglichen Klagezulassung völlig zu Recht von einem subjektiven Verschuldensmaßstab ausgeht. Dies ergibt sich aus folgendem: Zum Zeitpunkt des Erlasses des § 5 KSchG bzw. dessen inhaltsgleicher Vorgängervorschrift des § 4 KSchG 1951[687] legte die ganz einhellige Meinung[688] den Begriff des unabwendbaren Zufalls i. S. d. § 233 ZPO a. F. als ein Ereignis aus, das nach den Umständen des Falles durch die äußerste, verständigerweise aufzuwendende Sorgfalt weder abgewehrt noch in seinen schädlichen Folgen verhindert werden konnte. Dabei wurde das, was als nach Lage des Falles vernünftigerweise zu erwartende Sorgfalt aufzufassen war, im Sinne der subjektiven Theorie nach rein subjektiven Gesichtspunkten bestimmt.[689] Hält man sich dies vor Augen, so wird offenkundig, daß der Gesetzgeber – indem er in § 4 Abs. 1 KSchG 1951 bzw. § 5 Abs. 1 KSchG 1969 die „ihm nach Lage der Umstände zuzumutende Sorgfalt" für maßgeblich erklärt hat – dem von Literatur und Rechtsprechung zu § 233 ZPO a. F. entwickelten subjektiven Verschuldensmaßstab lediglich positiven Ausdruck verliehen hat.[690] Entsprechend dem Willen des Gesetzgebers wird man daher dem § 5 Abs. 1 KSchG einen subjektiven Verschuldensmaßstab zugrundezulegen haben.

2. Ausnahmslose Geltung des Verschuldensprinzips

Dabei ist im Sinne der Auffassung *Bestas*[691] davon auszugehen, daß der Nachweis fehlenden Verschuldens für eine nachträgliche Zulassung notwendig aber auch ausreichend ist.

Die Auffassung, die in Ausnahmefällen auch bei Vorliegen eines geringen Verschuldens des Arbeitnehmers die Kündigungsschutzklage nachträglich zulassen will, hat schon den Wortlaut des § 5 Abs. 1 KSchG gegen sich, wonach vom Arbeitnehmer die Aufwendung *aller* ihm nach Lage der Umstände zuzumutenden *Sorgfalt* verlangt wird. Dieser Wortlaut läßt sich auch nicht mit dem Argument umgehen, daß bei der Anwendung des § 5 Abs. 1 KSchG – wie eben ausgeführt – subjektive Momente Berücksichtigung finden müssen. Im Strafrecht beispielsweise sind im Rahmen des Fahrlässigkeitsbegriffs schon seit langem subjektive

---

686 So etwa *Stein/Jonas/Roth* § 233 Rn. 45; *Musielak/Grandel*, ZPO, § 233 Rn. 4; *Büttner*, Wiedereinsetzung, § 5 Rn. 2; *Müller* NJW 1993, 681; *Entholt* S. 50 ff.
687 Vgl. hierzu oben Erster Teil D. I.
688 Vgl. statt aller *Stein/Jonas/Schönke* (18. Auflage) § 233 Anm. II.
689 *Stein/Jonas/Schönke* (18. Auflage) § 233 Anm. II; *Vollkommer*, Festschrift für Ostler, S. 97 (119).
690 Insoweit zutreffend *Melzer* S. 40/106.
691 Vgl. hierzu oben Dritter Teil D. I. 2.

Elemente zu berücksichtigen, ohne daß damit eine Abkehr vom Verschuldensprinzip verbunden wäre.[692] Mithin läßt sich mit der bloßen Anerkennung subjektiver Gesichtspunkte bei der Anwendung des § 5 Abs. 1 KSchG keinesfalls schon überzeugend begründen, daß hiermit auch das Verschuldenserfordernis aufgegeben werden sollte.[693] Ferner besteht für eine derart erweiternde Auslegung der Vorschrift des § 5 Abs. 1 KSchG gar kein Bedürfnis, da über die Subjektivierung des Verschuldensbegriffs schutzwürdige Belange des Arbeitnehmers ausreichend und systemgerecht berücksichtigt werden können.

Den Wortlaut des § 5 Abs. 1 KSchG entgegenhalten lassen muß sich schließlich auch die Ansicht, die über das Verschuldenserfordernis hinaus das Vorliegen einer außergewöhnlichen Situation fordert. Sie erhebt im Ergebnis den Begriff der Zumutbarkeit im Rahmen der ihm *zuzumutenden* Sorgfalt zu einem eigenständigen Kriterium.[694] Dies ist mit dem Wortlaut des § 5 Abs. 1 KSchG nicht vereinbar, da sich das Adjektiv „zumutbar" ganz offensichtlich auf das Substantiv „Sorgfalt" bezieht.[695] Für zwei nebeneinander stehende Kriterien „Zumutbarkeitserwägungen" *und* „Sorgfaltsmaßstab" ist daher kein Raum.

3. Anwendbarkeit der zu § 233 ZPO n. F. entwickelten Grundsätze

Im Ergebnis sollten die mit der Anerkennung des subjektiven Verschuldensmaßstabes verbundenen Konsequenzen jedoch nicht überschätzt werden. Unabhängig davon nämlich, ob man von einem subjektiven oder einem objektiven Verschuldensmaßstab ausgeht, werden die Ergebnisse im Praktischen kaum differieren,[696] wie die Erfahrungen mit der Neufassung des § 233 ZPO im Rahmen der Vereinfachungsnovelle der ZPO im Jahre 1977 gezeigt haben.[697] Für die Anwendung des § 5 Abs. 1 KSchG kann daher im Einzelfall ohne Rücksicht auf den jeweils geltenden Verschuldensmaßstab durchaus auf die zu §§ 233 ff. ZPO n. F. entwickelte Judikatur zurückgegriffen werden.

III. Einzelfälle aus Rechtsprechung und Literatur

Im Folgenden sollen die Auswirkungen der eben entwickelten, allgemeinen Grundsätze anhand einiger Beispiele aus Rechtsprechung und Literatur verdeutlicht werden. Dabei erscheint eine erschöpfende Erörterung sämtlicher, im Rah-

---

692 Vgl. statt aller *Lackner/Kühl* § 15 Rn. 49.
693 Zutreffend *Scholz* S. 133.
694 Vgl. *Scholz* S. 132.
695 Zutreffend *Scholz* S. 132.
696 So zutreffend *Stahlhacke/Preis* Rn. 1127.
697 Vgl. hierzu *Vollkommer*, Festschrift für Ostler, S. 97 (142): „Letztlich kann festgehalten werden, daß die Befürchtungen *Ostlers*, daß sich nämlich mit der Einführung des Verschuldensmaßstabes <durch die Vereinfachungsnovelle der ZPO im Jahre 1977> in der Rechtsprechung zum Wiedereinsetzungsrecht nichts ändern wird, durchaus berechtigt waren." Vgl. ferner *Büttner*, Wiedereinsetzung, § 14 Rn. 2.

men des § 5 Abs. 1 KSchG vorkommender Fallkonstellationen aufgrund der Vielgestaltigkeit der Praxis nahezu unmöglich. Die nachfolgende Darstellung muß sich daher auf die besonders häufig vorkommenden bzw. dogmatisch interessanten Fälle beschränken. Diese Übersicht soll darüber hinausgehend einen Eindruck davon vermitteln, ob innerhalb der zweifellos kaum übersehbaren Einzelfalljudikatur zu § 5 Abs. 1 KSchG eine einheitliche Linie erkennbar ist. Dieser Frage wird daher im Anschluß an die Darstellung der Einzelfälle im Rahmen einer abschließenden Würdigung nachzugehen sein.

1. Rechtsunkenntnis, Rechtsirrtum

Einen breiten Raum nehmen in der Praxis diejenigen Fälle ein, in denen der Arbeitnehmer aus Rechtsunkenntnis die Kündigungsschutzklage nicht innerhalb der Dreiwochenfrist des § 4 S. 1 KSchG erhebt. Mit Rechtsunkenntnis bzw. Rechtsirrtum sind dabei die Fallkonstellationen angesprochen, in denen der Arbeitnehmer die maßgeblichen Vorschriften überhaupt nicht kennt bzw. die maßgeblichen Vorschriften zwar kennt, sich aber über deren Inhalt im Irrtum befindet. Für eine derartige Rechtsunkenntnis des Arbeitnehmers kommen mannigfache Umstände in Betracht. So kann der Arbeitnehmer z. B. im Irrtum darüber sein, daß er unter den Anwendungsbereich des Kündigungsschutzgesetzes fällt. Weiter erscheint beispielsweise denkbar, daß der Arbeitnehmer deshalb die Klageerhebung unterläßt, weil er die Dreiwochenfrist des § 4 S. 1 KSchG nicht kennt. Oftmals befinden sich Arbeitnehmer auch im Unklaren darüber, wann eine Kündigung i. S. d. § 130 BGB „zugegangen" ist.

Für all diese Fallkonstellationen ist zu Recht allgemein[698] anerkannt, daß die bloße Rechtsunkenntnis im Regelfall[699] eine nachträgliche Zulassung der Kündigungsschutzklage nicht rechtfertigt.

Dies läßt sich indessen entgegen *Friedrich*[700] nicht damit begründen, daß es sich bei der Dreiwochenfrist des § 4 S. 1 KSchG um eine materiell-rechtliche Frist handelt und daß für das materielle Recht, wo es Rechtsnachteile bei ungenutztem Fristablauf (§ 196 BGB) vorsieht, die allgemeine Regel gilt, daß diese Rechtsnachteile unabhängig von der Kenntnis der Betroffenen von der Frist und vom Fristablauf eintreten. Richtigerweise ist nämlich – wie oben[701] ausführlich be-

---

698 LAG Düsseldorf DB 1968, 764 sowie DB 1980, 1551; KR-*Friedrich* § 5 KSchG Rn. 64; *Hueck/v. Hoyningen-Huene* § 5 KSchG Rn. 11; *Kittner/Trittin* § 5 KSchG Rn. 12; *Bader/Bram/Dörner/Wenzel* § 5 KSchG Rn. 4 b dd und ee; *Neumann*, AR-Blattei Kündigungsschutz III A, C III; *Gröninger* AuR 1953, 100 (106); *Wenzel* MDR 1978, 276 (278); *Berkowsky* NZA 1997, 352 (354).
699 *Kittner/Trittin* § 5 KSchG Rn. 12 sowie KR-*Friedrich* § 5 KSchG Rn. 118 b wollen von diesem Grundsatz dann eine Ausnahme zulassen, wenn der Arbeitnehmer einen Auslandsarbeitsvertrag hat und von der falschen Annahme ausgegangen ist, daß die Frist des § 4 S. 1 KSchG für diesen nicht gilt.
700 KR-*Friedrich* § 5 KSchG Rn. 64.
701 Zweiter Teil B. III. 4.

gründet wurde – davon auszugehen, daß es sich bei der Dreiwochenfrist um eine prozessuale Frist handelt.

Zum selben Ergebnis gelangt man aber auch, indem man auf die Funktion der Dreiwochenfrist des § 4 S. 1 KSchG abstellt, die darin besteht, alsbaldige Rechtssicherheit über die Frage zu erzielen, ob die Kündigung gerichtlich angegriffen wird.[702] Angesichts dessen wird von jedem Arbeitnehmer zu fordern sein, daß er die für ihn wesentlichen gesetzlichen Bestimmungen – insbesondere die Frist des § 4 S. 1 KSchG – kennt oder sich hierüber unverzüglich nach Zugang der Kündigung bei einer ausreichend rechtskundigen, zuverlässigen Stelle[703] erkundigt.[704] Jede andere Auslegung des § 5 Abs. 1 KSchG würde dieser Zwecksetzung zuwiderlaufen und zu einer ungerechtfertigten Benachteiligung der Arbeitgeberinteressen führen.

2. Falsche Auskunft

Die allgemeine Meinung stellt – wie eben ausgeführt – an den Arbeitnehmer die Sorgfaltsanforderung, daß er sich unverzüglich nach Zugang der Kündigung bei einer ausreichend rechtskundigen, zuverlässigen Stelle über die für ihn maßgeblichen Rechtsvorschriften informiert. Ansonsten kommt eine nachträgliche Zulassung der Kündigungsschutzklage nicht in Betracht. Offen geblieben ist aber bisher, welche Stellen als zuverlässig und rechtskundig in diesem Sinne anzusehen sind:

a) Zuverlässige Auskunftsstellen

Sicherlich fallen unter die für die Rechtsauskunft zuverlässigen Stellen die Rechtssekretäre der Gewerkschaft[705], ein Rechtsanwalt[706], Sozialsekretäre der Christlich-Demokratischen Arbeitnehmerschaft (CDA)[707] sowie die Rechtsantragsstelle eines Arbeitsgerichts[708]. In all diesen Fällen geht man daher ganz

---

702 So zutreffend *Hueck/v. Hoyningen-Huene* § 5 KSchG Rn. 11.
703 Zur Streitfrage, welche Stellen als rechtskundig in diesem Sinne anzusehen sind, vgl. im Folgenden.
704 Vgl. etwa KR-*Friedrich* § 5 KSchG Rn. 64. Vgl. aber auch LAG Sachsen-Anhalt, BB 2000, 831, das den Rechtsirrtum dann für unverschuldet hält, wenn „aus Laiensicht eine abweichende Bewertung der Rechtslage ernsthaft nicht in Betracht kam und es deshalb vernünftigerweise auch nicht notwendig erschien, einen rechtskundigen Dritten um Rat zu fragen".
705 Vgl. etwa LAG Düsseldorf EzA § 5 KSchG Nr. 1; KR-*Friedrich* § 5 KSchG Rn. 31; *Hueck/v. Hoyningen-Huene* § 5 KSchG Rn. 6; *Kittner/Trittin* § 5 KSchG Rn. 6; *Neumann*, AR-Blattei Kündigungsschutz III A, C III; MünchArbR-*Berkowsky* (Band 2) § 145 Rn. 30; *ders.* NZA 1997, 352 (355); *Besta* S. 131.
706 Vgl. LAG Baden-Württemberg BB 1974, 323.
707 MünchArbR-*Berkowsky* (Band 2) § 145 Rn. 30; *ders.* NZA 1997, 352 (355).
708 Vgl. statt aller KR-*Friedrich* § 5 KSchG Rn. 31.

überwiegend⁷⁰⁹ davon aus, daß die Kündigungsschutzklage regelmäßig nachträglich zuzulasssen ist, wenn sich der Arbeitnehmer bei den genannten Stellen nach der Rechtslage erkundigt hat und nur deshalb die Klage nicht innerhalb der Dreiwochenfrist des § 4 S. 1 KSchG erhoben hat, weil er dort falsch beraten worden ist. Eine andere Beurteilung kommt nur aufgrund der besonderen Umstände des Einzelfalls in Betracht.⁷¹⁰

Demgegenüber ist die Behandlung der Fälle der fehlerhaften Auskunft durch die Geschäftsstelle eines Arbeitsgerichts, durch das Arbeitsamt sowie durch die Schadensabteilung einer Rechtsschutzversicherung umstritten: Während die wohl überwiegende Auffassung⁷¹¹ auch hier die Kündigungsschutzklage nachträglich zulassen will, lehnen andere⁷¹² dies ab.

Richtigerweise wird man jedoch der herrschenden Meinung zu folgen haben. Entscheidend für die Abgrenzung der kompetenten Stelle von der für die Ratserteilung inkompetenten Stelle kann letztlich nicht sein, ob der betreffenden Stelle die Aufgabe obliegt, den Arbeitnehmer in Rechtsfragen zu beraten,⁷¹³ sondern vielmehr, welche subjektive Sicht der betroffene Arbeitnehmer von der von ihm angegangenen Stelle unter den Umständen des jeweiligen Einzelfalles ohne Schuldvorwurf haben konnte.⁷¹⁴ Die gegenteilige Auffassung berücksichtigt nicht ausreichend, daß es nach dem subjektiven Verschuldensmaßstab des § 5 Abs. 1 KSchG auf die individuelle Situation des einzelnen Arbeitnehmers und damit die diesem – d.h. dem *Arbeitnehmer* – zuzumutende Sorgfalt ankommt. Sie führt überdies zu einer Überspannung der an den Arbeitnehmer zu stellenden Sorgfaltsanforderungen. Dies wird besonders deutlich bei der nach der Minder-

---

709 Etwas anderes gilt nur dann, wenn man mit einem Teil der Literatur (vgl. etwa *Rieble* Anm. zu LAG Hamm LAGE § 5 KSchG Nr. 65) die Anwendung des § 278 BGB im Rahmen des § 5 Abs. 1 KSchG befürwortet. Die Vertreter dieser Auffassung müssen konsequentermaßen dem Arbeitnehmer das Verschulden seines Beraters zurechnen und deshalb eine nachträgliche Zulassung der Kündigungsschutzklage ablehnen. Demgegenüber kommt selbst für die herrschende Meinung, die § 85 Abs. 2 ZPO (analog) auf § 5 Abs. 1 KSchG anwenden will, eine Zurechnung des Beraterverschuldens nicht in Betracht. Die Anwendung des § 85 Abs. 2 ZPO setzt nämlich eine Bevollmächtigung zur Prozeßführung voraus. Eine solche Bevollmächtigung des Rechtskundigen, nach außen (gegenüber dem Arbeitsgericht) tätig zu werden, liegt aber gerade in der vorliegend zu beurteilenden Fallkonstellation nicht vor, da der Rechtskundige ja nur um Rat ersucht wird. Vgl. KR-*Friedrich* § 5 KSchG Rn. 75; *Besta* S. 130.

710 So etwa wenn der Arbeitnehmer auf Grund besonderer Umstände den Rechtsanwalt nicht für zuverlässig halten durfte, vgl. *Wenzel*, Festschrift für Schneider, S. 325 (332).

711 KR-*Friedrich* § 5 KSchG Rn. 31; *Kittner/Trittin* § 5 KSchG Rn. 6; *Bader/Bram/Dörner/Wenzel* § 5 KSchG Rn. 2 b; *Gift/Baur* E Rn. 246; *Gröninger* AuR 1953, 100 (107); *Besta* S. 131.

712 ArbG Kiel NZA 1988, 178; LAG Sachsen NZA 1999, 112; *Hueck/v. Hoyningen-Huene* § 5 KSchG Rn. 6 f.; HK-KSchG/*Hauck* § 5 KSchG Rn. 44; *Stahlhacke/Preis* Rn. 1129; *Eylert* AuA 1996, 414 (417).

713 So aber ArbG Kiel NZA 1988, 178; *Hueck/v. Hoyningen-Huene* § 5 KSchG Rn. 6 f.

714 So zutreffend *Kittner/Trittin* § 5 KSchG Rn. 6; *Gift/Baur* E Rn. 246; *Besta* S. 132.

meinung vorzunehmenden Differenzierung zwischen der Geschäftsstelle und der Rechtsantragsstelle eines Arbeitsgerichts.[715] Der Arbeitnehmer wird durch diese Unterscheidung letztlich vor die von ihm kaum zu lösende Aufgabe gestellt, den Aufgabenbereich einer Geschäftsstelle eines Arbeitsgerichts von dem der Rechtsantragsstelle abzugrenzen. Daß dies nicht richtig sein kann, ist offensichtlich. Abzustellen ist demnach darauf, ob dem Arbeitnehmer aus *seiner* Sicht die von ihm angegangene Stelle als kompetent erscheinen durfte. Unter Zugrundelegung dieser Sichtweise wird man aber im Regelfall zu dem Ergebnis kommen, daß die fehlerhafte Auskunftserteilung durch die Geschäftsstelle eines Arbeitsgerichts, durch das Arbeitsamt sowie die Schadensabteilung einer Rechtsschutzversicherung zur nachträglichen Zulassung der Kündigungsschutzklage führt, da diese Stellen aufgrund ihrer überlegenen Sachkunde bzw. ihrer Behördeneigenschaft dem Arbeitnehmer als zur Ratserteilung kompetente Stellen erscheinen müssen. Eine andere Beurteilung kann sich nur aufgrund besonderer Umstände im Einzelfall ergeben.[716]

b) Sonderproblem: Stellt der Betriebsrat eine zuverlässige Auskunftsstelle dar?

aa) Meinungsstand

Noch differenzierter als in den zuletzt diskutierten Fallkonstellationen stellt sich der Meinungsstand betreffend die Frage dar, ob der Betriebsrat als zur Auskunftserteilung kompetente Stelle anzusehen ist. Hierzu lassen sich vier verschiedene Auffassungen ausmachen:

Insbesondere das *LAG Rheinland-Pfalz*[717] und *Hueck/v. Hoyningen-Huene*[718] gehen mit dem bereits oben[719] angesprochenen Argument, daß es – für den Arbeitnehmer erkennbar – nicht Aufgabe des Betriebsrats sei, diesen in Rechtsangelegenheiten zu beraten, davon aus, daß der Betriebsrat als zur Auskunftserteilung kompetente Stelle generell ausscheidet. Die Aufgabe der Rechtsberatung des Arbeitnehmers sei im Aufgabenkatalog des § 80 Abs. 1 BetrVG nicht enthalten. Auch die in § 85 BetrVG normierte Verpflichtung des Betriebsrats, Beschwerden allgemeiner Art entgegenzunehmen und nach pflichtgemäßer Überprüfung auf

---

715 Vgl. *Hueck/v. Hoyningen-Huene* § 5 KSchG Rn. 6.
716 So etwa wenn der Arbeitnehmer beim Beratungsgespräch nicht hinreichend deutlich gemacht hat, daß es um eine Kündigung geht und deshalb von der entsprechenden Stelle nicht auf die Dreiwochenfrist des § 4 S. 1 KSchG hingewiesen wurde, vgl. KR-*Friedrich* § 5 KSchG Rn. 30.
717 NZA 1985, 430. Ebenso etwa LAG Köln EzA § 5 KSchG Nr. 16; LAG Hamburg LAGE § 5 KSchG Nr. 29; LAG Berlin DB 1991,1887.
718 § 5 KSchG Rn. 7. Ebenso *Löwisch* § 5 KSchG Rn. 8; HK-KSchG/*Hauck* § 5 KSchG Rn. 44; MüKo/*Schwerdtner* Anh. § 622 Rn. 225; *Stahlhacke/Preis* Rn. 1130; *Ascheid/Reiner* Rn. 729; *Gröninger* AuR 1953, 100 (107); *Linke* BB 1955, 931 (933 f.). Ähnlich *Becker-Schaffner* ZAP 1991, Fach 17, 151 (156), der davon ausgeht, daß der Betriebsrat *grundsätzlich* keine zur Auskunft geeignete Stelle ist.
719 Dritter Teil D. III.

eine Einigung mit dem Arbeitgeber hinzuwirken bzw. bei Meinungsverschiedenheiten gegebenenfalls die Einigungsstelle anzurufen, rechtfertige nicht den Schluß, daß der Betriebsrat generell zur Beratung des Arbeitnehmers im individualrechtlichen Bereich verpflichtet sei. Das sei vielmehr die Aufgabe der hierzu berufenen Rechtspflegeorgane wie etwa einem Rechtsanwalt oder der Rechtsberatungsstelle einer Gewerkschaft, was durchaus den Interessen der Beteiligten entspreche. Der auskunftsuchende Arbeitnehmer, dessen Interesse auf eine zutreffende Auskunft gerichtet sei, könne nämlich – im Gegensatz zum Betriebsrat, wo die Qualität der Auskunft stark von der persönlichen Qualifikation und Erfahrung des einzelnen Betriebsratsmitglieds abhänge – am ehesten bei den zur Rechtsauskunft berufenen Stellen, wie etwa einem Rechtsanwalt, eine zuverlässige Auskunft erwarten. Demgegenüber sei für das einzelne Betriebsratsmitglied, das vornehmlich ein Interesse daran habe, für eine Fehlauskunft nicht persönlich eintreten zu müssen, gewährleistet, daß es im Falle einer Falschauskunft für diese nicht persönlich haften müsse. Im übrigen spreche auch – so das *LAG Rheinland Pfalz* – das Argument der Rechtssicherheit für eine generelle Ablehnung der Kompetenz des Betriebsrats zur Auskunftserteilung. Durch diese eindeutige Qualifizierung würden nämlich schwierige Abgrenzungsfragen sowie langwierige Beweisaufnahmen, wie das Auskunftsverlangen konkret abgelaufen sei, vermieden.

Auf das Argument der Rechtssicherheit beruft sich auch *Besta*[720] – nur mit dem zur vorgenannten Auffassung gegenteiligen Ergebnis, daß er den Betriebsrat generell als eine zur Auskunftserteilung kompetente Stelle ansieht. Aufgrund seiner Funktion als Ansprechpartner des Arbeitgebers in zahllosen Mitbestimmungsangelegenheiten empfinde der Arbeitnehmer – so *Besta a. a. O.* – den Betriebsrat als eine im Arbeitsrecht kompetente Stelle.[721] Dieses subjektive Empfinden werde objektiv dadurch gestützt, daß Betriebsräte von den Gewerkschaften im Arbeitsrecht und dabei insbesondere im Kündigungsschutzrecht ausgebildet würden. Dies rechtfertige es, den Betriebsrat generell als eine zur Auskunftserteilung kompetente Stelle zu werten und die Kündigungsschutzklage im Falle der Falschauskunft durch den Betriebsrat nachträglich zuzulassen.

Eine weitere Meinung spricht dem Betriebsrat nicht generell die Eigenschaft einer zur Auskunft kompetenten Stelle zu. Die Vertreter dieser Ansicht wollen vielmehr differenzieren, wobei wiederum streitig ist, nach welchen Kriterien die Unterscheidung zu treffen ist. So wollen einige[722] darauf abstellen, ob ein Betriebsratsmitglied eines Großunternehmens die Auskunft erteilt hat oder das eines Kleinbetriebs. Im ersteren Falle sei die Kündigungsschutzklage nachträglich zuzulassen, im letzteren nicht. Begründet wird diese Auffassung vor allem da-

---

720 S. 131 f. Ebenso LAG Stuttgart BB 1952, 492; *Backmeister/Trittin* § 5 KSchG Rn. 8.
721 Vgl. auch *Backmeister/Trittin* § 5 KSchG Rn. 8.
722 ArbG Ludwigshafen ARSt. 1974 Nr. 154 und 1222; *Bader/Bram/Dörner/Wenzel* § 5 KSchG Rn. 2 b; *Maus* § 5 KSchG Rn. 3 a; *Neumann*, AR-Blattei D Kündigungsschutz III A, C I; *Schaub* § 136 II 3; *Becker-Schaffner* BlStSozArbR 1976, 289 (290).

mit, daß nur der Betriebsrat eines Großunternehmens die zur Beratung des Arbeitnehmers erforderliche Literatur und die durch häufige Auskunftserteilung erworbene notwendige Rechtskenntnis besitze.[723] Demgegenüber halten andere[724] zusätzlich zum eben genannten Unterscheidungsmerkmal Großbetrieb/ Kleinbetrieb für maßgeblich, ob das Betriebsratsmitglied für die Betriebsratstätigkeit freigestellt ist oder nicht. Nur in ersterem Falle soll die Kündigungsschutzklage nachträglich zuzulassen sein.

Mühlhausen[725] schließlich stellt die Umstände des Einzelfalls in den Vordergrund. Die von den vorgenannten Meinungen angebotenen „Kataloglösungen", die generalisierend nur noch darauf abstellten, ob die vom Arbeitnehmer angegangene Stelle zur Auskunftserteilung kompetent sei, führten letztlich dazu, daß *eine* Lösung für *alle* Fälle dieser Art gelte. Dies aber sei mit der von § 5 Abs. 1 KSchG geforderten, auf die Person des einzelnen Arbeitnehmers ausgerichteten Einzelfallbetrachtung nicht vereinbar. Eine derartige Objektivierung des Maßstabs, wie sie von den anderen Auffassungen vorgenommen werde, komme allenfalls in den Fällen in Betracht, in denen die betreffende Stelle nach allgemeiner Ansicht von vornherein nicht zur Rechtsauskunft in arbeitsrechtlichen Fragen in Betracht komme, wie etwa bei der Auskunft durch Arbeitskollegen. Eine solche eindeutige Qualifizierung sei aber beim Betriebsrat nicht möglich, wie schon die Tatsache zeige, daß zur Frage der Geeignetheit des Betriebsrats verschiedene Rechtsmeinungen vertreten würden. Demzufolge sei hier – entsprechend dem Erfordernis des § 5 Abs. 1 KSchG – auf die Umstände des Einzelfalls abzustellen, d. h. es sei zu prüfen, ob bei dem um Rat nachsuchenden Arbeitnehmer durch die Auskunft ein entschuldbares Vertrauen bezüglich deren Richtigkeit geschaffen worden sei. Ein solches entschuldbares Vertrauen sei – so die überwiegende Meinung[726] innerhalb dieser Auffassung – in der Regel dann anzunehmen, wenn der Betriebsrat auf entsprechende konkrete Anfrage des Arbeitnehmers eine konkrete Falschauskunft erteilt hat. Demgegenüber sei die nachträgliche Zulassung dann zu versagen, wenn die Auskunft lediglich allgemeinen und unverbindlichen Charakter hatte.

bb) Stellungnahme

Ebenso wie in allen übrigen „Auskunftsfällen" ist auch beim Betriebsrat aufgrund der oben[727] genannten Argumente auf die Sichtweise des einzelnen Arbeitnehmers abzustellen. Dies aber führt im Ergebnis dazu, daß bei einer Falschaus-

---

723 *Bader/Bram/Dörner/Wenzel* a. a. O.; *Neumann* a. a. O.
724 LAG Frankfurt DB 1974, 2016; *Wenzel* AuR 1976, 325 (331).
725 NZA 1992, 877 (878 ff.). Ebenso KR-*Friedrich* § 5 KSchG Rn. 33; *Kittner/Trittin* § 5 KSchG Rn. 7; *Kittner/Däubler/Zwanziger* § 5 KSchG Rn. 7; *Melzer* S. 119. In diese Richtung tendierend auch LAG Frankfurt DB 1974, 2016.
726 KR-*Friedrich* § 5 KSchG Rn. 33; *Mühlhausen* NZA 1992, 877 (879). Vgl. auch MünchArbR-*Berkowsky* (Band 2) § 145 Rn. 31; *ders.* NZA 1997, 352 (355).
727 Dritter Teil D. III.

kunft durch den Betriebsrat im Regelfall die Kündigungsschutzklage nachträglich zuzulassen sein wird. Der Arbeitnehmer empfindet nun einmal den Betriebsrat, der immerhin die gesetzliche Interessenvertretung der Belegschaft darstellt,[728] als eine in kündigungsschutzrechtlichen Fragen kompetente Stelle, da dieser Ansprechpartner in zahlreichen Mitbestimmungsangelegenheiten und über § 102 BetrVG nicht zuletzt auch in kündigungsschutzrechtlichen Fragen ist. Diese ständige Beteiligung des Betriebsrats an Kündigungen sichert – ebenso wie die Schulungen der Betriebsratsmitglieder im Arbeitsrecht[729] – die fachliche Kompetenz des Betriebsrats bei kündigungsschutzrechtlichen Problemstellungen. Hinzu kommt, daß dem Betriebsrat gegen den Arbeitgeber gemäß § 40 Abs. 2 BetrVG ein Anspruch auf Ausstattung mit einer Sammlung wichtigster arbeits- und sozialrechtlicher Gesetzestexte sowie einer Fachzeitschrift zur Seite steht[730], so daß der Betriebsrat auch über die zur Auskunftserteilung erforderliche Literatur verfügt. So betrachtet erweist sich die vom *LAG Rheinland-Pfalz*[731] geäußerte Befürchtung, dem Betriebsrat könne die Qualifikation zur Auskunftserteilung fehlen, als unbegründet.

Kein Anlaß besteht nach dem Gesagten auch, danach zu differenzieren, ob der Betriebsrat eines Großunternehmens oder eines Kleinbetriebs bzw. ob ein freigestelltes oder ein nicht freigestelltes Betriebsratsmitglied die Auskunft erteilt hat. Zum einen steht auch dem Betriebsrat eines Kleinunternehmens die gemäß § 40 BetrVG erforderliche Grundausstattung zu bzw. werden auch dessen Betriebsratsmitglieder in kündigungsschutzrechtlichen Fragen geschult. Zum anderen ist gegen diese Differenzierung völlig zu Recht eingewandt worden,[732] daß sie den Erfordernissen der Rechtssicherheit nicht entspricht. Hierbei bleibt schon offen, ob für die Unterscheidung Groß-/Kleinbetrieb die Grenze des § 106 Abs. 1 S. 1 BetrVG (100 Arbeitnehmer) oder die des § 38 Abs. 1 BetrVG (300 Arbeitnehmer) bzw. die des § 110 Abs. 1 BetrVG (1000 Arbeitnehmer) oder gar eine ganz andere Grenze gelten soll. Im übrigen erscheint es auch wenig einsichtig, warum gerade diese Betriebsratsmitglieder zur Auskunftserteilung besonders qualifiziert sein sollen.

Gegen die Bewertung des Betriebsrats als zur Auskunftserteilung kompetente Stelle spricht schließlich auch nicht der vom *LAG Rheinland-Pfalz*[733] in die Diskussion gebrachte haftungsrechtliche Aspekt. Im Gegenteil: Dadurch, daß die Kündigungsschutzklage bei einer Falschauskunft durch ein Betriebsratsmitglied

---

728 Vgl. statt aller *F/K/H/E* § 1 BetrVG Rn. 88.
729 Vgl. *Besta* S. 132.
730 Vgl. LAG Berlin BB 1993, 725; *F/K/H/E* § 40 BetrVG Rn. 42 f. Was darüber hinaus noch zu den gemäß § 40 Abs. 2 BetrVG geschuldeten Sachmitteln gehört, ist im einzelnen umstritten. Vgl. ausführlich hierzu *Kort* NZA 1990, 598 (599 f.).
731 NZA 1985, 430.
732 LAG Rheinland-Pfalz NZA 1985, 430; *Mühlhausen* NZA 1992, 877 (879); *Besta* S. 132.
733 NZA 1985, 430.

im Regelfall zuzulassen sein wird, wird sich der Schaden des Arbeitnehmers in Grenzen halten. Demgegenüber droht weitaus größerer Schaden, wenn der Arbeitnehmer mit seiner Kündigungsschutzklage nicht nachträglich zugelassen wird. Dieser Schaden wäre dann ggflls. vom Auskunft gebenden Betriebsratsmitglied zu tragen, denn für die persönliche Haftung des Betriebsratsmitglieds kommt es ja vor allem auf dessen Verschulden an und nicht auf das des Arbeitnehmers. Ein solches, die Haftung des Betriebsratsmitglieds begründendes Verschulden kann aber auch vorliegen, wenn man die Kompetenz des Betriebsrats zur Auskunftserteilung verneint. Genannt sei etwa nur der Fall, daß es das Betriebsratsmitglied unterläßt, den Arbeitnehmer auf seine mangelnde Kompetenz hinzuweisen.

Zusammenfassend läßt sich daher feststellen, daß die besseren Gründe dafür sprechen, den Betriebsrat unabhängig von der Größe des jeweiligen Betriebes grundsätzlich als zur Auskunftserteilung kompetente Stelle anzusehen. Hinzuweisen bleibt jedoch darauf, daß es sich hierbei nur um den Regelfall handelt. Angesichts der von § 5 Abs. 1 KSchG geforderten Einzelfallbetrachtung kann sich durchaus aufgrund der konkreten Umstände des Einzelfalls eine abweichende Beurteilung ergeben. Hierbei kann auch eines von vielen Kriterien sein, ob das Betriebsratsmitglied auf eine konkrete Frage eine konkrete Antwort erteilt hat oder nicht. Dies erkannt und herausgestellt zu haben, ist das Verdienst der Auffassung *Mühlhausens a. a. O.*

3. Krankheit des Arbeitnehmers

a) Meinungsstand

Nicht abschließend geklärt ist auch, wie die Fälle der Krankheit des Arbeitnehmers im Rahmen des § 5 KSchG zu behandeln sind. Dies betreffend sind eine weite und eine enge Auffassung zu unterscheiden:

Nach der weiten Auffassung ist die Kündigungsschutzklage bereits dann nachträglich zuzulassen, wenn der Arbeitnehmer durch die Krankheit verhindert war, die Kündigungsschutzklage selbst beim Arbeitsgericht einzureichen bzw. sich persönlich bei einem Rechtsanwalt beraten zu lassen.[734] Nach Ansicht der Vertreter dieser Meinung ist es dem Arbeitnehmer, der infolge der Krankheit ständig oder überwiegend im Bett liegen muß und deshalb das Haus nicht verlassen kann, also nicht zumutbar, die Klage schriftlich beim Arbeitsgericht einzureichen bzw. Bekannte oder Verwandte oder einen Rechtsanwalt mit der Klageerhebung zu beauftragen.

---

734 LAG Düsseldorf BB 1952, 491; LAG Berlin BB 1963, 1178; LAG München AMBl. 1981, C 17; *Herschel/Löwisch* (6. Auflage) § 5 KSchG Rn. 13 (anders nunmehr *Löwisch* (7. Auflage) § 5 KSchG Rn. 15); *Neumann*, AR-Blattei Kündigungsschutz III A, C II.

Begründet wird dies damit, daß es sich beim Kündigungsschutzprozeß um eine Angelegenheit von äußerster Wichtigkeit handelt und zudem nur der Arbeitnehmer selbst die näheren Umstände der Kündigung kennt. Ihm dürfe daher nicht die Möglichkeit genommen werden, sich durch persönliche Rücksprache über die Erfolgsaussichten seiner Klage zu informieren und seine Kündigungsschutzsache selbst durchzufechten,[735] zumal das Arbeitsgerichtsgesetz gemäß § 12 Abs. 1 eine Kostenerstattung in der ersten Instanz nicht vorsehe.[736] Im Ergebnis bedeutet dies, daß bei Zugrundelegung der weiten Auffassung die nachträgliche Zulassung nur dann zu versagen ist, wenn der Arbeitnehmer durch die Krankheit nicht daran gehindert wird, den Gang zum Gericht oder zur Gewerkschaft bzw. einem Rechtsanwalt selbst vorzunehmen.

Abweichend hiervon wollen die Vertreter der engen Auffassung den Antrag auf nachträgliche Zulassung bereits dann als unbegründet zurückweisen, wenn es der kranke – auch bettlägerige – Arbeitnehmer unterlassen hat, die Klage schriftlich einzureichen bzw. Bekannte oder einen Rechtsanwalt mit der Klageerhebung zu beauftragen.[737] Dabei soll es dem Arbeitnehmer auch zuzumuten sein, sich notfalls telefonisch von einem Rechtsanwalt beraten zu lassen.[738] Nach der engen Auffassung stellt daher die Krankheit des Arbeitnehmers nur dann einen Zulassungsgrund im Sinne des § 5 KSchG dar, wenn sie so schwer ist, daß sie Außenkontakte ausschließt oder doch so erschwert, daß die Wahrnehmung der gegebenen Kontaktmöglichkeiten unzumutbar ist.[739] Das bedeutet für den Arbeitnehmer, daß er – will er nicht schuldhaft die Dreiwochenfrist des § 4 S. 1 KSchG versäumen – vom Bett aus tätig werden muß. Dies wird vom Arbeitnehmer selbst dann gefordert, wenn ihn die Krankheit im Ausland ereilt.[740] Gerade wegen der Wichtigkeit der Angelegenheit müsse der Arbeitnehmer – so wird argumentiert[741] – alle nur möglichen Schritte unternehmen. Schließlich sei § 5 KSchG ein Ausdruck dafür, daß im Interesse der Rechtssicherheit und des Arbeitsfriedens nach Ablauf der Dreiwochenfrist die Wirksamkeit einer dem Kündigungsschutzgesetz unterfallenden Kündigung nur ausnahmsweise noch mit Er-

---

735 So insbesondere *Herschel/Löwisch* § 5 KSchG Rn. 13; *Neumann*, AR-Blattei Kündigungsschutz III A, C II.
736 Vgl. zu diesem Aspekt *Herschel/Löwisch* § 5 KSchG Rn. 13.
737 LAG Berlin NZA-RR 1999, 437; LAG Hannover ARSt Bd. 18 Nr. 170; LAG Hamm BB 1964, 966 sowie LAGE § 5 KSchG Nr. 45; LAG Frankfurt DB 1965, 560; KR-*Friedrich* § 5 KSchG Rn. 43 f. sowie Rn. 48; *Hueck/v. Hoyningen-Huene* § 5 KSchG Rn. 12; *Kittner/Trittin* § 5 KSchG Rn. 8; *Löwisch* (7. Auflage) § 5 KSchG Rn. 15 (anders noch *Herschel/Löwisch* (6. Auflage) § 5 KSchG Rn. 13); *Bader/Bram/Dörner/Wenzel* § 5 KSchG Rn. 2 c; *Stahlhacke/Preis* Rn. 1131; *Wenzel* AuR 1976, 325 (332); *ders.* MDR 1978, 276 (279); *Linke* BB 1955, 931(935); *Eylert* AuA 1996, 414 (417); *Berkowsky* NZA 1997, 352 (355); *Melzer* S. 137 f.; *Besta* S. 141 ff.
738 *Wenzel* AuR 1976, 325 (332).
739 Vgl. etwa LAG Berlin NZA-RR 1999, 437; KR-*Friedrich* § 5 KSchG Rn. 44.
740 LAG Düsseldorf BB 1980, 1215; LAG Hamm DB 1982, 2706.
741 *Linke* BB 1955, 931 (935).

folg in Frage gestellt werden kann.[742] Zudem verkenne die vorgenannte, weite Auffassung, daß es bei der Einhaltung der Dreiwochenfrist des § 4 S. 1 KSchG nicht um die sachgerechte Führung des Kündigungsschutzprozesses geht, sondern nur um die Wahrung der dreiwöchigen Frist des § 4 S. 1 KSchG.[743] Nähere Informationen könne der Arbeitnehmer dem Vertreter noch nach der Klageerhebung erteilen. Dies zugrundegelegt könne nur entscheidend sein, ob der Arbeitnehmer in der Lage war, in irgendeiner Form für die Klageerhebung zu sorgen.

b) Stellungnahme

Vorzugswürdig erscheint die zuletzt genannte, enge Meinung. Gegen die Argumentation der weiten Auffassung, es müsse dem Arbeitnehmer zugestanden werden, seine Rechte persönlich wahrzunehmen, ist völlig zu Recht eingewandt worden,[744] daß es bei den zur Beurteilung stehenden Fallkonstellationen nicht um die Führung des Kündigungsschutzprozesses geht, sondern nur um die Wahrung der Dreiwochenfrist des § 4 S. 1 KSchG durch die bloße *Erhebung* der Kündigungsschutzklage. Hält man sich dies vor Augen, so wird offenkundig, daß dem Arbeitnehmer, der die Kündigungsschutzklage vom Krankenbett aus schriftlich erhebt bzw. durch einen Bekannten oder einen Rechtsanwalt erheben läßt, gar nicht das Recht zur persönlichen Prozeßführung genommen wird. Ihm bleibt ja durchaus die Möglichkeit erhalten, entsprechende Informationen an seinen Prozeßbevollmächtigten nachzureichen bzw. seinen Kündigungsschutzprozeß in einem ggfls. zu vertagenden Güte- bzw. Kammertermin selbst durchzufechten.

Hinzu kommt, daß für den Arbeitnehmer selbst dann keine gravierenden Nachteile eintreten, wenn er die Kündigungsschutzklage zunächst „prophylaktisch" vom Krankenbett aus einreicht und diese dann später nach näherer Prüfung der Sach- und Rechtslage wegen mangelnder Erfolgsaussicht zurücknimmt: Eine Verschlechterung des Arbeitsklimas droht schon deshalb nicht, weil die Kündigung mit der Rücknahme der Klage unangreifbar wird. Auch unter Kostengesichtspunkten ergeben sich für den Arbeitnehmer, der die Kündigungsschutzklage nachträglich zurücknimmt, keine gravierenden nachteiligen Auswirkungen. Gerichtskosten fallen gemäß Nr. 9112 und 9113 des Gebührenverzeichnisses zu § 12 Abs. 1 ArbGG erst dann an, wenn eine streitige Verhandlung (Der Gütetermin kann also noch abgewartet werden!) stattgefunden hat.[745] Einzig und allein in dem Fall, daß die Klageerhebung durch einen Rechtsanwalt erfolgt ist, ergeben sich bei Klagrücknahme vor Durchführung des Gütetermins die in §§ 62, 31 Abs. 1 S. 1 BRAGO bestimmten Kosten in Form einer Prozeßgebühr.[746] Dies relativiert sich jedoch weitgehend, wenn man bedenkt, daß auch bei der anwaltschaftlichen Beratung des gesunden Arbeitnehmers ohne Klageerhebung die in

---

742 KR-*Friedrich* § 5 KSchG Rn. 48.
743 KR-*Friedrich* § 5 KSchG Rn. 45.
744 KR-*Friedrich* § 5 KSchG Rn. 45.
745 Vgl. *Grunsky* § 12 ArbGG Rn. 19.
746 *G/S/E/M* § 32 BRAGO Rn. 13.

§ 118 Abs. 1 BRAGO bestimmte Gebühr angefallen wäre. Überzeugende Gründe, warum es dem kranken – auch bettlägerigen – Arbeitnehmer nicht zuzumuten sein sollte, die Klage schriftlich beim Arbeitsgericht einzureichen bzw. einen Rechtsanwalt oder zuverlässige Bekannte hiermit zu beauftragen, lassen sich daher nicht finden, zumal an die Erhebung einer Kündigungsschutzklage keine besonders strengen Anforderungen gestellt werden,[747] so daß es für den Arbeitnehmer ein Leichtes ist, die schriftliche Klageerhebung zu bewerkstelligen. Einzig und allein in den Fällen, in denen der Arbeitnehmer durch die Krankheit selbst an der Veranlassung der notwendigen Maßnahmen gehindert ist – wie etwa im Falle der Bewußtlosigkeit oder einer schweren, lebensbedrohenden Erkrankung[748] – erscheint demnach eine nachträgliche Zulassung der Kündigungsschutzklage gerechtfertigt.

4. Rücknahme der Kündigungsschutzklage

a) Meinungsstand

Dogmatisch ebenfalls nicht ausdiskutiert sind die Fallkonstellationen, in denen der Arbeitnehmer eine zunächst fristgemäß eingereichte Kündigungsschutzklage nach Ablauf der Dreiwochenfrist des § 4 S. 1 KSchG zurücknimmt und dann erneut Kündigungsschutzklage – verbunden mit einem Antrag nach § 5 KSchG – erhebt. In diesen Fällen wird vielfach eine nachträgliche Zulassung der Kündigungsschutzklage abgelehnt. Die Begründung hierfür ist uneinheitlich:

Eine Meinung[749] will darauf abstellen, daß § 5 Abs. 1 KSchG schon tatbestandlich nicht vorliegt. Schon aus dem Wortlaut des § 5 KSchG sei nämlich ersichtlich, daß ein Antrag auf nachträgliche Zulassung nur zulässig ist, wenn die Klage erstmals erhoben werden soll. Nachträglich zugelassen werden könne nämlich nur etwas, was vorher noch nicht geltend gemacht worden sei. Nach Rücknahme der Klage handle es sich aber bei dem Antrag nach § 5 KSchG nicht um die Zulassung einer verspäteten Klage, sondern um die Wiederzulassung einer fristgemäß erhobenen und später infolge einer nachträglichen Willensänderung zurückgenommenen Klage.

Andere[750] wiederum sind der Auffassung, die erste Klageerhebung habe gezeigt, daß der Arbeitnehmer imstande gewesen sei, rechtzeitig Kündigungsschutzklage

---

747 Ausreichend für die Erhebung der Kündigungsschutzklage ist, daß aus der Klage ersichtlich ist, gegen wen sie sich richtet, wo der Kläger tätig war und daß er seine Kündigung nicht als berechtigt anerkennen will. Vgl. grundlegend hierzu BAG AP Nr. 8 zu § 3 KSchG 1951 sowie *Hueck/v. Hoyningen-Huene* § 4 KSchG Rn. 5.
748 Vgl. die Beispielsfälle bei KR-*Friedrich* § 5 KSchG Rn. 47.
749 ArbG Göttingen ARSt Bd. 7 Nr. 328; ArbG Mannheim ARSt Bd. 12 Nr. 594. Ebenso offenbar die Vorinstanz zu LAG Hamm AR-Blattei ES 1020.3 Nr. 3.
750 KR-*Friedrich* § 5 KSchG Rn. 63; *Hueck/v. Hoyningen-Huene* § 5 KSchG Rn. 17 a; *Schaub* § 136 II 3. Vgl. auch LAG Köln NZA-RR 1998, 561; LAG Mecklenburg-Vorpommern DB 1994, 588.

zu erheben. Mithin sei der Antrag auf nachträgliche Zulassung in den Rücknahmefällen stets[751] oder zumindest in der Regel[752] abzulehnen.

b) Stellungnahme

Keine der beiden eben geschilderten Begründungen hält einer genaueren Überprüfung stand:

Die zuerst genannte Meinung, die § 5 Abs. 1 KSchG schon tatbestandlich nicht einschlägig sieht, weil es sich in den Fällen der Rücknahme gar nicht um die Zulassung einer verspäteten Klage, sondern um die Wiederzulassung einer fristgemäß erhobenen und dann zurückgenommenen Klage handle, ist zu Recht dahingehend kritisiert worden,[753] daß hierbei die Vorschrift des § 269 Abs. 3 ZPO übersehen wird. Nach dieser Bestimmung ist im Falle der Rücknahme der Klage der ursprüngliche Rechtsstreit als nicht anhängig geworden anzusehen. Demzufolge ist dann auch die ursprünglich erhobene Klage durch die Rücknahme erledigt. Dies wiederum hat zur Folge, daß es sich bei der erneuten Klage nicht um die alte, ursprünglich zurückgenommene Klage handelt, sondern um eine neue, selbständig zu beurteilende Klage. Für § 5 KSchG bedeutet das, daß in den Rücknahmefällen entgegen der Auffassung der *ArbGe Göttingen* und *Mannheim* nicht von einer Wiederzulassung der alten Klage auszugehen ist, sondern vielmehr von einer nachträglichen Zulassung der neuen, von der ursprünglichen Klage unabhängig zu beurteilenden Klage.

Aber auch die Begründung der Gegenauffassung, der Antrag nach § 5 KSchG sei deshalb als unbegründet zurückzuweisen, weil die erste Klageerhebung gezeigt habe, daß der Arbeitnehmer zur rechtzeitigen Klageerhebung imstande war, vermag bei genauerer Betrachtung nicht zu überzeugen. Richtigerweise kann es nämlich – wie *Boemke*[754] neuerdings zutreffend herausgearbeitet hat – in den Fällen der Rücknahme der Klage nach Ablauf der Dreiwochenfrist gar nicht darauf ankommen, ob der Arbeitnehmer trotz Anwendung aller ihm zuzumutenden Sorgfalt an der (rechtzeitigen) *Erhebung* der Kündigungsschutzklage verhindert war. Hielte man die Erhebung der Klage für maßgeblich, so wäre der Antrag auf nachträgliche Zulassung der (zweiten) Klage stets begründet, da die zuerst erhobene Klage gegen spätere, wegen derselben Kündigung eingereichte Klagen den Einwand der Rechtshängigkeit begründet und eine spätere Klage demzufolge unzulässig ist. Aufgrund der Unzulässigkeit der späteren Klage wäre damit der Arbeitnehmer immer ohne sein Verschulden an der Erhebung der zweiten Klage innerhalb der Dreiwochenfrist gehindert. Dieses offenkundig widersinnige Er-

---

751 *Hueck/v. Hoyningen-Huene* § 5 KSchG Rn. 17 a; KPK-*Ramrath*, Teil H, § 5 KSchG Rn. 1. Ähnlich *Schaub* § 136 II 3: Zulassung „bedenklich".
752 KR-*Friedrich* § 5 KSchG Rn. 63.
753 LAG Hamm AR-Blattei ES 1020.3 Nr. 3; *Hueck/v. Hoyningen-Huene* § 5 KSchG Rn. 17 a; *Melzer* S. 79 f.
754 Anm. zu LAG Hamm AR-Blattei ES 1020.3 Nr. 3.

gebnis läßt sich nur vermeiden, indem man in den Rücknahmefällen darauf abstellt, ob die *Rücknahme* der früheren Kündigungsschutzklage vom Arbeitnehmer verschuldet war oder nicht.[755] Erklärt man aber die Rücknahme der Kündigungsschutzklage für entscheidungserheblich, so erweist sich die Argumentation, die Erhebung der ersten Klage habe gezeigt, daß der Arbeitnehmer imstande war, die Klage rechtzeitig zu *erheben*,[756] als nicht haltbar, da es auf die Umstände der Klageerhebung gar nicht ankommt. Auch die auf dieser Argumentation fußende Feststellung, der Antrag nach § 5 KSchG sei in den Fällen der Rücknahme der Klage stets oder zumindest in der Regel zurückzuweisen, ist daher nicht möglich. Maßgeblich dafür, ob der Antrag auf nachträgliche Zulassung zurückzuweisen ist oder nicht, können nach dem eben Gesagten vielmehr nur die Umstände sein, die zur Klagerücknahme geführt haben.

Dies macht deutlich, daß es auch in den Fällen der Rücknahme der Klage auf den jeweiligen Einzelfall ankommt.[757] Insoweit lassen sich dann aber durchaus Fallkonstellationen denken, bei denen eine nachträgliche Zulassung der Kündigungsschutzklage trotz vorheriger Klagerücknahme in Betracht kommt.[758]

5. Urlaubsbedingte Abwesenheit

Immer wieder kommt es in der Praxis vor, daß ein Arbeitnehmer erst nach Ablauf von drei Wochen von seiner Kündigung erfährt, weil ihm diese während seiner urlaubsbedingten Abwesenheit in seinen Briefkasten geworfen wurde. In diesen Fällen stellt sich das Problem der nachträglichen Zulassung nur dann, wenn man mit einer teilweise vertretenen Auffassung[759] davon ausgeht, daß auch bei urlaubsbedingter Abwesenheit die Kündigung bereits dann zugeht, wenn die Kündigungserklärung so in den Machtbereich des Empfängers gelangt ist, daß bei Annahme gewöhnlicher Verhältnisse mit einer Kenntnisnahme des Empfän-

---

755 Genau genommen handelt es sich daher in den Fällen der Rücknahme der Klage gar nicht um eine direkte Anwendung des § 5 KSchG, da dieser in Abs. 1 darauf abhebt, daß „ der Arbeitnehmer ... trotz Anwendung aller ihm nach Lage der Umstände zuzumutenden Sorgfalt verhindert war, die Klage innerhalb von drei Wochen ... zu *erheben*". Eine analoge Anwendung der Vorschrift auf die vorliegenden Fallkonstellationen erscheint aber geboten, da nach dem Willen des Gesetzgebers ein Ausschluß des Klagerechts des Arbeitnehmers nur dann stattfinden soll, wenn der Arbeitnehmer schuldhaft die Frist des § 4 S. 1 KSchG versäumt hat. Für eine (analoge) Anwendung auch *Boemke* Anm. zu LAG Hamm AR-Blattei ES 1020.3 Nr. 3.
756 Vgl. KR-*Friedrich* § 5 KSchG Rn. 63; *Hueck/v. Hoyningen-Huene* § 5 KSchG Rn. 17 a; *Schaub* § 136 II 3.
757 Für ein Abstellen auf die Umstände des Einzelfalls auch *Stahlhacke/Preis* Rn. 1140 a.
758 So etwa wenn der Arbeitnehmer zunächst die Kündigungsschutzklage fristgerecht erhebt, dann aber die Klage aufgrund einer (falschen) Beratung durch einen Rechtsanwalt zurücknimmt.
759 Vgl. etwa BAG AP Nr. 17 zu § 130 BGB (anders BB 1981, 1030); KR-*Friedrich* § 4 KSchG Rn. 111; *Wenzel* BB 1981, 1031.

gers zu rechnen war.⁷⁶⁰ Nimmt man demgegenüber mit der Gegenmeinung⁷⁶¹ an, daß bei Kenntnis des Arbeitgebers von der Urlaubsabwesenheit des Arbeitnehmers die Kündigungserklärung erst mit Rückkunft aus dem Urlaub zugeht, so kommt es auf § 5 KSchG mangels Fristversäumnis regelmäßig gar nicht an.⁷⁶² Für § 5 KSchG bleiben dann nur die Fälle übrig, in denen der Arbeitgeber keine Kenntnis von der Urlaubsabwesenheit des Arbeitnehmers hatte.⁷⁶³

Unabhängig davon jedoch, welcher Meinung man den Vorzug gibt, ist die Kündigungsschutzklage – soweit es auf § 5 KSchG ankommt – in den hier zur Beurteilung stehenden Fällen regelmäßig nachträglich zuzulassen.⁷⁶⁴ Dies folgt aus der Rechtsprechung des Bundesverfassungsgerichts,⁷⁶⁵ wonach bei Versäumung von Rechtsmittelfristen aufgrund urlaubsbedingter Ortsabwesenheit die Wiedereinsetzung regelmäßig zu gewähren ist. Dieser Grundsatz muß für die den ersten Zugang zu Gericht betreffenden Klagefristen des § 5 KSchG erst recht Berücksichtigung finden. Eine Ablehnung der nachträglichen Zulassung kommt daher in Einklang mit der Rechtsprechung des Bundesverfassungsgerichts nur dann in Betracht, wenn der Arbeitnehmer aufgrund der konkreten Umstände – etwa wegen einer Kündigungsandrohung – eine Kündigung zu erwarten hatte oder die Abholung vernachlässigt bzw. sich einer Zustellung vorsätzlich entzogen hatte.⁷⁶⁶

6. Postalische Verzögerungen

Wegen ihrer besonderen praktischen Relevanz sind schließlich noch diejenigen Fälle zu erörtern, in denen der Arbeitnehmer aufgrund von Verzögerungen durch die Deutsche Post AG die Frist des § 4 S. 1 KSchG versäumt. Hierzu ist zunächst anzumerken, daß sich der Arbeitnehmer auf die normalen Postlaufzeiten verlassen darf.⁷⁶⁷ Diese sind bei der Deutschen Post AG zu erfragen und betragen ca. 1–2 Tage.⁷⁶⁸ Geht die Post also erst nach diesem Zeitraum beim Arbeitsgericht ein, so ist die nachträgliche Zulassung zu gewähren.

---

760 Dies soll in dem Moment der Fall sein, in dem normalerweise mit der Leerung des Briefkastens zu rechnen ist, vgl. KR-*Friedrich* § 5 KSchG Rn. 59.
761 BAG BB 1981, 1030 (anders AP Nr. 17 zu § 130 BGB); LAG München ARSt 1975 Nr. 1204.
762 KR-*Friedrich* § 5 KSchG Rn. 59; *Becker-Schaffner* BlStSozArbR 1976, 289 (293).
763 KR-*Friedrich* § 5 KSchG Rn. 60.
764 KR-*Friedrich* § 5 KSchG Rn. 60; *Hueck/v. Hoyningen-Huene* § 5 KSchG Rn. 18; *Kittner/Trittin* § 5 KSchG Rn. 10; *Stahlhacke/Preis* Rn. 1135; *Wenzel* MDR 1978, 276 (278) sowie BB 1981, 1031; *Becker-Schaffner* ZAP 1991, Fach 17, 151 (162).
765 Vgl. etwa BVerfG AP Nr. 28 zu Art. 103 GG; BVerfGE 37, 102.
766 KR-*Friedrich* § 5 KSchG Rn. 60; *Wenzel* MDR 1978, 276 (278).
767 Vgl. statt aller KR-*Friedrich* § 5 KSchG Rn. 21; *Hueck/v. Hoyningen-Huene* § 5 KSchG Rn. 14.
768 *Stein/Jonas/Roth* § 233 Rn. 65; *Zöller/Greger* § 233 Rn. 23 „Postverkehr".

Eine Erkundigungs- oder Nachfragepflicht besteht für den Arbeitnehmer nicht.[769] Wartet der Arbeitnehmer allerdings den Ablauf der Dreiwochenfrist bis auf den letzten Tag ab, was nach allgemeiner Meinung zulässig ist[770], so besteht eine erhöhte Sorgfaltspflicht.[771] In diesen Fällen genügt entgegen teilweise vertretener Ansicht[772] selbst die Aufgabe eines Eilbriefes nicht.[773] Der Arbeitnehmer ist vielmehr gehalten, die Klageschrift selbst zum Gericht zu bringen bzw. diese durch einen Boten zum Gericht bringen zu lassen.[774]

7. Fazit

Bereits die wenigen hier exemplarisch ausgewählten Fallgruppen zeigen, daß von einer einheitlichen Linie in Rechtsprechung und Literatur betreffend die Anwendung des § 5 Abs. 1 KSchG keine Rede sein kann. Dies beruht zum einen sicherlich darauf, daß jeder Einzelfall seine jeweiligen Besonderheiten aufweist und daher in Einklang mit dem subjektiven Verschuldensmaßstab einer unterschiedlichen Beurteilung zugänglich ist.[775] Zum anderen darf aber auch nicht verkannt werden, daß grundsätzliche dogmatische Differenzen zwischen den jeweiligen Auffassungen zu verzeichnen sind, wie die Fälle der Falschauskunft durch ein Betriebsratsmitglied[776] oder der Krankheit des Arbeitnehmers[777] augenfällig zeigen. Eine allgemein gültige Aussage dahingehend, wann der Antrag nach § 5 KSchG begründet ist, kann daher nicht gemacht werden. Eine solche „Generallösung" widerpräche überdies auch dem subjektiven Verschuldensmaßstab des § 5 Abs. 1 KSchG. Dem Rechtsanwender bleibt es deshalb nicht erspart, sich durch ein „Gestrüpp" an Einzelfallentscheidungen zu „kämpfen", um die Lösung für „seinen" Fall zu finden.

IV. Vertreterverschulden bei der Versäumung der Frist des § 4 S. 1 KSchG

Eine seit jeher umstrittene Frage des Kündigungsschutzrechts stellt das Problem dar, ob der Arbeitnehmer die Versäumung der Dreiwochenfrist des § 4 S. 1 KSchG durch Verschulden seines Prozeßbevollmächtigten gegen sich gelten las-

---

769 *Stein/Jonas/Roth* § 233 Rn. 65. Eine Ausnahme gilt nach BVerfG EzA § 233 ZPO Nr. 28 bei bekannten Streikmaßnahmen.
770 Vgl. etwa KR-*Friedrich* § 5 KSchG Rn. 20; *Hueck/v. Hoyningen-Huene* § 5 KSchG Rn. 9; *Kittner/Trittin* § 5 KSchG Rn. 13.
771 *Stein/Jonas/Roth* § 233 Rn. 65; *Bader/Bram/Dörner/Wenzel* § 5 KSchG Rn. 2 a; *Melzer* S. 142.
772 *Melzer* S. 142 f.
773 KR-*Friedrich* § 5 KSchG Rn. 21; *Bader/Bram/Dörner/Wenzel* § 5 KSchG Rn. 2 a.
774 KR-*Friedrich* § 5 KSchG Rn. 21.
775 Vgl. auch *Backmeister/Trittin* § 5 KSchG Rn. 3: „Einzelfallbeurteilung".
776 Vgl. hierzu oben Dritter Teil D. III. 2. b.
777 Vgl. hierzu oben Dritter Teil D. III. 4.

sen muß. Die im Rahmen dieser Kontroverse vorgetragenen Argumente gleichen im Kern denen, die auch bei der gleich gelagerten Problematik des § 5 Abs. 3 S. 1 KSchG diskutiert werden,[778] wenngleich auch bei der Klagefrist des § 4 S. 1 KSchG differenzierter und substantiierter argumentiert wird. Bewegung in die seit Jahren verhärtete Diskussion[779] haben in neuerer Zeit die Beiträge von *Vollkommer*[780] und *Wenzel*[781] gebracht. Die von beiden Autoren vorgetragenen Gesichtspunkte haben bereits Einzug in die Rechtsprechung gefunden.[782] Die Frage nach der Rechtsnatur der §§ 4, 5 KSchG hat unter dem Einfluß der neuen Argumentationsansätze bei der Beurteilung des Zurechnungsproblems mehr und mehr an Bedeutung verloren.[783] Der Kreis der in die Diskussion gebrachten Zurechnungsnormen ist um die Vorschrift des § 278 BGB erweitert worden.[784] Zudem haben sich in letzter Zeit vermehrt Stimmen zu Wort gemeldet, die eine Zurechnung des Vertreterverschuldens bei § 4 S. 1 KSchG ablehnen.[785] Im zivilprozessualen Schrifttum hat sich dieser Standpunkt bereits überwiegend durchgesetzt.[786] Mit Ausnahme der Ausführungen von *Wenzel*[787] ist bei dieser Kehrtwende jedoch überraschenderweise weitgehend unberücksichtigt geblieben, daß sich dasselbe Problem auch im Rahmen der Antragsfrist des § 5 Abs. 3 S. 1 KSchG stellt. Insoweit bleibt jedoch die weitere Entwicklung abzuwarten. Abzuwarten bleibt fernerhin, wie sich die Diskussion bei den §§ 1 Abs. 5 BeschFG 1996, 113 Abs. 2 InsO auswirkt. Doch ist damit zu rechnen, daß die zu § 4 S. 1 KSchG entwickelten Argumente auch auf diese Klagefristen übertragen werden.[788] Im einzelnen stellt sich der Meinungsstand zur Zeit wie folgt dar:

---

778 Vgl. hierzu bereits oben Dritter Teil C. II. 2.
779 So ist beispielsweise teilweise bereits von der Entstehung von Gewohnheitsrecht die Rede, vgl. *Becker-Schaffner* BlStSozArbR 1976, 289 (291).
780 Verlust des Kündigungsrechtsschutzes des Arbeitnehmers bei Versäumung der Klagefrist durch Vertreterverschulden? in: Festschrift für Stahlhacke, S. 599 ff.
781 Neue Aspekte im Streit um die Anrechnung des Vertreterverschuldens bei der Versäumung der Klagefrist des § 4 KSchG in: Festschrift für Schneider, S. 325 ff.
782 Vgl. LAG Hamm MDR 1996, 1158, NZA-RR 1997, 85.
783 Vgl. beispielsweise LAG Frankfurt, 26. 10. 1993 – 16 Ta 263/93 = BB 1994, 508 (nur LS); EK-ArbR/*Ascheid* § 5 KSchG Rn. 5; *Francken* S. 30 ff.; *Holthaus* S. 61 ff.
784 MüKo-ZPO/v. *Mettenheim* § 85 Rn. 14; *Rieble* Anm. zu LAG Hamm LAGE § 5 KSchG Nr. 65; *Bernstein*, Festschrift für Stege, S. 25 (30 ff.). Vgl. auch *Grunsky* Anm. zu LAG Hamm EzA § 5 KSchG Nr. 8.
785 Vgl. zuletzt etwa *Backmeister/Trittin* § 5 KSchG Rn. 11; *Berkowsky* NZA 1997, 352 (355).
786 Vgl. *Zöller/Vollkommer* § 85 Rn. 11; *Baumbach/Lauterbach/Albers/Hartmann* § 85 Rn. 11; *Musielak/Weth*, ZPO, § 85 Rn. 10; AK-ZPO/*Christian* § 85 Rn. 12; *Zimmermann*, ZPO, § 85 Rn. 3.
787 In: *Bader/Bram/Dörner/Wenzel* (36. Erg. Lfg.) § 5 KSchG Rn. 40 ff.
788 Vgl. *Francken* S. 51 f.

1. Anwendung des § 85 Abs. 2 ZPO

Die nach wie vor herrschende Meinung will dem Arbeitnehmer das Verschulden seines Prozeßbevollmächtigten an der Versäumung der Dreiwochenfrist des § 4 S. 1 KSchG über § 85 Abs. 2 ZPO zurechnen. Die Begründung hierfür fällt indessen nicht einheitlich aus. Umstritten ist insbesondere, ob § 85 Abs. 2 ZPO direkt oder analog anzuwenden ist[789] oder ob sich die Anwendbarkeit der Vorschrift nur aufgrund allgemeinen Rechtsgrundsatzes ergibt.[790]

a) Direkte Anwendung des § 85 Abs. 2 ZPO

Für eine direkte Anwendung des § 85 Abs. 2 ZPO haben sich vor allem *Grunsky*[791] und *Otto*[792] ausgesprochen.[793] Während jedoch *Otto a. a. O.* dieses Ergebnis aus dem von ihm vertretenen prozessualen Charakter der §§ 4, 5 KSchG herleitet[794], mißt *Grunsky a. a. O.* der Qualifizierung der Dreiwochenfrist als prozessuale oder materielle Frist für die Beurteilung der Zurechnungsfrage keine Bedeutung zu. Die Einordnung des § 4 S. 1 KSchG als prozessuale oder materiellrechtliche Frist habe nämlich – so *Grunsky a. a. O.* – vor allem der Bestimmung des Rechtskraftumfangs eines die Kündigungsschutzklage als verspätet abweisenden Urteils gedient. Die Zurechnungsfrage habe demgegenüber bei diesem Meinungsstreit keine Rolle gespielt. Demzufolge könne dann aber auch aus der Rechtsnatur der Dreiwochenfrist nichts für die Beurteilung des Zurechnungsproblems gewonnen werden. Die Antwort müsse sich vielmehr aus § 85 Abs. 2 ZPO selbst ergeben. Dort wiederum sei ausgeführt, daß das Verschulden des Prozeßbevollmächtigten dem Verschulden der Partei gleichstehe. Als Bezugspunkt für dieses Verschulden sei die in § 85 Abs. 1 ZPO angesprochene Prozeßhandlung anzusehen. Dies rechtfertige es, die Vorschrift des § 85 Abs. 2 ZPO auf die Dreiwochenfrist des § 4 S. 1 KSchG direkt anzuwenden, da diese Frist nur durch Klageerhebung – mithin durch Vornahme einer Prozeßhandlung – gewahrt werden

---

789 Dabei wird jedoch vielfach offen gelassen, ob § 85 Abs. 2 ZPO direkt oder entsprechend anzuwenden ist, vgl. etwa *Stahlhacke/Preis/Vossen* Rn. 1137 („mindestens entsprechend anzuwenden") sowie *Entholt* S. 145.
790 Vgl. *Vollkommer*, Festschrift für Stahlhacke, S. 599 (603 f.).
791 Anm. zu LAG Hamm EzA § 5 KSchG Nr. 8.
792 Anm. zu BAG EzA § 5 KSchG Nr. 20.
793 Ebenso LAG Mainz NJW 1982, 2461; LAG Düsseldorf ZIP 1996, 191; LAG Rheinland-Pfalz NZA 1998, 55; ArbG Kiel NZA-RR 1998, 211; HK-KSchG/*Hauck* § 5 KSchG Rn. 53; MünchArbR-*Berkowsky* (Band 2) § 145 Rn. 35; *Schmid/Trenk-Hinterberger* § 15 III 1 a; *Tschöpe/Fleddermann* BB 1998, 157 (159 ff.); *Francken* S. 30 ff., 50; (wohl) auch *Schaub* § 136 II 3 sowie *Neumann-Duesburg* ZZP 65 (1952), 394 (397).
794 Ebenso LAG Düsseldorf ZIP 1996, 191; ArbG Kiel NZA-RR 1998, 211; MünchArbR-*Berkowsky* (Band 2) § 145 Rn. 35; *Küttner/Eisemann*, Personalbuch 1998, Kündigungsschutz, Rn. 134; *Schmid/Trenk-Hinterberger* § 15 III 1 a.

könne.⁷⁹⁵ Hiergegen spreche auch nicht der Umstand, daß die Klageerhebung eine das Verfahren erst einleitende Prozeßhandlung sei und nicht eine Prozeßhandlung in einem bereits anhängigen Verfahren. § 85 Abs. 2 ZPO differenziere nicht danach, ob die Prozeßhandlung vor oder im Verfahren vorgenommen werde.

Fernerhin lasse sich die direkte Anwendbarkeit des § 85 Abs. 2 ZPO aus der Gesetzesgeschichte herleiten.⁷⁹⁶ Aus der in der amtlichen Begründung zum Kündigungsschutzgesetz 1951 enthaltenen Formulierung „Bei schuldloser Versäumung ist, wie im früheren Recht, eine nachträgliche Zulassung der Klage vorgesehen"⁷⁹⁷ sei zu folgern, daß die nachträgliche Klagezulassung der ehemaligen Wiedereinsetzung der Landeskündigungsschutzgesetze der Nachkriegszeit entspricht. Demnach müsse eine Anrechnung des Vertreterverschuldens nach § 232 Abs. 2 ZPO a. F. bzw. § 85 Abs. 2 ZPO n. F. im Rahmen des § 5 KSchG stattfinden.

Schließlich führe die – die Verschuldenszurechnung ablehnende – Gegenansicht aber auch dazu, daß die Frist des § 4 S. 1 KSchG im Bereich anwaltlicher Vertretung weitgehend leerliefe.⁷⁹⁸ Dies aber sei als eine gänzlich ungerechtfertigte Benachteiligung desjenigen anzusehen, der seinen Kündigungsschutzprozeß ohne anwaltliche Hilfe führe.

b) Analoge Anwendung des § 85 Abs. 2 ZPO

Abweichend hiervon hält ein Teil der Rechtsprechung⁷⁹⁹ und Literatur⁸⁰⁰ die Vorschrift des § 85 Abs. 2 ZPO deshalb nicht für direkt auf § 4 S. 1 KSchG anwendbar, weil die dort festgelegte Dreiwochenfrist nicht prozessualer, sondern materiell-rechtlicher Natur sei. Aufgrund der Tatsache, daß die Dreiwochenfrist des § 4 S. 1 KSchG in einem engen, untrennbaren Zusammenhang mit der verfahrensrechtlichen Geltendmachung des Anspruchs stehe, sei aber eine entsprechende Anwendung des § 85 Abs. 2 ZPO geboten.⁸⁰¹

---

795 Ebenso LAG Mainz NJW 1982, 2461; LAG Düsseldorf ZIP 1996, 191; *Tschöpe/Fleddermann* BB 1998, 157 (159); *Becker-Schaffner* ZAP 1999, Fach 17, 481 (493); (wohl) auch *Schaub* § 136 II 3. Vgl. auch *Knorr/Bichlmeier/Kremhelmer* S. 675 (Rdn. 75); *Küttner/Eisemann*, Personalbuch 1998, Kündigungsschutz, Rn. 134. Teilweise wird zusätzlich noch darauf hingewiesen, daß § 85 Abs. 2 ZPO über § 46 Abs. 2 ArbGG im arbeitsgerichtlichen Verfahren anwendbar sei, so etwa LAG Köln LAGE § 5 KSchG Nr. 67; *Francken* S. 30 ff., 42.
796 *Francken* S. 39 f.
797 Vgl. hierzu bereits oben Zweiter Teil B. III. 4. b.
798 *Tschöpe/Fleddermann* BB 1998, 157 (160).
799 LAG Berlin BB 1979, 167; LAG München BB 1981, 915.
800 *Becker-Schaffner* BlStSozArbR 1976, 289 (291).
801 So LAG Berlin BB 1979, 167; LAG München BB 1981, 915. Vgl. auch *Becker-Schaffner* ZAP 1991, Fach 17, 151 (163).

Hierfür spreche auch, daß die Dreiwochenfrist durch § 5 KSchG in Bezug auf die Wiedereinsetzung den Notfristen der ZPO, auf die § 85 Abs. 2 ZPO unstreitig anwendbar sei, gleichgesetzt werde.[802] Die Verschiedenheit zwischen der Versäumung einer Rechtsmittelfrist und der Frist für die Einreichung einer Kündigungsschutzklage sei praktisch so gering, daß für viele Außenstehende eine unterschiedliche Behandlung unverständlich sein müsse.[803] Angesichts dessen erscheine es als inkonsequent, den Fall in dem der Prozeßbevollmächtigte die Berufungsfrist, die Revisionsfrist, eine Frist zur Begründung dieser Rechtsmittel oder die Frist des Einspruchs gegen ein Versäumnisurteil versäumt, anders zu behandeln als die Versäumung der Klagefrist des § 4 S. 1 KSchG.[804]

Der Zweck der Dreiwochenfrist, der darin bestehe, dem Arbeitgeber möglichst bald Klarheit über die Wirksamkeit bzw. die Unwirksamkeit der Kündigung zu verschaffen, spreche vielmehr für die analoge Anwendbarkeit des § 85 Abs. 2 ZPO.[805] Aufgrund der Ausgestaltung des Kündigungsschutzrechts als Bestandsschutzrecht habe der Arbeitgeber nämlich ein berechtigtes Interesse daran, zu erfahren, ob er die Stelle neu besetzen kann oder nicht, zumal er zusätzlich noch das Risiko des Lohnanspruchs aus Annahmeverzug trage. Dieser Vertrauensschutz, den die Klagefrist bezwecke, könne aber nur erreicht werden, wenn die Zulassung verspäteter Klagen in engen Grenzen gehalten werde.[806]

Ungeachtet dessen sei die analoge Anwendung des § 85 Abs. 2 ZPO aber auch aufgrund Gewohnheitsrechts geboten.[807] Ein Gerichtsbrauch schaffe für sich allein zwar noch kein Recht. Er werde aber dann zum Gewohnheitsrecht, wenn er über längere Zeit in der Gewißheit seiner Notwendigkeit geübt worden sei. Angesichts der Tatsache, daß sich die meisten LAGe über einen längeren Zeitraum für eine Anwendung des § 85 Abs. 2 ZPO ausgesprochen hätten, sei daher davon auszugehen, daß sich diese Rechtsauffassung zu Gewohnheitsrecht verdichtet habe. Vereinzelte Abweichungen in der Rechtsprechung stünden dem nicht entgegen.

c) Anwendung aufgrund allgemeinen Rechtsgrundsatzes

Eine dritte Variante innerhalb der herrschenden Auffassung will § 85 Abs. 2 ZPO aufgrund allgemeinen Rechtsgrundsatzes auf die Dreiwochenfrist des § 4 S. 1

---

802 *Poelmann* RdA 1952, 205 (208); *Rüstig* AuR 1953, 175 (177); *Becker-Schaffner* BlStSozArbR 1976, 289 (291). Vgl. auch *Stahlhacke/Preis/Vossen* Rn. 1137; *Knorr/Bichlmeier/Kremhelmer* S. 6 (Rdn. 75); *Tschöpe/Fleddermann* BB 1998, 157 (160).
803 *Becker-Schaffner* BlStSozArbR 1976, 289 (291). Vgl. auch *Poelmann* RdA 1952, 205 (208): „Interessenlage und Bewertung wesentlich gleichartig". Ebenso *Stein/Jonas/Bork* § 85 Rn. 29.
804 *Poelmann* RdA 1952, 205 (208); *Grundstein* BB 1975, 523.
805 *Stahlhacke/Preis/Vossen* Rn. 1137; *Grundstein* BB 1975, 523; *Brehm* Anm. zu LAG Hamm LAGE § 5 KSchG Nr. 73. Vgl. auch *Francken* S. 44 ff., 50; *Holthaus* S. 97 ff.
806 *Brehm* Anm. zu LAG Hamm LAGE § 5 KSchG Nr. 73.
807 *Becker-Schaffner* BlStSozArbR 1976, 289 (291).

KSchG anwenden.[808] Diese Meinungsgruppe stützt sich maßgeblich auf den in § 85 Abs. 2 ZPO niedergelegten Grundsatz, daß derjenige, der einen Prozeßbevollmächtigten einschaltet, nicht besser stehen soll als derjenige, der das Verfahren selbst betreibt.[809] Die Heranziehung eines Vertreters durch die eine Partei solle nicht zu einer Verschiebung des Prozeßrisikos zu Lasten der anderen führen. Dieser Gedanke der Risikoverteilung treffe voll auf die Klageerhebung im Kündigungsschutzverfahren zu. Verneinte man nämlich die Anrechnung der schuldhaften Fristversäumung durch den Prozeßbevollmächtigten des Arbeitnehmers, so trete genau das ein, was die Vorschrift des § 85 Abs. 2 ZPO ihrem Sinn und Zweck nach verhindern wolle: die Einschaltung eines Prozeßbevollmächtigten durch den Arbeitnehmer wirke sich zum Nachteil des anderen Teils und dessen Interessen aus. Hätte sich der Arbeitnehmer nicht vertreten lassen und selbst die Dreiwochenfrist aus Unachtsamkeit versäumt, käme eine nachträgliche Zulassung nicht in Betracht. Mithin sei von einer Zurechnung des Vertreterverschuldens im Rahmen des § 4 S. 1 KSchG auszugehen. Es gehe nicht an, zwischen der Zurechnung des Verschuldens des Erfüllungsgehilfen im materiellen Recht nach § 278 BGB und des Verschuldens eines Prozeßbevollmächtigten nach § 85 Abs. 2 ZPO einen Freiraum zu schaffen, in dem eine Zurechnung des Verschuldens einer Person, deren man sich im Rechtsverkehr zu seiner Entlastung bedient, nicht stattfindet.[810]

Die Anwendbarkeit des § 85 Abs. 2 ZPO aufgrund allgemeinen Rechtsgrundsatzes wurde bisher schwerpunktmäßig mit der systematischen Umstellung von § 232 Abs. 2 ZPO a.F. zu § 85 Abs. 2 ZPO n.F. in der Vereinfachungsnovelle vom 3. Dezember 1976[811] begründet.[812] Durch die mit der Neufassung des § 232 Abs. 2 ZPO a.F. verbundenen Verlagerung der Vorschrift aus dem Wiedereinsetzungsrecht zu den allgemeinen Vorschriften der ZPO (zum heutigen § 85 Abs. 2 ZPO) sei dieser Grundsatz zu einem allgemeinen Prinzip erhoben worden. Dementsprechend sei dieser Gedanke auch auf die Vorschrift des § 4 S. 1 KSchG anzuwenden.

In jüngerer Zeit hat nunmehr *Holthaus*[813] die Lehre von der Anwendbarkeit des § 85 Abs. 2 ZPO aufgrund allgemeinen Rechtsgrundsatzes auf eine neue Grundlage gestellt. Nach *Holthaus a. a. O.* ist bei der Bestimmung des Zwecks des § 85 Abs. 2 ZPO neben den Fällen der schuldhaften Versäumung von Rechtsmittel- und Rechtsmittelbegründungsfristen sowie der Wiedereinsetzungsfrist selbst

---

808 So vor allem LAG Frankfurt, 26. 10. 1993 – 16 Ta 263/93 = BB 1994, 508 (nur LS); ArbG Kiel NZA-RR 1998, 211; *Hueck/v. Hoyningen-Huene* § 5 KSchG Rn. 15 a; *Wieczorek/Schütze/Steiner* § 85 Rn. 9; *Holthaus* S. 87 ff., insbes. S. 92 ff.
809 Vgl. hierzu neben den in Fn. 808 Genannten auch LAG Berlin BB 1979, 167; LAG Köln LAGE § 5 KSchG Nr. 67; *Vollkommer*, Die Stellung des Anwalts im Zivilprozeß S. 38 ff.; *Francken* S. 32 f., 35 f., 49 f.
810 *Löwisch* § 5 KSchG Rn. 5.
811 BGBl. I S. 3281.
812 *Hueck/v. Hoyningen-Huene* § 5 KSchG Rn. 15 a. Vgl. auch LAG München BB 1981, 915; *Eich* DB 1977, 909 (913); *Brehm* Anm. zu LAG Hamm LAGE § 5 KSchG Nr. 73.
813 S. 87 ff., insbes. S. 92 ff.

auch auf die Fälle der schuldhaften Verspätung von Angriffs- und Verteidigungsmitteln, mithin die Präklusionsvorschriften der §§ 296, 528, 529, 615 ZPO, 56 Abs. 2, 61 a Abs. 5 ArbGG, abzustellen.[814] Während die Vorschrift des § 85 Abs. 2 ZPO im Bereich der Rechtsmittel- und Rechtsmittelbegründungsfristen auf den Schutz formell rechtskräftiger Entscheidungen abziele[815], stehe die Sicherung der Rechtskraft bei den Präklusionsvorschriften in keiner Weise im Raum.[816] Diese dienten vielmehr der Beseitigung oder doch zumindest der Verringerung der Gefahr von Prozeßverschleppungen, die überwiegend zum Nachteil des Gläubigers, hingegen zum Vorteil des Schuldners gingen.[817] Betrachte man diese beiden Ziele des § 85 Abs. 2 ZPO im Zusammenhang, so ergebe sich als übergreifender Zweck der Vorschrift die Verhinderung der Verschiebung des Prozeßrisikos von einer Partei auf die andere.[818] In beiden Teilanwendungsbereichen des § 85 Abs. 2 ZPO, den Rechtsmittel- und Rechtsmittelbegründungsfristen wie auch den Präklusionsvorschriften, verhindere die Verschuldenszurechnung, daß sich die eine Partei durch Einschaltung eines Vertreters zu Lasten der anderen Partei ihrer Prozeßrisiken entledige. Eine Berufung darauf, daß die das Vertrauen der Parteien in den Bestand (formell) rechtskräftiger gerichtlicher Entscheidungen schützenden Rechtsmittel- und Rechtsmittelbegründungsfristen bzw. die dem Interesse des Gläubigers an einer Verfahrensbeschleunigung dienenden Präklusionsvorschriften aufgrund fehlenden Eigenverschuldens versäumt worden seien, sei ausgeschlossen. Dieser Gedanke der Risikoverteilung greife auch bei § 4 S. 1 KSchG.[819] Die Dreiwochenfrist des § 4 S. 1 KSchG schütze das Interesse des Arbeitgebers an alsbaldiger Klarheit über den Fortbestand des Arbeitsverhältnisses.[820] Mithin werde durch die Ablehnung einer Verschuldenszurechnung und die damit verbundene nachträgliche Zulassung dieses Interesse des Arbeitgebers an baldiger Rechtssicherheit beeinträchtigt.[821] Der Arbeitnehmer könnte durch die Einschaltung eines Prozeßbevollmächtigten das Prozeßrisiko zu seinen Gunsten verschieben. Um dies zu verhindern, müsse ihm das Verschulden seines Vertreters zugerechnet werden.

2. Anwendung des § 278 S. 1 BGB

In neuerer Zeit haben sich vereinzelt auch Stimmen zu Wort gemeldet, die eine Verschuldenszurechnung über § 278 S. 1 BGB annehmen.[822] Die Befürworter ei-

---

814 Ebenso *Brehm* Anm. zu LAG Hamm LAGE § 5 KSchG Nr. 73.
815 *Holthaus* S. 89.
816 *Holthaus* S. 92. So auch *Brehm* Anm. zu LAG Hamm LAGE § 5 KSchG Nr. 73.
817 *Holthaus* S. 91.
818 *Holthaus* S. 92 f.
819 *Holthaus* S. 94 ff.
820 Vgl. hierzu bereits oben Erster Teil D. III. 2.
821 *Holthaus* S. 96.
822 MüKo-ZPO/*v. Mettenheim* § 85 Rn. 14; *Rieble* Anm. zu LAG Hamm LAGE § 5 KSchG Nr. 65; *Bernstein*, Festschrift für Stege, S. 25 (30 ff.). Auf § 278 BGB weisen auch hin *Becker-Schaffner* BlStSozArbR 1976, 289 (291); *Grunsky* Anm. zu LAG

ner Verschuldenszurechnung über § 278 S. 1 BGB knüpfen maßgeblich an den von ihnen angenommenen materiell-rechtlichen Charakter des § 4 S. 1 KSchG an.[823] Aufgrund der Tatsache, daß die Klagefrist des § 4 S. 1 KSchG und ihre Versäumung dem materiellen Recht zuzuordnen sei, sei die Zurechnung von Drittverschulden nur nach materiellem Zivilrecht – also nach § 278 BGB – möglich.[824] Im weiteren zeigen sich jedoch Unterschiede in den jeweiligen Begründungsansätzen:

v. Mettenheim[825] will dem Arbeitnehmer das Verschulden seines Vertreters in direkter Anwendung des § 278 S. 1 BGB zurechnen, da die Partei im Kündigungsschutzprozeß mindestens in einem nachvertraglichen Schuldverhältnis zu ihrem Arbeitgeber stehe.

Auf das Bestehen eines nachvertraglichen Schuldverhältnisses stellt auch *Rieble*[826] ab. Zwischen Arbeitgeber und – vermeintlich sozialwidrig gekündigtem – Arbeitnehmer existiere ein nachvertragliches Schuldverhältnis, innerhalb dessen es entweder um die richtige Abwicklung oder um die richtige Durchführung des Arbeitsverhältnisses gehe. Zwar erfülle der Arbeitnehmer, indem er die Klagefrist wahrt, keine „Pflicht" gegenüber dem Arbeitgeber, sondern nur eine Obliegenheit sich selbst gegenüber, doch stehe dies einer (analogen)[827] Anwendung des § 278 S. 1 BGB auf die Klagefrist des § 4 S. 1 KSchG nicht entgegen, da die Vorschrift des § 278 S. 1 BGB auf Obliegenheitsverletzungen durchgehend (entsprechend) anwendbar sei. Das ergebe sich aus dem hinter § 278 BGB stehenden allgemeinen Grundsatz, daß dem Verpflichteten durch die Delegation eigener Aufgaben auf Dritte kein (Haftungs-)Vorteil erwachsen darf. Dieser Gedanke treffe auch auf Obliegenheitsverletzungen und damit ebenso auf die Wahrung der Dreiwochenfrist des § 4 S. 1 KSchG zu. Folglich könne bei dieser auf die Vorschrift des § 278 BGB zurückgegriffen werden. Der Arbeitnehmer müsse sich das Verschulden des von ihm eingeschalteten Obliegenheitsgehilfen an der Fristversäumung zurechnen lassen.

Einwände gegen die Annahme eines nachvertraglichen Schuldverhältnisses hat schließlich *Bernstein*[828] vorgebracht. Von einem nachvertraglichen Schuldver-

---

Hamm EzA § 5 KSchG Nr. 8 sowie *Brehm* Anm. zu LAG Hamm LAGE § 5 KSchG Nr. 73.
823 Vgl. eingehend zum Rechtscharakter des § 4 S. 1 KSchG oben Zweiter Teil B. III.1.
824 So vor allem *Rieble* Anm. zu LAG Hamm LAGE § 5 KSchG Nr. 65.
825 In: MüKo-ZPO/*v. Mettenheim* § 85 Rn. 14.
826 Anm. zu LAG Hamm LAGE § 5 KSchG Nr. 65.
827 *Rieble* a.a.O. spricht zwar nicht explizit von einer *analogen* Anwendung des § 278 S. 1 BGB, doch dürfte sich dies insofern aus dem Sinnzusammenhang ergeben, als er die Anwendbarkeit des § 278 S. 1 BGB im Hinblick auf Obliegenheitsverletzungen und nicht unter dem Aspekt der Pflichtverletzung erörtert. In diesem Sinne (wohl) auch *Holthaus* S. 109, 129 f. Allgemein zur Streitfrage, ob § 278 S. 1 BGB (entsprechend) auf Obliegenheitsverletzungen anwendbar ist, MüKo-*Kramer* Einl. vor § 241 Rn. 46; *Soergel/Teichmann* vor § 241 Rn. 8.
828 Festschrift für Stege, S. 25 (31 ff.).

hältnis könne nur gesprochen werden, wenn das Schuldverhältnis bereits beendet ist und sich aus ihm noch nachvertragliche Rechte und/oder Pflichten ergeben. Der gekündigte Arbeitnehmer befinde sich jedoch gerade ob der Rechtswirksamkeit der Kündigung und demzufolge ob der Beendigung des Arbeitsverhältnisses im Ungewissen. Mithin handle es sich im Falle der Kündigung nicht um ein nachwirkendes, bereits beendetes Schuldverhältnis, sondern um ein Schuldverhältnis, in das durch den Ausspruch einer Kündigung – zu Recht oder zu Unrecht – eingegriffen wurde. Um diesem Eingriff in das Schuldverhältnis, dem wegen der Vorschrift des § 7 KSchG unabhängig von der Wirksamkeit der Kündigung gestaltende Wirkung zukomme, die Wirksamkeit zu nehmen, bedürfe es der rechtzeitigen Klage des Arbeitnehmers. Mit seiner Klage wolle der Arbeitnehmer erreichen, daß sein Arbeitsverhältnis durch die Kündigung unangetastet geblieben, also nicht aufgelöst worden ist. Damit rühre die Klageobliegenheit des Arbeitnehmers nicht aus einem nachvertraglichen Schuldverhältnis her, sondern aus dem Arbeitsverhältnis selbst. In Konsequenz dessen gelangt *Bernstein*[829] zu dem Ergebnis, daß sich der Arbeitnehmer das schuldhafte Verhalten seines Rechtsvertreters bei der Wahrnehmung der auf dem Arbeitsverhältnis selbst fußenden Klageobliegenheit über § 278 S. 1 BGB (analog)[830] zurechnen lassen muß.

3. Ablehnung einer Verschuldenszurechnung

Anders als die beiden vorgenannten Auffassungen verneint eine im Vordringen befindliche Meinung die Möglichkeit der Zurechnung des Vertreterverschuldens bei Versäumung der Dreiwochenfrist des § 4 S. 1 KSchG. Während jedoch bisher die Ablehnung der Verschuldenszurechnung maßgeblich auf die (angeblich) materiell-rechtliche Rechtsnatur der Dreiwochenfrist gestützt wurde, will ein neuerer – von *Vollkommer*[831] und *Wenzel*[832] begründeter – Argumentationsansatz auf die Normstruktur des § 85 Abs. 2 ZPO und die verfassungsrechtlichen Grundlagen betreffend den ersten Zugang zu Gericht abstellen. Es erscheint daher angebracht, zwischen der bisherigen und der neueren Argumentation zu differenzieren:

a) Bisherige Argumentation

Die bisherige Argumentation stellte die Rechtsnatur der §§ 4, 5 KSchG in den Mittelpunkt ihrer Erwägungen. Bei der Dreiwochenfrist des § 4 S. 1 KSchG handle es sich um eine materielle Frist. Dementsprechend sei auch bei der nachträglichen Klagezulassung von einem Akt materiell-rechtlicher Nachsichtge-

---

829 Festschrift für Stege, S. 25 (33 f.).
830 Vgl. hierzu Fn. 827. Die dortigen Ausführungen gelten entsprechend.
831 Festschrift für Stahlhacke, S. 599 ff.
832 *Bader/Bram/Dörner/Wenzel* (36. Erg. Lfg.) § 5 KSchG Rn. 91 ff.; *ders.*, Festschrift für Schneider, S. 325 ff.

währung auszugehen. Auf diese materiell-rechtliche Frist sei aber die prozessuale Norm des § 85 Abs. 2 ZPO mit ihren prozessualen Wirkungen – wenn überhaupt – zumindest nicht direkt anwendbar.[833, 834]

Anders als die herrschende Meinung verneinten die Vertreter der die Verschuldenszurechnung ablehnenden Gegenauffassung das Vorliegen der Voraussetzungen für eine analoge Anwendung der Vorschrift des § 85 Abs. 2 ZPO: Es fehle zunächst an einer planwidrigen Regelungslücke. Der Gesetzgeber sei sich bei der Neuregelung des Kündigungsschutzgesetzes im Jahre 1969 bewußt gewesen, daß die Frage des Vertreterverschuldens bei der nachträglichen Klagezulassung nicht geregelt sei. Wenn aber der Gesetzgeber in Kenntnis dieser Umstände darauf verzichtet habe, eine Zurechnungsnorm für ein Vertreterverschulden aufzunehmen, so sei aus dem Fehlen einer Verweisungsnorm auf § 85 Abs. 2 ZPO in § 5 KSchG zu schließen, daß eine planwidrige Regelungslücke nicht vorliege.[835]

Weiter sei zu beachten, daß es sich bei § 85 Abs. 2 ZPO um eine Ausnahmevorschrift handle.[836] Ein allgemeiner Grundsatz dahingehend, daß der Vertretene für das Verschulden seines Bevollmächtigten oder sonstigen Vertreters in jedem Fall einzustehen habe, sei dem geltenden Recht fremd. Hierfür bedürfe es vielmehr einer besonderen Zurechnungsnorm. Mithin sei § 85 Abs. 2 ZPO als Ausnahmevorschrift zu qualifizieren. Bei derartigen Ausnahmevorschriften bedürfe eine Analogie besonderer Rechtfertigung.[837] Eine solche besondere Rechtfertigung für einen Analogieschluß war aber nach der die Verschuldenszurechnung ablehnenden Mindermeinung bei den §§ 4, 5 KSchG aus zwei Gründen nicht zu finden:

Der eine Grund wurde darin gesehen, daß es an dem für eine Analogie maßgeblichen Gesichtspunkt fehlte, wonach die zu vergleichenden Sachverhalte – d. h. die dem § 85 Abs. 2 ZPO unterliegenden §§ 233 ff. ZPO und die §§ 4, 5 KSchG – in den für die Wertung maßgeblichen Gesichtspunkten vergleichbar sein müssen. Trotz der Rechtsähnlichkeit beider Institute gehe es bei den §§ 4, 5 KSchG

---

833 LAG Stuttgart NJW 1965, 2366; LAG Hamm MDR 1972, 361; LAG Hamburg BB 1986, 1020, LAGE § 5 KSchG Nr. 85; KR-*Friedrich* § 5 KSchG Rn. 70; *Müller/Bauer* S. 182; *Musielak/Weth*, ZPO, § 85 Rn. 10; *Brox/Rüthers* Rn. 204; *Melzer* AuR 1966, 107 (109); *Wenzel* DB 1970, 730 (731); *Fischer* AiB 1987, 186 (187); *Berkowsky* NZA 1997, 352 (355); *Besta* S. 134 f.
834 Ob dies auch bei Annahme einer Doppelnatur gilt, ist umstritten. Bejahend *Wenzel*, Festschrift für Schneider, S. 325 (340 f.), mit dem Argument, daß die ausschließlich prozessuale Norm des § 85 Abs. 2 ZPO auf eine Frist mit Doppelnatur nicht anwendbar sei. Verneinend *Löwisch* § 5 KSchG Rn. 5.
835 LAG Hamburg BB 1986, 1020, LAGE § 5 KSchG Nr. 85; KR-*Friedrich* § 5 KSchG Rn. 70; *Brox/Rüthers* Rn. 204; *Besta* S. 136.
836 LAG Hamm MDR 1972, 361; LAG Hamburg BB 1986, 1020; *Wenzel* DB 1970, 730 (733 f.); *Besta* S. 137 f.
837 *Wenzel* DB 1970, 730 (734).

im Gegensatz zu den §§ 233 ff. ZPO und damit auch dem § 85 Abs. 2 ZPO unterliegenden Fristen nicht um die Rechtskraft einer gerichtlichen Entscheidung.[838] Auch sei zu berücksichtigen, daß das Zulassungsverfahren aufgrund seiner gegenüber den §§ 233 ff. ZPO deutlich zügigeren Verfahrensgestaltung großzügigere Zulassungsvoraussetzungen dulde als die Wiedereinsetzung.[839] Im übrigen passe § 85 Abs. 2 ZPO gar nicht. § 85 Abs. 2 ZPO sei nämlich im Gegensatz zum subjektivierten Verschuldensbegriff des § 5 KSchG am Verschuldensmaßstab des § 276 BGB orientiert.[840] Als weiterer – gegen eine Analogie sprechender – Grund wurde die besondere Zwecksetzung des Arbeitsgerichtsprozesses genannt. Der Arbeitsgerichtsprozeß sei in besonderem Maße auf Fürsorge und Verhinderung formeller Entscheidungen gerichtet, was sich vor allem in den in § 9 Abs. 5 ArbGG kodifizierten Belehrungspflichten zeige.[841] Diese Vorschrift, die auch für den zweiten und dritten Rechtszug gelte, belege, daß im Arbeitsgerichtsprozeß formellen Entscheidungen aus Gründen des Fristablaufs selbst dann entgegengewirkt werden solle, wo sachkundige Prozeßvertretung gewährleistet sei. Bei der Anwendung des § 85 Abs. 2 ZPO auf die Dreiwochenfrist des § 4 S. 1 KSchG würde diese Zwecksetzung weitgehend relativiert, zumal bei § 4 S. 1 KSchG eine Belehrungspflicht nicht bestehe.[842] Weiterhin weise der Kündigungsschutzprozeß insoweit Parallelen zum Strafprozeß auf, als der Arbeitnehmer zwar nicht wie der Angeklagte um seine Freiheit kämpfe, sehr wohl aber um seine Ehre und nicht selten um seine wirtschaftliche Existenz.[843] Im Strafprozeß sei aber mittlerweile anerkannt, daß dem Angeklagten das Verschulden seines Verteidigers nicht zugerechnet werden könne.

Schließlich wurde zur Ablehnung der Verschuldenszurechnung noch auf den Normzweck des § 5 KSchG verwiesen.[844] Dieser bestehe darin, dem Arbeitnehmer nachträgliche Zulassung zu gewähren, der alles getan habe, um sich innerhalb der Frist gegen die erfolgte Kündigung zu verteidigen. Nachlässigkeit oder Gleichgültigkeit solle ihm in dieser Angelegenheit von Nachteil sein. Habe der Arbeitnehmer sich aber an eine geeignete Stelle gewendet, so habe er das seinerseits Erforderliche im Sinne des § 5 Abs. 1 KSchG getan.[845] Es sei daher nicht einzusehen, warum er dann für das Verschulden seines Prozeßbevollmächtigten

---

838 *Wenzel* DB 1970, 730 (732).
839 *Wenzel* DB 1970, 730 (732).
840 *Besta* S. 138.
841 LAG Stuttgart NJW 1965, 2366; LAG Hamm MDR 1972, 361; *Wenzel* DB 1970, 730 (734 f.).
842 Die ganz h. M. verneint eine Belehrungspflicht des Arbeitgebers über das Bestehen der Dreiwochenfrist des § 4 S. 1 KSchG, vgl. etwa LAG Hamm BB 1979, 428.
843 *Wenzel* DB 1970, 730 (735 f.).
844 LAG Stuttgart NJW 1965, 2366; LAG Hamburg LAGE § 5 KSchG Nr. 85; KR-*Friedrich* § 5 KSchG Rn. 70; *Backmeister/Trittin* § 5 KSchG Rn. 11; *Müller/Bauer* S. 182; *Wenzel* DB 1970, 730 (730 f.); *Besta* S. 138 f.
845 Vgl. zu dieser Fallkonstellation oben Dritter Teil D. III.2.

einzustehen habe. Im Gegenteil: Die Anwendung des § 85 Abs. 2 ZPO führe in diesem Zusammenhang zu widersprüchlichen Ergebnissen. Werde der Arbeitnehmer vom Anwalt hinsichtlich der Klagefrist lediglich falsch beraten und erteile er ihm keinen Klageauftrag, so sei die nachträgliche Zulassung zu gewähren.[846] Erteile der Arbeitnehmer aber zugleich Mandat, so sei die nachträgliche Zulassung wegen der Verschuldenszurechnung über § 85 Abs. 2 ZPO zu versagen. Im Ergebnis werde daher der Arbeitnehmer, der die Angelegenheit ganz in die Hände des Anwalts gebe und daher mehr tue – also im Sinne des Normzwecks des § 5 KSchG sorgfältiger handelt – schlechter gestellt als derjenige, der sich zunächst weniger intensiv um die Abwehr der Kündigung bemüht.

b) Neuer Argumentationsansatz

Abweichend von der bisherigen Argumentation messen die Vertreter eines in neuerer Zeit begründeten Argumentationsansatzes der Rechtsnatur der Dreiwochenfrist keine entscheidende Bedeutung bei der Beurteilung der Zurechnungsfrage zu.[847] Maßgeblich sei vielmehr die in Rede stehende prozessuale Anrechnungsnorm des § 85 Abs. 2 ZPO. Deren Normstruktur und Normzweck verbiete aber eine – auch analoge – Anwendung der Vorschrift auf die Dreiwochenfrist des § 4 S. 1 KSchG.

Einer unmittelbaren Anwendung der Vorschrift des § 85 Abs. 2 ZPO stehe schon deren Normstruktur entgegen. Bei § 85 Abs. 2 ZPO handle es sich nämlich um einen unvollständigen Normbestandteil, der noch durch Verschuldenstatbestände der Prozeßordnung (ZPO, ArbGG) ergänzt werden muß.[848] An einem solchen in der Prozeßordnung geregelten Verschuldenstatbestand fehle es aber im Falle der Dreiwochenfrist gerade, da der Verschuldenstatbestand selbst – nämlich § 5 KSchG – kein in der ZPO bzw. ArbGG geregelter Versäumnistatbestand ist.[849] Überdies setze die Anwendbarkeit des § 85 Abs. 2 ZPO das Bestehen eines Prozeßrechtsverhältnisses voraus.[850] Ein solches entstehe aber erst mit Klageerhebung, so daß § 85 Abs. 2 ZPO das außer- und vorprozessuale Verhalten des

---

846 Vgl. hierzu oben Fn. 709.
847 LAG Hamm MDR 1996, 1158, NZA-RR 1997, 85; EK-ArbR/*Ascheid* § 5 KSchG Rn. 5; *Backmeister/Trittin* § 5 KSchG Rn. 11; *Zöller/Vollkommer*, § 85 Rn. 11; *ders.*, Festschrift für Stahlhacke, S. 599 (606); *Bader/Bram/Dörner/Wenzel* (36. Erg. Lfg.) § 5 KSchG Rn. 91; *ders.*, Festschrift für Schneider, S. 325 (342 f.). Vgl. ferner *Becker-Schaffner* ZAP 1999, Fach 17, 481 (493); *Grunsky* Anm. zu LAG Hamm EzA § 5 KSchG Nr. 8; *Francken* S. 30 ff.; *Holthaus* S. 61 ff.
848 So insbesondere *Vollkommer*, Festschrift für Stahlhacke, S. 599 (606 f.).
849 *Vollkommer*, Festschrift für Stahlhacke, S. 599 (609); *Bader/Bram/Dörner/Wenzel* (36. Erg. Lfg.) § 5 KSchG Rn. 91; *ders.*, Festschrift für Schneider, S. 325 (343). Vgl. auch LAG Hamm MDR 1996,1158, NZA-RR 1997, 85.
850 LAG Hamm MDR 1996, 1158, NZA-RR 1997, 85; *Wenzel*, Festschrift für Schneider, S. 325 (343). Vgl. auch *Rieble* Anm. zu LAG Hamm LAGE § 5 KSchG Nr. 65; *Bernstein*, Festschrift für Stege, S. 25 (30 f.).

künftigen Prozeßbevollmächtigten gar nicht erfasst. Auch unter diesem Gesichtspunkt sei daher die direkte Anwendbarkeit des § 85 Abs. 2 ZPO zu verneinen.

Eine analoge Anwendung des § 85 Abs. 2 ZPO scheitere aber am Normzweck der Vorschrift. Entsprechend ihrem vornehmlichen Anwendungsbereich – den Rechtsbehelfsfristen im weiteren Sinne („Notfristen"), den Rechtsmittelbegründungsfristen sowie der Wiedereinsetzungsfrist selbst – sei die Vorschrift des § 85 Abs. 2 ZPO in erster Linie auf die Sicherung der Rechtskraft gerichtlicher Entscheidungen gerichtet.[851] Eine derartige Sicherung der Rechtskraft stehe bei der Dreiwochenfrist des § 4 S. 1 KSchG mangels vorheriger gerichtlicher Entscheidung in keiner Weise im Raum. Der durch den Fristablauf zugunsten des Arbeitgebers entstandene Vertrauenstatbestand sei schon aufgrund des Vorbehalts nachträglicher Zulassung gemäß § 5 KSchG und der Möglichkeit fristwahrender „demnächstiger" Klagezustellung im Sinne des § 270 Abs. 3 ZPO nicht mit der Vertrauensanknüpfung gerichtlicher Entscheidungen vergleichbar. Demzufolge müsse eine analoge Anwendung des § 85 Abs. 2 ZPO ausscheiden.

Weiterhin verweisen die Vertreter des neuen Argumentationsansatzes zur Begründung ihrer Auffassung auf die verfassungsrechtliche Bedeutung der Zurechnungsfrage.[852] Auch aufgrund der Rechtsprechung des Bundesverfassungsgerichts betreffend den ersten Zugang zu Gericht, wonach sich die Rechtsweggarantie des Art. 19 Abs. 4 GG nicht auf die Einräumung der formalen Möglichkeit der Anrufung eines Gerichts beschränken darf, sondern vielmehr die Effektivität des Rechtsschutzes gewährleisten muß, verbiete sich die Verantwortlichkeit des Arbeitnehmers für das Verschulden seines Vertreters. Nehme man diese Grundsätze ernst, so sei in der von der herrschenden Auffassung angenommenen Zurechnung des Vertreterverschuldens eine aus Sachgründen nicht mehr zu rechtfertigende Zugangserschwerung im Sinne der Rechtsprechung des Bundesverfassungsgerichts zu sehen. Sachgründe für eine derartige Zugangserschwerung seien vor allem deshalb nicht ersichtlich, weil der durch den Ablauf der Dreiwochenfrist beim Arbeitgeber hervorgerufene Vertrauenstatbestand mit dem durch gerichtliche Entscheidungen begründeten Vertrauenstatbestand nicht vergleichbar sei. Der Schutz der Rechtskraft scheide damit als allein möglicher Sachgrund aus.

---

851 LAG Hamm MDR 1996, 1158, NZA-RR 1997, 85; *Vollkommer*, Festschrift für Stahlhacke, S. 599 (610 ff. sowie 614); *Bader/Bram/Dörner/Wenzel* (36. Erg. Lfg.) § 5 KSchG Rn. 92; *ders.*, Festschrift für Schneider, S. 325 (344 f.). In diesem Punkt überschneiden sich also bisheriger und neuer Argumentationsansatz.

852 EK-ArbR/*Ascheid* § 5 KSchG Rn. 5; *Vollkommer*, Festschrift für Stahlhacke, S. 599 (615 f.); *Bader/Bram/Dörner/Wenzel* (36. Erg. Lfg.) § 5 KSchG Rn. 93; *ders.*, Festschrift für Schneider, S. 325 (345 f.). Vgl. auch ArbG Hanau BB 1996, 2099 (bestätigt von LAG Frankfurt DB 1997, 384); KR-*Friedrich* § 5 KSchG Rn. 70.

4. Stellungnahme

Die Stellungnahme zum vorliegenden Meinungsstreit ist durch die oben[853] begründete Ablehnung einer Verschuldenszurechnung bei Versäumung der zweiwöchigen Antragsfrist des § 5 Abs. 3 S. 1 KSchG bereits vorgezeichnet. Da die von der herrschenden Auffassung vertretene Interpretation des Begriffs „Behebung des Hindernisses" bei § 5 Abs. 3 S. 1 KSchG letztendlich nur dazu dient, die Sorgfaltsanforderungen des § 5 Abs. 1 KSchG über den Zeitraum der Versäumung der Dreiwochenfrist hinaus auszudehnen,[854] muß die Frage der Haftung für Fremdverschulden bei Versäumung der Frist des § 4 S. 1 KSchG im gleichen Sinne entschieden werden wie bei § 5 Abs. 3 S. 1 KSchG. Dasselbe gilt für die Klagefristen der §§ 1 Abs. 5 BeschFG 1996, 113 Abs. 2 InsO. Eine Verschuldenszurechnung ist deshalb im Rahmen der §§ 4 S. 1 KSchG, 1 Abs. 5 BeschFG 1996, 113 Abs. 2 InsO mit den bereits oben – für § 5 Abs. 3 S. 1 KSchG erarbeiteten – Argumenten abzulehnen. Nachfolgend gilt es nun, dieses Ergebnis gegen die insoweit bei § 4 S. 1 KSchG sorgfältiger begründeten Argumentationen abzusichern:

a) Direkte Anwendbarkeit des § 85 Abs. 2 ZPO?

Die Lehre von der direkten Anwendbarkeit des § 85 Abs. 2 ZPO ist bereits oben[855] ausführlich widerlegt worden. Auf die dortigen Ausführungen kann daher weitgehend verwiesen werden. Auch in diesem Zusammenhang ist anzumerken, daß es sich bei § 5 Abs. 1 KSchG um keinen in der Prozeßordnung geregelten Verschuldenstatbestand handelt. Weder in der ZPO noch im ArbGG sind – mit Ausnahme des § 586 Abs. 1 ZPO, dem eine Sonderstellung zukommt – Klagefristen normiert. Eine direkte Anwendung des § 85 Abs. 2 ZPO kommt daher in Einklang mit dem oben geschilderten neueren Argumentationsansatz nicht in Betracht, da die Vorschrift des § 85 Abs. 2 ZPO gerade einen solchen in der ZPO bzw. im ArbGG normierten Versäumnisfall voraussetzt.

An diesem Ergebnis vermag auch das in diesem Zusammenhang gelegentlich[856] geäußerte Argument, die Vorschrift des § 46 Abs. 2 ArbGG ordne die Anwendung des § 85 Abs. 2 ZPO im arbeitsgerichtlichen Verfahren an, nichts zu ändern. Unabhängig von der Streitfrage, ob § 85 Abs. 2 ZPO unter die Verweisung des § 46 Abs. 2 ArbGG fällt[857] oder nicht[858], ist § 85 Abs. 2 ZPO jedenfalls dann nicht direkt anwendbar, wenn dessen Voraussetzungen – wie im Fall des § 5 Abs. 1 KSchG – nicht erfüllt sind.[859]

---

853 Dritter Teil C. II.2.b.
854 Vgl. oben Dritter Teil C. II. 1.
855 Dritter Teil C. II. 2.b.dd.
856 Vgl. beispielsweise LAG Köln LAGE § 5 KSchG Nr. 67 (oben Fn. 795).
857 So *Vollkommer*, Die Stellung des Anwalts im Zivilprozeß, S. 33 f.; *ders.*, Festschrift für Stahlhacke S. 599 (608).
858 So *Holthaus* S. 50 f.
859 Zutreffend *Holthaus* S. 51 Fn. 132.

Damit verbleibt nur noch der Hinweis auf die amtliche Begründung zum Kündigungsschutzgesetz 1951.[860] Auch diesbezüglich greift indessen keine andere Beurteilung Platz. Die Formulierung, daß „wie im früheren Recht, eine nachträgliche Zulassung der Klage vorgesehen ist" besagt nur, daß bei § 5 KSchG von einem prozessualen Institut auszugehen ist.[861] Daß darüber hinausgehend auch eine Regelung des Vertreterverschuldens getroffen werden sollte, läßt sich der amtlichen Begründung zum Kündigungsschutzgesetz 1951 demgegenüber nicht entnehmen. Die sich maßgeblich erst unter der Geltung der Art. 19 Abs. 4, 103 Abs. 1 GG stellende Frage, ob in der Zurechnung des Vertreterverschuldens eine aus Sachgründen nicht mehr zu rechtfertigende Zugangserschwerung zu sehen ist, konnte vielmehr bei den ganz überwiegend vor Geltung des Grundgesetzes erlassenen Landeskündigungsschutzgesetzen[862] gar keinen Niederschlag finden.

b) Analoge Anwendbarkeit des § 85 Abs. 2 ZPO?

Auch die für eine analoge Anwendung des § 85 Abs. 2 ZPO angeführten Argumente vermögen im Ergebnis nicht zu überzeugen:

Dies gilt zunächst für den Hinweis, die analoge Anwendung des § 85 Abs. 2 ZPO sei aufgrund Gewohnheitsrechts geboten. Die die Verschuldenszurechnung bejahende herrschende Auffassung ist von Anfang an in Rechtsprechung[863] und Literatur[864] kritisiert worden. Die *LAGe Hamburg*[865] und *Hamm*[866] haben sich in ständiger Rechtsprechung der die Verschuldenszurechnung ablehnenden Gegenmeinung angeschlossen. Die gegen die herrschende Auffassung vorgebrachten Argumente konnten niemals ganz entkräftet werden,[867] wie die in neuerer Zeit erneut entfachte Diskussion um die Frage der Zurechnung von Vertreterverschulden bei Versäumung der Dreiwochenfrist des § 4 S. 1 KSchG augenfällig beweist. Von „vereinzelten Abweichungen"[868] von der herrschenden Meinung kann daher keine Rede sein, so daß insoweit schon die Voraussetzungen für die Begründung von Gewohnheitsrecht nicht gegeben sind. Die Entstehung von Gewohnheitsrecht setzt nämlich voraus, daß die praktizierte Übung praktisch unangefochten ist.[869]

---

860 *Francken* S. 39 f. Vgl. hierzu eingehend oben Dritter Teil D. IV. 1.
861 Vgl. hierzu bereits oben Zweiter Teil B. III. 4.
862 Vgl. oben Erster Teil D. I.
863 LAG Bremen AP 1952 Nr. 230; AP 1953 Nr. 62; LAG Stuttgart NJW 1965, 2366.
864 *Schnorr von Carolsfeld*, Arbeitsrecht, S. 375 Fn. 3; *Melzer* AuR 1966, 107.
865 Vgl. etwa MDR 1975, 348; NJW 1978, 446; LAGE § 5 KSchG Nr. 19; MDR 1987, 875; LAGE § 5 KSchG Nr. 85.
866 Vgl. etwa MDR 1972, 361; NJW 1981, 1230; MDR 1994, 810; MDR 1996, 1158; NZA-RR 1997, 85.
867 Vgl. auch *Wenzel* BB 1975, 791 (792): „Eine Widerlegung dieser tragenden Erwägungen ist bisher noch nicht ernsthaft versucht worden."
868 *Becker-Schaffner* BlStSozArbR 1976, 289 (291).
869 Vgl. *Larenz*, Methodenlehre, Teil II, Kapitel 4, 4 b.

Die analoge Anwendung des § 85 Abs. 2 ZPO läßt sich weiter nicht auf die Argumentation *Poelmanns*[870] stützen, die Dreiwochenfrist des § 4 S. 1 KSchG werde durch § 5 KSchG in Bezug auf die Wiedereinsetzung den Notfristen der ZPO gleichgesetzt. Hiermit wird letztlich nur das vorliegend zu beurteilende Problem neu formuliert. Die Problematik liegt ja gerade darin begründet, daß – mangels ausdrücklicher Verweisung in § 5 KSchG – nicht klar erkennbar ist, ob der Gesetzgeber den Anwendungsbereich des § 85 Abs. 2 ZPO auf die nachträgliche Klagezulassung erstrecken wollte. Die Normstruktur des § 85 Abs. 2 ZPO sowie dessen Charakter als Ausnahmevorschrift sprechen jedenfalls dagegen.[871]

An der bisherigen Beurteilung – Ablehnung einer Verschuldenszurechnung – vermag entgegen teilweise vertretener Meinung[872] auch die Tatsache nichts zu ändern, daß in den Fällen der Versäumung der Berufungsfrist, der Revisionsfrist, der Frist zur Begründung dieser Rechtsmittel sowie der Einspruchsfrist gegen ein Versäumnisurteil – im Gegensatz zur Klagefrist des § 4 S. 1 KSchG – eine Zurechnung des Verschuldens des Prozeßbevollmächtigten stattfindet. Diese „Inkonsequenz" rechtfertigt sich aus dem Umstand, daß in all diesen Fällen – anders als bei § 4 S. 1 KSchG – eine gerichtliche Entscheidung vorausgegangen ist. Hierin liegt die von der Gegenauffassung vermisste wesentliche Verschiedenheit zwischen der Versäumung einer Rechtsmittelfrist und der Frist für die Einreichung einer Kündigungsschutzklage.

Schließlich läßt sich entgegen der Meinung *Grundsteins*[873] auch aus dem Zweck der Dreiwochenfrist, im Interesse des Arbeitgebers möglichst bald Klarheit über die Wirksamkeit der Kündigung zu schaffen, nicht die analoge Anwendbarkeit des § 85 Abs. 2 ZPO herleiten. Diesem Zweck ist bereits durch die gegenüber den §§ 233 ff. ZPO deutlich zügigere Verfahrensgestaltung des § 5 KSchG hinreichend Rechnung getragen. Innerhalb der in § 5 Abs. 3 S. 2 KSchG kodifizierten absoluten Sechsmonatsfrist hat der Arbeitgeber demnach nach der Wertung des Gesetzes den Schwebezustand hinzunehmen. Erst zu diesem Zeitpunkt tritt

---

870 RdA 1952, 205 (208). Ebenso *Rüstig* AuR 1953, 175 (177); *Becker-Schaffner* BlStSozArbR 1976, 289 (291).
871 Kein Argument gegen die Anwendbarkeit des § 85 Abs. 2 ZPO läßt sich indessen entgegen der Auffassung *Bestas* (S. 138) daraus gewinnen, daß § 85 Abs. 2 ZPO (angeblich) am Verschuldensmaßstab des § 276 BGB und nicht am subjektivierten Verschuldensbegriff des § 5 KSchG orientiert ist. Dies schon deshalb, weil auch bei den §§ 233 ff. ZPO – einem der Hauptanwendungsfälle des § 85 Abs. 2 ZPO – keinesfalls schon abschließend geklärt ist, ob § 233 ZPO ein objektiver oder ein subjektiver Verschuldensmaßstab zugrundeliegt (vgl. hierzu oben Dritter Teil D. II. 1.). Richtigerweise ist daher vielmehr die Frage des Verschuldensmaßstabes scharf von der Frage zu trennen, ob sich der Arbeitnehmer einen anhand des Verschuldensmaßstabes zu ermittelnden Sorgfaltsverstoß eines Dritten zurechnen lassen muß (so auch *Holthaus* S. 86 f.).
872 Vgl. hierzu oben Dritter Teil D. IV. 1. a.
873 BB 1975, 523.

endgültige Rechtssicherheit ein.[874] Zudem darf in diesem Zusammenhang – in Übereinstimmung mit *Friedrich*[875] – die zu diesem Zweck in Widerstreit stehende Wertung des § 5 KSchG nicht aus dem Blick verloren werden. Diese besteht darin, demjenigen Arbeitnehmer Zulassung zu gewähren, der alles getan hat, um sich innerhalb der Frist gegen seine Kündigung zu wehren. Daß der Arbeitnehmer, der seine Rechtsangelegenheit in die Hände einer geeigneten Stelle gelegt hat, diesen Sorgfaltsanforderungen aber ausreichend genügt hat, bedarf keiner weiteren Ausführungen. Eben deshalb führt die hier vertretene Auffassung entgegen *Tschöpe/Fleddermann*[876] auch nicht zu einer ungerechtfertigten Benachteiligung der nicht vertretenen Partei. Derjenige Arbeitnehmer, der anwaltliche Hilfe in Anspruch nimmt – sei es, daß er sich vom Rechtsanwalt beraten läßt, sei es, daß er diesem gar die ganze Prozeßführung überträgt –, handelt ja gerade „sorgfältiger" im Sinne des § 5 Abs. 1 KSchG als derjenige, der darauf vertraut, daß „schon alles gut geht" und deshalb auf sachkundigen Rechtsrat verzichtet. Die Ungleichbehandlung von vertretenem und unvertretenem Arbeitnehmer entspricht daher durchaus der Wertung des § 5 KSchG.

c) Anwendbarkeit des § 85 Abs. 2 ZPO aufgrund allgemeinen Rechtsgrundsatzes?

Nicht gefolgt werden kann letztendlich auch der Meinung, die § 85 Abs. 2 ZPO aufgrund allgemeinen Rechtsgrundsatzes auf die Dreiwochenfrist des § 4 S. 1 KSchG anwenden will.

Diese Auffassung wird zunächst auf die These gestützt, daß die Zurechenbarkeit des Verschuldens des Prozeßbevollmächtigten durch die Verlagerung des § 232 Abs. 2 ZPO a. F. zu den allgemeinen Vorschriften der ZPO (zum heutigen § 85 Abs. 2 ZPO) zu einem allgemeinen Grundsatz für Prozeßvertretungen erhoben worden sei.[877] Diese Annahme erweist sich bei näherer Betrachtung als unzutreffend. In Wirklichkeit hat die Neufassung des § 232 Abs. 2 ZPO durch die Vereinfachungnovelle 1977 keine sachliche Rechtsänderung mit sich gebracht.[878] Die Rechtsprechung[879] hatte nämlich schon vor deren Neufassung die Vorschrift des § 232 Abs. 2 ZPO a. F. als allgemeine Zurechnungsnorm ausgelegt. Durch die Vereinfachungsnovelle im Jahre 1977 wurde damit nur der bisherige Rechtszustand fortgeschrieben. Davon, daß die Vereinfachungsnovelle von 1977 den seit Jahren geführten Meinungsstreit um die Zurechnung des Vertreterverschuldens im Sinne der herrschenden Meinung entschieden habe, kann daher keine Rede

---

874 Vgl. hierzu bereits oben Dritter Teil C. II. 2 b. ee.
875 KR-*Friedrich* § 5 KSchG Rn. 70. Ebenso *Backmeister/Trittin* § 5 KSchG Rn. 11.
876 BB 1998, 157 (160).
877 Vgl. hierzu oben Dritter Teil D. IV. 1. c.
878 *Vollkommer*, Festschrift für Stahlhacke, S. 599 (607); *Wenzel*, Festschrift für Schneider, S. 325 (336 f.).
879 Vgl. stellvertretend für alle BGHZ 66, 122.

sein. Eine Verschuldenszurechnung läßt sich auch unter diesem Aspekt nicht begründen.[880]

Fernerhin wird die Anwendbarkeit des § 85 Abs. 2 ZPO damit begründet, daß die Interessenlage bei Versäumung der Dreiwochenfrist des § 4 S. 1 KSchG mit der bei Versäumung der Rechtsmittel- und Rechtsmittelbegründungsfristen bzw. bei schuldhafter Verspätung von Angriffs- und Verteidigungsmitteln im wesentlichen vergleichbar sei.[881] Die Unterschiede zwischen den dem § 5 KSchG unterliegenden Klagefristen und den Rechtsmittel- bzw. Rechtsmittelbegründungsfristen sind bereits oben[882] eingehend herausgearbeitet worden. Damit bleibt nur noch zu untersuchen, ob die Präklusionsvorschriften eine andere Beurteilung der Zurechnungsfrage rechtfertigen. Dies hängt maßgeblich davon ab, inwieweit die Präklusionsvorschriften – insbesondere die den §§ 296 Abs. 1 ZPO, 56 Abs. 2, 61 a Abs. 5, 67 ArbGG unterliegenden Fristen – mit den in den Anwendungsbereich der nachträglichen Klagezulassung fallenden Klagefristen vergleichbar sind.[883]

Auch insoweit zeigen sich jedoch gravierende Unterschiede, die einer Anwendung des § 85 Abs. 2 ZPO auf die dem § 5 KSchG unterliegenden Klagefristen entgegenstehen. Die Klagefristen betreffen den vorprozessualen Bereich, wohingegen die Präklusionsvorschriften der Beschleunigung des bereits laufenden Prozesses dienen.[884] Demzufolge erfolgt die Zurückweisung verspäteten Vorbringens im Regelfall erst nach vorherigem Hinweis durch das Gericht.[885] Der hierdurch beim Prozeßgegner erzeugte Vertrauenstatbestand ist damit – obwohl noch keine formell rechtskräftige Entscheidung vorliegt – üblicherweise ungleich größer als der durch den bloßen Ablauf einer Klagefrist hervorgerufene.

Abweichungen ergeben sich weiterhin im Anwendungsbereich. Die Präklusionsvorschriften erfassen nur einzelne Angriffs- und Verteidigungsmittel, nicht aber den Angriff selbst.[886] Anders die dem § 5 KSchG unterliegenden Klagefristen, die die Zulässigkeit der Klage selbst betreffen. Damit führt die Versäumung einer Klagefrist im Gegensatz zum verspäteten Vorbringen von Angriffs- und Verteidigungsmitteln dazu, daß *jeglicher* Rechtsschutz von vornherein ausgeschlossen wird.[887] Selbst die Versäumung der Dreiwochenfrist des § 4 S. 1 KSchG, die nur den Klagegrund der mangelnden sozialen Rechtfertigung der Kündigung be-

---

880 So auch *Wenzel*, Festschrift für Schneider, S. 325 (336f.); *Francken* S. 26f.; *Holthaus* S. 84.
881 Vgl. oben Dritter Teil D. IV. 1. b.
882 Dritter Teil C. II. 2. b. dd.
883 So vom Ansatz her auch *Holthaus* S. 82ff., insbes. S. 89ff.
884 Insoweit richtig gesehen von *Holthaus* S. 77.
885 Vgl. statt aller *Zöller/Greger* § 296 Rn. 32. Für den arbeitsgerichtlichen Bereich auch *Germelmann/Matthes/Prütting* § 56 Rn. 27.
886 *Stein/Jonas/Leipold* § 296 Rn. 39; *Musielak/Huber*, ZPO, § 296 Rn. 6; *Weth*, Zurückweisung, S. 84ff.
887 Insoweit richtig gesehen von *Holthaus* S. 77.

trifft, führt im Regelfall dazu, daß der Prozeß verloren wird.[888] Dies macht deutlich, daß die Auswirkungen des Ablaufs einer Klagefrist wesentlich einschneidender sind als die des verspäteten Vorbringens von Angriffs- und Verteidigungsmitteln.

Auch unter weiteren Gesichtspunkten erweisen sich die dem § 5 KSchG unterliegenden Klagefristen als strenger. Geringfügige Fristüberschreitungen wirken sich bei den den §§ 296 Abs. 1 ZPO, 56 Abs. 2, 61a Abs. 5 ArbGG unterliegenden Fristen in den meisten Fällen nicht aus, da eine Verzögerung des Rechtsstreits nicht eintritt.[889] Selbst dann, wenn eine Verzögerung eindeutig vorliegt, besteht die Möglichkeit, die Verspätungsfolgen über den Weg in die Säumnis, in die Klageerweiterung bzw. die Widerklage oder in die Berufung weitgehend zu beseitigen.[890] Hinzu kommen zahlreiche Belehrungspflichten[891], deren Einhaltung Voraussetzung für die Zurückweisung verspäteten Vorbringens ist.[892] All diese Sicherungen und Fluchtwege existieren bei den dem § 5 KSchG unterliegenden Klagefristen nicht. Eine Belehrungspflicht des Arbeitgebers besteht nicht.[893] Auch geringfügige Fristüberschreitungen sind schädlich.[894] Es verbleibt nur der Weg der nachträglichen Klagezulassung.

Gleichwohl sind bereits die Präklusionsvorschriften als strenge, zumindest im Regelfall nicht analogiefähige Ausnahmevorschriften bezeichnet worden, bei deren Anwendung stets die Anforderungen des Verfassungsrechts, vor allem der Anspruch auf rechtliches Gehör (Art. 103 Abs. 1 GG), zu bedenken sind.[895] Immer wieder hat das Bundesverfassungsgericht den Gerichten bei der Handhabung der Präklusionsvorschriften Verstöße gegen die Verfassung, insbesondere Art. 103 Abs. 1 GG, attestiert.[896] Mithin wird gerade vor dem Hintergrund der Präklusionsvorschriften die verfassungsrechtliche Bedeutung der Zurechnungs-

---

888 Zutreffend *Francken* S. 83.
889 Vgl. BAG NZA 1989, 436; *Germelmann/Matthes/Prütting* § 56 Rn. 26; *Zöller/ Greger* § 296 Rn. 14a.
890 *Zöller/Greger* § 296 Rn. 39 ff.; *Musielak/Huber*, ZPO, § 296 Rn. 37 ff.; *Weth*, Zurückweisung, S. 8 Fn. 49. Für das arbeitsgerichtliche Verfahren *Germelmann/Matthes/ Prütting* § 56 Rn. 33 ff. Bei der Flucht in die Klageerweiterung bzw. in die Widerklage ist jedoch im einzelnen streitig, inwieweit hierdurch eine Umgehung der Präklusionsvorschriften möglich ist, vgl. *Zöller/Greger* § 296 Rn. 12.
891 Vgl. §§ 276 Abs. 2, 277 Abs. 2 ZPO, 56 Abs. 2 S. 2, 61a Abs. 6 ArbGG.
892 *Stein/Jonas/Leipold* § 296 Rn. 34. Für das arbeitsgerichtliche Verfahren *Germelmann/ Matthes/Prütting* § 56 Rn. 24.
893 *Hueck/v. Hoyningen-Huene* § 4 KSchG Rn. 1a.
894 Vgl. *Hueck/v. Hoyningen-Huene* § 4 KSchG Rn. 54; *Kittner/Trittin* § 4 KSchG Rn. 30; *Knorr/Bichlmeier/Kremhelmer* S. 665 (Rdn. 48).
895 BVerfGE 59, 330; *Stein/Jonas/Leipold* § 296 Rn. 9/18. Eingehend zum verfassungsrechtlichen Hintergrund der Zurückweisungsvorschriften *Weth*, Zurückweisung, S. 9 ff.
896 BVerfGE 51, 188; 59, 330; 75, 183; NJW 1992, 678. Vgl. ferner die Übersicht bei *Stein/Jonas/Leipold* vor § 128 Rn. 33 f.

frage offenkundig. Das prozessuale Verständnis der §§ 4, 5 KSchG öffnet den Blick für den Zusammenhang zwischen der Eröffnung des ersten Zugangs zu Gericht und einer übertriebenen Fristenstrenge im Bereich der Klagefristen.[897] Bei Beachtung dieser Zusammenhänge bestätigt die Rechtsprechung des Bundesverfassungsgerichts zu den weniger einschneidenden Präklusionsvorschriften letztlich nur das bereits oben[898] erarbeitete Ergebnis, daß eine Zurechnung des Vertreterverschuldens im Bereich der dem § 5 KSchG unterliegenden Klagefristen eine unzumutbare Erschwerung des ersten Zugangs zu Gericht darstellt.[899]

d) Anwendbarkeit des § 278 S. 1 BGB?

Da demnach eine Anwendung des § 85 Abs. 2 ZPO ausscheidet, bleibt nur noch zu prüfen, inwieweit sich der Arbeitnehmer über die Vorschrift des § 278 S. 1 BGB ein Verschulden seines Vertreters zurechnen lassen muß. Auch unter dem Gesichtspunkt dieser Zurechnungsnorm ergibt sich indessen keine andere Beurteilung:

Die von *v. Mettenheim*[900] befürwortete direkte Anwendung des § 278 S. 1 BGB scheitert richtigerweise bereits daran, daß es sich bei der rechtzeitigen Klageerhebung um keine Pflicht des Arbeitnehmers gegenüber dem Arbeitgeber handelt.[901] Dem Arbeitgeber steht weder ein Erfüllungsanspruch auf rechtzeitige Klageerhebung zur Seite, noch resultieren aus einer verspäteten Klageerhebung Schadensersatzansprüche.[902] Der Fristablauf des § 4 S. 1 KSchG führt vielmehr nur dazu, daß der Arbeitnehmer seines Klagerechts verlustig geht.[903]

Aber auch einer analogen Anwendung des § 278 S. 1 BGB stehen erhebliche Bedenken entgegen. Zweifelhaft erscheint insofern schon der Ausgangspunkt *Riebles*[904], die Vorschrift des § 278 BGB sei allgemein auf Obliegenheiten (analog)

---

897 *Vollkommer*, Festschrift für Stahlhacke, S. 599 (615).
898 Dritter Teil C. II. 2 b. ee.
899 So auch EK-ArbR/*Ascheid* § 5 KSchG Rn. 5; *Vollkommer*, Festschrift für Stahlhacke S. 599 (615 f.); *Wenzel*, Festschrift für Schneider, S. 325 (345 f.). Vgl. ferner *Musielak/ Weth*, ZPO, § 85 Rn. 9: „überaus strenge und für die Partei folgenreiche Verschuldenszurechnung". Das sehen letztlich auch *Kittner/Däubler/Zwanziger* § 5 KSchG Rn. 15, wenn sie „relativ unbekannte" Klagefristen vom Anwendungsbereich des § 85 Abs. 2 ZPO ausnehmen wollen.
900 In: MüKo-ZPO/*v. Mettenheim* § 85 Rn. 14. Vgl. hierzu oben Dritter Teil D. IV. 2.
901 Zutreffend *Holthaus* S. 127 ff., insbes S. 129 f. Vgl. ferner MüKo/*Kramer* Einl. vor § 241 Rn. 46.
902 Vgl. *Jauernig/Vollkommer* § 241 Rn. 13; *Palandt/Heinrichs* Einl. v. § 241 Rn. 16.
903 Vgl. eingehend zu der Streitfrage, ob deshalb von einer Obliegenheit auszugehen ist (so *Rieble* Anm. zu LAG Hamm LAGE § 5 KSchG Nr. 65; *Bernstein*, Festschrift für Stege, S. 25 (31 ff.)) oder nicht (so etwa *Berkowsky* NZA 1997, 352 (355)): *Holthaus* S. 128 f.
904 Anm. zu LAG Hamm LAGE § 5 KSchG Nr. 65. Ihm folgend *Bernstein*, Festschrift für Stege, S. 25 (31 ff.).

153

anwendbar.[905] Der Umstand, daß § 278 BGB auf „echte" Verbindlichkeiten zugeschnitten ist sowie die ausdrückliche Zitierung des § 278 BGB in den §§ 254 Abs. 2 S. 2, 351 BGB für die dort genannten Obliegenheiten sprechen vielmehr gegen eine generelle Anwendbarkeit des § 278 BGB auf Obliegenheiten.[906] Maßgeblicher Einwand gegen die Anwendbarkeit des § 278 S. 1 BGB ist jedoch, die Tatsache, daß die Vorschrift des § 278 S.1 BGB nur auf die im Rahmen eines Schuldverhältnisses bestehenden Pflichten Anwendung findet.[907] Die Verschuldenszurechnung nach § 278 S. 1 BGB knüpft daher mit anderen Worten gerade an die Stellung des Schuldners als Partei eines Schuldverhältnisses an.[908] Legt man diesen Ausgangspunkt zugrunde, so zeigt sich, daß die Annahme einer Verschuldenszurechnung über § 278 S. 1 BGB wegen Verletzung einer direkt auf dem Arbeitsverhältnis fußenden Klageobliegenheit[909] bereits daran krankt, daß im Falle der fristlosen, außerordentlichen Kündigung das Arbeitsverhältnis mit Zugang der Kündigung endet.[910] Im Zeitpunkt der verspäteten Klageerhebung besteht demnach – anders als bei der ordentlichen Kündigung, die zu einer Beendigung des Arbeitsverhältnisses erst mit Ablauf der Kündigungsfrist führt[911] – gar kein Arbeitsverhältnis mehr, auf das sich die Klageobliegenheit gründen könnte.[912] In Betracht kommt vielmehr nur das von *Rieble a.a.O* und von *v. Mettenheim a.a.O.* angenommene nachvertragliche Schuldverhältnis. Damit bleibt als Ergebnis festzuhalten, daß das für die Anwendbarkeit des § 278 S. 1 BGB erforderliche Schuldverhältnis bei der ordentlichen Kündigung das Arbeitsverhältnis selbst ist und bei der außerordentlichen, fristlosen Kündigung ein sogenanntes nachvertragliches Schuldverhältnis.[913] Doch genügt dies für eine Verschuldenszurechnung nach § 278 S. 1 BGB nicht. Hinzukommen muß zusätzlich, daß der Schuldner gerade in seiner Stellung als Partei eines Schuldverhältnisses angesprochen ist.[914] Gerade hieran fehlt es jedoch im Falle der Drei-

---

905 Vgl. zur Streitfrage, ob es sich bei der Notwendigkeit der rechtzeitigen Klageerhebung überhaupt um eine Obliegenheit des Arbeitnehmers handelt, die Nachweise in Fn. 903.
906 Dies dürfte entgegen *Rieble* a.a.O. nach wie vor herrschende Meinung sein. Vgl. etwa RGZ 158, 357; *Palandt/Heinrichs* § 278 Rn. 21; *Esser/Schmidt* § 27 I 2 c (S. 97); (wohl) auch *Jauernig/Vollkommer* § 278 Rn. 10. Selbst die von *Rieble* a.a.O. zitierte Fundstelle, *MüKo/Hanau* § 278 Rn. 29, bezeichnet die hier vertretene Auffassung als herrschende Meinung.
907 Vgl. hierzu *Jauernig/Vollkommer* § 278 Rn. 3/11; *Soergel/Manfred Wolf* § 278 Rn. 15; *Holthaus* S. 142 f.
908 *Holthaus* S. 143.
909 So *Bernstein*, Festschrift für Stege, S. 25 (31 ff.).
910 Zutreffend *Holthaus* S. 120 f.
911 *Hueck/v. Hoyningen-Huene* § 1 KSchG Rn. 5.
912 Dasselbe wird regelmäßig auch im Falle des § 1 Abs. 5 BeschFG 1996 gelten, da die dort kodifizierte Klagefrist erst drei Wochen nach dem vereinbarten Ende des befristeten Arbeitsvertrages zu laufen beginnt.
913 Zutreffend *Holthaus* S. 125.
914 So besonders deutlich *Soergel/Manfred Wolf* § 278 Rn. 15; *Holthaus* S. 142 f.

wochenfrist des § 4 S. 1 KSchG. Die Notwendigkeit, die Kündigungsschutzklage innerhalb der Dreiwochenfrist des § 4 S. 1 KSchG zu erheben, fußt nicht auf dem zwischen Arbeitnehmer und Arbeitgeber bestehenden Schuldverhältnis, sondern auf dem Bestehen des Bestandsschutzes nach § 1 KSchG.[915] Dies zeigt sich schlagend daran, daß, wie das *LAG Hamm a. a. O.* überzeugend hervorgehoben hat, bei nicht dem Kündigungsschutzgesetz unterliegenden Arbeitsverhältnissen eine Klagefrist nicht einzuhalten ist.

Im übrigen würde die konsequente Anwendung des § 278 S. 1 BGB aber auch deshalb zu Wertungswidersprüchen führen, weil im Rahmen des § 278 BGB – anders als bei der Vorschrift des § 85 Abs. 2 ZPO, die nur auf das Verschulden des Prozeßbevollmächtigten abstellt[916] – nicht zwischen den vom Schuldner eingeschalteten Hilfspersonen unterschieden wird.[917] Folgerichtig müßte sich dann der Arbeitnehmer sogar das Verschulden seines Beraters bzw. das Verschulden des Büropersonals seines Prozeßbevollmächtigten zurechnen lassen.[918] Dies aber würde zu einer wesentlichen Verschärfung der Fristenstrenge führen, die selbst bei Prozeßfristen – d. h. dem Anwendungsbereich des § 85 Abs. 2 ZPO – nicht vorkommt.[919] Daß die Ausgestaltung des § 4 S. 1 KSchG als Klagefrist im Gegensatz zu den dem § 85 Abs. 2 ZPO unterliegenden Prozeßfristen eher für eine Erleichterung der Zulassungsvoraussetzungen spricht, ist aber bereits oben[920] ausführlich begründet worden. Die die Verschuldenszurechnung über § 278 S. 1 BGB bejahende Auffassung ist daher zu Recht ganz überwiegend[921] auf Widerstand gestoßen. Ihr kann nicht gefolgt werden.

---

915 Zutreffend LAG Hamm MDR 1996, 1158, NZA-RR 1997, 85; *Holthaus* S. 144 ff.
916 Vgl. hierzu *Zöller/Vollkommer* § 85 Rn. 20; *Musielak/Weth*, ZPO, § 85 Rn. 14.
917 Zutreffend *Vollkommer*, Festschrift für Stahlhacke, S. 599 (615) sowie Anm. zu LAG Hamm MDR 1996, 1158.
918 So in der Tat *Rieble* Anm. zu LAG Hamm LAGE § 5 KSchG Nr. 65. Abweichend *Bernstein*, Festschrift für Stege, S. 25 (34 f./37), der jedoch übersieht, daß die Vorschrift des § 278 BGB gerade nicht zwischen den vom Schuldner eingeschalteten Hilfspersonen unterscheidet.
919 Im Bereich des § 85 Abs. 2 ZPO muß sich die Partei das Verschulden ihres (bloßen) Beraters bzw. des Büropersonals ihres Prozeßbevollmächtigten nicht zurechnen lassen, vgl. etwa *Stein/Jonas/Bork* § 85 Rn. 12/19 sowie *Zöller/Vollkommer* § 85 Rn. 12/20.
920 Zweiter Teil C. IV. 3. a.
921 LAG Hamm MDR 1996, 1158, NZA-RR 1997, 85; KR-*Friedrich* § 5 KSchG Rn. 70; *Backmeister/Trittin* § 5 KSchG Rn. 11; *Musielak/Weth*, ZPO, § 85 Rn. 10; *Berkowsky* NZA 1997, 352 (355); *Vollkommer*, Festschrift für Stahlhacke, S. 599 (615) sowie Anm. zu LAG Hamm MDR 1996, 1158; *Wenzel*, Festschrift für Schneider, S. 325 (341 f.); *Francken* S. 36; *Holthaus* S. 113 ff., insbes. S. 144 ff.

Vierter Teil:
Verfahrensfragen

A. Einführung

Zum Abschluß dieser Untersuchung ist noch auf die den Verfahrensablauf der nachträglichen Klagezulassung betreffenden Problemstellungen einzugehen. Hierzu ist vorab anzumerken, daß die unter diesem Blickpunkt auftauchenden Streitfragen im wesentlichen auf zwei Grundprobleme zurückzuführen sind:

Die eine Schwierigkeit resultiert daraus, daß das KSchG auch in der seit 1. Mai 2000 geltenden Fassung mit Ausnahme der Vorschrift des § 5 Abs. 4 S. 1 KSchG, in der bestimmt ist, daß über den Zulassungsantrag die Kammer durch Beschluß zu entscheiden hat, der ohne mündliche Verhandlung ergehen kann, keine den Ablauf des Zulassungsverfahrens regelnden Vorschriften enthält. Damit läßt sich nicht eindeutig feststellen, in welchem Verfahren die nachträgliche Zulassung zu gewähren ist. Unsicher bleibt dabei insbesondere, inwieweit die im Kündigungsschutzverfahren zu beachtenden Verfahrensvorschriften auch im Rahmen der nachträglichen Zulassung Geltung beanspruchen. In dieser Problematik hat beispielsweise die Frage nach der Notwendigkeit der Durchführung einer Güteverhandlung ihren Ursprung. Weiter waren bei § 5 Abs. 4 S. 1 KSchG a. F. die Frage, ob die nachträgliche Zulassung aufgrund obligatorischer mündlicher Verhandlung zu gewähren ist sowie die Frage nach der Besetzung des Gerichts zu nennen.

Die andere Grundproblematik liegt in der Ausgestaltung der nachträglichen Zulassung als selbständiger Verfahrensteil begründet. Im Gegensatz zur Wiedereinsetzung, die gemäß § 238 Abs. 1 ZPO i. d. R.[922] mit dem Hauptsacheverfahren eine Einheit bildet, stellt die nachträgliche Zulassung – wie bereits angesprochen[923] – einen gegenüber dem Kündigungsschutzverfahren verselbständigten Verfahrensteil dar, der durch gesondert zu erlassenden[924] und anzufechtenden[925] Beschluß endet.[926] Folge dieser Verselbständigung ist, daß Zulassungs- und Hauptsacheverfahren in Einklang gebracht werden müssen. Die Schwierigkeiten, die dabei entstehen können, zeigen sich besonders augenfällig in den Fallkonstellationen, in denen im Kündigungsschutzverfahren und im Verfahren über

---

[922] Über den Antrag auf Wiedereinsetzung kann entweder abgesondert durch Zwischenurteil gemäß § 303 ZPO oder zusammen mit der nachgeholten Prozeßhandlung im Endurteil entschieden werden, vgl. *Thomas/Putzo* § 238 Rn. 6f. Vgl. ferner *Büttner*, Wiedereinsetzung, § 14 Rn. 1; *Wenzel*, Festschrift für Schneider, S. 325 (329).
[923] Oben Zweiter Teil C. IV. 3. a.
[924] Vgl. § 5 Abs. 4 S. 1 KSchG.
[925] Vgl. § 5 Abs. 4 S. 2 KSchG.
[926] KR-*Friedrich* § 5 KSchG Rn. 126; *Gift/Baur* E Rn. 251.

die nachträgliche Zulassung voneinander abweichende rechtskräftige Entscheidungen ergehen. Auch muß unter diesem Blickwinkel bestimmt werden, zu welchem Zeitpunkt des Kündigungsschutzverfahrens in das Verfahren über die nachträgliche Zulassung einzutreten ist, d. h. es ist zu klären, ob es sich bei dem Verfahren nach § 5 KSchG um ein dem Kündigungsschutzverfahren vorangehendes Verfahren handelt oder um ein in das Kündigungsschutzverfahren zwischengeschaltetes Verfahren. Schließlich stellt sich das Problem, daß Prüfungsumfang und Bindungswirkung des Zulassungsverfahrens vom Prüfungsrahmen des Hauptsacheverfahrens abgegrenzt werden müssen. Diese aus der Verselbständigung des Zulassungsverfahrens resultierenden Schwierigkeiten setzen sich dann in der Beschwerdeinstanz fort, wenn zu entscheiden ist, wie auf einen Fehler der Vorinstanz – insbesondere bei abweichender Ansicht über die Verspätung der Kündigungsschutzklage – zu reagieren ist.

Ausgehend von diesen Grundproblemen sind damit die bei der Lösung der verschiedenen Verfahrensfragen zu beachtenden Zielsetzungen klar umrissen: Zum einen muß eine sichere Grundlage erarbeitet werden, von der aus bestimmt werden kann, in welchem Verfahren die nachträgliche Zulassung zu erfolgen hat. Zum anderen gilt es, widersprechenden Entscheidungen im Zulassungs- und im Kündigungsschutzverfahren dadurch entgegenzuwirken, daß beide Verfahren voneinander abgegrenzt und in Übereinstimmung gebracht werden.

Im weiteren Fortgang sollen nun die einzelnen hier nur kurz angerissenen Problemstellungen näher erläutert werden. Dabei orientiert sich die Darstellung an nachfolgendem Aufbau: Unter der Überschrift „Das Verfahren und die Entscheidung in der ersten Instanz" wird – nach Klärung der Frage, ob die nachträgliche Klagezulassung als Vor- oder Zwischenverfahren anzusehen ist – auf den äußeren Verfahrensablauf in der ersten Instanz einzugehen sein. Hier werden insbesondere die oben angesprochenen Fragen nach der Notwendigkeit einer mündlichen Verhandlung, nach der Besetzung des Gerichts usw. zu erörtern sein. Zum Abschluß dieses Teils soll dann noch unter dem Gesichtspunkt „Bindungswirkung des Beschlusses" der Prüfungsumfang im Verfahren nach § 5 KSchG bestimmt werden. Unter der Überschrift „Rechtsmittel gegen den Beschluß nach § 5 KSchG und Verfahren in der Rechtsmittelinstanz" wird zunächst zu klären sein, welches Rechtsmittel gegen den Beschluß nach § 5 KSchG statthaft ist. Trotz des insoweit eindeutigen Wortlauts des § 5 Abs. 4 S. 2 KSchG, wonach gegen den Beschluß die sofortige Beschwerde zulässig ist, sind in diesem Zusammenhang nämlich Unklarheiten aufgetaucht. Einen weiteren Schwerpunkt wird das Verfahren in der Rechtsmittelinstanz bilden. Hierbei wird insbesondere auf die in neuerer Zeit wieder aktuell gewordene Frage nach der Besetzung des Rechtsmittelgerichts einzugehen sein. Unter dem Stichwort „Die Entscheidung des Rechtsmittelgerichts" soll dann im einzelnen diskutiert werden, wie auf eine fehlerhafte Entscheidung der ersten Instanz zu reagieren ist. Ebenfalls in diesen Zusammenhang fällt die Problematik widersprechender rechtskräftiger Entscheidungen im Zulassungs- und im Kündigungsschutzverfahren, da diese Fallkonstellation überwiegend in der Rechtsmittelinstanz Schwierigkeiten bereitet.

B. Das Verfahren und die Entscheidung in der ersten Instanz

I. Der Eintritt ins Zulassungsverfahren – Das Verfahren nach § 5 KSchG als Vor- oder als Zwischenverfahren?

Aufgrund der Ausgestaltung des Zulassungsverfahrens als ein gegenüber dem Hauptsacheverfahren abgetrenntes Verfahren stellt sich die Frage, zu welchem Zeitpunkt des Kündigungsschutzverfahrens in das Verfahren über die nachträgliche Zulassung einzutreten ist. Das KSchG enthält hierauf keine eindeutige Antwort. Dementsprechend wird die Frage kontrovers diskutiert:

1. Meinungsstand

a) Das Zulassungsverfahren als Vorverfahren

Eine insbesondere in früherer Zeit vertretene Auffassung[927] sah unter Berufung auf den Wortlaut und die Ausgestaltung des § 5 KSchG im Gesetz[928] im Zulassungsverfahren ein dem Klageverfahren notwendigerweise vorangehendes Verfahren. Folge dieser Ansicht war, daß das Arbeitsgericht – wenn ein Zulassungsantrag gestellt war – zunächst über diesen entscheiden mußte, bevor es überhaupt in den eigentlichen Kündigungsrechtsstreit eintreten durfte.

b) Herrschende Meinung: Das Zulassungsverfahren als Zwischenverfahren

Die mittlerweile ganz überwiegend vertretene Meinung[929] beurteilt das Zulassungsverfahren als ein dem Kündigungsschutzverfahren zwischengeschaltetes Verfahren, in das erst einzutreten ist, wenn das Arbeitsgericht zu dem Ergebnis gelangt ist, daß die Dreiwochenfrist des § 4 S. 1 KSchG anwendbar[930] und nicht eingehalten ist. Von diesem Standpunkt aus muß das Arbeitsgericht zunächst das

---

927 *Güntner* AuR 1954, 193 (198); *Neumann* RdA 1954, 269 (270) (anders nunmehr in AR-Blattei D, Kündigungsschutz III A, D III). Ebenso heute noch *Küttner/Eisemann*, Personalbuch 1998, Kündigungsschutz, Rn. 142; *dies.*, Personalbuch 2000, Kündigungsschutz, Rn. 142; *Dütz/Kronthaler* Anm. zu LAG Hamm AP Nr. 8 zu § 5 KSchG: „…Zulassungsverfahren nach § 5 KSchG und *nachfolgendem* Kündigungsschutzprozeß…". Vgl. ferner *Melzer* S. 179.
928 Vgl. den Terminus „nachträgliche Zulassung der Klage".
929 BAG AP Nr. 4, AP Nr. 6 zu § 5 KSchG 1969; *Hueck/v. Hoyningen-Huene* § 5 KSchG Rn. 31; *Kittner/Trittin* § 5 KSchG Rn. 40; *Löwisch* § 5 KSchG Rn. 27; *Neumann*, AR-Blattei D, Kündigungsschutz III A, D III (anders noch in RdA 1954, 269 (270)); *Stahlhacke/Preis* Rn. 1144; *Schaub* § 136 II 4; MünchArbR/*Berkowsky* (Band 2) § 145 Rn. 47 ff.; *ders.* NZA 1997, 352 (356); *Bader* NZA 1997, 905 (907); *Vollkommer* AcP Bd. 161, 332 (353); *ders.* Anm. zu LAG Hamm LAGE § 5 KSchG Nr. 22; *Otto* Anm. zu BAG EzA § 5 KSchG Nr. 20; *Löwisch* Anm. zu LAG Baden-Württemberg LAGE § 5 KSchG Nr. 37; unklar KR-*Friedrich*, vgl. § 5 KSchG Rn. 158 einerseits sowie § 5 KSchG Rn. 163 andererseits.
930 Vgl. §§ 1 Abs. 1, 13 Abs. 1 und 23 Abs. 1 KSchG.

Klageverfahren bis zu dem Zeitpunkt durchführen, in dem es die Fristbindung und die Fristversäumung festgestellt hat. Erst dann und nur dann ist das Kündigungsschutzverfahren zum Zwecke der Durchführung des Zulassungsverfahrens zu unterbrechen. Kommt das Arbeitsgericht demgegenüber zu dem Schluß, daß eine Fristbindung oder Fristversäumung gar nicht vorliegt, so ist in das Zulassungsverfahren überhaupt nicht einzutreten. Einer Entscheidung über den Zulassungsantrag bedarf es dann nicht. Aufgrund dieser Auswirkungen läßt sich daher die herrschende Meinung dahingehend beschreiben, daß sie das Zulassungsverfahren nicht als ein obligatorisch durchzuführendes Vorverfahren auffaßt, sondern als ein – nur mögliches – Zwischenverfahren.[931]

Zur Begründung dieser Auffassung beruft sich das *BAG* in seinen beiden Entscheidungen vom 28. April 1983[932] und vom 5. April 1984[933] vor allem auf den Grundsatz der Prozeßökonomie. Es sei prozeßökonomisch nicht tragbar, daß sich das Arbeitsgericht im Zulassungsverfahren lediglich mit dem hypothetischen Fall beschäftigt, wie zu entscheiden wäre, wenn die Kündigungsschutzklage verspätet erhoben worden wäre. Mithin sei zunächst vorrangig im Kündigungsschutzverfahren die Frage der Verspätung zu prüfen. Weiter verweist das *BAG* in den genannten Entscheidungen auf den Wortlaut[934] sowie den Zweck des § 5 KSchG. Letzterer bestehe darin, zu verhindern, daß der Arbeitnehmer, der trotz Anwendung aller ihm nach Lage der Umstände zuzumutenden Sorgfalt verhindert war, die Klage innerhalb der Frist von drei Wochen zu erheben, die Fiktion des § 7 KSchG gegen sich gelten lassen muß. Voraussetzung für das Verfahren nach § 5 KSchG sei damit also stets die Versäumung der Frist des § 4 KSchG. Ein Beschluß über die nachträgliche Zulassung bzw. Nichtzulassung dürfe daher auch nur ergehen, wenn nach – vorrangig zu prüfender – Auffassung des Gerichts die Klage verspätet ist.

Nicht ausdiskutiert ist innerhalb der herrschenden Meinung, wie diese Grundsätze dogmatisch in den Griff zu bekommen sind:

In Anknüpfung an die obige Überlegung, daß ein Beschluß über die nachträgliche Zulassung nur dann ergehen darf, wenn nach Auffassung des Gerichts die Klage verspätet ist, sieht das *BAG*[935] in dem Antrag nach § 5 KSchG – selbst dann wenn er nicht ausdrücklich als solcher bezeichnet wird – einen Hilfsantrag kraft Gesetzes für den Fall, daß das Gericht die Klage für verspätet hält.[936]

---

931 *Vollkommer* Anm. zu LAG Hamm LAGE § 5 KSchG Nr. 22.
932 AP Nr. 4 zu § 5 KSchG 1969.
933 AP Nr. 6 zu § 5 KSchG 1969.
934 Das „Wortlaut-Argument" ist vom BAG nicht weiter vertieft worden. Gemeint ist damit wohl die Bezeichnung als Zulassung *verspäteter* Klagen sowie die Formulierung im Abs. 1 des § 5 KSchG „War ein Arbeitnehmer ... *verhindert*, die Klage *innerhalb von drei Wochen* ... zu erheben".
935 AP Nr. 4, AP Nr. 6 zu § 5 KSchG 1969.
936 Ebenso ein Großteil der Literatur. Vgl. etwa *Hueck/v. Hoyningen-Huene* § 5 KSchG Rn. 31; *Kittner/Trittin* § 5 KSchG Rn. 40; *Löwisch* § 5 KSchG Rn. 27; *Germelmann/*

Gegen die Bezeichnung als Hilfsantrag haben sich insbesondere *Berkowsky*[937] und *Gift/Baur*[938] gewendet[939]: Zwar werde in der Mehrzahl der Fälle der nachträglichen Zulassung vom Kläger in erster Linie geltend gemacht, daß die Dreiwochenfrist des § 4 S. 1 KSchG gewahrt sei und erst in zweiter Linie – nämlich für den Fall, daß das Gericht die Frist als versäumt erachte – nachträgliche Zulassung erbeten. Ein echter Hilfsantrag, der für den Fall des Unterliegens mit dem Hauptantrag an dessen Stelle treten soll, liege darin jedoch nicht. Der Zulassungsantrag diene vielmehr bei genauerer Betrachtung ganz im Gegenteil dem Ziel, einer zunächst unbegründeten Klage – d.h. dem Hauptantrag – doch noch zum Erfolg zu verhelfen. Dies zeige sich besonders deutlich in den ebenfalls vorkommenden Sachverhaltskonstellationen, bei denen eindeutig und unzweifelhaft schon nach dem klägerischen Vorbringen die Klage verspätet sei und dies auch vorbehaltlos eingeräumt werde. In diesen Fällen werde vom Kläger, der allein über das Verhältnis von Haupt- und Hilfsantrag bestimme, keine Prüfung betreffend die Versäumung der Dreiwochenfrist des § 4 S. 1 KSchG erwünscht, sondern gerade wegen seines eigenen unbestrittenen Sachvortrags primär nachträgliche Zulassung der Klage und erst dann Entscheidung über diese selbst erbeten. Von einem echten Hilfsantrag, der für den Fall des Unterliegens mit dem Hauptantrag an dessen Stelle treten soll, könne daher keine Rede sein. Richtigerweise müsse vielmehr von „einem der Durchsetzung des Feststellungsantrags dienenden Rechtsbehelf eigener Art"[940] gesprochen werden.

c) Der vermittelnde Standpunkt Melzers und Grunskys

Eine weitere Lösungsvariante vertreten schließlich *Melzer*[941] und *Grunsky*[942]. Beide Autoren stimmen vom Ansatz her mit der herrschenden Meinung überein, da auch sie davon ausgehen, daß das Arbeitsgericht grundsätzlich erst in dem Zeitpunkt in das Zulassungsverfahren eintreten darf, in dem es die Versäumung der Dreiwochenfrist festgestellt hat. Anders als die überwiegende Auffassung wollen *Melzer a.a.O.* und *Grunsky a.a.O.* von diesem Grundsatz jedoch dann eine Ausnahme zulassen, wenn die Frage nach der Fristversäumung nur schwierig zu beantworten ist, während ein Zulassungsgrund i.S.d. § 5 KSchG deutlich

---

Matthes/Prütting § 46 Rn. 94; *Bader/Bram/Dörner/Wenzel* § 5 KSchG Rn. 6; *Fischer* AiB 1987, 186 (188); *Bader* NZA 1997, 905 (907); *Vollkommer* Anm. zu LAG Hamm LAGE § 5 KSchG Nr. 22; *Otto* Anm. zu BAG EzA § 5 KSchG Nr. 20; *Löwisch* Anm. zu LAG Baden-Württemberg LAGE § 5 KSchG Nr. 37.
937 NZA 1997, 352 (356).
938 E Rn. 223.
939 Kritisch auch LAG Baden-Württemberg LAGE § 5 KSchG Nr. 37; LAG Sachsen-Anhalt LAGE § 5 KSchG Nr. 92; *Herschel* Anm. zu ArbG Offenburg AP Nr. 5 zu § 4 KSchG 1951; *Melzer* S. 199 f.
940 *Gift/Baur* E Rn. 223.
941 S. 197.
942 Anm. zu BAG AP Nr. 4 zu § 5 KSchG 1969. Vgl. auch LAG Hamburg LAGE § 5 KSchG Nr. 47.

auf der Hand liegt.[943] In diesen Fällen soll eine nachträgliche Zulassung auch ohne vorherige Feststellung der Versäumung möglich sein. Als Grund für diese Ausnahme wird – vor allem von *Grunsky a. a. O.* – der Grundsatz der Prozeßökonomie genannt. Hänge die Frage der Fristversäumung etwa von der Beantwortung einer schwierigen Rechtsfrage ab, bei der sich das Arbeitsgericht nicht sicher ist, ob seine dem Kläger günstige Auffassung auch in der Rechtsmittelinstanz geteilt werden wird, so sei es geradezu ein Gebot der Vernunft, das Problem bei Vorliegen eines Zulassungsgrundes durch eine nachträgliche Zulassung gemäß § 5 KSchG zu entschärfen. Anderenfalls werde möglicherweise erst in der zweiten oder dritten Instanz eine Verspätung der Klage angenommen, so daß dann der Rechtsstreit zum Zwecke der Durchführung des Zulassungsverfahrens erneut an das Arbeitsgericht zurückverwiesen werden müßte.[944, 945] Gegen die ausnahmsweise Durchführung des Zulassungsverfahrens ohne vorangegangene Feststellung der Verspätung spreche auch nicht die Qualifizierung des Zulassungsantrags als Hilfsantrag für den Fall, daß das Arbeitsgericht die Klage für verspätet hält. Im Gegensatz zum Normalfall eines Hilfsantrags, der gegenüber dem Hauptantrag ein Weniger bedeutet, sei für den Kläger beim Antrag nach § 5 KSchG unerheblich mit welchem Antrag er durchdringt. Das Ziel – nämlich eine Entscheidung über die Wirksamkeit der Kündigung anhand des Kündigungsschutzgesetzes – sei in beiden Fällen dasselbe. Folglich könne ohne Verletzung von Klägerinteressen von der normalen Prüfungsfolge abgewichen werden, wonach zuerst über den Haupt- und erst bei dessen Erfolglosigkeit über den Hilfsantrag entschieden werden dürfe.

2. Stellungnahme

Vorzugswürdig erscheint die das Zulassungsverfahren als Zwischenverfahren qualifizierende herrschende Auffassung.

Gegen die Annahme eines Vorverfahrens ist zu Recht der Einwand mangelnder Prozeßökonomie erhoben worden. Es macht in der Tat wenig Sinn, wenn das Arbeitsgericht rein vorsorglich für den Fall die nachträgliche Zulassung gewährt,

---

943 Ähnlich LAG Baden-Württemberg LAGE § 5 KSchG Nr. 37, das eine Entscheidung über einen Antrag auf nachträgliche Zulassung auch dann für zulässig hält, wenn Zweifel an der Rechtzeitigkeit der Klageerhebung nicht auszuschließen sind. Der Gedanke wird fernerhin aufgegriffen in § 136 Abs. 4 S. 1 des Entwurfs eines Gesetzes zur Bereinigung des Arbeitsrechts vom 12. 9. 1996 – BR-Drucks. 671/96 (Brandenburg) (abgedruckt im Anhang dieser Arbeit): „Das Arbeitsgericht kann das Verfahren zunächst auf die Verhandlung und Entscheidung über den Antrag beschränken." Vgl. eingehend zu den Novellierungsvorschlägen betreffend die nachträgliche Klagezulassung unten Zusammenfassung B.
944 So das LAG Baden-Württemberg LAGE § 5 KSchG Nr. 37.
945 Ausführlich zur Streitfrage, wie zu verfahren ist, wenn sich erst in der Rechtsmittelinstanz herausstellt, daß die Kündigungsschutzklage verspätet eingereicht wurde, Vierter Teil C. IV. 2.

daß der Kläger diese für seine Kündigungsschutzklage benötigen sollte.[946] Gerade dies ist aber letztlich die Konsequenz einer Auslegung des Zulassungsverfahrens als ein dem Klageverfahren vorgeschaltetes Verfahren, da man sich in diesem Fall gezwungen sieht, zunächst für das Zulassungsverfahren den Inhalt des Klagevorbringens als wahr zu unterstellen und – insbesondere hinsichtlich der Frage der Verspätung – auf seine Schlüssigkeit zu überprüfen, um dann im Klageverfahren diese Fragen – insbesondere also die Frage der Verspätung – nunmehr unter Durchführung einer Beweisaufnahme erneut zu prüfen.[947] Die Gefahr, daß bei dieser Vorgehensweise das Zulassungsverfahren – ggflls. über mehrere Instanzen[948] – deshalb völlig unnötig durchgeführt wird, weil sich im nachfolgenden Klageverfahren bei der Beweisaufnahme herausstellt, daß die Klage gar nicht verspätet war, ist offenkundig. Im umgekehrten Fall – nämlich dem, daß das Arbeitsgericht im Zulassungsverfahren im Gegensatz zum Hauptsacheverfahren von einer Rechtzeitigkeit der Klageerhebung ausgeht und deshalb die Zulassung verweigert – besteht sogar die Besorgnis, daß der Kläger gänzlich rechtlos gestellt wird.[949] Diese Schwierigkeiten lassen sich ohne weiteres vermeiden, wenn man das Zulassungsverfahren als ein in das Hauptsacheverfahren zwischengeschaltetes Verfahren begreift, in das überhaupt erst einzutreten ist, wenn im Klageverfahren die Frage der Verspätung geklärt worden ist.

Von dieser Prüfungs- und Entscheidungsfolge ist entgegen den Vorschlägen *Grunskys*[950] und *Melzers*[951] selbst dann keine Ausnahme zuzulassen, wenn die Frage der Verspätung nur schwierig zu beantworten ist, wohingegen ein Zulassungsgrund im Sinne des § 5 KSchG auf der Hand liegt. Gegen diese Vorgehensweise spricht schon der Umstand, daß die nachträgliche Klagezulassung als Notanker zur Vermeidung unbilliger Härten und nicht als Alternative zur Klagefrist des § 4 S. 1 KSchG ausgestaltet ist.[952] Sie erweist sich überdies aber auch nur auf den ersten Blick als die prozeßökonomischere Alternative. Tatsächlich werden sich in vielen Fällen keine Vorteile ergeben. Legt der Arbeitgeber nämlich Beschwerde gegen den Zulassungsbeschluß ein, so kann das Hauptsacheverfahren erst nach Durchführung des Beschwerdeverfahrens fortgeführt werden, so daß dann vielmehr – insbesondere wenn sich im nachhinein die Rechtzeitigkeit der

---

946 So aber ausdrücklich LAG Düsseldorf AP Nr. 7 zu § 4 KSchG 1951.
947 So der Vorschlag *Neumanns* in RdA 1954, 269 (270).
948 So wenn einer der Beteiligten Beschwerde gegen die Entscheidung über die nachträgliche Zulassung einlegt.
949 So etwa wenn das Arbeitsgericht den Antrag auf nachträgliche Zulassung mangels Fristversäumung oder Fristbindung als unzulässig abweist, dann aber im Hauptsacheverfahren von einer Fristbindung und Fristversäumung ausgeht und deshalb infolge Verspätung und mangelnder Zulassung auch die Kündigungsschutzklage zurückweist. Die Möglichkeit, erneut einen Antrag nach § 5 KSchG zu stellen, droht dann an der absoluten Antragsfrist des § 5 Abs. 3 S. 3 KSchG zu scheitern.
950 Anm. zu BAG AP Nr. 4 zu § 5 KSchG 1969.
951 S. 197.
952 Vgl. oben Erster Teil D. III. 2.

Klageerhebung herausstellt – die Gefahr einer Verfahrensverzögerung besteht. Hinzu kommt, daß die näheren Umstände, die zur Versäumung der Klagefrist geführt haben, im Regelfall auch bei der Durchführung eines Zulassungsverfahrens aufgeklärt werden müssen, da ansonsten eine Beurteilung des Verschuldens sowie eine Feststellung des Beginns der zweiwöchigen Antragsfrist des § 5 Abs. 3 S. 1 KSchG nicht möglich ist, so daß sich auch insofern kein Vorteil einstellt. Richtigerweise wird man daher davon auszugehen haben, daß das Gericht ausnahmslos nur dann in das Zulassungsverfahren eintreten darf, wenn es zuvor die Frage der Verspätung geklärt hat.

Dabei bestehen entgegen teilweise geäußerter Kritik[953] keine Bedenken dagegen, dieses Ergebnis damit zu begründen, daß es sich bei dem Antrag nach § 5 KSchG um einen Hilfsantrag kraft Gesetzes für den Fall handelt, daß das Gericht von einer Fristbindung und Fristversäumung ausgeht, wenn man sich klar macht, daß mit diesem Terminus nur das Bestehen einer bestimmten Prüfungsreihenfolge umschrieben wird.[954] Ein echter Hilfsantrag wird nämlich in der Tat nur für den Fall der Erfolglosigkeit des Hauptantrages gestellt.[955] Das hat zur Konsequenz, daß über einen echten Hilfsantrag nur bei Scheitern des Hauptantrages entschieden werden darf. Demgegenüber dient der Antrag auf nachträgliche Zulassung gerade der Durchsetzung des Hauptantrages. Ein Hilfsantrag im klassischen Sinne liegt daher – insoweit ist der Gegenauffassung zuzustimmen – nicht vor. Doch geht die Kritik an der Bezeichnung als Hilfsantrag insofern am Kern der Sache vorbei, als hierbei verkannt wird, daß dieser Terminus nur beschreibenden Charakter hat.[956] Gemeint ist damit nicht, daß von einem echten Hilfsantrag auszugehen ist, sondern vielmehr nur, daß das Arbeitsgericht dann und nur dann in das Zulassungsverfahren eintreten darf, wenn es Fristbindung und Fristversäumung bejaht hat. So betrachtet, bestehen dann aber gegen die Bezeichnung als Hilfsantrag keine Bedenken.

II. Der Verfahrensablauf im einzelnen

1. Das Problem

Das Kündigungsschutzgesetz enthielt – mit Ausnahme der Vorschrift des § 5 Abs. 4 S. 1 KSchG, in der bestimmt war, daß das Arbeitsgericht über den Zulassungsantrag durch Beschluß zu entscheiden hat – bis 1. Mai 2000 keine das Verfahren der nachträglichen Klagezulassung regelnden Normen. Auch in §§ 2, 2 a ArbGG ist § 5 KSchG nicht ausdrücklich genannt. Damit stellte sich das bereits in der Einführung angesprochene Problem, welchen Verfahrensvorschriften das Verfahren der nachträglichen Klagezulassung grundsätzlich folgt. Diese Pro-

---

953 Vgl. oben Vierter Teil B. I. 1. c.
954 Zutreffend *Vollkommer* Anm. zu LAG Hamm LAGE § 5 KSchG Nr. 22.
955 Vgl. etwa MüKo-ZPO/*Lüke* § 260 Rn. 10; *Baumbach/Lauterbach/Albers/Hartmann* § 260 Rn. 8.
956 Vgl. *Otto* Anm. zu BAG EzA § 5 KSchG Nr. 20.

blematik ist nunmehr zum Teil durch die seit 1. Mai 2000 geltende Fassung des § 5 Abs. 4 S. 1 KSchG, wonach die Kammer über den Zulassungsantrag nach freigestellter mündlicher Verhandlung zu entscheiden hat, entschärft. Dennoch bleibt die Frage, nach welchen Vorschriften sich das Zulassungsverfahren grundsätzlich richtet. Theoretisch lassen sich drei Möglichkeiten denken, um die bestehende Lücke zu schließen: Als erste Möglichkeit kommt eine Anwendung der das arbeitsgerichtliche Beschlußverfahren betreffenden Vorschriften (§§ 80 ff. ArbGG) in Betracht, als zweite ein Rückgriff auf die das arbeitsgerichtliche Urteilsverfahren regelnden §§ 46 ff. ArbGG. Als dritte Varante läßt sich schließlich vertreten, daß es sich beim Zulassungsverfahren – so wie es für § 90 BRG angenommen wurde[957] – um ein völlig außerhalb des ArbGG und der ZPO stehendes Verfahren handelt. Die erste theoretisch mögliche Alternative – der Rückgriff auf die §§ 80 ff. ArbGG – muß schon deshalb ausscheiden, weil das arbeitsgerichtliche Beschlußverfahren ausschließlich für kollektivrechtliche Streitigkeiten vorgesehen ist.[958] Aber auch die zuletzt genannte Variante – ein gegenüber ArbGG und ZPO völlig verselbständigtes Verfahren – wird einhellig abgelehnt. Die allgemeine Meinung[959] wendet vielmehr zu Recht auf das Zulassungsverfahren grundsätzlich die auch für das Kündigungsschutzverfahren[960] geltenden Vorschriften des arbeitsgerichtlichen Urteilsverfahrens (§§ 46 ff. ArbGG) an. Die Begründung hierfür fällt – je nachdem, ob man im Verfahren nach § 5 KSchG einen materiell-rechtlichen oder einen prozessualen Verfahrensteil sieht – unterschiedlich aus:

Die materiell-rechtliche Lehre sieht sich genötigt, dieses Ergebnis damit zu begründen, daß das Zulassungsverfahren als (materiell-rechtlicher) Teil des Kündigungsrechtsstreits ebenso wie dieser in das arbeitsgerichtliche Urteilsverfahren einbezogen ist.[961, 962]

Anders die hier vertretene prozessuale Auffassung: Nach dieser ergibt sich die grundsätzliche Anwendbarkeit der für das Kündigungsschutzverfahren geltenden Vorschriften zwanglos aus einer entsprechenden Anwendung der Vorschrift des § 238 Abs. 2 S. 1 ZPO, in der bestimmt ist, daß für die Wiedereinsetzung – d.h. die nachträgliche Klagezulassung – auf die für die nachgeholte Pro-

---

957 Vgl. oben Erster Teil A. und B.
958 Vgl. *Weth*, Das arbeitsgerichtliche Beschlußverfahren, § 1 I 2 (S. 2).
959 Vgl. etwa *Bader/Bram/Dörner/Wenzel* (36. Erg. Lfg.) § 5 KSchG Rn. 151; *Maus* § 5 KSchG Rn. 17; *Vollkommer* AcP Bd. 161, 332 (353 f.); *Neumann* RdA 1954, 269; *Pünnel* AuR 1962, 105 (106); *Lepke* AuR 1970, 109 (110); *Reinecke* NZA 1985, 243 (244); *Melzer* S. 178.
960 Vgl. hierzu *Germelmann/Matthes/Prütting* § 2 ArbGG Rn. 66.
961 *Melzer* S. 178. Vgl. auch *Neumann* RdA 1954, 269.
962 Angesichts der Tatsache, daß das Zulassungsverfahren trotz seiner Abhängigkeit vom Hauptsacheverfahren verfahrensrechtlich selbständig ausgestaltet ist, eine keinesfalls selbstverständliche und zwingende Konsequenz! Damit zeigen sich in diesem Zusammenhang erneut die bereits oben – Zweiter Teil C. IV. 3. – angesprochenen Einordnungsprobleme der materiell-rechtlichen Lehre.

zeßhandlung – d.h. die Kündigungsschutzklage – geltenden Vorschriften zurückzugreifen ist.[963]

2. Die Durchführung der mündlichen Verhandlung

a) Erfordernis einer mündlichen Verhandlung

Bevor auf die Grundsätze der mündlichen Verhandlung einzugehen ist, soll zunächst der Frage nachgegangen werden, ob über den Zulassungsantrag aufgrund obligatorischer mündlicher Verhandlung zu entscheiden ist oder ob im Zulassungsverfahren die Durchführung einer mündlichen Verhandlung freigestellt ist. Dem KSchG ließ sich hierzu bis zur Novellierung des § 5 Abs. 4 S. 1 KSchG durch das Arbeitsgerichtsbeschleunigungsgesetz vom 30. März 2000 nichts entnehmen. Auch eine einheitliche Meinung ließ sich nicht feststellen:

So standen insbesondere *Bader/Bram/Dörner/Wenzel*[964] auf dem Standpunkt, daß das Zulassungsverfahren auch ohne mündliche Verhandlung durchgeführt werden kann. Nach *Bader/Bram/Dörner/Wenzel a. a. O.* folgte dies daraus, daß nach allgemeinen Prozeßgrundsätzen für die Entscheidung über einen Antrag, die durch Beschluß erfolgt, die mündliche Verhandlung nicht zwingend vorgeschrieben ist. Derselben Auffassung war *Rüstig*[965] mit dem Unterschied, daß dieser die fehlende Notwendigkeit einer mündlichen Verhandlung aus den §§ 944 ZPO, 53 Abs. 1 ArbGG abgeleitet hat. Die ZPO überlasse beispielsweise – so *Rüstig a. a. O.* – auch die Entscheidung über eine einstweilige Verfügung, bei der eine mündliche Verhandlung nicht vorgeschrieben sei, nach § 944 ZPO dem Vorsitzenden. Andererseits würden durch § 53 Abs. 1 ArbGG Entscheidungen, die im ordentlichen Prozeß dem Gericht vorbehalten sind, im Verfahren vor dem Arbeitsgericht durch den Vorsitzenden allein getroffen.

Abweichend hiervon nahm die ganz herrschende Meinung[966] an, daß über den Zulassungsantrag aufgrund obligatorischer mündlicher Verhandlung zu ent-

---

963 *Vollkommer* AcP Bd. 161, 332 (353 f.); *Lepke* AuR 1970, 109 (110). Vgl. auch *Reinecke* NZA 1985, 243 (244). Ebenso *Maus* § 5 KSchG Rn. 17, der sich jedoch zu Unrecht auf die Vorschrift § 238 Abs. 2 S. 1 ZPO beruft. Vom Boden der von ihm vertretenen materiell-rechtlichen Auffassung (vgl. Rn. 1) erscheint ein Rückgriff auf diese Norm nicht möglich.
964 § 5 KSchG Rn. 6. Diese Auffassung haben *Bader/Bram/Dörner/Wenzel* mit der 36. Erg. Lfg. aufgegeben, vgl. (36. Erg. Lfg.) § 5 KSchG Rn. 150: „Verfahren mit obligatorischer mündlicher Verhandlung".
965 AuR 1953, 175.
966 KR-*Friedrich* § 5 KSchG Rn. 126/131; *Hueck/v. Hoyningen-Huene* § 5 KSchG Rn. 28; *Bader/Bram/Dörner/Wenzel* (36. Erg. Lfg.) § 5 KSchG Rn. 150; *Backmeister/Trittin* § 5 KSchG Rn. 20; *Germelmann/Matthes/Prütting* § 53 ArbGG Rn. 5; *Schaub* § 136 II 4; *Gift/Baur* E Rn. 253; *Neumann*, AR-Blattei D, Kündigungsschutz III A, D I; *ders.* RdA 1954, 269; *Pünnel* AuR 1962, 105 (106); *Vollkommer* AcP Bd. 161, 332 (353 f.); *ders.*, Anm. zu LAG Hamm LAGE § 5 KSchG Nr. 22; *Reinecke* NZA 1985, 243 (244); *Melzer* S. 219 ff.

scheiden ist. Die Vertreter der materiell-rechtlichen Auffassung begründeten dies damit, daß gemäß § 46 Abs. 2 ArbGG das schriftliche Verfahren ausgeschlossen ist.[967] Zum selben Ergebnis gelangten diejenigen Autoren, die von einem prozessualen Verständnis des § 5 KSchG ausgehen, indem sie auf die Vorschrift des § 238 Abs. 2 S. 1 ZPO abstellen.[968]

Richtigerweise war nach der bis zum 31. April 2000 geltenden Rechtslage die Notwendigkeit der Durchführung einer mündlichen Verhandlung zu bejahen. Nach der in dieser Arbeit vertretenen prozessualen Auffassung folgte dies schon daraus, daß auch im Hauptsacheverfahren gemäß § 46 Abs. 2 ArbGG eine obligatorische mündliche Verhandlung stattfinden muß, so daß – mangels abweichender Regelung – analog § 238 Abs. 2 S. 1 ZPO dasselbe auch für das Zulassungsverfahren gelten mußte. Hieran vermochten auch die von *Rüstig a.a.O.* und *Bader/Bram/Dörner/Wenzel a.a.O.* vorgebrachten Argumente nichts zu ändern. Dies galt zunächst für den Hinweis auf die Vorschrift des § 53 Abs. 1 ArbGG. Diese Norm setzt vielmehr voraus, daß für einen Beschluß eine obligatorische mündliche Verhandlung nicht vorgeschrieben ist,[969] ordnet aber nicht deren Entbehrlichkeit an. Aber auch die von *Bader/Bram/Dörner/Wenzel a.a.O.* herangezogenen allgemeinen Prozeßgrundsätze führten zu keinem abweichenden Ergebnis. Abgesehen davon, daß ein allgemeiner Prozeßgrundsatz dahingehend, daß für Entscheidungen über einen Antrag, der durch Beschluß erfolgt, die mündliche Verhandlung nicht zwingend vorgeschrieben ist, nicht erkennbar ist,[970] legte der Rückgriff auf die allgemeinen Prozeßgrundsätze vielmehr den gegenteiligen Schluß nahe. Im arbeitsgerichtlichen Urteilsverfahren ist das Mündlichkeitsprinzip nämlich wesentlich stärker ausgeprägt als im normalen Zivilprozeß.[971] Daraus läßt sich die Regel ableiten, daß eine mündliche Verhandlung immer dann erforderlich ist, wenn das Gesetz sie nicht ausschließt oder freistellt. Mangels abweichender Regelung im KSchG konnte daher auch aufgrund allgemeiner arbeitsgerichtlicher Prozeßgrundsätze über den Zulassungsantrag nur nach vorheriger mündlicher Verhandlung entschieden werden.[972]

Die Streitfrage ist nunmehr durch den Gesetzgeber zugunsten der bisherigen Mindermeinung entschieden worden. Aus Beschleunigungsgründen und zum

---

967 *Neumann*, AR-Blattei D, Kündigungsschutz III A, D I; *Pünnel* AuR 1962, 105 (106); *Reinecke* NZA 1985, 243 (244).
968 *Vollkommer* AcP Bd. 161, 332 (353 f.). Vgl. auch *Neumann*, AR-Blattei D, Kündigungsschutz III A, D I; *Reinecke* NZA 1985, 243 (244).
969 *Germelmann/Matthes/Prütting* § 53 ArbGG Rn. 5.
970 Die ZPO kennt vielmehr Beschlüsse mit obligatorischer mündlicher Verhandlung (so beispielsweise §§ 320 Abs. 3 S. 1, 900 Abs. 4 ZPO) als auch solche, bei denen die Durchführung einer mündlichen Verhandlung freigestellt ist (so beispielsweise §§ 37 Abs. 1, 46 Abs. 1 ZPO). Ein allgemeiner Grundsatz dahingehend, daß bei Beschlüssen die mündliche Verhandlung nur fakultativ ist, ist daher nicht erkennbar. Vgl. ausführlich *Melzer* S. 219 ff.
971 Vgl. *Germelmann/Matthes/Prütting* § 46 ArbGG Rn. 28.
972 Zutreffend *Gift/Baur* E Rn. 253; *Pünnel* AuR 1962,105 (106).

Zwecke der Angleichung an das Beschwerdeverfahren⁹⁷³ kann das Arbeitsgericht seit 1. Mai 2000 entscheiden, ob es über den Zulassungsantrag aufgrund mündlicher Verhandlung entscheiden will oder nicht.⁹⁷⁴,⁹⁷⁵ Nach dem Güteverfahren muß nunmehr nicht mehr Termin zur Kammerverhandlung anberaumt werden, sondern der Vorsitzende kann mit der nächstbereiten Kammer ohne mündliche Verhandlung über den Zulassungsantrag entscheiden.⁹⁷⁶ Die bisherigen für die Durchführung einer obligatorischen mündlichen Verhandlung sprechenden Argumente haben damit ihre Bedeutung insoweit verloren, als aus ihnen nicht mehr hergeleitet werden kann, daß eine mündliche Verhandlung zwingend durchgeführt werden muß. Wie *Bader/Bram/Dörner/Wenzel*⁹⁷⁷ jedoch zutreffend hervorgehoben haben, steht die Entscheidung, ob im konkreten Fall eine mündliche Verhandlung durchgeführt wird oder nicht, nicht im Belieben des Gerichts, sondern hat vielmehr aufgrund pflichtgemäßen Ermessens zu erfolgen. Bei dieser Entscheidung hat das Gericht vor allem auch zu berücksichtigen, daß das Zulassungsverfahren den ersten Zugang zum Rechtsschutz eröffnet und daher stets darauf zu achten ist, daß der Zugang zum Gericht nicht in unzumutbarer, aus Sachgründen nicht mehr zu rechtfertigender Weise erschwert wird. Hinzu kommt, daß das Mündlichkeitsprinzip im arbeitsgerichtlichen Urteilsverfahren deutlich stärker ausgeprägt ist als im normalen Zivilprozeß. Vor diesem Hintergrund wird man § 5 Abs. 4 S. 1 KSchG n. F. in Anknüpfung an die Argumente, die bei § 5 Abs. 4 S. 1 KSchG a. F. zur Notwendigkeit der Durchführung einer mündlichen Verhandlung geführt haben, als Ausnahmevorschrift mit engem Anwendungsbereich zu verstehen haben.⁹⁷⁸ Eine Entscheidung ohne mündliche Verhandlung wird daher nur bei einfach gelagerten Fällen oder bei formell mißglückten Zulassungsanträgen in Betracht kommen.⁹⁷⁹ In allen anderen Fällen wird – wie nach alter Rechtslage – über den Zulassungsantrag erst nach mündlicher Verhandlung entschieden werden können.

---

973 Dort war auch nach altem Recht die Durchführung der mündlichen Verhandlung nach §§ 78 Abs. 1 ArbGG, 573 Abs. 1 ZPO freigestellt, vgl. statt aller KR-*Friedrich* § 5 KSchG Rn. 151.
974 *Bader/Bram/Dörner/Wenzel* (39. Erg. Lfg.) § 5 KSchG aktuell Rn. 2/6; *Backmeister/ Trittin*, Nachtrag zur Kommentierung des Kündigungsschutzgesetzes, Anm. 5; *Schaub*, Nachtrag zu 39, § 122, § 123, § 136, Rn. 15; *ders*. NZA 2000, 344 (348); *Lakies* BB 2000, 667 (668); *Trittin/Backmeister* DB 2000, 618 (622).
975 In den am 1. Mai 2000 anhängigen Verfahren darf nach der Überleitungsvorschrift des Art. 4 Abs. 2 S. 2 Ziff. c Arbeitsgerichtsbeschleunigungsgesetz die Entscheidung über den Zulassungsantrag nur dann ohne mündliche Verhandlung ergehen, wenn das Gericht die Parteien vor der Entscheidung darauf hingewiesen hat, daß eine Entscheidung ohne mündliche Verhandlung beabsichtigt ist, vgl. *Bader/Bram/Dörner/Wenzel* (39. Erg. Lfg.) § 5 KSchG aktuell Rn. 7; *Lakies* BB 2000, 667 (668) Fn. 11.
976 *Lakies* BB 2000, 667 (668); *Schaub* NZA 2000, 344 (348).
977 (39. Erg. Lfg.) § 5 KSchG aktuell Rn. 6.
978 Zutreffend *Bader/Bram/Dörner/Wenzel* (39. Erg. Lfg.) § 5 KSchG aktuell Rn. 6.
979 *Bader/Bram/Dörner/Wenzel* (39. Erg. Lfg.) § 5 KSchG aktuell Rn. 6 a. E.

b) Durchführung eines Gütetermins?

Die Annahme einer obligatorischen mündlichen Verhandlung führte nach alter Rechtslage zu der weiteren Frage, ob im Rahmen des Zulassungsverfahrens ein besonderer Gütetermin gemäß § 54 ArbGG durchgeführt werden muß. Die Antwort auf diese Frage fiel in der arbeitsrechtlichen Literatur nicht einheitlich aus: *Dahns*[980] und *Neumann*[981] bejahten die Notwendigkeit der Durchführung eines gesonderten Gütetermins. Da auf das Zulassungsverfahren die Grundsätze des Urteilsverfahrens anzuwenden seien, müsse eine mündliche Verhandlung und damit auch ein Gütetermin stattfinden. Zum selben Ergebnis gelangte *Nikisch*[982] aufgrund einer entsprechenden Anwendung des § 238 Abs. 2 S. 1 ZPO. Die gegenteilige Meinung vertraten *Vollkommer*[983], *Rüstig*[984] und *Melzer*[985], die sich gegen die Durchführung eines gesonderten Gütetermins ausgesprochen hatten. Vorzugswürdig erschien die zuletzt genannte, die Notwendigkeit eines Gütetermins verneinende Ansicht. Sinn und Zweck der Güteverhandlung ist die Herbeiführung einer gütlichen Einigung der Parteien.[986] Gerade dieser Zweck läßt sich aber im Zulassungsverfahren nicht erreichen, da die Einhaltung der Frist des § 4 S. 1 KSchG der Dispositionsbefugnis der Parteien entzogen ist.[987] Eine Einigung ist daher nicht möglich. Vor diesem Hintergrund erschien deshalb die Durchführung eines gesonderten Gütetermins im Zulassungsverfahren wenig sinnvoll.[988] Hieran vermochte auch der Hinweis *Neumanns a. a. O.*, die Parteien könnten sich ja über die Beendigung des Arbeitsverhältnisses einigen, nichts zu ändern. Auch diese Annahme rechtfertigte nicht die Durchführung eines gesonderten Gütetermins. Aufgrund der Ausgestaltung des Zulassungsverfahrens als Zwischenverfahren[989] hat nämlich die Güteverhandlung vor dem Rechtsstreit und damit auch vor dem Zulassungsverfahren stattzufinden. Damit kann bereits in diesem Termin die Möglichkeit einer Einigung über die Beendigung des Arbeitsverhältnisses – insbesondere auch unter Berücksichtigung einer nachträglichen Klagezulassung – erörtert werden. Ein gesonderter Gütetermin ist hierfür nicht erforderlich.

Auch nach der Neufassung des § 5 Abs. 4 S. 1 KSchG durch das Arbeitsgerichtsbeschleunigungsgesetz vom 30. März 2000 kann nichts anderes gelten. Soweit eine mündliche Verhandlung durchgeführt wird, sprechen die bisherigen Argumente gegen die Durchführung eines gesonderten Gütetermins.

---

980 RdA 1952, 140.
981 RdA 1954, 269.
982 Bd. I S. 782.
983 AcP Bd. 161, 332 (353).
984 AuR 1953, 175.
985 S. 232 ff.
986 *Gift/Baur* E Rn. 551.
987 Vgl. oben Zweiter Teil B. IV. und V.
988 Zutreffend *Vollkommer* AcP Bd. 161, 332 (354 Fn. 114); *Rüstig* AuR 1953, 175; *Melzer* S. 232 ff.
989 Vgl. oben Vierter Teil B. I.2.

Entscheidet das Arbeitsgericht demgegenüber ohne mündliche Verhandlung über den Zulassungsantrag, kommt die Durchführung eines gesonderten Gütetermins sowieso nicht in Betracht.

c) Verfahrensgrundsätze

aa) Glaubhaftmachung im Sinne des § 5 Abs. 2 S. 2 KSchG

In § 5 Abs. 2 S. 2 KSchG ist bestimmt, daß der Antragsteller die die nachträgliche Zulassung begründenden Tatsachen glaubhaft zu machen hat.[990] Das bedeutet nach allgemeiner Meinung[991], daß die vom Antragsteller behaupteten Tatsachen nicht zur vollen Überzeugung des Gerichts feststehen müssen. Ausreichend ist vielmehr deren überwiegende Wahrscheinlichkeit. Weiter wird aus § 5 Abs. 2 S. 2 KSchG in Anlehnung an § 294 Abs. 1 ZPO übereinstimmend[992] geschlossen, daß zur Glaubhaftmachung der die nachträgliche Zulassung begründenden Tatsachen alle Beweismittel – auch die eidesstattliche Versicherung – zugelassen sind. Dem Arbeitnehmer stehen damit neben den in der ZPO vorgesehenen Beweismitteln (Augenschein, Zeugen, Sachverständige, Urkunden, Parteivernehmung) auch alle anderen Mittel zur Verfügung, die dem Richter eine Wahrnehmung über die beweisbedürftigen Tatsachen ermöglichen und seiner Überzeugungsfindung dienen, wie etwa amtliche Auskünfte oder schriftliche Zeugenaussagen.[993] Bei der Benennung von Zeugen ist jedoch zu berücksichtigen, daß seit dem 1. Mai 2000 die Entscheidung über den Zulassungsantrag auch ohne mündliche Verhandlung ergehen kann. Eine Vernehmung der Zeugen scheidet daher in den Fällen aus, in denen das Gericht ohne mündliche Verhandlung über den Zulassungsantrag entscheidet.[994] Gleichwohl darf sich das Arbeitsgericht in diesen Fällen nicht einfach über die Benennung von Zeugen hinwegsetzen. Es hat vielmehr darauf hinzuwirken, daß der Arbeitnehmer eidesstattliche Versicherungen der benannten Zeugen erwirkt und diese bei Gericht einreicht.[995]

Offen ist, ob neben § 294 Abs. 1 ZPO auch § 294 Abs. 2 ZPO auf § 5 KSchG anzuwenden ist, d.h. ob der Arbeitnehmer bei der Glaubhaftmachung der die nachträgliche Zulassung begründenden Tatsachen auf die in der mündlichen Verhandlung sofort zur Verfügung stehenden Beweismittel beschränkt ist:

Die in Rechtsprechung[996] und Literatur[997] vorherrschende Meinung hält die Vorschrift des § 294 Abs. 2 ZPO im Rahmen des § 5 KSchG für anwendbar. Folge

---

990 Zur Streitfrage, welche Tatsachen die die nachträgliche Zulassung begründenden Tatsachen sind, vgl. oben Dritter Teil B. III.1.
991 Vgl. statt aller KR-*Friedrich* § 5 KSchG Rn. 143 f.; *Gift/Baur* E Rn. 229.
992 Vgl. statt aller KR-*Friedrich* § 5 KSchG Rn. 83; *Gift/Baur* E Rn. 229.
993 HK-KSchG/*Hauck* § 5 KSchG Rn. 15; *Gift/Baur* E Rn. 229.
994 Vgl. *Schaub* NZA 2000, 344 (348).
995 *Bader/Bram/Dörner/Wenzel* (39. Erg. Lfg.) § 5 KSchG aktuell Rn. 5.
996 LAG Baden-Württemberg LAGE § 5 KSchG Nr. 37; LAG Düsseldorf DB 1972, 52; LAG München DB 1976, 732.

dieser Auffassung ist, daß im Zulassungsverfahren nur auf die in der mündlichen Verhandlung sofort verfügbaren Mittel zur Glaubhaftmachung zurückgegriffen werden darf. Eine Vertagung der Beweisaufnahme – etwa wegen Nichterscheinens eines Zeugen – scheidet aus. Weiter ist die Beibringung der Mittel zur Glaubhaftmachung allein Sache des Antragstellers. Der Vorsitzende ist nur berechtigt nicht verpflichtet, Zeugen oder Sachverständige, deren Vernehmung in Schriftsätzen beantragt wird, zu laden. Eine Begründung dieser herrschenden Auffassung steht noch weitgehend aus. Zumeist wird nur lapidar darauf verwiesen, daß über eine Geltung des § 294 ZPO und damit auch des § 294 Abs. 2 ZPO im Zulassungsverfahren Zweifel nicht bestehen können.[998]

Der Standpunkt der herrschenden Meinung ist nicht unwidersprochen geblieben. Die die Anwendbarkeit des § 294 Abs. 2 ZPO leugnende Gegenauffassung[999] stützt sich auf das Argument, daß § 294 Abs. 2 ZPO auf Verfahren mit obligatorischer mündlicher Verhandlung schlechthin nicht zugeschnitten sei. Dieses Ergebnis – keine Anwendung des § 294 Abs. 2 ZPO – sieht die Mindermeinung zudem durch den sozialen Zweck des Arbeitsgerichtsprozesses gerechtfertigt: Zwar nötige die Tatsache, daß § 5 Abs. 2 S. 2 KSchG die Glaubhaftmachung der Zulassungsgründe ausreichen läßt, zum Rückgriff auf § 294 ZPO als diejenige Vorschrift, die den Begriff der Glaubhaftmachung festlegt. Dies bedeute jedoch nicht, daß zwingend auch die Regelung des § 294 Abs. 2 ZPO angewandt werden müsse. Die entsprechende Anwendung der Zivilprozeßnormen im Arbeitsgerichtsprozeß fordere nämlich immer dann Modifikationen, wenn vorrangige Zwecke des Arbeitsgerichtsprozesses im Raume stünden. Gerade dies aber sei bei § 5 KSchG der Fall. Angesichts der existentiellen Bedeutung der nachträglichen Zulassung für den Arbeitnehmer sei es schlechthin untragbar, die nachträgliche Zulassung schon daran scheitern zu lassen, daß ein Zeuge ausgeblieben ist oder sonstige Beweismittel aus zufälligen Gründen nicht präsent sind. Demzufolge müsse das Übergewicht des sozialen Zwecks des Arbeitsgerichtsprozesses zur Geltung gebracht und § 294 Abs. 2 ZPO im Zulassungsverfahren für unanwendbar erklärt werden.

Zutreffend erscheint die herrschende Meinung, die § 294 Abs. 2 ZPO auch im Zulassungsverfahren zur Anwendung kommen lassen möchte. Die gegenteilige Auffassung erweist sich vielmehr bei näherem Hinsehen als Ausfluß des (verfehlten) materiell-rechtlichen Verständnisses der nachträglichen Klagezulassung. Auf diesem Wege wird letztlich versucht, die mißliche Konsequenz der

---

997 KR-*Friedrich* § 5 KSchG Rn. 139/142; HK-KSchG/*Hauck* § 5 KSchG Rn. 68 f.; KPK-*Ramrath*, Teil H, § 5 KSchG Rn. 16; *Kittner/Trittin* § 5 KSchG Rn. 21; *Gift/Baur* E Rn. 234; *Becker-Schaffner* BlStSozArbR 1976, 289 (290); *ders.* ZAP 1991, Fach 17, 151 (152) sowie ZAP 1999, Fach 17, 481 (483); *Eylert* AuA 1996, 414 (416).
998 So etwa LAG Düsseldorf DB 1972, 52.
999 LAG Hamm LAGE § 5 KSchG Nr. 22; *Schaub* § 136 II 1; *Bader/Bram/Dörner/Wenzel* (36. Erg. Lfg.) § 5 KSchG Rn. 62; Wenzel AuR 1976, 325 (328); *ders.* MDR 1978, 276 (277).

materiell-rechtlichen Ansicht abzuschwächen, daß materiell-rechtliche Fragen des Kündigungsschutzgesetzes aufgrund bloßer Glaubhaftmachung endgültig entschieden werden müssen.[1000] Vom Boden der hier vertretenen prozessualen Auffassung besteht kein Anlaß für eine derartige Einschränkung. Die nachträgliche Klagezulassung ist im besonderen Maße auf eine rasche Verfahrenserledigung angelegt. Hiermit verträgt sich eine unter Umständen mehrfach vertagte Beweisaufnahme nicht. Richtigerweise sind daher die Parteien auf präsente – d. h. in der mündlichen Verhandlung sofort zur Verfügung stehende – Beweismittel zu beschränken.

Ganz abgesehen davon halten die von der Minderheitsmeinung gegen die Anwendbarkeit des § 294 Abs. 2 ZPO vorgebrachten Gründe einer näheren Überprüfung nicht stand:

Das gilt zunächst für den von *Schaub*[1001] in die Diskussion gebrachten, mittlerweile durch die Neufassung des § 5 Abs. 4 S. 1 KSchG überholten Gesichtspunkt, wonach die Tatsache, daß die Entscheidung über die nachträgliche Zulassung nach § 5 Abs. 4 S. 1 KSchG a. F. aufgrund notwendiger mündlicher Verhandlung erging, die Anwendung des § 294 Abs. 2 ausschließt. Hierbei wurde schon verkannt, daß die Notwendigkeit der Durchführung einer mündlichen Verhandlung allenfalls dann zu berücksichtigen ist, wenn § 294 Abs. 2 ZPO entsprechend angewandt werden soll, nicht aber wenn – wie im Falle des § 5 KSchG – dessen Geltung kraft Gesetzes angeordnet ist.[1002]

Auch der Hinweis auf die soziale Zwecksetzung des Arbeitsgerichtsprozesses vermag nicht zu überzeugen. Anders als bei der Frage der Zurechnung des Vertreterverschuldens steht es weitgehend im Einflußbereich des Arbeitnehmers, den durch nicht sofort verfügbare Mittel drohenden Schaden dadurch abzuwenden, daß er die durch § 294 Abs. 1 ZPO erweiterten Beweismöglichkeiten – beispielsweise durch eine schriftliche Zeugenaussage – nutzt. Hinzu kommt, daß den – zum Gegenbeweis zugelassenen[1003] – Arbeitgeber dasselbe Risiko trifft. Davon, daß es – wie von der Gegenauffassung behauptet[1004] schlechthin untragbar ist, den Arbeitnehmer auf präsente Beweismittel zu verweisen, kann daher keine Rede sein.

1000 Offenkundig wird dies an den Ausführungen des LAG Hamm LAGE § 5 KSchG Nr. 22: „Eine Beschränkung der Beweisaufnahme auf präsente Beweismittel ist ... unstatthaft. Da die Entscheidung ... überdies selbständig mit einem Rechtsmittel angegriffen werden kann, besteht kein Grund, die Klärung *materiell-rechtlicher* Vorfragen des Kündigungsschutzprozesses dem Verfahren zur Hauptsache vorzubehalten."
1001 § 136 II 1. Ebenso *Bader/Bram/Dörner/Wenzel* (36. Erg. Lfg.) § 5 KSchG Rn. 62.
1002 Vgl. BGH VersR 1973, 186; *Baumbach/Lauterbach/Albers/Hartmann* § 294 Rn. 2; *Stein/Jonas/Leipold* § 294 Rn. 3; *Musielak/Huber*, ZPO, § 294 Rn. 2 (Fn. 1).
1003 *Gift/Baur* E Rn. 234; *Melzer* S. 241 f.
1004 *Wenzel* AuR 1976, 325 (328).

bb) Eingeschränkte Geltung der Verhandlungs- und Dispositionsmaxime

Im arbeitsgerichtlichen Urteilsverfahren gilt – ebenso wie im Zivilprozeß – die Verhandlungs- und Dispositionsmaxime.[1005] Das bedeutet, daß Einleitung, Umfang und Beendigung des Rechtsstreits – etwa durch Klagerücknahme (§ 269 ZPO), Anerkenntnis (§ 307 ZPO) oder Vergleich – allein Sache der Parteien ist.[1006] Auch die Beibringung des Tatsachenstoffes obliegt allein den Parteien.[1007] Weiter sind nicht bestrittene (§ 138 Abs. 3 ZPO) oder ausdrücklich zugestandene (§ 288 ZPO) Tatsachen der Entscheidung ohne weitere Prüfung zugrundezulegen. Die Parteien entscheiden damit allein über die Notwendigkeit eines Beweises. Das Arbeitsgericht ist hieran gebunden.[1008] Nach ganz überwiegender Auffassung[1009] können diese Grundsätze im Rahmen des § 5 KSchG indessen nicht uneingeschränkt zur Anwendung kommen. Für den Umfang des Verfahrens nach § 5 KSchG ist dies selbstverständlich, da der Antrag nur auf nachträgliche Zulassung der Kündigungsschutzklage lauten kann. Aber auch ein Prozeßvergleich oder ein Anerkenntnis bzw. ein Geständnis des Arbeitgebers muß ausscheiden.[1010] Dasselbe gilt für einen Verzicht des Arbeitnehmers nach § 295 ZPO. Dies entspricht der Rechtslage bei der Wiedereinsetzung in den vorigen Stand.[1011] Die Begründung für diese Einschränkungen fällt – je nach Standpunkt – unterschiedlich aus:

Nach der in dieser Untersuchung vertretenen prozessualen Auffassung ergibt sich dies bereits aus dem prozessualen Charakter der nachträglichen Klagezulassung, da die §§ 4, 5 KSchG als Prozeßvoraussetzungen der Amtsprüfung des Gerichts unterliegen.[1012]

Aber auch die Vertreter eines materiell-rechtlichen Verständnisses der §§ 4, 5 KSchG gelangen aufgrund des zwingenden Charakters des § 4 S. 1 KSchG[1013] zu diesem Ergebnis[1014]: Da Gegenstand des Zulassungsverfahrens allein die Dreiwochenfrist des § 4 S. 1 KSchG und diese der Parteidisposition entzogen ist, können Verhandlungs- und Dispositionsmaxime nicht in vollem Umfang zur An-

---

1005 *Germelmann/Matthes/Prütting* Einl. Rn. 175/178.
1006 *Germelmann/Matthes/Prütting* Einl. Rn. 174; *Zöller/Greger* vor § 128 Rn. 9.
1007 *Germelmann/Matthes/Prütting* Einl. Rn. 178; *Zöller/Greger* vor § 128 Rn. 10.
1008 *Germelmann/Matthes/Prütting* Einl. Rn. 178.
1009 *Vollkommer* AcP Bd. 161, 332 (354) sowie Anm. zu LAG Hamm LAGE § 5 KSchG Nr. 22; *Reinecke* NZA 1985, 243 (244); *Melzer* S. 226 ff. A. A. (offenbar) *Küttner/Eisemann*, Personalbuch 1998, Kündigungsschutz, Rn. 127.
1010 A. A. (offenbar) *Küttner/Eisemann*, Personalbuch 1998, Kündigungsschutz, Rn. 127.
1011 Vgl. hierzu *Stein/Jonas/Roth* § 238 Rn. 2; Müko-ZPO/*Feiber* § 238 Rn. 3.
1012 *Vollkommer* AcP Bd. 161, 332 (354).
1013 Vgl. hierzu oben Zweiter Teil B. IV.
1014 *Reinecke* NZA 1985, 243 (244); *Melzer* S. 229 ff. Vgl. auch *Vollkommer* Anm. zu LAG Hamm LAGE § 5 KSchG Nr. 22.

wendung kommen, sondern sind vielmehr den genannten Einschränkungen zu unterwerfen.

3. Die Besetzung des Gerichts

§ 5 Abs. 4 S. 1 KSchG besagte in der bis zum 31. April 2000 geltenden Fassung nur, daß das Arbeitsgericht über den Zulassungsantrag zu entscheiden hatte, nicht aber in welcher Besetzung dies zu geschehen hatte. Dementsprechend waren in diesem Zusammenhang Unklarheiten darüber aufgetaucht, ob das Zulassungsverfahren vor der vollbesetzten Kammer durchzuführen ist oder vor dem Vorsitzenden:

Ausgehend von dem von ihm vertretenen Standpunkt, daß über den Zulassungsantrag nicht aufgrund obligatorischer mündlicher Verhandlung zu entscheiden ist, nahm *Rüstig*[1015] an, daß das Zulassungsverfahren gemäß § 53 Abs. 1 S. 1 ArbGG vor dem Vorsitzenden allein durchgeführt werden kann.[1016]

Nach überwiegender Auffassung[1017] war das Zulassungsverfahren – ebenso wie das Hauptsacheverfahren – grundsätzlich vor der vollbesetzten Kammer durchzuführen. Eine Ausnahme hiervon war nach der herrschenden Meinung nur dann zu machen, wenn die Parteien übereinstimmend die Alleinentscheidung des Vorsitzenden beantragt hatten und die Entscheidung in der sich an die Gütesitzung unmittelbar anschließenden Verhandlung erfolgen konnte, § 55 Abs. 3 ArbGG.

Eine dritte Meinung[1018] schließlich schloß sich dem Grunde nach der herrschenden Ansicht an, indem auch sie davon ausging, daß das Zulassungsverfahren vor der vollbesetzten Kammer durchzuführen ist. Im Gegensatz zu dieser sollte dies jedoch ausnahmslos gelten. Eine Alleinentscheidung durch den Vorsitzenden gemäß § 55 Abs. 3 ArbGG wurde von dieser Auffassung mit der Begründung abgelehnt, daß es sich bei dem Beschluß nach § 5 KSchG um keine das Kündigungsschutzverfahren beendende Entscheidung im Sinne des § 55 Abs. 3 ArbGG handle.

1015 AuR 1953, 175.
1016 Demgegenüber zogen *Bader/Bram/Dörner/Wenzel* § 5 KSchG Rn. 6 diese Konsequenz nicht. Diese gingen vielmehr – ohne auf § 53 Abs. 1 S. 1 ArbGG näher einzugehen – davon aus, daß in entsprechender Anwendung des § 237 ZPO die vollbesetzte Kammer über den Zulassungsantrag zu entscheiden hat. Vgl. auch oben Vierter Teil B. II. 2. a.
1017 LAG Frankfurt LAGE § 55 ArbGG 1979 Nr. 2 (anders jedoch LAGE § 55 ArbGG 1979 Nr. 1); KR-*Friedrich* § 5 KSchG Rn. 126; *Hueck/v. Hoyningen-Huene* § 5 KSchG Rn. 28; *Kittner/Trittin* § 5 KSchG Rn. 37; *Germelmann/Matthes/Prütting* § 55 ArbGG Rn. 32 (anders jedoch § 46 Rn. 95); *Neumann*, AR-Blattei D, Kündigungsschutz III A, D I; *Stahlhacke/Preis* Rn. 1143; *Gift/Baur* E Rn. 255/661; *Eylert* AuA 1996, 414 (418); *Melzer* S. 225 f.
1018 LAG Frankfurt LAGE § 55 ArbGG 1979 Nr. 1 (anders jedoch LAGE § 55 ArbGG 1979 Nr. 2); *Germelmann/Matthes/Prütting* § 46 Rn. 95 (anders jedoch § 55 ArbGG Rn. 32); *Schaub* § 136 II 4.

Richtigerweise war das Zulassungsverfahren nach alter Rechtslage grundsätzlich vor der vollbesetzten Kammer des Arbeitsgerichts durchzuführen. Eine Alleinentscheidung durch den Vorsitzenden gemäß § 53 Abs. 1 S. 1 ArbGG war nicht möglich, da über den Zulassungsantrag – wie oben[1019] ausführlich begründet wurde – nur aufgrund obligatorischer mündlicher Verhandlung entschieden werden konnte. Stützen ließ sich dies nach der hier vertretenen prozessualen Auffassung überdies auf die entsprechend anwendbare Vorschrift des § 237 ZPO, die bestimmt, daß über den Antrag auf Wiedereinsetzung – d. h. über den Antrag nach § 5 KSchG – dasjenige Gericht zu entscheiden hat, dem auch die Entscheidungsbefugnis über die nachgeholte Prozeßhandlung – also die Kündigungsschutzklage – zusteht.[1020] Diese Überlegung – nämlich die, daß über den Zulassungsantrag das für das Hauptsacheverfahren zuständige Gericht zu entscheiden hat – führte zu der weiteren Konsequenz, daß dann aber auch die für das Hauptsacheverfahren geltenden Ausnahmen anerkannt werden müssen. Es erschien nämlich wenig einsichtig, daß der Vorsitzende zwar über die Hauptsache d. h. die Kündigungsschutzklage, gemäß § 55 Abs. 3 ArbGG allein entscheiden durfte, nicht aber in dem Nebenverfahren nach § 5 KSchG über die nachträgliche Zulassung.[1021] Im übrigen war angesichts der Ausgestaltung des Zulassungsverfahrens als selbständiges Zwischenverfahren davon auszugehen, daß eine das „Verfahren beendende Entscheidung" im Sinne des § 55 Abs. 3 ArbGG sehr wohl vorliegt.

Durch die Neufassung des § 5 Abs. 4 S. 1 KSchG durch das Arbeitsgerichtsbeschleunigungsgesetz ist nunmehr klar gestellt, daß über den Zulassungsantrag die voll besetzte Kammer zu entscheiden hat. Eine Entscheidung durch den Kammervorsitzenden allein wurde nach der Gesetzesbegründung ausdrücklich nicht für vertretbar gehalten.[1022] Die Möglichkeit einer Entscheidung nach § 55 Abs. 3 ArbGG durch den Kammervorsitzenden allein dürfte jedoch auch nach der neuen Rechtslage bestehen.[1023] Die hierfür bisher angeführten Argumente gelten unverändert fort. Eine Abweichung hiervon ist auch nach der neuen Gesetzeslage nicht veranlasst.

III. Die Entscheidung

1. Entscheidung durch Beschluß

In § 5 Abs. 4 S. 1 KSchG ist bestimmt, daß das Arbeitsgericht über den Zulassungsantrag durch Beschluß entscheidet. Damit ist klar gestellt, daß die Ent-

---

[1019] Vierter Teil B. II. 2. a.
[1020] Vgl. *Vollkommer* AcP Bd. 161, 332 (354).
[1021] Zutreffend LAG Frankfurt LAGE § 55 ArbGG 1979 Nr. 2; *Gift/Baur* E Rn. 255.
[1022] *Bader/Bram/Dörner/Wenzel* (39. Erg. Lfg.) § 5 KSchG aktuell Rn. 2. Kritisch hierzu *Lakies* BB 2000, 667 (668), der die Möglichkeit einer Alleinentscheidung durch den Vorsitzenden für sinnvoller gehalten hätte.
[1023] Ebenso *Bader/Bram/Dörner/Wenzel* (39. Erg. Lfg.) § 5 KSchG aktuell Rn. 9.

scheidung über den Antrag auf nachträgliche Zulassung der Kündigungsschutzklage in einem gesonderten Beschluß ergehen darf. Dieser Beschluß unterfällt der für Beschlüsse geltenden Regelung des § 329 ZPO. Dies hat zur Konsequenz, daß er gemäß § 329 Abs. 1 S. 1 ZPO zu verkünden und, da die Entscheidung der sofortigen Beschwerde unterliegt, gemäß §§ 329 Abs. 3, 270 Abs. 1 ZPO von Amts wegen zuzustellen ist.[1024] Ferner folgt aus der Anfechtungsmöglichkeit mittels sofortiger Beschwerde, daß der Beschluß mit einer Rechtsmittelbelehrung gemäß §§ 9 Abs. 5 S. 1, 2 ArbGG zu versehen ist.[1025]

Noch nicht abschließend geklärt ist aber die Frage, ob das Arbeitsgericht stets gemäß § 5 Abs. 4 S. 1 KSchG vorzugehen hat oder ob es über den Zulassungsantrag auch zusammen mit dem Urteil des Kündigungsschutzprozesses entscheiden darf:

Vereinzelt[1026] wird die vorgenannte Frage im letzteren Sinne beantwortet. Nach dieser Auffassung darf über den Zulassungsantrag – zumindest dann, wenn er nur hilfsweise gestellt wird – zugleich mit der Sachentscheidung im Urteil und zwar in den Entscheidungsgründen erkannt werden. Zur Begründung hierfür beruft sich die Mindermeinung darauf, daß der Antrag auf nachträgliche Zulassung seinem Wesen nach als ein Antrag auf Wiedereinsetzung in den vorigen Stand anzusehen sei. Folgerichtig seien deshalb die Grundsätze der ZPO über die Wiedereinsetzung – soweit sie die verfahrensrechtliche Gestaltung betreffen – auch auf das Zulassungsverfahren nach § 5 KSchG anwendbar. Über die Wiedereinsetzung könne aber zusammen mit der nachgeholten Prozeßhandlung im Endurteil entschieden werden.[1027] Folglich müsse dies auch für § 5 KSchG gelten. Diese Auslegung entspreche auch der Auffassung unter Geltung des BRG. Dort aber sei in § 1 der Verordnung zur Ausführung des § 90 BRG ebenfalls eine Entscheidung durch Beschluß vorgesehen gewesen.[1028] Zumindest aber müsse eine Inzidenter-Entscheidung im Urteil dann möglich sein, wenn der Arbeitnehmer auf dem Standpunkt stehe, die Dreiwochenfrist des § 4 S. 1 KSchG eingehalten zu haben, er den Antrag nach § 5 KSchG also nur hilfsweise gestellt habe. In diesem Falle begehre der Arbeitnehmer nämlich in erster Linie eine Sachentscheidung. Es entspreche jedoch einem anerkannten Grundsatz des Prozeßrechts, daß das Gericht über den für den Fall der Erfolglosigkeit gestellten Hilfsantrag erst dann entscheiden darf, wenn es den Hauptantrag zurückgewiesen hat.

1024 *Gift/Baur* E Rn. 260.
1025 KR-*Friedrich* § 5 KSchG Rn. 127; *Gift/Baur* E Rn. 259.
1026 ArbG Berlin DB 1976, 1920; *Maus* § 5 KSchG Rn. 19; *Lepke* AuR 1970, 109 (111 f.). Ebenso ArbG Hamburg ARSt Bd. XI Nr. 204, das eine gesonderte Entscheidung über den Zulassungsantrag dann nicht für erforderlich hält, wenn nach dem Vortrag des Arbeitnehmers völlig klar ist, daß die Fristen für die nachträgliche Zulassung versäumt sind. Vgl. ferner *Berkowsky* NZA 1997, 352 (357).
1027 Vgl. hierzu *Thomas/Putzo* § 238 Rn. 6 f.
1028 Vgl. hierzu oben Erster Teil A. und B.

Dem hat sich jedoch die ganz überwiegende Auffassung[1029] nicht angeschlossen. Mit Rücksicht auf den Wortlaut des § 5 Abs. 4 S. 1 KSchG plädiert sie vielmehr für eine Verpflichtung des Arbeitsgerichts, über den Antrag auf nachträgliche Zulassung durch gesonderten Beschluß zu entscheiden. Dieser herrschenden Meinung kann in Begründung und Ergebnis nur zugestimmt werden. Die gegenteilige Ansicht hat sich zu Recht nicht durchzusetzen vermocht. Ihr steht schon der klare Wortlaut des § 5 Abs. 4 S. 1 KSchG entgegen. Der Arbeitnehmer hat einen Anspruch darauf, daß über seinen Antrag auf nachträgliche Klagezulassung durch gesonderten Beschluß entschieden wird. Dies gilt selbst dann, wenn dieser offensichtlich verfristet ist. Auch ein offensichtlich unzulässiger Zulassungsantrag darf nicht einfach übergangen werden. Eine sofortige Entscheidung in der Sache ist daher entgegen dem *ArbG Hamburg a. a. O.* auch bei einem offensichtlich unzulässigen Zulassungsantrag nicht möglich. Aus der in diesem Punkt abweichenden Rechtslage bei der Wiedereinsetzung in den vorigen Stand läßt sich nichts Gegenteiliges herleiten. Zwar sind nach der hier vertretenen prozessualen Auffassung die §§ 233 ff. ZPO grundsätzlich auf § 5 KSchG entsprechend anwendbar,[1030] doch gilt dies nur, soweit sich aus § 5 KSchG nichts anderes ergibt. Eine solche von den §§ 233 ff. ZPO abweichende Sonderregelung liegt hier aber in Gestalt des § 5 Abs. 4 S. 1 KSchG vor. Der Gesetzgeber hat bewußt zum Zwecke einer zügigen Verfahrenserledigung die Entscheidung durch einen gesonderten Beschluß vorgesehen. Die Frage der nachträglichen Zulassung soll einer möglichst raschen Klärung zugeführt werden. Dieser Zweck wird vereitelt, wenn man den Zulassungsantrag das gesamte Kündigungsschutzverfahren ggfls. über mehrere Instanzen hinweg „mitschleppt". Gerade dies aber wäre die Konsequenz einer Inzident-Entscheidung im Urteil. Nichts anderes ergibt sich im übrigen entgegen teilweise vertretener Auffassung[1031] in den Fällen, in denen der Arbeitnehmer davon ausgeht, die Dreiwochenfrist des § 4 S. 1 KSchG eingehalten zu haben. Die Vertreter dieser Ansicht verkennen, daß es sich beim Zulassungsantrag nicht um einen Hilfsantrag im klassischen Sinne handelt.[1032] Anders als ein echter Hilfsantrag dient der Antrag nach § 5 KSchG nämlich gerade der Durchsetzung des Hauptantrags. Dem Interesse des Klägers an einer Entscheidung in der Hauptsache wird damit auch bei einer vorherigen gesonderten Entscheidung über die nachträgliche Zulassung Rechnung getragen.

1029 BAG AP Nr. 2 zu § 72 ArbGG 1979; LAG Baden-Württemberg AP Nr. 9 zu § 4 KSchG 1951; LAG Düsseldorf/Köln BB 1975, 139; KR-*Friedrich* § 5 KSchG Rn. 127; *Hueck/v. Hoyningen-Huene* § 5 KSchG Rn. 28; *Kittner/Trittin* § 5 KSchG Rn. 37; *Bader/Bram/Dörner/Wenzel* § 5 KSchG Rn. 6; *Neumann*, AR-Blattei D, Kündigungsschutz III A, D I; *Gift/Baur* E Rn. 256; *Melzer* S. 243 f.
1030 Vgl. oben Zweiter Teil C. IV. 3. a.
1031 ArbG Berlin DB 1976, 1920; *Lepke* AuR 1970, 109 (111 f.).
1032 Vgl. hierzu oben Vierter Teil B. I. 2.

2. Bindungswirkung der Entscheidung

a) Begründung der Bindungswirkung

Einigkeit herrscht weitgehend darüber, daß die Gerichte – ebenso wie bei der Wiedereinsetzung in den vorigen Stand[1033] – an die Entscheidung über die nachträgliche Klagezulassung in entsprechender Anwendung des § 318 ZPO gebunden sind.[1034] Die Bindungswirkung erstreckt sich nach ebenfalls einhelliger Meinung[1035] auch auf das Berufungs- und das Revisionsgericht. Unterschiede lassen sich jedoch in der Begründung dieser Bindungswirkung ausmachen:

Grunsky[1036] stellt eher pragmatisch darauf ab, daß eine Entscheidung im Zulassungsverfahren ohne Bindungswirkung keinen Sinn machen würde, da dann das Arbeitsgericht im Hauptsacheverfahren trotz des die Zulassung ablehnenden Beschlusses erneut über die Frage entscheiden müßte, ob ein Zulassungsgrund vorliegt. Das Zulassungsverfahren würde damit zur Farce.

Das *BAG*[1037] zieht den Vergleich zur Vorschrift des § 303 ZPO. Nach § 318 ZPO sei das Gericht an die Entscheidung, die in den von ihm erlassenen End- und Zwischenurteilen enthalten ist, gebunden. Diese Vorschrift sei auf Beschlüsse, die unabänderbar sind, entsprechend anwendbar. Bei der Entscheidung über die nachträgliche Klagezulassung handle es sich aber gerade um eine solche unabänderbare Entscheidung. Werde nämlich die sofortige Beschwerde gegen die Zurückweisung des Antrags auf nachträgliche Zulassung zurückgewiesen, so sei der Beschluß endgültig. Demzufolge sei das Arbeitsgericht in analoger Anwendung des § 318 ZPO an seine Entscheidung gebunden. Die Bindung an den Beschluß nach § 5 KSchG erstrecke sich aufgrund der Vorschrift des § 548 ZPO sowie der inneren Rechtskraft des Beschlusses auch auf das Revisionsgericht. Dies entspreche im übrigen auch der Rechtslage bei der Wiedereinsetzung in den vorigen Stand.

Diese Begründung des *BAG* vermag nicht zu überzeugen. Geht man – wie es das *BAG* in der genannten Entscheidung annimmt – von einer materiell-rechtlichen Rechtsnatur der §§ 4, 5 KSchG aus, so trägt der Vergleich mit § 303 ZPO nicht.[1038] Diese Vorschrift hat nur prozessuale Zwischenentscheidungen zum Gegenstand.[1039] Vom Boden der materiell-rechtlichen Lehre läge vielmehr der

---

1033 Vgl. hierzu *Zöller/Greger* § 238 Rn. 5; Müko-ZPO/*Feiber* § 238 Rn. 13.
1034 BAG AP Nr. 4 zu § 5 KSchG 1969; KR-*Friedrich* § 5 KSchG Rn. 156 a; *Hueck/v. Hoyningen-Huene* § 5 KSchG Rn. 33; *Grunsky* Anm. zu BAG AP Nr. 4 zu § 5 KSchG 1969; *Otto* Anm. zu BAG EzA § 5 KSchG Nr. 20; *Dütz/Kronthaler* Anm. zu LAG Hamm AP Nr. 8 zu § 5 KSchG 1969.
1035 Vgl. etwa BAG a. a. O.; KR-*Friedrich* a. a. O.
1036 Anm. zu BAG AP Nr. 4 zu § 5 KSchG 1969.
1037 AP Nr. 4 zu § 5 KSchG 1969.
1038 Zutreffend *Otto* Anm. zu BAG EzA § 5 KSchG Nr. 20.
1039 MüKo-ZPO/*Musielak* § 303 Rn. 2.

Rückgriff auf § 304 ZPO nahe, da diese Bestimmung Entscheidungen materiellrechtlichen Inhalts betrifft.[1040] Doch paßt auch diese Vorschrift nicht. Ausgehend von der Annahme einer Entscheidung über einen selbständigen Anspruch – nämlich das Recht des Arbeitnehmers auf Beseitigung der Folgen des § 7 KSchG – in Form einer Gestaltungsentscheidung weist die materiell-rechtliche Auffassung dem Beschluß neben der Gestaltungswirkung im Falle der Antragsstattgabe materielle Rechtskraftwirkung zu.[1041] Eine derartige materielle Rechtskraftwirkung kennt aber das Grundurteil gemäß § 304 ZPO nicht.[1042] Ihm kommt nur innerprozessuale Bindungswirkung zu. Richtigerweise ist daher – unter Zugrundelegung eines prozessualen Verständnisses der §§ 4, 5 KSchG – die Vorschrift des § 280 ZPO entsprechend heranzuziehen.[1043] Folglich kommt dem Beschluß nach § 5 KSchG – wie bei Zwischenentscheidungen nach § 280 ZPO üblich[1044] – innerprozessuale Bindungswirkung zu. Dies ergibt sich – da der Beschluß der Anfechtung durch die sofortige Beschwerde unterliegt – zutreffendermaßen aus der Vorschrift des § 577 Abs. 3 ZPO.[1045] Weiter führt der Beschluß zu einer Bindung des Berufungs- und des Revisionsgerichts. Dies folgt entgegen weit verbreiteter Ansicht[1046] jedoch nicht aus der materiellen Rechtskraft der Entscheidung, sondern nur aus den §§ 512, 548 ZPO.[1047] Ein Beschluß ist nämlich nur dann (materiell) rechtskraftfähig, wenn er eine der Rechtskraft fähige Entscheidung beinhaltet, d. h. einen Inhalt hat, der sich nicht auf das anhängige Verfahren beschränkt, sondern Wirkung auch über den Prozeß hinaus entfaltet.[1048] Eine solche über das anhängige Verfahren hinausgehende Wirkung ist aber bei § 5 KSchG nicht erkennbar, da dieser allein der Durchsetzung des Hauptantrags dient.[1049] Dementsprechend erwächst in Übereinstimmung mit der Rechtslage bei § 280 ZPO[1050] nur

---

1040 *Vollkommer* AcP Bd. 161, 332 (355); *Otto* Anm. zu BAG EzA § 5 KSchG Nr. 20. Vgl. zum materiell-rechtlichen Inhalt des § 304 ZPO MüKo-ZPO/*Musielak* § 304 Rn. 5.
1041 *Vollkommer* AcP Bd. 161, 332 (355 f.); *Melzer* S. 263 f. Entgegen der Annahme *Melzers* muß dies jedoch auch für den stattgebenden Beschluß gelten, vgl. MüKo-ZPO/*Gottwald* § 322 Rn. 172.
1042 *Zöller/Vollkommer* § 304 Rn. 20; *Stein/Jonas/Leipold* § 304 Rn. 47.
1043 Zutreffend EK-ArbR/*Ascheid* § 5 KSchG Rn. 34; *Vollkommer* AcP Bd. 161, 332 (356); *Otto* Anm. zu BAG EzA § 5 KSchG Nr. 20. Die Vorschrift des § 303 ZPO paßt deshalb nicht, weil diese Zwischenentscheidungen im Gegensatz zum Beschluß nach § 5 KSchG gerade nicht selbständig anfechtbar sind.
1044 Vgl. statt aller *Zöller/Greger* § 280 Rn. 8.
1045 Zutreffend *Melzer* S. 245. Vgl. allg. zur innerprozessualen Bindungswirkung von der sofortigen Beschwerde unterliegenden Beschlüssen *Werner*, Rechtskraft, S. 61 f.
1046 BAG AP Nr. 4 zu § 5 KSchG 1969; *Hueck/v. Hoyningen-Huene* § 5 KSchG Rn. 33; *Stahlhacke/Preis* Rn. 1144; *Thomas/Putzo* § 322 Rn. 3; *Melzer* S. 263 f.
1047 Zutreffend *Otto* Anm. zu BAG EzA § 5 KSchG Nr. 20.
1048 *Stein/Jonas/Leipold* § 322 Rn. 54; MüKo-ZPO/*Musielak* § 329 Rn. 12; *Werner*, Rechtskraft, S. 88 ff.
1049 Vgl. hierzu oben Dritter Teil B. III. 2.; Vierter Teil B. I. 2.
1050 Vgl. hierzu *Zöller/Vollkommer* vor § 322 Rn. 8; *Thomas/Putzo* § 322 Rn. 4.

das Endurteil über die Kündigungsschutzklage in innere Rechtskraft, nicht aber der Beschluß über die nachträgliche Klagezulassung.[1051] Eine solche materielle Rechtskraftwirkung erscheint angesichts der Bindung über §§ 577 Abs. 3, 512, 548 ZPO überflüssig.[1052]
Hieran vermag auch die insofern abweichende Rechtslage bei den §§ 233 ff. ZPO nichts zu ändern. Der Umstand, daß dem die Wiedereinsetzung in den vorigen Stand versagenden Beschluß materielle Rechtskraftwirkung zuerkannt wird,[1053] beruht darauf, daß der Wiedereinsetzungsantrag auch noch nach rechtskräftiger Verwerfung des Rechtsmittels gestellt werden kann.[1054] Damit wird prinzipiell die Möglichkeit eröffnet, trotz Verwerfung des Rechtsmittels und Ablehnung der Wiedereinsetzung erneut einen Wiedereinsetzungsantrag zu stellen. Um dies zu verhindern, muß im Rahmen der Wiedereinsetzung die materielle Rechtskraft anerkannt werden. Mit anderen Worten: Der Entscheidung über den Wiedereinsetzungsantrag kommt eine Wirkung zu, die sich nicht auf das anhängige Verfahren beschränkt. Demgegenüber ergibt sich diese Situation bei § 5 KSchG nicht. In Anbetracht der Tatsache, daß es sich bei der nachträglichen Zulassung anders als bei den §§ 233 ff. ZPO nicht um einen außerordentlichen Rechtsbehelf gegen die Rechtskraft handelt,[1055] wird man eine nachträgliche Zulassung nach rechtskräftiger Abweisung der Kündigungsschutzklage grundsätzlich[1056] nicht anerkennen können. Damit entfällt dann aber auch die angesprochene Problematik und mit ihr die Rechtfertigung für die Anerkennung der materiellen Rechtskraftwirkung.

b) Umfang der Bindungswirkung

Noch verworrener als in der Frage der Begründung der Bindungswirkung stellt sich der Meinungsstand betreffend den Umfang der Bindungswirkung des Beschlusses nach § 5 KSchG dar:

Am weitesten geht das *LAG Hamm*[1057], das im Zulassungsverfahren mit Bindungswirkung für das Hauptsacheverfahren prüfen will, ob eine vorsorglich aus-

---

1051 Demgegenüber ist der Beschluß über die nachträgliche Zulassung der Kündigungsschutzklage nach Ablauf der Beschwerdefrist durchaus der formellen Rechtskraft fähig, vgl. *Melzer* S. 261.
1052 Vgl. auch *Werner*, Rechtskraft, S. 92: „Was die Innenbindung ohnehin leistet, braucht nicht auf die materielle Rechtskraft geschoben werden."
1053 So etwa BAG AP Nr. 1 zu § 238 ZPO; *Thomas/Putzo* § 322 Rn. 3.
1054 Vgl. hierzu *Stein/Jonas/Roth* § 238 Rn. 10 f.
1055 Vgl. oben Zweiter Teil C. IV. 3. a.; *Vollkommer*, Festschrift für Stahlhacke, S. 599 (614).
1056 Vgl. zu Ausnahmefällen unten Vierter Teil C. V. Bei diesen Fällen handelt es sich jedoch stets um Fallkonstellationen, bei denen der Zulassungsantrag bereits bei der Klageerhebung gestellt worden war, nicht – wie bei den §§ 233 ff. ZPO – nach Verwerfung des Rechtsmittels.
1057 LAGE § 5 KSchG Nr. 22.

gesprochene Kündigung überhaupt ausgesprochen worden ist, ob die Voraussetzungen zur Anwendung des Kündigungsschutzgesetzes gegeben sind oder ob andere vorgreifliche Gesichtspunkte (wie etwa die Formgültigkeit einer umstrittenen Kündigung oder die Frage, ob das Kündigungsschutzgesetz auf Auszubildende anwendbar ist) dem Antrag entgegenstehen. Das Verfahren nach § 5 KSchG könne – so das *LAG Hamm a. a. O.* – wie jedes gerichtliche Verfahren nur betrieben werden, wenn ein Rechtsschutzbedürfnis an der Erlangung der beantragten Entscheidung besteht. Davon könne aber keine Rede sein, wenn es schon an einer Kündigungserklärung oder einem anderen für den Antrag nach § 5 KSchG vorgreiflichen Gesichtspunkt fehlt. Anderenfalls würden nämlich die Gerichte gezwungen, im Zulassungsverfahren Entscheidungen zu erlassen, deren Bedeutung für den Kündigungsschutzprozeß so lange reine Hypothese bleibe, bis im Hauptsacheverfahren eine entsprechende Klärung herbeigeführt werde. Unter dem Gesichtspunkt der Prozeßökonomie sei es daher nur sinnvoll, alle für das Zulassungsverfahren vorgreiflichen Gesichtspunkte im Verfahren nach § 5 KSchG mit Bindungswirkung für das Hauptsacheverfahren zu prüfen. Da es sich beim Verfahren nach § 5 KSchG um einen materiell-rechtlichen Verfahrensabschnitt handle, bei dem eine Beschränkung auf präsente Beweismittel nicht zulässig sei, bestünden gegen eine derartige Verlagerung materiell-rechtlicher Gesichtspunkte in das Zulassungsverfahren keine Bedenken.

Nach Auffassung des *BAG*[1058], der *2. Kammer des LAG Sachsen-Anhalt*[1059] und eines Teils der Literatur[1060] beschränkt sich die Bindungswirkung des Beschlusses nach § 5 KSchG auf die Annahme, die Klage sei verspätet, und die Feststellung, ob den Kläger an der Fristversäumnis ein Verschulden trifft oder nicht. Alle anderen Fragen, mit denen sich der Beschluß ohne zwingenden Rechtsgrund auseinandergesetzt hat, werden nach dieser Ansicht von der Bindungswirkung nicht erfaßt. Die Frage, ob die dreiwöchige Klagefrist des § 4 KSchG versäumt ist, sei – so das *BAG a. a. O.* – nicht nur eine Vorfrage im Zulassungsverfahren, sondern gehöre bereits zum notwendigen Antragsinhalt. Wie sich aus dem Wortlaut des § 5 KSchG ergebe, seien nämlich bei der nachträglichen Klagezulassung – ebenso wie beim Wiedereinsetzungsantrag – Fristversäumnis und schuldlose Verhinderung an ihrer Wahrung untrennbar miteinander verbunden. Die Versäumung der Frist des § 4 KSchG stelle sich damit als Voraussetzung für das Zulassungsverfahren dar. Es könne nicht Aufgabe der Gerichte sein, für den Fall der Fristversäumung ein Rechtsgutachten darüber zu erstatten, ob schuldhafte oder schuldlose Versäumung vorliegt. Dementsprechend sei die Bindungswir-

---

1058 AP Nr. 4, AP Nr. 6 zu § 5 KSchG 1969.
1059 LAGE § 5 KSchG Nr. 69. Anders die 5. Kammer des LAG Sachsen-Anhalt, vgl. LAGE § 5 KSchG Nr. 92.
1060 HK-KSchG/*Hauck* § 5 KSchG Rn. 92; *Bader/Bram/Dörner/Wenzel* § 5 KSchG Rn. 8; KPK-*Ramrath*, Teil H, § 5 KSchG Rn. 24; *Germelmann/Matthes/Prütting* § 46 ArbGG Rn. 94; *Stahlhacke/Preis* Rn. 1144; *Schaub* § 136 II 4; *Gift/Baur* E Rn. 276; *Becker-Schaffner* ZAP 1991, Fach 17, 151 (154); ders. ZAP 1999, Fach 17, 481 (484).

kung des Beschlusses neben der Feststellung des Verschuldens auch auf die Frage der Fristversäumung zu erstrecken. Diene damit das Verfahren über die nachträgliche Zulassung der Kündigungsschutzklage allein der Klärung der Frage, ob die verspätete Klageerhebung vom Arbeitnehmer verschuldet ist, so könne die Bindungswirkung auch nur diese Feststellungen erfassen, nicht aber andere Vorfragen – wie etwa die Anwendbarkeit des Kündigungsschutzgesetzes – mit denen sich das Gericht im Zulassungsverfahren ohne Grund beschäftigt hat. Diese Fragen seien vielmehr aufgrund der Auslegung des Zulassungsantrags als Hilfsantrag für den Fall der Versäumung der Dreiwochenfrist des § 4 S. 1 KSchG dem Hauptsacheverfahren vorbehalten.

Die *LAGe Baden-Württemberg*[1061], *Köln*[1062] und *Hamburg*[1063], die 5. Kammer des *LAG Sachsen-Anhalt*[1064] sowie die im Schrifttum vorherrschende Auffassung[1065] schließlich wollen die Bindungswirkung des Beschlusses allein auf die Frage beschränken, ob die Verspätung der Klageerhebung verschuldet ist oder nicht.

Der zuletzt genannten Ansicht gebührt der Vorzug. Die vom *LAG Hamm* vertretene Meinung, wonach die Bindungswirkung des Beschlusses sämtliche materiell-rechtlichen Vorfragen der nachträglichen Klagezulassung erfaßt, muß schon deshalb der Ablehnung verfallen, weil die nachträgliche Klagezulassung nach oben[1066] ausführlich begründeter Auffassung als prozessuales Institut aufzufassen und daher einer Überprüfung materiell-rechtlicher Fragen nicht zugänglich ist. Die vom *LAG Hamm a. a. O.* vertretene Ansicht zeigt vielmehr augenfällig die Schwierigkeiten der materiell-rechtlichen Auffassung bei der Bestimmung des Prüfungsumfangs im Verfahren nach § 5 KSchG. Diese resultieren daraus, daß das Zulassungsverfahren bei Annahme eines materiell-rechtlichen Instituts

---

1061 LAGE § 5 KSchG Nr. 37.
1062 LAGE § 5 KSchG Nr. 39 und 48.
1063 LAGE § 5 KSchG Nr. 47. Unklar indessen LAG Berlin LAGE § 5 KSchG Nr. 27, das zunächst das Verfahren nach § 5 KSchG nur auf die Frage des Verschuldens erstrecken will, sich dann aber in den Gründen doch dem BAG anschließt.
1064 LAGE § 5 KSchG Nr. 92. Anders – dem BAG folgend – die 2. Kammer des LAG Sachsen-Anhalt, vgl. LAGE § 5 KSchG Nr. 69.
1065 KR-*Friedrich* § 5 KSchG Rn. 134/156 a; *Hueck/v. Hoyningen-Huene* § 5 KSchG Rn. 34; *Kittner/Trittin* § 5 KSchG Rn. 41; EK-ArbR/*Ascheid* § 5 KSchG Rn. 30; *Neumann*, AR-Blattei D, Kündigungsschutz III A, D III; *Küttner/Eisemann*, Personalbuch 1998, Kündigungsschutz, Rn. 142; *dies.*, Personalbuch 2000, Rn. 142; MünchArbR/*Berkowsky* (Band 2) § 145 Rn. 49; *Eylert* AuA 1996, 414 (418); *Berkowsky* NZA 1997, 352 (356); *Vollkommer* Anm. zu LAG Hamm LAGE § 5 KSchG Nr. 22; *Otto* Anm. zu BAG EzA § 5 KSchG Nr. 20; *Grunsky* Anm. zu BAG AP Nr. 4 zu § 5 KSchG 1969; *Löwisch* Anm. zu LAG Baden-Württemberg LAGE § 5 KSchG Nr. 37; *Melzer* S. 195.
1066 Zweiter Teil C. IV.

grundsätzlich sämtliche materiell-rechtlichen Fragen erfassen kann, so daß die Abgrenzung zum Hauptsacheverfahren verschwimmt.[1067] Die Auffassung des *LAG Hamm a. a. O.* führt letztlich aber auch dazu, daß wichtige materiell-rechtliche Fragen – wie die Anwendbarkeit des Kündigungsschutzgesetzes – aufgrund bloßer Glaubhaftmachung im Zulassungsverfahren endgültig entschieden werden. Daß dies nicht richtig sein kann, erkennt letztlich das *LAG Hamm a. a. O.* selber, indem es entgegen dem Wortlaut des § 5 Abs. 2 S. 2 KSchG die Beweisaufnahme im Zulassungsverfahren nicht auf präsente Beweismittel beschränkt.[1068] Zu prüfen bleibt damit nur noch, inwieweit prozeßökonomische Überlegungen zu einer anderen Beurteilung zwingen. Auch insoweit ergibt sich aber nichts Gegenteiliges: Bei richtiger Vorgehensweise besteht nämlich entgegen den vom *LAG Hamm a. a. O.* geäußerten Befürchtungen gar nicht die Gefahr rein hypothetischer Entscheidungen im Zulassungsverfahren. Da das Arbeitsgericht aufgrund der Auslegung des Zulassungsantrags als Hilfsantrag für den Fall, daß die Klage verspätet ist, überhaupt erst dann in das Zulassungsverfahren eintreten darf, wenn es im Hauptsacheverfahren die Anwendbarkeit des Kündigungsschutzgesetzes, die Fristversäumnis usw. bejaht hat, kann es zu hypothetischen Entscheidungen, wie bei Fristversäumnis oder bei Anwendbarkeit des Kündigungsschutzgesetzes zu entscheiden wäre, gar nicht kommen.

Diese hier näher aufgezeigte Prüfungsfolge führt zu der weiteren Konsequenz, daß auch der Auffassung des *BAG* nicht gefolgt werden kann. Geht man nämlich von der auch vom *BAG*[1069] befürworteten Auslegung des Zulassungsantrags als Hilfsantrag für den Fall der Verspätung der Klage aus, so muß das *Hauptsacheverfahren* bis zu dem Punkt durchgeführt werden, in dem die Verspätung der Klage festgestellt wird. Erst dann darf überhaupt in das Zulassungsverfahren eingetreten werden.[1070] Die Frage der Verspätung als solche spielt dann im Zulassungsverfahren keine Rolle mehr und kann daher auch von der Bindungswirkung des Beschlusses nach § 5 KSchG nicht mehr erfaßt werden.[1071] Aufgrund dieser zwingenden Prüfungsfolge kann es auch nicht zu den vom *BAG* zur Begründung seiner Auffassung ins Felde geführten hypothetischen Entscheidungen darüber kommen, wie zu entscheiden wäre, wenn die Klage verspätet wäre. Das Zulas-

---

1067 Eben deshalb spielt die Frage der Rechtsnatur der §§ 4, 5 KSchG entgegen der Auffassung des LAG Sachsen-Anhalt (LAGE § 5 KSchG Nr. 92) bei der Bestimmung des Prüfungsumfangs des Zulassungsverfahrens durchaus eine Rolle. Vgl. hierzu bereits oben Zweiter Teil A.
1068 Vgl. hierzu ausführlich oben Vierter Teil B. II. 2. c.
1069 AP Nr. 4, Nr. 6 zu § 5 KSchG 1969.
1070 Zutreffend LAG Sachsen-Anhalt LAGE § 5 KSchG Nr. 92; *Berkowsky* NZA 1997, 352 (356).
1071 Für diejenigen Autoren, die eine Feststellung der Verspätung der Klage nicht für eine notwendige Voraussetzung zur Durchführung des Zulassungsverfahrens halten (vgl. oben Vierter Teil B. I. 1. c.), folgt dies auch daraus, daß die Frage der Verspätung ja gerade offen gelassen worden ist, vgl. *Grunsky* Anm. zu BAG AP Nr. 4 zu § 5 KSchG 1969.

sungsverfahren darf ja erst dann durchgeführt werden, wenn die Verspätung zur Überzeugung des Gerichts feststeht. Die Richtigkeit des hier vertretenen Standpunktes zeigt sich im übrigen schlagend in den Fällen, in denen es – etwa mangels Vortrags von Zulassungsgründen – gar nicht zu einem Zulassungsverfahren kommt. In diesen Fällen ist die Frage der Fristversäumung in jedem Fall im Hauptsacheverfahren zu klären. Warum dies im Falle eines Zulassungsantrags anders sein sollte, erscheint wenig einsichtig. Die Ungereimtheit wird besonders deutlich, wenn man sich vor Augen hält, daß bei Zugrundelegung der Auffassung des *BAG* dieselbe Frage, nämlich die Frage nach der Verspätung der Klage, – je nachdem ob ein Zulassungsantrag vorliegt oder nicht – aufgrund bloßer Glaubhaftmachung im Zulassungsverfahren mit der Anfechtungsmöglichkeit über zwei Instanzen entschieden wird oder aufgrund Strengbeweises im Hauptsacheverfahren mit der Anfechtungsmöglichkeit über drei Instanzen.

3. Die Entscheidung bei Säumnis der Parteien

a) Säumnis des Arbeitnehmers

Im Falle der Säumnis des Arbeitnehmers hatte nach einhelliger Auffassung[1072] zur bis zum 31. April 2000 geltenden Rechtslage ein die Kündigungsschutzklage abweisendes Versäumnisurteil zu ergehen. Einer gesonderten Entscheidung über den Zulassungsantrag bedurfte es nach ganz überwiegender Meinung[1073] nicht. Dies wurde damit begründet, daß es sich nach alter Rechtslage beim Zulassungsverfahren um einen Fall obligatorischer mündlicher Verhandlung handelte.[1074] Erscheine in einem solchen Termin die Partei nicht, so sei nach allgemeinen zivilprozessualen Grundsätzen das schriftsätzlich Vorgebrachte nicht zu berücksichtigen. Etwaige Anträge seien als nicht gestellt anzusehen. Etwaiger Tatsachenvortrag bleibe außer Betracht. Dementsprechend gelte der Antrag auf nachträgliche Zulassung als nicht gestellt, so daß über ihn auch nicht zu entscheiden sei.[1075]

Dieser ganz herrschenden Auffassung war schon aus prozeßökonomischen Gründen zuzustimmen. Selbst im Falle einer nachträglichen Zulassung der Kündigungsschutzklage wäre diese nämlich gemäß § 330 ZPO durch in der Sache entscheidendes Versäumnisurteil abzuweisen. Angesichts dessen macht eine Entscheidung über die nachträgliche Zulassung in der Tat wenig Sinn. Die durch

---

[1072] KR-*Friedrich* § 5 KSchG Rn. 148; HK-KSchG/*Hauck* § 5 KSchG Rn. 72; *Bader/Bram/Dörner/Wenzel* (36. Erg. Lfg.) § 5 KSchG Rn. 161; *Dahns* RdA 1952, 140 (141); *Seydel* BB 1957, 439; *Pünnel* AuR 1962, 105 (106); *Reinecke* NZA 1985, 243; *Melzer* S. 247 ff.

[1073] KR-*Friedrich* § 5 KSchG Rn. 148; *Pünnel* AuR 1962, 105 (106); *Reinecke* NZA 1985, 243; *Melzer* S. 247 f. A. A. offenbar – ohne Begründung – *Seydel* BB 1957, 439.

[1074] Vgl. hierzu oben Vierter Teil B. II. 2. a.

[1075] So insbesondere *Reinecke* NZA 1985, 243.

den Fristablauf eingetretene und mangels nachträglicher Zulassung auch nicht behobene (teilweise) Unzulässigkeit der Kündigungsschutzklage wirkt sich im Ergebnis nicht aus. Auch insoweit wäre ja nach dem oben[1076] Gesagten ein die Klage als unzulässig abweisendes Teilurteil in Form eines unechten Versäumnisurteils[1077] nicht möglich. Anderes galt nur im Anwendungsbereich des BeschFG 1996. Da im Falle der Kündigung durch den Insolvenzverwalter gemäß § 113 Abs. 2 S. 1 InsO bzw. der Geltendmachung der Unwirksamkeit einer Befristung gemäß § 1 Abs. 5 BeschFG 1996 nach der hier vertretenen prozessualen Auffassung die Klage aufgrund der Fristversäumung insgesamt unzulässig[1078] wird und der Tatsachenvortrag betreffend die nachträgliche Zulassung außer Betracht zu bleiben hat, war die Kündigungsschutzklage hier wegen Fehlens einer Prozeßvoraussetzung durch unechtes Versäumnisurteil als unzulässig abzuweisen.

Diese Beurteilung ist nach der Neufassung des § 5 Abs. 4 S. 1 KSchG durch das Arbeitsgerichtsbeschleunigungsgesetz nicht mehr haltbar. Der Erlaß eines Versäumnisurteils setzt einen Fall obligatorischer mündlicher Verhandlung voraus.[1079] Seit 1. Mai 2000 hat jedoch das Arbeitsgericht nach pflichtgemäßem Ermessen zu entscheiden, ob es über den Zulassungsantrag aufgrund mündlicher Verhandlung entscheiden will oder nicht, § 5 Abs. 4 S. 1 KSchG n. F. Damit handelt es sich nunmehr beim Zulassungsverfahren um einen Fall der freigestellten mündlichen Verhandlung. Bei freigestellter mündlicher Verhandlung hat das Ausbleiben einer Partei im Termin nach allgemeinen zivilprozessualen Grundsätzen keine Säumnisfolgen. Die in den Schriftsätzen enthaltenen Anträge sind gestellt. Der bisherige Tatsachenvortrag bleibt voll wirksam.[1080] Dies hat zur Konsequenz, daß nunmehr bei Ausbleiben des Arbeitnehmers kein Versäumnisurteil mehr gegen diesen ergehen kann, sondern über seinen schriftsätzlich gestellten Antrag auf nachträgliche Zulassung durch Beschluß entschieden werden muß.[1081]

b) Säumnis des Arbeitgebers

Erscheint demgegenüber der beklagte Arbeitgeber nicht zur Verhandlung über den Antrag auf nachträgliche Zulassung, so darf nach einhelliger Auffassung[1082]

1076 Fn. 287.
1077 Ein Versämnisurteil gemäß § 330 ZPO darf nur ergehen, wenn die Klage zulässig ist. Ansonsten ist die Klage durch sog. unechtes Versäumnisurteil als unzulässig abzuweisen, vgl. statt aller *Thomas/Putzo* vor § 330 Rn. 12 sowie § 330 Rn. 4.
1078 Vgl. hierzu oben Zweiter Teil B. III. 4. d. bb.
1079 Vgl. statt aller *Musielak/Stadler* vor §§ 330–347 Rn. 5.
1080 Vgl. zum Ganzen *Reinecke* NZA 1985, 243 (244).
1081 Vgl. *Reinecke* NZA 1985, 243 (244).
1082 KR-*Friedrich* § 5 KSchG Rn. 148; HK-KSchG/Hauck § 5 KSchG Rn. 73; *Bader/Bram/Dörner/Wenzel* (36. Erg. Lfg.) § 5 KSchG Rn. 161; *Dahns* RdA 1952, 141 (142); *Pünnel* AuR 1962, 105 (106 f.); *Vollkommer* AcP Bd. 161, 332 (354) sowie Anm. zu LAG Hamm LAGE § 5 KSchG Nr. 22; *Reinecke* NZA 1985, 243 (244); *Melzer* S. 249 ff.

im Zulassungsverfahren keine Versäumnisentscheidung ergehen. Das Arbeitsgericht hat vielmehr den Zulassungsantrag einschließlich der Glaubhaftmachung[1083] auf der Grundlage des Tatsachenvortrags des Arbeitnehmers und des Arbeitgebers[1084] zu prüfen und darüber zu entscheiden. Die Vorschrift des § 331 Abs. 1 ZPO, wonach im Falle der Säumnis des Beklagten das tatsächliche mündliche Vorbringen des Klägers als zugestanden anzusehen ist, ist im Zulassungsverfahren unanwendbar, da ein Geständnis des Arbeitgebers aufgrund der im Zulassungsverfahren geltenden Einschränkung der Verhandlungs- und Dispositionsmaxime nicht möglich ist.[1085] Die §§ 4, 5 KSchG unterliegen der Amtsprüfung des Gerichts. Der Beschluß hat nach zutreffender herrschender Auffassung[1086] durch die vollbesetzte Kammer zu erfolgen. Eine Entscheidung durch den Vorsitzenden allein gemäß § 55 Abs. 1 Nr. 4 ArbGG kommt entgegen der von *Pünnel*[1087] vertretenen Ansicht nicht in Betracht, weil im Zulassungsverfahren im Gegensatz zum Hauptsacheverfahren eine die Instanz beendende Entscheidung ergeht. Dementsprechend kann im Gütetermin über die nachträgliche Zulassung nicht entschieden werden. Die Sache muß an die Kammer verwiesen werden.[1088]

Das weitere Verfahren richtet sich dann nach dem Inhalt der Entscheidung über den Zulassungsantrag. Wird die Klage nachträglich zugelassen, so hat das Arbeitsgericht die Kündigungsschutzklage auf ihre Schlüssigkeit zu überprüfen und ihr im Falle der Schlüssigkeit durch Versäumnisurteil gemäß § 331 Abs. 2 ZPO stattzugeben.[1089] Wird demgegenüber die nachträgliche Zulassung abgelehnt, so muß die Kündigungsschutzklage – soweit nicht andere Unwirksamkeitsgründe außerhalb des KSchG eingreifen – durch unechtes Versäumnisurteil als unbegründet abgewiesen werden.[1090] Etwas anderes gilt wiederum im Anwendungsbereich des BeschFG 1996. Hier hat ein die Klage als unzulässig abweisendes unechtes Versäumnisurteil zu ergehen.

1083 Neben der Prüfung, ob der Antrag zulässig und die Zulassungsgründe schlüssig dargetan sind, ist demnach noch zu prüfen, ob der Tatsachenvortrag glaubhaft gemacht ist, vgl. *Reinecke* NZA 1985, 243 (244).
1084 Anders stellte sich die Rechtslage bei § 5 Abs. 4 S. 1 a. F. dar. Dort hatte der Tatsachenvortrag des Arbeitgebers nach dem oben Gesagten (Vierter Teil B. III. 3. a.) außer Betracht zu bleiben, vgl. *Reinecke* NZA 1985, 243 (244).
1085 Vgl. hierzu oben Vierter Teil B. II. 2. c. bb.
1086 KR-*Friedrich* § 5 KSchG Rn. 148; HK-KSchG/*Hauck* § 5 KSchG Rn. 73; *Reinecke NZA 1985, 243 (244).*
1087 AuR 1962, 105 (106 f.).
1088 KR-*Friedrich* § 5 KSchG Rn. 148. Etwas anderes gilt nur, wenn das ArbG die Kündigungsschutzklage für rechtzeitig hält. In diesem Falle kann – da über den Zulassungsantrag nicht zu entscheiden ist – sofort Versäumnisurteil über die Kündigungsschutzklage durch den Vorsitzenden allein gemäß § 55 Abs. 1 Nr. 4 ArbGG ergehen, vgl. HKKSchG/*Hauck* § 5 KSchG Rn. 73.
1089 Vgl. *Melzer* S. 250.
1090 Vgl. *Melzer* S. 251.

4. Kosten und Streitwert

In der ersten Instanz entstehen im Zulassungsverfahren keine Gerichtsgebühren, da das Zulassungsverfahren Teil des Kündigungsschutzprozesses ist.[1091] Die Gebühren für das Zulassungsverfahren sind daher in den Gebühren des Kündigungsschutzprozesses enthalten. Ist das Kündigungsschutzverfahren gebührenfrei, so nimmt das Zulassungsverfahren an der Gebührenfreiheit teil.

Sind gerichtliche Auslagen entstanden oder ist ausnahmsweise über erstattungsfähige außergerichtliche Kosten zu entscheiden, so ist entsprechend § 238 Abs. 4 ZPO zu verfahren.[1092]

Der Streitwert des Zulassungsverfahrens richtet sich nach dem Wert der Hauptsache, also nach § 12 Abs. 7 ArbGG.[1093]

C. Das Verfahren und die Entscheidung in der Rechtsmittelinstanz

I. Statthaftes Rechtsmittel: Die sofortige Beschwerde gemäß § 5 Abs. 4 S. 2 KSchG

Gegen den im Zulassungsverfahren ergangenen Beschluß ist gemäß dem klaren Wortlaut des § 5 Abs. 4 S. 2 KSchG die sofortige Beschwerde zum LAG statthaft.

Gleichwohl wurde vereinzelt[1094] die These vertreten, daß § 5 Abs. 4 S. 2 KSchG durch § 61 Abs. 3 (früher Abs. 5) ArbGG beseitigt worden sei, mit der Konsequenz, daß die Beschlüsse nach § 5 KSchG nicht mehr selbständig beschwerdefähig seien. Eine Nachprüfung sei vielmehr nur im Berufungsverfahren über das Urteil, in dem über die Klage selbst entschieden wird, zulässig. Dies ergebe sich daraus, daß § 61 Abs. 3 ArbGG zur Verfahrensbeschleunigung materielle Zwischenentscheidungen – um eine solche handle es sich nämlich bei dem Beschluß nach § 5 KSchG – als nicht berufungsfähig behandeln wolle. Dieser Norm müsse gegenüber der „völlig abwegigen Regelung des § 5 Abs. 4 KSchG"[1095] der Vorrang eingeräumt werden.

Dieser Standpunkt kann jedoch in Übereinstimmung mit der ganz überwiegenden Meinung[1096] nicht geteilt werden. Die Anwendung des § 61 Abs. 3 ArbGG scheitert schon daran, daß diese Vorschrift nur Grundurteile erfasst. Um ein sol-

---

1091 KR-*Friedrich* § 5 KSchG Rn. 174; HK-KSchG/*Hauck* § 5 KSchG Rn. 87.
1092 KR-*Friedrich* § 5 KSchG Rn. 176; *Melzer* S. 252.
1093 KR-*Friedrich* § 5 KSchG Rn. 178.
1094 LAG Stuttgart AP Nr. 3 zu § 4 KSchG 1951; *Güntner* AuR 1954, 193 (199 f.).
1095 LAG Stuttgart AP Nr. 3 zu § 4 KSchG 1951.
1096 *Hueck* (10. Auflage) § 5 KSchG Rn. 16; *Neumann*, AR-Blattei D, Kündigungsschutz III A, D II; *Sommer* AuR 1954, 364.

ches handelt es sich aber bei dem Beschluß über die nachträgliche Klagezulassung gerade nicht. Dieser stellt vielmehr eine prozessuale Zwischenentscheidung analog § 280 ZPO dar.[1097] Im übrigen ist die Mindermeinung mittlerweile historisch überholt. Das KSchG ist zwischenzeitlich mehrfach geändert worden, ohne daß eine Aufhebung des § 5 Abs. 4 S. 2 KSchG erfolgt wäre. Dementsprechend kann nicht angenommen werden, daß die Vorschrift des § 61 Abs. 3 ArbGG die entgegenstehende Regelung des KSchG aufheben sollte.

II. Zulässigkeit und Begründetheit der sofortigen Beschwerde

Da das KSchG keine Sondervorschriften enthält, ist gemäß § 78 Abs. 1 S. 1 ArbGG im Rahmen des Beschwerdeverfahrens auf die Vorschriften der ZPO über die sofortige Beschwerde – insbesondere also § 577 ZPO – zurückzugreifen.[1098] Die sofortige Beschwerde, über die gemäß § 78 Abs. 1 S. 2 ArbGG das LAG zu entscheiden hat, ist demnach zulässig und begründet, wenn folgende Voraussetzungen erfüllt sind:

1. Zulässigkeitsvoraussetzungen

Der Beschwerdeführer muß – damit seine Beschwerde zulässig ist – beschwerdeberechtigt, d. h. durch den Beschluß des Arbeitsgerichts über die nachträgliche Zulassung nachteilig betroffen sein. Für den Fall, daß der Antrag als unzulässig verworfen bzw. als unbegründet zurückgewiesen wurde, ist folglich der Arbeitnehmer beschwerdebefugt.[1099] Bei Antragsstattgabe ist demgegenüber der Arbeitgeber beschwert.[1100]

Darüber hinaus wollen *Friedrich*[1101] und das *LAG Hamm*[1102] den Arbeitgeber auch dann als beschwerdeberechtigt ansehen, wenn dieser eine den Zulassungsantrag als unzulässig abweisende Entscheidung mit dem Ziel angreifen will, eine Abweisung des Antrags als unbegründet zu erreichen.

Diese Auffassung erweist sich bei näherer Überprüfung als nicht stichhaltig.[1103] Da sich die Bindungswirkung des Beschlusses über die nachträgliche Zulassung nach hier[1104] vertretener Meinung allein auf die Frage beschränkt, ob die Verspätung der Klageerhebung verschuldet war oder nicht, kann der Arbeitgeber im Zulassungsverfahren durch eine Abweisung des Antrags als unbegründet keine für

---

1097 Vgl. hierzu oben Vierter Teil B. III. 2. a.
1098 *Melzer* S. 253.
1099 KR-*Friedrich* § 5 KSchG Rn. 152 e; *Hueck/v. Hoyningen-Huene* § 5 KSchG Rn. 30.
1100 *Hueck/v. Hoyningen-Huene* § 5 KSchG Rn. 30; *Gift/Baur* E Rn. 261.
1101 KR-*Friedrich* § 5 KSchG Rn. 152 e.
1102 LAGE § 5 KSchG Nr. 22.
1103 Zutreffend *Bader/Bram/Dörner/Wenzel* (36. Erg. Lfg.) § 5 KSchG Rn. 166; *Vollkommer* Anm. zu LAG Hamm LAGE § 5 KSchG Nr. 22. Vgl. auch MüKo/*Schwerdtner* § 622 Anh. Rn. 231.
1104 Vierter Teil B. III. 2. b.

das Hauptsacheverfahren präjudizielle Entscheidung herbeiführen. Dies wäre allenfalls dann möglich, wenn man entgegen der in dieser Untersuchung vertretenen Auffassung materielle Fragen des Kündigungsschutzverfahrens in die Bindungswirkung des Zulassungsbeschlusses einbeziehen würde.[1105] Richtigerweise ist daher eine Rechtsmittelbefugnis des Arbeitgebers im Falle der Verwerfung des Zulassungsantrages als unzulässig abzulehnen.[1106]

Weiter ist die sofortige Beschwerde gemäß §§ 569, 577 Abs. 2 ZPO binnen einer Notfrist von zwei Wochen beim ArbG oder beim LAG einzulegen.[1107] Die Frist beginnt mit Zustellung des Beschlusses.[1108] Etwas anderes gilt nur, wenn der Beschluß keine Rechtsmittelbelehrung enthalten hat, vgl. § 9 Abs. 5 ArbGG. In diesem Falle beginnt die Beschwerdefrist nicht zu laufen. Die Beschwerde kann vielmehr innerhalb eines Jahres erhoben werden.[1109] Gegen die Versäumung der Frist findet die Wiedereinsetzung gemäß §§ 233 ff. ZPO statt.[1110]

Eingelegt werden kann die sofortige Beschwerde – wie sich aus § 569 Abs. 2 ZPO ergibt – entweder durch Schriftsatz oder zu Protokoll der Geschäftsstelle des ArbG oder des LAG.[1111] Der Vertretungszwang des § 11 Abs. 2 ArbGG besteht hierfür – da der Rechtsstreit im ersten Rechtszug nicht als Anwaltsprozeß zu führen ist – vgl. § 569 Abs. 2 S. 2 ZPO – nicht. Dieser gilt vielmehr nur für eine etwaige mündliche Verhandlung.[1112]

2. Begründetheit der sofortigen Beschwerde

Im Rahmen der Begründetheit kann die sofortige Beschwerde auf Verfahrensmängel, Rechtsgründe sowie darauf gestützt werden, daß das Arbeitsgericht zu Unrecht die Glaubhaftmachung der angegebenen Tatsachen bejaht oder verneint hat.[1113] Zu beachten bleibt aber, daß entgegen der Vorschrift des § 570 ZPO im Beschwerdeverfahren keine neuen Tatsachen und Mittel der Glaubhaftmachung vorgebracht werden können.[1114] Eine Ausnahme gilt nur, soweit bereits Vorgetra-

---

1105 Insofern konsequent LAG Hamm LAGE § 5 KSchG Nr. 22.
1106 Im übrigen kommt es bei richtiger Verfahrensweise in den von *Friedrich* § 5 KSchG Rn. 152 e genannten Fallkonstellationen (Das Arbeitsgericht hält die Klage für rechtzeitig erhoben, wohingegen der Arbeitgeber darauf beharrt, daß der Zulassungsantrag unbegründet ist.) gar nicht zur Durchführung eines Zulassungsverfahrens, da in dieses nur einzutreten ist, wenn das Arbeitsgericht die Klage für verspätet hält. Für eine Verwerfung des Antrages als unzulässig ist daher entgegen der Auffassung *Friedrichs* in diesen Fällen kein Raum.
1107 KR-*Friedrich* § 5 KSchG Rn. 151.
1108 *Hueck/v. Hoyningen-Huene* § 5 KSchG Rn. 30.
1109 HK-KSchG/*Hauck* § 5 KSchG Rn. 75.
1110 HK-KSchG/*Hauck* § 5 KSchG Rn. 76.
1111 *Hueck/v. Hoyningen-Huene* § 5 KSchG Rn. 30.
1112 KR-*Friedrich* § 5 KSchG Rn. 152 c; *Gift/Baur* E Rn. 263; *Melzer* S. 254.
1113 *Melzer* S. 254.
1114 KR-*Friedrich* § 5 KSchG Rn. 151; *Melzer* S. 254 f.

genes ergänzt, konkretisiert oder vervollständigt wird. Diese Einschränkungen neuen Vorbringens folgen aus § 5 Abs. 2 S. 2, Abs. 3 KSchG,[1115] die damit als Spezialvorschriften dem § 570 ZPO vorgehen. Diese Bestimmungen sollen verhindern, daß eine schnelle Erledigung des Zulassungsverfahrens durch ständig neuen Vortrag vereitelt wird. Soll dieser Zweck nicht bedeutungslos werden, so kann für das Beschwerdeverfahren nichts anderes als für das erstinstanzliche Verfahren gelten.

III. Das Verfahren in der Beschwerdeinstanz

1. Grundsatz

Das Verfahren in der Beschwerdeinstanz entspricht dem des erstinstanzlichen Zulassungsverfahrens mit dem Unterschied, daß in der zweiten Instanz die Durchführung einer mündlichen Verhandlung gemäß §§ 78 Abs. 1 ArbGG, 573 Abs. 1 ZPO freigestellt ist.[1116] Dies erscheint auch sinnvoll, da im Beschwerdeverfahren häufiger Fälle auftreten werden, in denen die Durchführung einer mündlichen Verhandlung eine reine Formalität darstellen würde, wie z. B. in den Konstellationen, in denen ausschließlich Rechtsfragen diskutiert werden.

2. Die Besetzung des Beschwerdegerichts

Umstritten ist, in welcher Besetzung das Beschwerdegericht über die sofortige Beschwerde gegen den Beschluß nach § 5 KSchG zu entscheiden hat:

Die überwiegend vertretene Auffassung[1117] will wie folgt differenzieren: Ergeht die Entscheidung aufgrund mündlicher Verhandlung, so hat über die sofortige Beschwerde die vollbesetzte Kammer zu entscheiden. Demgegenüber soll für Entscheidungen ohne mündliche Verhandlung der Vorsitzende allein zuständig sein. Dabei leitet die herrschende Meinung ihren Standpunkt aus den §§ 53 Abs. 1 S. 1, 66 Abs. 2 S. 2 2. HS ArbGG ab. Die Bestimmung des § 5 Abs. 4 S. 2 KSchG enthalte keine besondere Regelung über die Besetzung des Gerichts im Verfahren über die sofortige Beschwerde gegen den Beschluß nach § 5 KSchG. Dementsprechend sei auf die allgemeinen Vorschriften zurückzugreifen. Dort aber gelte – da im Fall der Beschwerde eine dem § 66 Abs. 2 S. 2 2. HS ArbGG vergleichbare Vorschrift fehle – der Grundsatz, daß Beschlüsse außerhalb der mündlichen Verhandlung analog § 53 Abs. 1 S. 1 ArbGG vom Vorsitzenden allein zu erlassen sind.

1115 Vgl. hierzu oben Dritter Teil B. III. 1. c.
1116 KR-*Friedrich* § 5 KSchG Rn. 151; *Hueck/v. Hoyningen-Huene* § 5 KSchG Rn. 30; *Backmeister/Trittin* § 5 KSchG Rn. 20; *Gift/Baur* E Rn. 267; *Melzer* S. 256.
1117 LAG Berlin AuR 1977, 346, AP Nr. 2 zu § 5 KSchG 1969; LAG Frankfurt BB 1994, 508; KR-*Friedrich* § 5 KSchG Rn. 151; *Hueck/v. Hoyningen-Huene* § 5 KSchG Rn. 30; HK-KSchG/*Hauck* § 5 KSchG Rn. 76; *Stahlhacke/Preis/Vossen* Rn. 1143 c; *Gift/Baur* E Rn. 267.

Die Gegenmeinung[1118] vertritt die Auffassung, daß die Entscheidungen über die sofortige Beschwerde gegen den Beschluß nach § 5 KSchG stets durch die vollbesetzte Kammer zu ergehen haben.[1119] Die Vertreter dieser Ansicht wenden sich mit verschiedenen Begründungen gegen die herrschende Meinung.

Melzer a. a. O. bemüht rechtssystematische Erwägungen. Die Vorschriften über das Berufungs- bzw. das Revisionsverfahren enthielten in den §§ 64 Abs. 7, 72 Abs. 6 ArbGG Bestimmungen, die partiell auf die für das erstinstanzliche Verfahren geltenden Regelungen verweisen. Eine derartige Vorschrift fehle im Unterabschnitt über das Beschwerdeverfahren. Dort sei in § 78 Abs. 1 ArbGG ausschließlich auf die Vorschriften der ZPO Bezug genommen. Dies zeige deutlich, daß für das Beschwerdeverfahren eine Spezialverweisung auf die erstinstanzlichen Vorschriften – insbesondere also § 53 Abs. 1 S. 1 ArbGG – nicht gewollt sei. *Berkowsky a. a. O.* greift auf verfassungsrechtliche Gesichtspunkte zurück.[1120] Unter Berufung auf den Beschluß des *BVerfG* vom 23. August 1995[1121] sieht er in dem von der herrschenden Meinung vertretenen Rückgriff auf die Vorschrift des § 53 Abs. 1 S. 1 ArbGG einen Verstoß gegen das Grundrecht auf den gesetzlichen Richter nach Art. 101 Abs. 1 S. 2 GG.[1122] In dem genannten Beschluß habe das *BVerfG* im Hinblick auf Art. 101 Abs. 1 S. 2 GG entschieden, daß Fragen, die zur Sachprüfung der Hauptsache gehören, vom vollbesetzten Senat bzw. – analog – von der vollbesetzten Kammer unter Einschluß der ehrenamtlichen Richter zu entscheiden sind. Im Rahmen der Entscheidung über die sofortige Beschwerde gegen den Beschluß nach § 5 KSchG seien jedoch nicht nur formale Zulässigkeitskriterien zu prüfen, sondern auch Fragen, die der Begründetheit der Kündigungsschutzklage zuzurechnen sind. Bei der Problematik, ob die Kündigungsschutzklage schuldhaft verspätet erhoben worden ist oder nicht, sei nämlich ein Teilbereich der sozialen Rechtfertigung der Kündigung, also materielles Kündigungsrecht, betroffen. Unter diesem Blickwinkel müßten daher die §§ 78 Abs. 1, 53 Abs. 1 S. 1 ArbGG, 573 Abs. 1 ZPO dahingehend verfassungskonform ausgelegt werden, daß eine Entscheidung über die sofortige Beschwerde gegen den Beschluß nach § 5 KSchG stets nur durch die vollbesetzte Kammer ergehen darf.

Zutreffend erscheint die überwiegende Auffassung. Den gegen die herrschende Meinung vorgebrachten Einwänden kann nicht beigepflichtet werden. Die von

---

1118 LAG Sachsen-Anhalt LAGE § 5 KSchG Nr. 92; *Bader/Bram/Dörner/Wenzel* (36. Erg. Lfg.) § 5 KSchG Rn. 177 f.; *Neumann*, AR-Blattei D, Kündigungsschutz III A, D II; *Schaub* § 136 II 4; *Berkowsky* NZA 1997, 352 (357 f.); *Melzer* S. 256 ff.
1119 Ebenso § 136 Abs. 4 S. 2 des Entwurfs eines Gesetzes zur Bereinigung des Arbeitsrechts vom 12. 9. 1996 – BR-Drucks. 671/96 (Brandenburg) (abgedruckt im Anhang dieser Arbeit): „Arbeits- und Beschwerdegericht entscheiden auch außerhalb der mündlichen Verhandlung stets durch Beschluß der Kammer."
1120 Ebenso LAG Sachsen-Anhalt LAGE § 5 KSchG Nr. 92.
1121 ZIP 1995, 2010.
1122 Ähnlich *Bader/Bram/Dörner/Wenzel* (36. Erg. Lfg.) § 5 KSchG Rn. 177 a. E.

Melzer a.a.O. angesprochene Problematik, ob und ggflls. in welchem Umfang im Rahmen der Beschwerde auf die Vorschriften des erstinstanzlichen Verfahrens zurückgegriffen werden kann, stellt eine der umstrittensten Fragen des arbeitsgerichtlichen Beschwerdeverfahrens dar.[1123] Gesichert dürfte mittlerweile jedoch sein, daß das sowohl im ArbGG als auch in der ZPO nur sehr lückenhaft geregelte Beschwerdeverfahren der Ergänzung durch die Vorschriften über die Berufung sowie des erstinstanzlichen Verfahrens unter Berücksichtigung der allgemeinen Prozeßrechtsgrundsätze bedarf.[1124] Mit dem bloßen Hinweis, daß in § 78 ArbGG nicht auf die Vorschriften des erstinstanzlichen Verfahrens verwiesen ist, läßt sich daher angesichts der Lückenhaftigkeit der gesetzlichen Regelung sicherlich nicht die analoge Anwendung des § 53 Abs. 1 S. 1 ArbGG ausschließen. Da in § 78 ArbGG keine Regelung über die Besetzung des Beschwerdegerichts getroffen ist, bleibt vielmehr nur zu prüfen, ob allgemeine Grundsätze einer Lückenfüllung durch § 53 Abs. 1 S. 1 ArbGG entgegenstehen. In Betracht kommt insbesondere der bereits oben[1125] angeklungene Grundsatz, daß instanzbeendende Entscheidungen grundsätzlich durch die vollbesetzte Kammer zu erfolgen haben.[1126] Dem läßt sich jedoch entgegenhalten, daß in den anderen Verfahrensordnungen mit Beteiligung ehrenamtlicher Richter[1127] die ohne mündliche Verhandlung ergehenden Beschwerdeentscheidungen ohne Hinzuziehung der ehrenamtlichen Richter getroffen werden.[1128] Hieraus läßt sich die legislatorische Grundkonzeption ableiten, daß Beschwerdeentscheidungen ohne mündliche Verhandlung auch ohne Beteiligung der ehrenamtlichen Richter ergehen sollen.[1129] Richtigerweise wird man daher mit der mittlerweile überwiegenden Auffassung[1130] § 53 Abs. 1 S. 1 ArbGG im Beschwerdeverfahren entsprechend heranzuziehen haben.

Gegen die analoge Anwendung des § 53 Abs. 1 S. 1 ArbGG lassen sich entgegen der Ansicht *Berkowskys a.a.O.* auch keine verfassungsrechtlichen Gründe einwenden. Der Schutz des Art. 101 Abs. 1 S. 2 GG geht nur dahin, daß in jedem Einzelfall kein anderer Richter tätig werden und entscheiden darf als derjenige, der in den allgemeinen Normen der Gesetze und der Geschäftsverteilungspläne der Gerichte – wie z.B. § 53 Abs. 1 ArbGG – dafür vorgesehen ist.[1131] Ein Schutzgehalt dahingehend, daß über Begründetheitsfragen nur die vollbesetzte Kammer entscheiden darf, läßt sich Art. 101 Abs. 1 S. 2 GG dagegen nicht ent-

---

1123 Vgl. hierzu die Meinungsübersicht bei GK-ArbGG/*Wenzel* § 78 ArbGG Rn. 94 ff.
1124 GK-ArbGG/*Wenzel* § 78 ArbGG Rn. 96; *Oetker* NZA 1989, 201 (206).
1125 Vierter Teil B. III. 3. b.
1126 Vgl. *Oetker* NZA 1989, 201 (206).
1127 SGG, VwGO, StPO bzw. GVG.
1128 *Oetker* NZA 1989, 201 (206 f.) m.w.N.
1129 *Oetker* NZA 1989, 201 (206 f.).
1130 Vgl. außer beispielsweise *Grunsky* § 78 ArbGG Rn. 4; *Germelmann/Matthes/Prütting* § 78 ArbGG Rn. 13; *Oetker* NZA 1989, 201 (206 f.). Einschränkend GK-ArbGG/*Wenzel* § 78 ArbGG Rn. 96 ff.
1131 Vgl. statt aller *Schmidt-Bleibtreu/Klein* Art. 101 GG Rn. 8.

nehmen. Schon deshalb liegt daher – unabhängig davon, ob man im Beschluß nach § 5 KSchG eine Sachentscheidung sieht oder nicht – kein Verstoß gegen Art. 101 Abs. 1 S. 2 GG vor. Nichts anderes besagt im übrigen der von *Berkowsky* zitierte Beschluß des *BVerfG* vom 23. August 1995[1132]. Das *BVerfG* rügt in der genannten Entscheidung nur, daß das *BAG* die im Rahmen der Nichtzulassungsbeschwerde für die Mitwirkung der ehrenamtlichen Richter maßgebliche Unterscheidung zwischen Zulässigkeit und Begründetheit[1133] derart verwischt habe, daß eine Mitwirkung der ehrenamtlichen Richter entgegen dem Gesetz generell ausgeschlossen sei.[1134] Mit anderen Worten: Weil § 72 a Abs. 5 S. 3 ArbGG vorsieht, daß nur bei einer Verwerfung der Nichtzulassungsbeschwerde als unzulässig die ehrenamtlichen Richter nicht mitwirken, dürfen die Anforderungen an die Zulässigkeit nicht derart mit der Begründetheit vermengt werden, daß für die Begründetheit praktisch nichts übrigbleibt. Ansonsten werden die ehrenamtlichen Richter entgegen § 72 a Abs. 5 S. 3 ArbGG und damit auch entgegen Art. 101 Abs. 1 S. 2 GG von der Entscheidung über die Begründetheit ausgeschlossen. Daß Fragen der Sachprüfung generell nur unter Einschluß der ehrenamtlichen Richter getroffen werden dürfen, ist in dieser Entscheidung nicht ausgesagt.

An dieser Auffassung ist auch nach der Neufassung des § 5 Abs. 4 S. 1 KSchG durch das Arbeitsgerichtsbeschleunigungsgesetz weiterhin festzuhalten.[1135] Anders als § 136 Abs. 4 S. 2 des Entwurfs eines Gesetzes zur Bereinigung des Arbeitsrechts vom 12. September 1996 – BR-Dr. 671/96 (Brandenburg)[1136] sieht § 5 Abs. 4 S. 1 KSchG n. F. gerade nicht vor, daß Arbeitsgericht *und* Beschwerdegericht auch bei Nichtdurchführung einer mündlichen Verhandlung in vollbesetzter Kammerbesetzung zu entscheiden haben. Daraus läßt sich folgern, daß eine diesbezügliche Gesetzesänderung für die Beschwerdeinstanz nicht gewollt war. Im Gegenteil: Die Annahme, daß seit 1. Mai 2000 in Abweichung zu der bisher herrschenden Meinung auch bei Nichtdurchführung einer mündlichen Verhandlung in der Beschwerdeinstanz die vollbesetzte Kammer zu entscheiden hat, widerspricht dem Zweck der Gesetzesänderung, das arbeitsgerichtliche Verfahren zu beschleunigen.

[1132] ZIP 1995, 2010.
[1133] Vgl. § 72 a Abs. 5 S. 3 ArbGG.
[1134] Vgl. BVerfG ZIP 1995, 2010 (2011): „Das BAG überdehnt die in § 72 a Abs. 3 S. 2 ArbGG an die Zulässigkeit einer Nichtzulassungsbeschwerde gestellten Anforderungen, indem es die Begründungspflicht auf Bereiche erstreckt, die eigentlich zur Sachprüfung gehören. Dadurch schließt es die ehrenamtlichen Richter von einer Entscheidung über die Begründetheit einer Nichtzulassungsbeschwerde aus, obwohl das *Gesetz* ihre Mitwirkung daran vorsieht."
[1135] A. A. *Bader/Bram/Dörner/Wenzel* (39. Erg. Lfg.) § 5 KSchG aktuell Rn. 10.
[1136] Abgedruckt im Anhang dieser Arbeit.

IV. Die Entscheidung in der Beschwerdeinstanz

Die Entscheidung des LAG über die sofortige Beschwerde ergeht stets in Form eines Beschlusses.[1137] Ein Rechtsmittel gegen die Entscheidung des LAG ist nicht gegeben, § 78 Abs. 2 ArbGG.[1138] Hierüber sind die Parteien gemäß § 9 Abs. 5 S. 2 ArbGG im Beschluß zu belehren.[1139] Inhaltlich richtet sich die Entscheidung danach, ob die sofortige Beschwerde zulässig und begründet ist oder nicht. Fehlt es an einer Zulässigkeitsvoraussetzung der Beschwerde, so ist diese nach allgemeiner Meinung[1140] gemäß § 574 S. 2 ZPO als unzulässig zu verwerfen. Ist die Beschwerde demgegenüber unbegründet – d. h. folgt das LAG der Ausgangsentscheidung des Arbeitsgerichts – so ist die sofortige Beschwerde zurückzuweisen. Auch dies ist einhellige Meinung.[1141] Unbestritten ist weiterhin, daß das LAG, wenn es die Beschwerde für begründet erachtet – d. h. im Gegensatz zum Arbeitsgericht die Voraussetzungen für eine nachträgliche Zulassung für gegeben hält oder umgekehrt – den Beschluß des ArbG aufzuheben hat.[1142] Es steht dann im Ermessen des LAG, ob es über den Zulassungsantrag selbst entscheidet oder ob es nach § 575 ZPO verfährt und die Sache an das Arbeitsgericht zurückverweist.[1143]

Unklar ist jedoch, wie zu verfahren ist, wenn das LAG im Hinblick auf die Versäumung der Dreiwochenfrist des § 4 S. 1 KSchG von der Ansicht des Arbeitsgerichts abweichen will. Dies betreffend sind zwei verschiedene, im Folgenden zu erörternde Fallkonstellationen auseinanderzuhalten:

1. Das Arbeitsgericht war der Auffassung, daß die Dreiwochenfrist des § 4 S. 1 KSchG versäumt ist und hat dementsprechend über den Zulassungsantrag positiv oder negativ entschieden. Demgegenüber steht das LAG im Beschwerdeverfahren auf dem Standpunkt, daß die Kündigungsschutzklage rechtzeitig erhoben worden ist.

2. Das Arbeitsgericht ist zu dem Ergebnis gelangt, daß die Klagefrist gewahrt ist und hat demzufolge – ohne auf den Zulassungsantrag einzugehen – in der Hauptsache entschieden. Abweichend hiervon vertritt das LAG im Berufungsverfahren die Meinung, daß die Klagefrist versäumt wurde.

1137 *Gift/Baur* E Rn. 267; *Melzer* S. 260.
1138 KR-*Friedrich* § 5 KSchG Rn. 153 a; *Löwisch* § 5 KSchG Rn. 30.
1139 *Bader/Bram/Dörner/Wenzel* § 5 KSchG Rn. 7.
1140 Vgl. stellvertretend für alle *Gift/Baur* E Rn. 268.
1141 Vgl. statt aller *Gift/Baur* E Rn. 269.
1142 *Melzer* S. 258.
1143 *Germelmann/Matthes/Prütting* § 78 ArbGG Rn. 12; *Melzer* S. 259. Die Vorschrift des § 68 ArbGG findet im Beschwerdeverfahren also keine Anwendung, vgl. *Germelmann/Matthes/Prütting* § 68 ArbGG Rn. 3.

1. Das LAG hält im Gegensatz zum Arbeitsgericht die Klage für rechtzeitig erhoben

In den Fallkonstellationen, in denen das LAG im Beschwerdeverfahren entgegen dem Arbeitsgericht von der Rechtzeitigkeit der Klageerhebung ausgeht, war nach der früheren Rechtsprechung des *LAG Hamm*[1144] die Entscheidung des Arbeitsgerichts aufzuheben und der Antrag auf nachträgliche Zulassung der Kündigungsschutzklage mangels Rechtsschutzbedürfnisses als unzulässig zu verwerfen.

Abweichend hiervon vertritt die herrschende Meinung[1145] die These, daß das Beschwerdegericht den Beschluß des Arbeitsgerichts ersatzlos aufzuheben habe. Eines Ausspruchs darüber, daß der Zulassungsantrag zurückzuweisen ist, bedürfe es nicht. Da der Zulassungsantrag als Hilfsantrag für den Fall der Verspätung der Klage auszulegen sei, sei über ihn nur bei Versäumung der Dreiwochenfrist des § 4 S. 1 KSchG zu entscheiden. Aus Sicht des LAG liege aber eine solche Versäumung nicht vor.

Keine der beiden vorgenannten Auffassungen hält jedoch einer genaueren Überprüfung stand. Beide Standpunkte erscheinen nur dann vertretbar, wenn man mit dem *BAG*[1146] und dem *LAG Hamm*[1147] die Frage der Versäumung der Dreiwochenfrist in den Prüfungsumfang und die Bindungswirkung des Beschlusses nach § 5 KSchG miteinbezieht. Geht man demgegenüber – wie hier[1148] – davon aus, daß sich Prüfungsumfang und Bindungswirkung des Beschlusses nach § 5 KSchG allein auf die Frage beschränken, ob die Verspätung der Klageerhebung verschuldet ist oder nicht, so erstreckt sich auch der Prüfungsumfang des Beschwerdegerichts allein auf diese Frage.[1149] Mithin hat das LAG bei – vorausgesetzter – Verspätung nur darüber zu entscheiden, ob die verspätete Klageerhebung verschuldet war oder nicht.[1150] Je nach Ausgang bestimmt sich die Entscheidung, ob die sofortige Beschwerde begründet ist oder nicht. Unter Berücksichtigung dieser Entscheidung setzt das Arbeitsgericht dann im weiteren Fortgang das Hauptsacheverfahren fort, wobei es, da die Beschwerdeentscheidung

---

1144 LAGE § 5 KSchG Nr. 22 (anders nunmehr LAGE § 5 KSchG Nr. 32). Ebenso *Germelmann/Matthes/Prütting* § 46 ArbGG Rn. 94.
1145 LAG Hamm LAGE § 5 KSchG Nr. 32; LAG Sachsen-Anhalt LAGE § 5 KSchG Nr. 69 (anders LAGE § 5 KSchG Nr. 92); *Hueck/v. Hoyningen-Huene* § 5 KSchG Rn. 32; KPK-*Ramrath*, Teil H, § 5 KSchG Rn. 23; *Kittner/Trittin* § 5 KSchG Rn. 43; EK-ArbR/*Ascheid* § 5 KSchG Rn. 32; *Bader/Bram/Dörner/Wenzel* (36. Erg. Lfg.) § 5 KSchG Rn. 185; *Schaub* § 136 II 4; *Gift/Baur* E Rn. 270.
1146 AP Nr. 4, AP Nr. 6 zu § 5 KSchG 1969. Vgl. hierzu oben Vierter Teil B. III 2. b.
1147 LAGE § 5 KSchG Nr. 22. Vgl. hierzu oben Vierter Teil B. III 2. b.
1148 Vierter Teil B. III 2. b.
1149 Zutreffend LAG Sachsen-Anhalt LAGE § 5 KSchG Nr. 92 (anders LAGE § 5 KSchG Nr. 69); *Berkowsky* NZA 1997, 352 (357).
1150 Zutreffend LAG Sachsen-Anhalt LAGE § 5 KSchG Nr. 92 (anders LAGE § 5 KSchG Nr. 69); KR-*Friedrich* § 5 KSchG Rn. 158; *Berkowsky* NZA 1997, 352 (357).

keine Bindungswirkung zu der Frage der Verspätung entfaltet, nicht daran gehindert ist, die Verspätung nunmehr entgegen vorheriger Ansicht zu verneinen.[1151] Ob die Auffassung des Arbeitsgerichts hinsichtlich der Versäumung der Dreiwochenfrist zutreffend ist, ist erst in einem eventuellen Berufungsverfahren gegen die Entscheidung in der Hauptsache zu überprüfen. Daß es in diesem Zusammenhang zu überflüssigen (hypothetischen) Entscheidungen über den Zulassungsantrag kommen kann,[1152] ist unschädlich. Die überflüssige (hypothetische) Entscheidung ist ja allein darauf zurückzuführen, daß das Arbeitsgericht die Frage der Versäumung der Dreiwochenfrist fehlerhaft beurteilt hat. Dieser Fehler des Arbeitsgericht darf dann aber nicht auch noch dadurch zu Lasten der unterlegenen Partei gehen, daß man die Bindungswirkung der Zulassungsentscheidung auf die Frage der Verspätung erstreckt.[1153] Durch die Ausweitung der Bindungswirkung nähme man dieser nämlich die Möglichkeit, die Verspätungsfrage im Berufungsverfahren mit den Mitteln des Strengbeweises und der Anfechtungsmöglichkeit durch die Revision überprüfen zu lassen.

2. Das LAG hält im Gegensatz zum Arbeitsgericht die Klage für verspätet erhoben

Umstritten ist weiterhin, wie zu verfahren ist, wenn das LAG im Gegensatz zum Arbeitsgericht während des Berufungsverfahrens zu dem Ergebnis gelangt, daß die Kündigungsschutzklage verspätet ist:

Vereinzelt[1154] wird hierzu die Ansicht vertreten, das LAG könne bei dieser Konstellation in eigener Zuständigkeit über den Zulassungsantrag entscheiden.

Diese Auffassung hat sich jedoch nicht durchzusetzen vermocht. Die ganz herrschende Meinung[1155] geht vielmehr zu Recht davon aus, daß das LAG in Abweichung von den §§ 233 ff. ZPO[1156] selbst bei Einverständnis der Parteien nicht selbst über den Zulassungsantrag entscheiden darf. Als Begründung hierfür läßt sich anführen, daß es sich beim Zulassungsverfahren im Gegensatz zum Wiedereinsetzungsverfahren um ein selbständiges Verfahren handelt, das nicht automa-

---

1151 Vgl. LAG Sachsen-Anhalt LAGE § 5 KSchG Nr. 92 (anders LAGE § 5 KSchG Nr. 69); *Berkowsky* NZA 1997, 352 (358).
1152 So etwa wenn das Berufungsgericht zu der Auffassung gelangt, daß die Klage tatsächlich nicht verspätet war.
1153 Vgl. *Vollkommer* Anm. zu LAG Hamm LAGE § 5 KSchG Nr. 22.
1154 LAG Berlin ARSt 1981 Nr. 1061; *Grunsky* § 68 ArbGG Rn. 7.
1155 LAG Düsseldorf/Köln BB 1975, 139; LAG Düsseldorf, AR-Blattei „Kündigungsschutz", Entsch. 209; LAG München ZIP 1983, 614; LAG Nürnberg NZA 1996, 503; KR-*Friedrich* § 5 KSchG Rn. 165 f.; HK-KSchG/*Hauck* § 5 KSchG Rn. 83; *Neumann*, AR-Blattei D, Kündigungsschutz III A, D III; *Gift/Baur* E Rn. 272; *Braasch* SAE 1983, 67 (70).
1156 Im Rahmen der §§ 233 ff. ZPO soll aus Gründen der Prozeßökonomie das höhere Gericht die Wiedereinsetzung dann gewähren können, wenn sich deren Voraussetzungen ohne weiteres aus dem Akteninhalt ergeben, vgl. *Zöller/Greger* § 237 Rn. 2.

tisch dem Hauptsacheverfahren folgt. Aus der Statthaftigkeit der sofortigen Beschwerde folgt weiterhin, daß nach dem Willen des Gesetzgebers das LAG ausschließlich Beschwerdeinstanz ist. Richtigerweise muß daher – nicht zuletzt auch, um einer unzulässigen Verkürzung des Instanzenzuges zu Lasten der Parteien entgegenzuwirken – das Zulassungsverfahren beim Arbeitsgericht seinen Ausgang nehmen. Wenngleich man sich auch über diesen Ausgangspunkt innerhalb der herrschenden Meinung einig ist, so ist doch streitig, wie das LAG nach Feststellung der Verspätung weiterzuverfahren hat. Drei Varianten der herrschenden Ansicht gilt es zu unterscheiden:

Ein Teil der Rechtsprechung[1157] und die in der Literatur wohl vorherrschende Auffassung[1158] stehen auf dem Standpunkt, daß das LAG den Rechtsstreit gemäß § 148 ZPO auszusetzen hat, bis das Arbeitsgericht bzw. im Falle der Beschwerde das LAG über den Zulassungsantrag entschieden hat. Einer Aufhebung des Urteils des Arbeitsgerichts und einer Zurückverweisung bedürfe es nicht, da das Zulassungsverfahren ein gegenüber dem Hauptsacheverfahren abgesondertes Verfahren sei.

Dieser Argumentation hat sich die überwiegende Anzahl der LAGe[1159] jedoch nicht angeschlossen. Die in der Rechtsprechung vorherrschende Auffassung plädiert vielmehr – in Einklang mit Teilen der Literatur[1160] – dafür, die angefochtene Entscheidung des Arbeitsgerichts aufzuheben und den Rechtsstreit nach § 539 ZPO zur erneuten Entscheidung sowohl über den Antrag auf nachträgliche Zulassung als auch über die Entscheidung in der Hauptsache an das Arbeitsgericht zurückzuverweisen. Die von der Gegenauffassung befürwortete Aussetzung des Verfahrens sei kein gangbarer Weg, da das Arbeitsgericht dann noch an sein vorheriges Urteil gebunden und damit an einer Entscheidung über die nachträgliche Zulassung gehindert wäre. Überdies könne das Arbeitsgericht im Falle der Aussetzung nicht bindend angewiesen werden, über den Hilfsantrag auf nachträgliche Zulassung der Kündigungsschutzklage zu entscheiden. Demgegenüber trete im Falle der Aufhebung und Zurückverweisung eine Bindung des Arbeitsge-

---

1157 LAG Frankfurt DB 1962, 1216; LAG Berlin LAGE § 5 KSchG Nr. 38; LAG Hamm LAGE § 5 KSchG Nr. 44.
1158 KR-*Friedrich* § 5 KSchG Rn. 167; *Bader/Bram/Dörner/Wenzel* § 5 KSchG Rn. 7 (bis 36. Erg. Lfg.); *Löwisch* § 5 KSchG Rn. 27; *Kittner/Trittin* § 5 KSchG Rn. 42; *Neumann*, AR-Blattei D, Kündigungsschutz III A, D III; *Braasch* SAE 1983, 67 (70f.); *Becker-Schaffner* ZAP 1991, Fach 17, 151 (153) sowie ZAP 1999, Fach 17, 481 (484); *Berkowsky* NZA 1997, 352 (358); *Melzer* S. 194 f.
1159 LAG Hamm DB 1970, 1694; LAG Düsseldorf/Köln BB 1975, 139; LAG Düsseldorf, AR-Blattei „Kündigungsschutz", Entsch. 209; LAG Nürnberg NZA 1996, 503; LAG Hessen NZA-RR 1998, 515; LAG Brandenburg LAGE § 5 KSchG Nr. 77.
1160 *Hueck/v. Hoyningen-Huene* § 5 KSchG Rn. 35 ff.; HK-KSchG/*Hauck* § 5 KSchG Rn. 84; EK-ArbR/*Ascheid* § 5 KSchG Rn. 29; *Bader/Bram/Dörner/Wenzel* (ab 36. Erg. Lfg.) § 5 KSchG Rn. 197; *Germelmann/Matthes/Prütting* § 46 ArbGG Rn. 94, § 68 ArbGG Rn. 5; GK-ArbGG/*Stahlhacke* § 68 ArbGG Rn. 10 f.; *Stahlhacke/Preis/Vossen* Rn. 1143 b; *Schaub* § 136 II 4; *Pünnel* AuR 1962, 105 (107 f.).

richts an die Rechtsauffassung des LAG dahingehend ein, daß die Kündigungsschutzklage verspätet sei. Die Aufhebung und Zurückverweisung sei daher die einzig richtige Verfahrensweise. Etwas anderes ergebe sich auch nicht aus der Vorschrift des § 68 ArbGG, die die Zurückverweisung an das ArbG wegen eines Mangels im Verfahren für unzulässig erkläre. Diese Bestimmung komme bei irreparablen Verfahrensfehlern nicht zur Anwendung. Ein solcher in der zweiten Instanz nicht mehr korrigierbarer Verfahrensfehler liege aber gerade vor, da das LAG selbst im Einverständnis beider Parteien über den Zulassungsantrag nicht entscheiden könne.

Einen vermittelnden Standpunkt nehmen schließlich *Gift/Baur*[1161] ein. *Gift/Baur a.a.O.* stimmen vom Ansatzpunkt her mit der vorgenannten Meinung überein, da auch sie davon ausgehen, daß das erstinstanzliche Urteil zur Beseitigung der Bindungswirkung aufgehoben werden muß. Anders als jene wollen *Gift/Baur a.a.O.* jedoch den Rechtsstreit nicht vollständig an das ArbG zurückverweisen, sondern nur das Zulassungsverfahren. Einer vollständigen Zurückverweisung einschließlich des Hauptsacheverfahrens bedürfe es nicht, da dieses den ersten Rechtszug bereits durchlaufen habe. Nach *Gift/Baur a.a.O.* hat daher das LAG das Urteil des Arbeitsgerichts durch Zwischenurteil analog § 303 ZPO aufzuheben, das Kündigungsschutzverfahren auszusetzen und das Zulassungsverfahren an das Arbeitsgericht zurückzuverweisen.

Zuzustimmen ist der in der Literatur vorherrschenden Auffassung, die eine Aussetzung des Berufungsverfahrens bis zur Entscheidung über den Zulassungsantrag befürwortet.

Eine Zurückverweisung des gesamten Rechtsstreits erscheint im Hinblick auf den im arbeitsgerichtlichen Verfahren in besonderem Maße geltenden Beschleunigungsgrundsatz[1162] nicht vertretbar. Eine solche Zurückverweisung hätte nämlich zur Konsequenz, daß das Arbeitsgericht nicht nur über den Antrag auf nachträgliche Zulassung zu entscheiden hätte, sondern auch (erneut) über die Frage der Wirksamkeit der Kündigung. Dies kann zu erheblichen und – angesichts der Tatsache, daß das Hauptsacheverfahren den ersten Rechtszug bereits durchlaufen hat – unnötigen Verfahrensverzögerungen führen. Insoweit erscheint die Kritik *Gift/Baurs a.a.O.* an der von der herrschenden Rechtsprechung vertretenen Auffassung durchaus berechtigt.

Unzutreffend ist jedoch deren weitere Annahme, daß es neben der Aussetzung des Verfahrens noch der Aufhebung des erstinstanzlichen Urteils bedarf. Da die Frage der Verspätung der Kündigungsschutzklage nach hier[1163] vertretener Meinung nicht Gegenstand des Zulassungs- sondern des Hauptsacheverfahrens ist, hat das Arbeitsgericht im nunmehr folgenden Zulassungsverfahren nicht zu prüfen, ob die Dreiwochenfrist des § 4 S. 1 KSchG versäumt ist oder nicht. Folge-

---

1161 E Rn. 272.
1162 Vgl. § 9 Abs. 1 S. 1 ArbGG.
1163 Vierter Teil B. III. 1. b.

richtig kann dann aber die Bindungswirkung des vorherigen Urteils einer Entscheidung über den Zulassungsantrag nicht entgegenstehen. Die Frage der Verspätung steht ja gar nicht zur erneuten Entscheidung.

Zu untersuchen bleibt damit nur noch der ebenfalls gegen die Aussetzung des Rechtsstreits geäußerte Einwand, das LAG könne nur bei einer Aufhebung und Zurückverweisung das Arbeitsgericht bindend anweisen, über den Zulassungsantrag zu entscheiden. Diese Befürchtung erweist sich indessen ebenfalls als unbegründet. Abgesehen davon, daß sich das Arbeitsgericht im Praktischen kaum weigern wird, das Zulassungsverfahren durchzuführen, wird man nämlich – wie *Berkowsky*[1164] neuerdings überzeugend herausgearbeitet hat – auch ohne ausdrückliche gesetzliche Regelung dem LAG das Recht zuerkennen müssen, das Arbeitsgericht durch Beschluß anzuweisen, über den Zulassungsantrag zu entscheiden. Dies folgt aus dem grundgesetzlichen Justizgewährungsanspruch und dem sich aus Art. 19 Abs. 4 GG ergebenden Gebot des effektiven Rechtsschutzes. Der Justizgewährungsanspruch verpflichtet die Gerichte, alles zur sachgemäßen Erledigung des Rechtsschutzgesuchs Notwendige zu tun.[1165] Der Kündigungsschutzprozeß kann aber – da das LAG ja die Frage der Verspätung bejaht hat – vor dem LAG erst nach Durchführung des Zulassungsverfahrens fortgeführt werden. Das Berufungsverfahren ist zum Stillstand gekommen. Aufgrund dieser Abhängigkeit des Berufungsverfahrens vom Zulassungsverfahren würde eine Weigerung des Arbeitsgerichts, das Zulassungsverfahren durchzuführen, – ebenso wie in allen sonstigen Fällen, in denen das Gericht seine Aufgabe, den Rechtsstreit zu betreiben, nicht erfüllt – einen Verstoß gegen den Justizgewährungsanspruch sowie das Gebot des effektiven Rechtsschutzes bedeuten.

V. Die Problematik widersprechender Entscheidungen

Neben den vorstehend diskutierten Fallkonstellationen stellt sich in der Rechtsmittelinstanz unter Umständen noch ein weiteres Problem, nämlich das Problem widersprechender Entscheidungen im Zulassungs- und im Hauptsacheverfahren. Hierzu kommt es in folgenden prozessualen Situationen[1166]:

1. Das Arbeitsgericht gibt dem Zulassungsantrag und der Kündigungsschutzklage statt. Das Urteil in der Hauptsache wird rechtskräftig. Auf die sofortige Beschwerde des Arbeitgebers hin, hebt das LAG die Entscheidung des Arbeitsgerichts über die nachträgliche Zulassung auf und weist den Antrag ab.

2. Das Arbeitsgericht weist Zulassungsantrag und Kündigungsschutzklage ab. Das Urteil in der Hauptsache wird rechtskräftig. Auf die sofortige Beschwerde des Arbeitnehmers hin, hebt das LAG den Beschluß des Arbeitsgerichts auf und gibt dem Zulassungsantrag statt.

1164 NZA 1997, 352 (358).
1165 Vgl. *Zöller/Vollkommer* Einl. Rn. 49.
1166 Vgl. *Vollkommer* AcP Bd. 161, 332 (354).

In beiden Fällen sind das rechtskräftige Urteil in der Hauptsache und der Beschluß über die nachträgliche Zulassung inhaltlich nicht miteinander vereinbar. Um derartige Konflikte zu vermeiden, soll daher das Arbeitsgericht nach vielfach vertretener Auffassung[1167] das Hauptsacheverfahren bis zur rechtskräftigen Entscheidung über den Zulassungsantrag gemäß § 148 ZPO aussetzen oder der Kündigungsschutzklage de facto keinen Fortgang geben, indem es keinen Termin bestimmt. Damit ist aber noch nicht das Problem gelöst, welche Konsequenzen sich ergeben, wenn es doch einmal zu einander widersprechenden Entscheidungen im Zulassungs- und im Hauptsacheverfahren kommt. Die Lösung dieser Problematik stellt eine der am heftigsten diskutierten Streitfragen der nachträglichen Klagezulassung dar:

Die heute herrschende Meinung[1168] löst den Widerspruch zwischen beiden Entscheidungen dadurch, daß sie das Verfahren über die nachträgliche Zulassung als Bedingung für das Urteilsverfahren ansieht. Das Sachurteil sei auflösend bedingt durch die Aufhebung des im Zulassungsverfahren ergangenen Beschlusses. Dies habe zur Konsequenz, daß das Urteil, das vom Beschluß des LAG im nachträglichen Zulassungsverfahren abweicht, trotz entgegenstehender Rechtskraft gegenstandslos werde.

Dieser Lösungsansatz wird von einer insbesondere in der älteren Literatur vertretenen Auffassung[1169] mit dem Argument der Rechtskraft verworfen. Die herrschende Meinung lasse den fundamentalen Grundsatz der Rechtskraftwirkung außer Acht. Die Rechtskraft wirke zwischen den Parteien. In einem neuen Prozeß könnten die gleichen Kündigungsgründe nicht erneut geltend gemacht werden. Aufgrund dessen könne ein Beschluß des LAG ein rechtskräftiges Urteil des Arbeitsgerichts nicht mehr aufheben. Uneins ist man sich jedoch darüber, welche verfahrensrechtlichen Konsequenzen aus diesem Ergebnis zu ziehen sind.

Während *Bader/Bram/Dörner/Wenzel a.a.O.* die Vollstreckungsklage nach § 767 ZPO für einschlägig erachten, verweist *Rohlfing a.a.O.* die Parteien auf die Möglichkeit einer Schadensersatzklage nach § 826 BGB unter dem Aspekt der sittenwidrigen Ausnutzung eines als unrichtig erkannten Urteils. Demgegenüber verneint *Rewolle a.a.O.* das Vorliegen der Voraussetzungen der Rechtsbe-

---

1167 KR-*Friedrich* § 5 KSchG Rn. 170; *Hueck/v. Hoyningen-Huene* § 5 KSchG Rn. 30 a; HK-KSchG/*Hauck* § 5 KSchG Rn. 71; KPK-*Ramrath*, Teil H, § 5 KSchG Rn. 23; *Neumann*, AR-Blattei D, Kündigungsschutz III A, D IV; *Eylert* AuA 1996, 414 (418).
1168 KR-*Friedrich* § 5 KSchG Rn. 171; HK-KSchG/*Hauck* § 5 KSchG Rn. 71; EK-ArbR/*Ascheid* § 5 KSchG Rn. 34; *Löwisch* § 5 KSchG Rn. 33; *Maus* § 5 KSchG Rn. 19; *Neumann*, AR-Blattei D, Kündigungsschutz III A, D IV; *ders.* RdA 1954, 269 (270); *Vollkommer* AcP Bd. 161, 332 (356); *Melzer* S. 211 ff.
1169 *Herschel/Steinmann* § 4 KSchG Rn. 6 a; *Rewolle* BB 1952, 147 (148); *Rohlfing* SAE 1952, 16; *Dahns* RdA 1952, 140 (141); *Pünnel* AuR 1962, 105 (107). Ebenso – bis zur 36. Erg. Lfg. – *Bader/Bram/Dörner/Wenzel* § 5 KSchG Rn. 6.

helfe gegen die Rechtskraft (§§ 579, 580 ZPO; § 767 ZPO; § 826 BGB). Trotz eines aufhebenden Beschlusses im Beschwerdeverfahren sei es nicht möglich, das rechtskräftige Urteil des Arbeitsgerichts zu beseitigen oder seine Vollstrekkung zu verhindern. Nach *Rewolle a. a. O.* entfällt daher mit Rechtskraft des arbeitsgerichtlichen Urteils das Rechtsschutzbedürfnis für eine Entscheidung über die sofortige Beschwerde gegen den Beschluß nach § 5 KSchG. Die sofortige Beschwerde wird unzulässig.[1170]

Zuzustimmen ist der herrschenden Auffassung. Der Hinweis der Minderheitsmeinung auf die entgegenstehende Rechtskraft des arbeitsgerichtlichen Sachurteils vermag nicht zu überzeugen. Bereits das *Reichsgericht* hat in seinen Entscheidungen vom 28. Oktober 1881[1171] sowie vom 30. September 1885[1172] zu den §§ 248, 276 ZPO (nunmehr: §§ 280, 304 ZPO) zutreffendermaßen herausgearbeitet, daß die Rechtskraftfähigkeit des Endurteils nicht soweit reicht, um die Entscheidung, die auf gegen Zwischenurteile eingelegte Rechtsmittel hin ergeht, auszuschließen oder wirkungslos machen zu können. Dies folgt nach dem *Reichsgericht a. a. O.* daraus, daß sowohl das Zwischenurteil nach den §§ 280, 304 ZPO als auch das daraufhin ergehende Endurteil nur einen der verschiedenen grundlegenden Bestandteile liefert, aus denen sich im ungetrennten Verfahren das den Prozeß für die Instanz erledigende Erkenntnis zusammensetzt. Mit anderen Worten: In den verschiedenen Verfahren werden verschiedene grundlegende Bestandteile für *ein* Erkenntnis geschaffen. Vom Standpunkt des *Reichsgerichts a. a. O.* aus stellt daher der in den Zwischenurteilen nach §§ 280, 304 ZPO vorweggenommene Bestandteil der Entscheidung eine notwendige Voraussetzung des später ergehenden Endurteils dar. Konsequenz hiervon ist, daß mit der Beseitigung der Vorentscheidung in der höheren Instanz das Endurteil die für seinen eigenen Bestand notwendige Grundlage verliert und trotz Rechtskraft gegenstandslos wird.[1173]

Diese Grundsätze treffen in vollem Umfang auch auf den der analogen Anwendung des § 280 ZPO unterliegenden Beschluß nach § 5 KSchG zu.[1174] Im Zulassungsverfahren wird in einem gesonderten Verfahren über eine für das im Kündigungsschutzprozeß ergehende Urteil maßgebliche Voraussetzung – nämlich die Frage, ob die verspätete Klageerhebung verschuldet war oder nicht – entschieden. Demzufolge wird das rechtskräftige Urteil des Arbeitsgerichts bei Aufhe-

---

1170 Ebenso *Dahns* RdA 1952, 140 (141).
1171 RGZ 5, 422.
1172 RGZ 15, 348.
1173 Vgl. außer den genannten Entscheidungen des *Reichsgerichts* auch *Zöller/Greger* § 280 Rn. 10.
1174 Zur analogen Anwendbarkeit des § 280 ZPO oben Vierter Teil B. III. 2. a. Ebenso *Neumann* RdA 1954, 269 (270) und *Melzer* S. 211, die sich jedoch zu Unrecht auf die §§ 280, 304 ZPO berufen. Vom Boden der von beiden Autoren vertretenen materiell-rechtlichen Auffassung erscheint ein Rückgriff auf die genannten Vorschriften nicht möglich. Dieser Weg ist vielmehr nur gangbar, wenn man der prozessualen Lehre folgt, vgl. oben Vierter Teil B. III. 2. a.; *Vollkommer* AcP Bd. 161, 332 (356).

bung des Beschlusses nach § 5 KSchG in der Beschwerdeinstanz in analoger Anwendung des § 280 ZPO gegenstandslos. Die Rechtskraft des Urteils steht dem nicht entgegen, da die im Zulassungsbeschluß entschiedene Frage – wie bereits ausgeführt – ein notwendiger Bestandteil des im Kündigungschutzprozeß ergehenden Endurteils ist. Weiter folgt hieraus, daß die Unwirksamkeit des arbeitsgerichtlichen Urteils auch nur insoweit eintreten kann als auch der Beschluß nach § 5 KSchG reicht – nämlich in Bezug auf den Klagegrund „Unwirksamkeit der Kündigung wegen Sozialwidrigkeit". Folglich darf das Arbeitsgericht im Falle der nachträglichen Zulassung der Klage durch das Beschwerdegericht nur über die Frage der Sozialwidrigkeit neu verhandeln. Alle anderen Unwirksamkeitsgründe haben außer Betracht zu bleiben.[1175] Abweichendes ergibt sich wiederum nur im Anwendungsbereich des BeschFG 1996. Da der Zulassungsbeschluß bei der Kündigung durch den Insolvenzverwalter gemäß § 113 Abs. 2 InsO sämtliche Unwirksamkeitsgründe betrifft, wird das arbeitsgerichtliche Urteil durch die nachträgliche Zulassung der Klage in der Beschwerdeinstanz hinsichtlich sämtlicher Unwirksamkeitsgründe gegenstandslos. Dies hat zur Konsequenz, daß dann das Arbeitsgericht sämtliche Unwirksamkeitsgründe neu zu verhandeln hat. Nicht anders verhält es sich bei der Geltendmachung der Unwirksamkeit einer Befristung gemäß § 1 Abs. 5 BeschFG 1996. Auch hier betrifft der Zulassungsbeschluß sämtliche möglichen Gründe, die zur Unwirksamkeit der Befristung führen können, so daß das arbeitsgerichtliche Urteil bezüglich sämtlicher Unwirksamkeitsgründe gegenstandslos wird. Demzufolge stehen dann auch all diese Unwirksamkeitsgründe zur erneuten Verhandlung an.

VI. Kosten der Beschwerdeinstanz

Im Beschwerdeverfahren wird gemäß § 12 Abs. 1 ArbGG i. V. m. GV Nr. 9302 eine 8/10 Gebühr nur erhoben, wenn die Beschwerde als unzulässig verworfen oder zurückgewiesen wird.[1176] Die Kosten des Beschwerdeverfahrens sind gemäß §§ 46 Abs. 2 ArbGG, 97 ZPO dem Beschwerdeführer aufzuerlegen, wenn und soweit er unterliegt.[1177]

1175 Zutreffend *Vollkommer* AcP Bd. 161, 332 (356).
1176 KR-*Friedrich* § 5 KSchG Rn. 177.
1177 *Neumann* AR-Blattei D, Kündigungsschutz III A, D V.

Zusammenfassung und Ausblick

A. Nachträgliche Klagezulassung de lege lata

Hinsichtlich der im Ersten Teil III. 2. b. dieser Untersuchung aufgeworfenen wesentlichen Fragestellungen der heutigen Rechtslage haben sich im Rahmen dieser Untersuchung folgende Ergebnisse ergeben:

I. Rechtsnatur der nachträglichen Klagezulassung

Die Dreiwochenfrist des § 4 S. 1 KSchG ist als rein prozessuale Frist zu qualifizieren, bei deren Versäumung die Kündigungsschutzklage – soweit nicht andere Unwirksamkeitsgründe außerhalb des KSchG eingreifen – als unbegründet abzuweisen ist. Die Abweisung als unbegründet folgt daraus, daß die Kündigungsschutzklage durch den Fristablauf nur hinsichtlich eines Klagegrundes – nämlich dem der mangelnden sozialen Rechtfertigung der Kündigung – unzulässig wird. Bezüglich der anderen Unwirksamkeitsgründe bleibt die Klage zulässig, so daß über diese zu entscheiden und die Klage als unbegründet abzuweisen ist. Eine andere Beurteilung greift nur im Anwendungsbereich des BeschFG 1996 Platz. Bei der Insolvenzkündigung gemäß § 113 Abs. 2 InsO bzw. der Geltendmachung der Unwirksamkeit einer Befristung gemäß § 1 Abs. 5 BeschFG 1996 ist die Klage im Falle der Fristversäumung als unzulässig abzuweisen, da die Klage hier hinsichtlich sämtlicher Unwirksamkeitsgründe unzulässig wird.

Die prozessuale Rechtsnatur der Dreiwochenfrist führt dazu, daß auch die nachträgliche Klagezulassung als rein prozessuales, der Wiedereinsetzung in den vorigen Stand nachgebildetes Rechtsinstitut anzusehen ist. Der Beschluß nach § 5 KSchG stellt daher eine Prozeßentscheidung dar, die nur der Klärung der Frage dient, ob die Folgen der Versäumung der prozessualen Frist des § 4 S. 1 KSchG zu beseitigen sind. Aus der prozessualen Rechtsnatur der nachträglichen Klagezulassung folgt weiter die grundsätzliche Anwendbarkeit der §§ 233 ff. ZPO. Grenzen für die Anwendbarkeit dieser Vorschriften können sich jedoch insoweit ergeben, als die nachträgliche Klagezulassung Abweichungen gegenüber der Wiedereinsetzung aufweist. Diese Abweichungen ergeben sich vor allem unter zwei Gesichtspunkten. Der eine besteht darin, daß die nachträgliche Klagezulassung gegenüber den §§ 233 ff. ZPO in verstärktem Maße auf den zeitnahen Eintritt endgültiger Rechtssicherheit angelegt ist. Die andere Besonderheit ist im unterschiedlichen Anwendungsbereich beider Vorschriften zu sehen. Während die §§ 233 ff. ZPO hauptsächlich Rechtsbehelfs- und Rechtsmittelbegründungsfristen – also Fristen, bei denen bereits eine (formell rechtskräftige) gerichtliche Entscheidung vorliegt – betreffen, bezieht sich die nachträgliche Klagezulassung ausschließlich auf Klagefristen, bei denen eine rechtskräftige gerichtliche Entscheidung nicht vorliegt. Die nachträgliche Klagezulassung ist daher, anders als die §§ 233 ff. ZPO, kein Rechtsbehelf gegen die Rechtskraft, sondern eine Regelung zur Wiedereröffnung des ersten Zugangs zu Gericht.

II. Formale und sachliche Voraussetzungen der nachträglichen Klagezulassung

Die Auslegung des § 5 Abs. 2 KSchG hat sich an der Vorschrift des § 236 Abs. 2 ZPO zu orientieren. Das bedeutet, daß die Kündigungsschutzklage von Amts wegen zuzulassen ist, wenn die die nachträgliche Zulassung begründenden Tatsachen aktenkundig sind. Weiter ist in Anlehnung an die Vorschrift des § 236 Abs. 2 ZPO davon auszugehen, daß die die nachträgliche Zulassung begründenden Tatsachen sowohl solche der Zulässigkeit als auch solche der Begründetheit des Zulassungsantrags sind. Einer Angabe der Mittel für deren Glaubhaftmachung bedarf es demgegenüber im Antrag nicht. Die Angabe der die nachträgliche Zulassung begründenden Tatsachen ist – ebenso wie bei § 236 Abs. 2 ZPO – auch noch nach Ablauf der in § 5 Abs. 3 KSchG bestimmten Fristen möglich, wenn es sich um bloße Ergänzungen bzw. Konkretisierungen von bereits fristgemäß Vorgetragenem handelt.

Die Einreichung des Zulassungsantrags beim örtlich unzuständigen Gericht oder beim Gericht des falschen Rechtswegs ist ebenso zu beurteilen, wie die Einreichung der Kündigungsschutzklage beim falschen Gericht. Das heißt, daß die Einreichung dann fristwahrend wirkt, wenn der Antrag an das zuständige Gericht weitergeleitet wird.

Um die Sorgfaltsanforderungen des § 5 Abs. 1 KSchG auch über die Dreiwochenfrist des § 4 S. 1 KSchG hinaus auszudehnen, erscheint es geboten, den Begriff „Behebung des Hindernisses" in § 5 Abs. 3 S. 1 KSchG dahingehend auszulegen, daß hierunter nicht nur die positive Kenntnis vom Wegfall des Hindernisses fällt. Maßgeblich ist vielmehr, wann der Arbeitnehmer bei Aufwendung zumutbarer Sorgfalt Kenntnis von der Versäumung bzw. dem Wegfall des Hindernisses hätte erlangen können. Die Frage der Zurechnung des Vertreterverschuldens ist bei § 5 Abs. 3 S. 1 KSchG in gleichem Sinne zu beantworten wie bei § 4 S. 1 KSchG. Eine Verschuldenszurechnung ist daher abzulehnen. Eine Wiedereinsetzung in die (versäumte) Zweiwochenfrist findet nicht statt.

Der Vorschrift des § 5 Abs. 1 KSchG liegt ein subjektivierter Verschuldensbegriff zugrunde. Entscheidend ist, welches Maß an Sorgfalt von dem konkreten Arbeitnehmer in seiner individuellen Situation gefordert werden kann. Mit der Anerkennung des subjektivierten Verschuldensbegriffs ist jedoch keine Abkehr vom Verschuldensprinzip verbunden. Selbst geringfügiges Verschulden des Arbeitnehmers an der Versäumung der Dreiwochenfrist schließt eine nachträgliche Zulassung der Kündigungsschutzklage aus. Bei der Auslegung des § 5 Abs. 1 KSchG kann auf die zu § 233 ZPO n. F. entwickelte Judikatur zurückgegriffen werden. Trotz unterschiedlicher Formulierungen in § 5 Abs. 1 KSchG und § 233 ZPO n. F. werden die Ergebnisse im Praktischen nämlich kaum differieren.

Das Verschulden seines Vertreters an der Versäumung der Dreiwochenfrist des § 4 S. 1 KSchG muß sich der Arbeitnehmer weder über § 85 Abs. 2 ZPO noch über § 278 S. 1 BGB zurechnen lassen. Die Vorschrift des § 85 Abs. 2 ZPO ist auf § 4 S. 1 KSchG nicht anwendbar, da die dem § 85 Abs. 2 ZPO unmittelbar unterliegenden Prozeßfristen mit der Klagefrist des § 4 S.1 KSchG nicht vergleichbar sind. Die Anwendung des § 278 S. 1 BGB scheitert daran, daß das Erfordernis, die Klagefrist des § 4 KSchG zu wahren, nicht an das zwischen Arbeitnehmer und Arbeitgeber bestehende Schuldverhältnis anknüpft, sondern an das Bestehen des Bestandsschutzes nach § 1 KSchG.

III. Verfahrensfragen der nachträglichen Klagezulassung

Der Antrag nach § 5 KSchG ist als Hilfsantrag für den Fall anzusehen, daß das Gericht die Klage für verspätet hält. In das Zulassungsverfahren ist erst dann und nur dann einzutreten, wenn das Arbeitsgericht im Hauptsacheverfahren die Fristbindung und die Fristversäumung festgestellt hat. Das Zulassungsverfahren läßt sich deshalb als ein nur mögliches – d. h. nicht obligatorisches – Zwischenverfahren bezeichnen.

Auf das Zulassungsverfahren sind analog §§ 237, 238 Abs. 2 S. 1 ZPO die für das Hauptsacheverfahren geltenden Vorschriften des arbeitsgerichtlichen Urteilsverfahrens (§§ 46 ff. ArbGG) anzuwenden. Mithin hatte nach der bis zum 31. April 2000 geltenden Rechtslage über den Zulassungsantrag grundsätzlich (Ausn.: § 55 Abs. 3 ArbGG) die vollbesetzte Kammer aufgrund obligatorischer mündlicher Verhandlung zu entscheiden. Seit der Neufassung des § 5 Abs. 4 S. 1 KSchG durch das Arbeitsgerichtsbeschleunigungsgesetz vom 30. März 2000 hat nunmehr das Arbeitsgericht aufgrund pflichtgemäßen Ermessens zu entscheiden, ob eine mündliche Verhandlung durchgeführt wird oder nicht. Bei seiner Entscheidung hat das Gericht zu berücksichtigen, daß es sich bei der nachträglichen Klagezulassung um ein Verfahren zur Wiedereröffnung des ersten Zugangs zum Rechtsschutz handelt. Dementsprechend ist § 5 Abs. 4 S. 1 KSchG n. F. als Ausnahmevorschrift mit engem Anwendungsbereich anzusehen. Eine Entscheidung ohne mündliche Verhandlung kommt auch nach neuem Recht nur in einfach gelagerten Fällen oder bei mißglückter Antragstellung in Betracht. Einer Durchführung eines gesonderten Gütetermins bedarf es, wie bisher, nicht. Bei seiner Entscheidungsfindung ist das ArbG, wie bisher, gemäß § 294 Abs. 2 ZPO auf präsente Beweismittel beschränkt. Prozeßvergleich, Anerkenntnis, Geständnis und Verzicht sind aufgrund des zwingenden Charakters und der prozessualen Natur der Dreiwochenfrist nicht möglich.

Über den Zulassungsantrag ist stets durch gesonderten Beschluß zu entscheiden. Hierbei handelt es sich um eine Zwischenentscheidung über eine Prozeßvoraussetzung analog § 280 ZPO, die gemäß § 577 Abs. 3 ZPO innerprozessuale Bindungswirkung entfaltet. Auch das Berufungs- und das Revisionsgericht sind an die Entscheidung über die nachträgliche Zulassung gebunden. Dies folgt jedoch nicht aus der materiellen Rechtskraftwirkung – eine solche kommt einer Zwischenentscheidung nach § 280 ZPO gar nicht zu –, sondern allein aus den §§ 512, 548 ZPO. Dabei beschränkt sich die Bindungswirkung auf die Frage, ob die Verspätung der Klageerhebung verschuldet ist oder nicht. Die Feststellung der Verspätung der Klage bleibt, entsprechend der Auslegung des Zulassungsantrags als Hilfsantrag für den Fall der Verspätung der Klage, allein dem Hauptsacheverfahren vorbehalten.

Im Falle der Säumnis des Arbeitnehmers war nach der bis zum 31. April 2000 geltenden Fassung des § 5 Abs. 4 S. 1 KSchG durch Versäumnisurteil abzuweisen. Eine Entscheidung über den Zulassungsantrag erging nicht. Abweichend gestaltete sich die Rechtslage im Anwendungsbereich des BeschFG 1996. Bei der Kündigung durch den Insolvenzverwalter bzw. der Geltendmachung der Unwirksamkeit einer Befristung war die Klage durch unechtes Versäumnisurteil als unzulässig abzuweisen, da die Klage hier durch die Fristversäumnis insgesamt unzulässig wird. Diese Auffassung ist seit 1. Mai 2000 nicht mehr haltbar. Da es sich beim Zulassungsverfahren nunmehr um einen Fall der freigestellten mündlichen Verhandlung handelt, kann jetzt kein Versäumnisurteil mehr gegen den säumigen Arbeitnehmer ergehen, sondern es muß über seinen schriftsätzlich gestellten Antrag auf nachträgliche Zulassung entschieden werden. Im Falle der Säumnis des Arbeitgebers ergeht, keine Versäumnisentscheidung, sondern es ist auf der Grundlage des Vorbringens des Arbeitnehmers und seit 1. Mai 2000 auch auf der Grundlage des Vorbringens des Arbeitgebers über den Zulassungsantrag zu entscheiden.

Entgegen einiger Stimmen in der neueren Literatur ist daran festzuhalten, daß im Beschwerdeverfahren gegen die Zulassungsentscheidung nur dann die vollbesetzte Kammer zu entscheiden hat, wenn die Entscheidung aufgrund mündlicher Verhandlung ergeht.

Der Prüfungsumfang des Beschwerdegerichts entspricht dem des Erstgerichts. Folglich hat das Beschwerdegericht bei vorausgesetzter Verspätung nur über die Frage zu entscheiden, ob die verspätete Klageerhebung verschuldet war oder nicht. Eine ersatzlose Aufhebung des Zulassungsbeschlusses wegen mangelnder Verspätung ist nicht möglich.

Hält das LAG im Berufungsverfahren abweichend vom ArbG die Klage für verspätet, so hat es das Berufungsverfahren zur Durchführung des Zulassungsverfahrens vor dem Arbeitsgericht gemäß § 148 ZPO auszusetzen. Im Rahmen dessen kann das LAG auch ohne ausdrückliche gesetzliche Regelung das ArbG durch Beschluß anweisen, über den Zulassungsantrag zu entscheiden. Eine Aufhebung des erstinstanzlichen Urteils ist nicht erforderlich, da die Frage der Verspätung der Klageerhebung im Zulassungsverfahren nicht zu entscheiden ist.

Bei widersprechenden Entscheidungen im Zulassungs- und im Hauptsacheverfahren wird das im Hauptsacheverfahren ergangene Urteil trotz entgegenstehender Rechtskraft analog § 280 ZPO gegenstandslos. Dies gilt jedoch nur so weit, wie der Beschluß nach § 5 KSchG reicht – also mit Ausnahme der §§ 113 Abs. 2 InsO, 1 Abs. 5 BeschFG 1996 – ausschließlich hinsichtlich des Klagegrundes „Unwirksamkeit der Kündigung wegen Sozialwidrigkeit".

B. Nachträgliche Klagezulassung de lege ferenda

Die vorliegende Untersuchung hat in aller Deutlichkeit aufgezeigt, daß es Rechtsprechung und Rechtslehre trotz jahrzehntelanger Diskussion nicht gelungen ist, aus eigener Kraft einen Zustand der Rechtssicherheit hinsichtlich der nachträglichen Klagezulassung zu schaffen. Von einer einheitlichen Handhabung des § 5 KSchG ist man weit entfernt. Auch die Neufassung des § 5 Abs. 4 S. 1 KSchG durch das Arbeitsgerichtsbeschleunigungsgesetz vom 30. März 2000 wird hieran nichts Entscheidendes ändern. Deshalb ist der Gesetzgeber aufgerufen, endlich klare Verhältnisse zu schaffen. An Kodifizierungsvorschlägen fehlt es ihm insoweit nicht.[1178] Diese lösen die auftretenden Probleme jedoch nur zum Teil, da sie den derzeitigen § 5 KSchG mit geringfügigen Änderungen übernehmen[1179] bzw. die §§ 5 bis 7 KSchG einfach für entsprechend anwendbar erklären[1180] oder materiell-rechtliche Lösungen suchen.[1181] Deshalb sollte der Gesetzgeber bei der Neuregelung des § 5 KSchG folgende Gesichtspunkte berücksichtigen:

Das Institut der Wiedereinsetzung hat sich als adäquates Mittel der Nachsichtgewährung bei der Versäumung prozessualer Fristen erwiesen. Daher sollte entgegen dem Vorschlag *Berkowskys*[1182] (systemgerecht) an der Entscheidung in einem wiedereinsetzungsähnlich ausgestalteten Verfahren festgehalten werden. Zur Klarstellung empfiehlt es sich jedoch, die §§ 233 ff. ZPO ausdrücklich für entsprechend anwendbar zu erklären.[1183]

Weiter erscheint es geboten, die in § 5 Abs. 2 KSchG genannten formalen Voraussetzungen der nachträglichen Klagezulassung den §§ 233 ff. ZPO entsprechend den durch die Vereinfachungsnovelle vom 3. Dezember 1976 bewirkten

---

1178 Vgl. etwa § 136 des Entwurfs eines Arbeitsvertragsgesetzes vom 23. 5. 1995 – BR-Drucks. 293/95 (Sachsen) sowie des Entwurfs eines Gesetzes zur Bereinigung des Arbeitsrechts vom 12. 9. 1996 BR-Drucks. 671/96 (Brandenburg) (Beide abgedruckt im Anhang dieser Arbeit); *Berkowsky* NZA 1997, 352 (356 f.). Für § 102 BetrVG (Unwirksamkeit der Kündigung wegen fehlerhafter oder unterlassener Anhörung des Betriebsrats) auch *Löwisch* RdA 1996, 352 (354).
1179 Vgl. die Begründungen zu § 136 E-ArbVG BR-Drucks. 293/95 (Sachsen) sowie BR-Drucks. 671/96 (Brandenburg).
1180 So *Löwisch* RdA 1996, 352 (354).
1181 So *Berkowsky* NZA 1997, 352 (356 f.). Vgl. auch die Begründung zu § 136 E-ArbVG BR-Drucks. 293/95 (Sachsen).
1182 NZA 1997, 352 (356 f.). *Berkowsky a.a.O.* plädiert dafür, den derzeitigen § 5 KSchG als Fiktion auszugestalten und dem Hauptsacheverfahren komplett einzugliedern.
1183 Anders die Begründung zu § 136 E-ArbVG BR-Drucks. 293/95 (Sachsen): „materielle Regelung".

Änderungen anzupassen. Für eine unterschiedliche Behandlung der nachträglichen Klagezulassung einerseits und der Wiedereinsetzung andererseits besteht in diesem Bereich kein Anlaß. Dementsprechend sind die Anforderungen des § 5 Abs. 2 KSchG bereits durch die Rechtsprechung weitgehend aufgeweicht worden.[1184] Unter Berücksichtigung dessen ist daher zu erwägen, das Erfordernis der Angabe der Mittel der Glaubhaftmachung in § 5 Abs. 2 S. 2 KSchG – ebenso wie bei § 236 Abs. 2 S. 1 ZPO – endgültig zu streichen.[1185] Ferner sollte in Anlehnung an § 236 Abs. 2 S. 2 ZPO die Möglichkeit der nachträglichen Zulassung von Amts wegen ausdrücklich festgeschrieben werden.[1186]

Ebenfalls dem § 233 ZPO n. F. angepaßt werden sollte die Vorschrift des § 5 Abs. 1 KSchG. Die Rechtspraxis hat gezeigt, daß die Einführung des Verschuldensmaßstabes bei § 233 ZPO kaum Auswirkungen mit sich gebracht hat. Um weiteren Unsicherheiten hinsichtlich des Rückgriffs auf die zu § 233 n. F. ZPO entwickelte Judikatur entgegenzuwirken, erscheint es daher angebracht, auch im Rahmen des § 5 Abs. 1 KSchG zu verankern, daß die Klage dann nachträglich zuzulassen ist, wenn der Arbeitnehmer ohne sein Verschulden verhindert war, die Klage rechtzeitig zu erheben.[1187] Ebenfalls festgeschrieben werden sollte jedoch im Hinblick auf die Rechtsprechung des Bundesverfassungsgerichts betreffend den ersten Zugang zu Gericht[1188], daß sich der Arbeitnehmer das Verschulden seines Prozeßbevollmächtigten an der Versäumung der der nachträglichen Klagezulassung unterfallenden Fristen nicht zurechnen lassen muß.[1189]

Zu Unklarheiten hat schließlich die Verwendung des Begriffs „Zulassung verspäteter Klagen" geführt, da hierdurch suggeriert wird, daß durch die nachträgliche Zulassung die Klage insgesamt nachträglich zugelassen wird. Tatsächlich wird jedoch – mit Ausnahme der durch das BeschFG 1996 bewirkten Änderungen – nur der Klagegrund der mangelnden sozialen Rechtfertigung nachträglich zugelassen. Diese Unklarheiten lassen sich – soweit nicht sowieso eine einheitliche Klagefrist für sämtliche Unwirksamkeitsgründe eingeführt wird[1190] – besei-

---

1184 Vgl. oben Dritter Teil B. II. und III. 1. b.
1185 Ebenso § 136 Abs. 2 S. 3 und 4 E-ArbVG BR-Drucks. 671/96 (Brandenburg).
1186 Ebenso § 136 Abs. 1 S. 2 bzw. Abs. 3 S. 2 E-ArbVG BR-Drucks. 293/95 (Sachsen) sowie BR-Drucks. 671/96 (Brandenburg).
1187 So auch § 136 Abs. 1 S. 1 E-ArbVG BR-Drucks. 293/95 (Sachsen) sowie BR-Drucks. 671/96 (Brandenburg).
1188 Vgl. hierzu oben Zweiter Teil C. IV. 3. a.
1189 Abweichend § 136 Abs. 1 S. 1 E-ArbVG BR-Drucks. 293/95 (Sachsen): „War ein Arbeitnehmer nach erfolgter Kündigung ohne eigenes Verschulden *oder das seines Bevollmächtigten* verhindert, die Klage innerhalb von einem Monat nach Zugang der Kündigung zu erheben, so ist auf seinen Antrag die Feststellungsklage nachträglich zuzulassen."
1190 Vgl. beispielsweise § 135 E-ArbVG BR-Drucks. 293/95 (Sachsen) sowie BR-Drucks. 671/96 (Brandenburg). Ausführlich zu den Bestrebungen, eine einheitliche Klagefrist für sämtliche Bestandsschutzstreitigkeiten einzuführen, *Francken* S. 6 f., 53 ff.

tigen, indem man den Begriff „Klage" durch den Begriff „Geltendmachung der Sozialwidrigkeit" ersetzt.[1191]

Bis zu einer Neuregelung durch den Gesetzgeber empfiehlt es sich, die im Rahmen der nachträglichen Klagezulassung auftauchenden Streitfragen auf der Grundlage der prozessualen Auffassung einer klaren, systemgerechten Lösung zuzuführen. Das streng prozessuale Verständnis der nachträglichen Klagezulassung vermeidet die Schwierigkeiten und Widersprüche, die sich bei Annahme eines materiell-rechtlichen Instituts ergeben und leistet damit seinen Beitrag zu der längst überfälligen Überwindung der Rechtszersplitterung bei der Handhabung des § 5 KSchG.

1191 Insoweit zutreffend *Berkowsky* NZA 1997, 352 (356).

Anhang

I. Auszug aus BR-Drucks. 293/95 – Entwurf eines Arbeitsvertragsgesetzes des Landes Sachsen vom 23. 5. 1995

§ 136 Zulassung verspäteter Klagen

(1) War ein Arbeitnehmer nach erfolgter Kündigung ohne eigenes Verschulden oder das seines Bevollmächtigten verhindert, die Klage innerhalb von einem Monat nach Zugang der Kündigung zu erheben, so ist auf seinen Antrag die Feststellungsklage nachträglich zuzulassen. Ist innerhalb der Antragsfrist Klage erhoben worden, so kann die nachträgliche Zulassung auch ohne Antrag gewährt werden.

(2) Mit dem Antrag ist die Klageerhebung zu verbinden; ist die Klage bereits eingereicht, so ist auf sie im Antrag Bezug zu nehmen. Der Antrag muß ferner die Angabe der die nachträgliche Zulassung begründenden Tatsachen und der Mittel für deren Glaubhaftmachung enthalten.

(3) Der Antrag ist nur innerhalb von zwei Wochen nach Behebung des Hindernisses zulässig. Nach Ablauf von sechs Monaten, vom Ende der versäumten Frist an gerechnet, kann der Antrag nicht mehr gestellt werden.

(4) Über die nachträgliche Zulassung entscheidet das Arbeitsgericht durch Beschluß. Gegen diesen ist die sofortige Beschwerde zulässig.

II. Auszug aus BR-Drucks. 671/96 – Entwurf eines Gesetzes zur Bereinigung des Arbeitsrechts des Landes Brandenburg vom 12. 9. 1996

§ 136 Zulassung verspäteter Klagen

(1) War ein Arbeitnehmer nach erfolgter Kündigung ohne sein Verschulden verhindert, die Klage innerhalb von einem Monat nach Zugang der Kündigung zu erheben, so ist auf seinen Antrag die Klage nachträglich zuzulassen.

(2) Der Antrag ist nur innerhalb von zwei Wochen nach Behebung des Hindernisses zulässig. Nach Ablauf von sechs Monaten, vom Ende der versäumten Frist an gerechnet, kann der Antrag nicht mehr gestellt werden. Der Antrag muß die Angabe der die nachträgliche Zulassung begründenden Tatsachen enthalten. Diese sind bei der Antragstellung oder im Verfahren über den Antrag glaubhaft zu machen.

(3) Innerhalb der Antragsfrist ist die Klageerhebung nachzuholen. Ist dies geschehen, kann unter den Voraussetzungen des Absatzes 2 die nachträgliche Zulassung auch ohne Antrag gewährt werden.

(4) Das Arbeitsgericht kann das Verfahren zunächst auf die Verhandlung und Entscheidung über den Antrag beschränken. In diesem Fall entscheidet das Arbeitsgericht durch Beschluß. Gegen diesen ist die sofortige Beschwerde zulässig. Arbeits- und Beschwerdegericht entscheiden auch außerhalb der mündlichen Verhandlung stets durch Beschluß der Kammer.

Literaturverzeichnis

Alternativkommentar	zur ZPO von Wassermann (Hrsg.), Neuwied/Darmstadt 1987; zit.: AK-ZPO/Bearbeiter
Ascheid/Reiner	Kündigungsschutzrecht: Die Kündigung des Arbeitsverhältnisses, Stuttgart/Berlin/Köln 1993
Backmeister/Trittin	Kommentar zum Kündigungsschutzgesetz und weiteren wichtigen Vorschriften des Kündigungsrechts, München 2000; zit.: Backmeister/Trittin
Bader, Peter	Kündigungsprozesse richtig führen – typische Fehler im Kündigungsprozeß, NZA 1997, 905
Bader/Bram/Dörner/ Wenzel	Kommentar zum Kündigungsschutzgesetz und zu den §§ 620 bis 628 BGB (Loseblattsammlung), 32. Ergänzungslieferung (Dezember 1997); zit.: Bader/ Bram/Dörner/Wenzel
dies.	Kommentar zum Kündigungsschutzgesetz und zu den §§ 620 bis 628 BGB (Loseblattsammlung), 36. Ergänzungslieferung (Juni 1999); zit.: Bader/Bram/ Dörner/Wenzel (36. Erg. Lfg.)
dies.	Kommentar zum Kündigungsschutzgesetz und zu den §§ 620 bis 628 BGB (Loseblattsammlung), 39. Ergänzungslieferung (Juni 2000); zit.: Bader/Bram/ Dörner/Wenzel (39. Erg. Lfg.)
Bandey, Uwe	Die Kündigungsschutzklage nach dem Kündigungsschutzgesetz – Auslegung des Gesetzes hinsichtlich Rechtsnatur und Streitgegenstand der Klage gemäß § 4 Satz 1, Dissertation, Marburg 1992; zit.: Bandey
Baumbach/Lauterbach/ Albers/Hartmann	Zivilprozeßordnung (Kommentar), 57. Auflage, München 1999; zit.: Baumbach/Lauterbach/Bearbeiter
Becker-Schaffner, Reinhard	Rechtsfragen der Änderungskündigung, BlStSozArbR 1975, 273
ders.	Die Rechtsprechung zur nachträglichen Zulassung einer Kündigungsschutzklage, BlStSozArbR 1976, 289
ders.	Die nachträgliche Zulassung der Kündigungsschutzklage, ZAP 1991, Fach 17, 151
ders.	Die nachträgliche Zulassung der Kündigungsschutzklage (§ 5 KSchG), ZAP 1999, Fach 17, 481

Berkowsky, Wilfried	Die Kündigungsschutzklage und ihre nachträgliche Zulassung, NZA 1997, 352
Bernstein, Rainer	Die Zurechnung von Fehlverhalten und Verschulden anläßlich der Klageerhebung nach § 4 KSchG – ein Klassiker des Kündigungsschutzrechts, in: Festschrift für Dieter Stege, Köln 1997; zit.: Festschrift für Stege
Besta, Heinz	Die Regelung der Klageerhebungsfrist in den §§ 4-6 KSchG - Rechtsgrund,Bedeutung und Anwendungsbereich, Dissertation, Passau 1987; zit.: Besta
Boemke, Burkhard	Anmerkung zu LAG Hamm AR-Blattei ES 1020.3 Nr. 3
ders.	Kündigungsschutzklage (§ 4 KSchG) und allgemeine Feststellungsklage (§ 256 ZPO), RdA 1995, 211
Bötticher, Eduard	Anmerkung zu BAG AP Nr. 7 zu § 3 KSchG 1951
ders.	Zum Regierungsentwurf des Kündigungsschutzgesetzes, RdA 1951, 81
Braasch, Dietrich	Gemeinsame Anmerkung zu den Urteilen des BAG vom 14. 5. 1982 – 7 AZR 1221/79 und vom 2. 6. 1982 – 7 AZR 32/80, SAE 1983, 67
Brehm, Wolfgang	Anmerkung zu LAG Hamm LAGE § 5 KSchG Nr. 73
Brox/Rüthers	Arbeitsrecht, 13. Auflage, Stuttgart; Berlin; Köln 1997; zit.: Brox/ Rüthers
Büttner, Helmut	Wiedereinsetzung in den vorigen Stand (Maßnahmen und erfolgversprechende Argumente bei Fristversäumnissen), Bonn 1996; zit.: Büttner, Wiedereinsetzung
Corts, Jochen	Kündigung im Urlaub, DB 1979, 2081
ders.	Kündigung im Arbeitsverhältnis, BlStSozArbR 1982, 1
Creifelds, Carl	Rechtswörterbuch, 15. Auflage, München 1999; zit.: Creifelds, Rechtswörterbuch
Dütz, Wilhelm	Arbeitsrecht, 3. Auflage, München 1997; zit.: Dütz, Arbeitsrecht
Dütz/Kronthaler	Anmerkung zu LAG Hamm AP Nr. 8 zu § 5 KSchG 1969
Dahns (ohne Vorname)	Prozeßrechtliche Bemerkungen zum Kündigungsschutzgesetz, RdA 1952, 141

Eich, Rolf-Achim	Änderungen des arbeitsgerichtlichen Verfahrens durch die Vereinfachungsnovelle vom 3.12.1976, DB 1977, 909
Entholt, Dagmar	Probleme der Zurechnung von Fremdverschulden im Prozeßrecht, Dissertation, Freiburg 1985; zit.: Entholt
Erfurter Kommentar	zum Arbeitsrecht von Dieterich, Hanau und Schaub, München 1998; zit.: EK-ArbR/Bearbeiter
Esser/Schmidt	Schuldrecht, Band I, Allgemeiner Teil, Teilband 2, 7. Auflage, Heidelberg 1993; zit.: Esser/Schmidt
Eylert, Mario	Nachträgliche Zulassung der Kündigungsschutzklage, AuA 1996, 414
Fenn, Herbert	Die fristgebundene Widerklage – ein Anschluß„-rechtsmittel" erster Instanz?, AcP Bd. 163 (1964), 152
Fischer, Burkhardt	Die nachträgliche Zulassung einer Kündigungsschutzklage, AiB 1987, 186
Fischermeier, Ernst	Die betriebsbedingte Kündigung nach den Änderungen durch das Arbeitsrechtliche Beschäftigungsförderungsgesetz, NZA 1997, 1089
Fitting/Kaiser/Heither/ Engels	Betriebsverfassungsgesetz (Kommentar), 20. Auflage, München 2000; zit.: F/K/H/E
Flatow, Georg	Kommentar zum Betriebsrätegesetz, 1.Auflage, Berlin 1922; zit.: Flatow, BRG
Francken, Johannes Peter	Das Verschulden des Prozeßbevollmächtigten an der Versäumung der Klagefristen des § 4 KSchG, des § 1 Abs. 5 BeschFG und des § 113 Abs. 2 InsO, Dissertation, Freiburg 1998; zit.: Francken
Gamillscheg, Franz	Arbeitsrecht (Band I), Individualarbeitsrecht (Prüfe Dein Wissen), 7. Auflage, München 1987; zit.: Gamillscheg
Gebhardt/Unmuß	Arbeitsrecht, München 1998; zit.: Gebhardt/Unmuß, Arbeitsrecht
Gemeinschaftskommentar	zum Arbeitsgerichtsgesetz von Bader, Friedrich, Leinemann, Stahlhacke, Wenzel (Loseblattsammlung) (September 1996); zit.: GK-ArbGG/Bearbeiter

Gemeinschaftskommentar	zum Kündigungsschutzgesetz und sonstigen kündigungsschutzrechtlichen Vorschriften von Becker, Etzel, Fischermeier, Friedrich, Lipke, Pfeiffer, Rost, Spilger, Weigand und Wolff, 3. Auflage, Neuwied; Kriftel; Berlin 1989 4. Auflage, Neuwied; Kriftel; Berlin 1996 5. Auflage, Neuwied; Kriftel 1998 zit.: KR-Bearbeiter
Germelmann/Matthes/ Prütting	Arbeitsgerichtsgesetz (Kommentar), 3. Auflage, München 1998; zit.: Germelmann/Matthes/Prütting
Gerold/Schmidt/v.Eicken/ Madert	Bundesgebührenordnung für Rechtsanwälte (Kommentar), 12. Auflage, München 1995; zit.: G/S/E/M
Gift/Baur	Das Urteilsverfahren vor den Gerichten für Arbeitssachen, München 1993; zit.: Gift/Baur
Göhler, Erich	Ordnungswidrigkeitengesetz (Kommentar), 11. Auflage, München 1995; zit.: Göhler, OWiG
Göller, Irmgard	Die Entwicklung des Kündigungsschutzrechts in Deutschland, Dissertation, Freiburg 1974; zit.: Göller
Gröninger, Karl	Förmlichkeiten der Kündigungsschutzklage, AuR 1953, 100
Grundstein, Hans	Nachträgliche Zulassung der Kündigungsschutzklage bei Verschulden des Prozeßbevollmächtigten, BB 1975, 523
Grunsky, Wolfgang	Anmerkung zu BAG AP Nr. 4 zu § 5 KSchG 1969
ders.	Anmerkung zu LAG Hamm EzA § 5 KSchG Nr. 8
ders.	Arbeitsgerichtsgesetz (Kommentar), 7. Auflage, München 1995; zit: Grunsky, ArbGG
Güntner, Hans	Rechtsnatur und Probleme des kündigungsschutzrechtlichen Zulassungsverfahrens, AuR 1954, 193
Heidelberger Kommentar	zum Kündigungsschutzgesetz von Dorndorf, Weller Hauck, Höland, Kriebel, Prinz und Weyand, 2. Auflage, Heidelberg 1998; zit.: HK-KSchG/Bearbeiter
Heinze, Meinhard	Das Arbeitsrecht der Insolvenzordnung, NZA 1999, 57
Herschel (ohne Vorname)	Anmerkung zu LAG Stuttgart AP Nr. 3 zu § 4 KSchG 1951
ders.	Anmerkung zu ArbG Göttingen AP Nr. 4 zu § 4 KSchG 1951

Herschel (ohne Vorname)	Anmerkung zu ArbG Offenburg AP Nr. 5 zu § 4 KSchG 1951
ders.	Anmerkung zu ArbG Berlin AP Nr. 1 zu § 5 KSchG 1969
Herschel/Löwisch	Kommentar zum Kündigungsschutzgesetz, 6. Auflage, Heidelberg 1984; zit.: Herschel/Löwisch
Herschel/Steinmann	Kommentar zum Kündigungsschutzgesetz, 4. Auflage, Heidelberg 1958; zit.: Herschel/Steinmann
Hohmeister, Frank Udo	Das Wirksamwerden einer Kündigung, ZRP 1994, 141
Holthaus, Winfried	Versäumung der Dreiwochenfrist des § 4 KSchG – Nachträgliche Zulassung der Kündigungsschutzklage trotz Anwaltsverschuldens, Dissertation, Bochum 1998; zit.: Holthaus
v.Hoyningen-Huene, Gerrick	Der Urlaubsanspruch der gekündigten Küchenhilfe, JuS 1986, 897
v.Hoyningen-Huene/ Linck	Neuregelungen des Kündigungsschutzes und befristeter Arbeitsverhältnisse, DB 1997, 41
Hueck, Alfred	Deutsches Arbeitsrecht, 2.Auflage, Berlin 1944; zit.: Hueck, Deutsches Arbeitsrecht
ders.	Kündigungsschutzgesetz, Kommentar, 10. Auflage, München 1980; zit.: Hueck
Hueck/v.Hoyningen-Huene	Kündigungsschutzgesetz, Kommentar 11. Auflage, München 1992. 12.Auflage, München 1997 zit.: Hueck/v.Hoyningen-Huene
Hueck/ Nipperdey	Lehrbuch des Arbeitsrechts (Band I), 1.Auflage, Mannheim/ Berlin/Leipzig 1928; zit.: Hueck/Nipperdey I
Hueck/Nipperdey/Dietz	Gesetz zur Ordnung der nationalen Arbeit (Kommentar), 4.Auflage, München/Berlin 1943; zit.: Hueck/ Nipperdey/Dietz, AOG
Jauernig, Othmar	Bürgerliches Gesetzbuch (Kommentar), 8. Auflage, München 1997; zit.: Jauernig/Bearbeiter
Kittner/Trittin	KSchR Kündigungsschutzrecht, Kommentar für die Praxis zum Kündigungsschutzgesetz und zu anderen Kündigungsvorschriften 2. Auflage, Köln 1995 3. Auflage, Köln 1997 zit.: Kittner/Trittin
Kittner/Däubler/ Zwanziger	KSchR Kündigungsschutzrecht, Kommentar für die Praxis zum Kündigungsschutzgesetz und zu anderen Kündigungsvorschriften, 4. Auflage, Köln 1999

Klimpe-Auerbach, Wolf	Gesetzesänderungen des Jahres 1990 und ihre Auswirkungen auf das arbeitsgerichtliche Verfahren, AuR 1992, 110
Knorr/Bichlmeier/ Kremhelmer	Handbuch des Kündigungsrechts, 4. Auflage, München; Berlin 1998
Kölner Praxiskommentar	zum Kündigungsschutzgesetz von Bengelsdorf, Köster, Meisel, Ramrath, Schiefer und Sowka, Köln 1996; zit.: KPK-Bearbeiter
Kort, Michael	Erforderliche Sachmittel gemäß § 40 Abs. 2 BetrVG, NZA 1990, 598
Küttner, Wolfdieter (Hrsg.)	Personalbuch 1998 (Arbeitsrecht, Lohnsteuerrecht, Sozialversicherungsrecht), 5. Auflage, München 1998; Küttner/Bearbeiter, Personalbuch 1998
ders.	Personalbuch 2000 (Arbeitsrecht, Lohnsteuerrecht, Sozialversicherungsrecht), 7. Auflage, München 2000; zit.: Küttner/Bearbeiter, Personalbuch 2000
Kunkel (ohne Vorname)	Anmerkung zu LAG Düsseldorf AR-Blattei, D-Blatt Kündigungsschutz, Entscheidung 7
ders.	Anmerkung zu LAG Hamm AR-Blattei, D-Blatt Kündigungsschutz, Entscheidung 14
Lackner/Kühl	Strafgesetzbuch (Kommentar), 22. Auflage, München 1997; zit.: Lackner/Kühl
Lakies, Thomas	Neu ab 1. Mai 2000: Verbessertes Arbeitsgerichtsverfahren und Schriftform für die Beendigung des Arbeitsverhältnisses, BB 2000, 667
Larenz, Karl	Methodenlehre der Rechtswissenschaft, 6. Auflage, Berlin; Heidelberg; New York 1991; zit.: Larenz, Methodenlehre
Leinemann, Wolfgang	Fit für ein neues Arbeitsvertragsrecht?, BB 1996, 1381
Lepke, Achim	Zur Rechtsnatur der Klagefrist des § 4 KSchG, DB 1991, 2034.
ders.	Fragen der gerichtlichen Entscheidungsform bei der nachträglichen Zulassung von Kündigungsschutzklagen, AuR 1970, 109
Linke, Otto	Zulassung verspäteter Kündigungsschutzklagen – Der Begriff der „zuzumutenden Sorgfalt" im Sinne des § 4 Abs. 1 des Kündigungsschutzgesetzes, BB 1955, 931

Lorenz, Martin	Das Arbeitsrechtliche Beschäftigungsförderungsgesetz, DB 1996, 1973
Löwisch, Manfred	Kündigungsschutzgesetz (Kommentar), 7. Auflage, Heidelberg 1997; zit.: Löwisch
ders.	Anmerkung zu LAG Baden-Württemberg LAGE § 5 KSchG Nr. 37
ders.	Das Arbeitsrechtliche Beschäftigungsförderungsgesetz, NZA 1996, 1009
ders.	Verfahrensbeschleunigung und -vereinfachung in der Betriebsverfassung, RdA 1996, 352
Lüke, Gerhard	Klagefrist und unzulässige Kündigungsschutzklage, JuS 1996, 969
Marschner, Andreas	Gesetz über Korrekturen im Sozial- und Arbeitsrecht zum 1. 1. 1999, ZAP 1999, Fach 17, S. 465
Maus, Wilhelm	Kündigungsschutzgesetz (Kommentar), Baden-Baden 1973; zit.: Maus
Melzer, Werner	Die nachträgliche Zulassung von Kündigungsschutzklagen, Dissertation, Köln 1957; zit.: Melzer
ders.	Der Beginn der Antragsfrist für die nachträgliche Zulassung der Kündigungsschutzklage, RdA 1959, 59
ders.	Die Versäumung der Frist des § 3 KSchG durch Verschulden des Prozeßbevollmächtigten, AuR 1966, 107
Molitor, Erich	Deutsches Arbeitsrecht, 1.Auflage, Leipzig 1938, zit.: Molitor, Deutsches Arbeitsrecht
Mühlhausen, Peter	Begründetheit von Anträgen nach § 5 KSchG bei Falschauskunft durch ein Betriebsratsmitglied, NZA 1992, 877
Müller, Gerda	Typische Fehler bei der Wiedereinsetzung in den vorigen Stand, NJW 1993, 681
Müller/Bauer	Der Anwalt vor den Arbeitsgerichten, 3. Auflage, Heidelberg 1991; zit.: Müller/Bauer
Münchener Handbuch	zum Arbeitsrecht von Richardi und Wlotzke (Hrsg.): Band 2 (Individualarbeitsrecht), München1993; zit.: MünchArbR-Bearbeiter

Münchner Kommentar	zum Bürgerlichen Gesetzbuch von Rebmann und Säcker (Hrsg.) Band 1: Allgemeiner Teil (§§ 1-240), 3. Auflage, München 1993 Band 3: Schuldrecht, Besonderer Teil, 1. Halbband (§§ 433 – 651 k), 2. Auflage, München 1988 Band 4: Schuldrecht, Besonderer Teil III (§§ 607 – 704), 3. Auflage, München 1997 zit.: MüKo/Bearbeiter
Münchner Kommentar	zur ZPO von Lüke und Walchshöfer (Hrsg.) Band 1 (§§ 1 – 354 ZPO) Band 2 (§§ 355 – 802 ZPO) Band 3 (§§ 803 – 1048 ZPO; EGZPO; GVG; EGGVG; IZPR) München 1992 zit.: MüKo-ZPO/Bearbeiter
Musielak, Hans-Joachim (Hrsg.)	Kommentar zur Zivilprozeßordnung, München 1999; zit.: Musielak/Bearbeiter, ZPO
Neumann, Dirk	Nachträgliche Zulassung von Kündigungsschutzklagen, AR-Blattei D, Kündigungsschutz III A; zit.: Neumann, AR-Blattei D, Kündigungsschutz III A
ders.	Verfahrensfragen zur nachträglichen Zulassung von Kündigungsschutzklagen, RdA 1954, 269
Neumann-Duesburg (ohne Vorname)	Prozessuale Fragen des Kündigungsschutzgesetzes, ZZP 65 (1952), 394
Nikisch, Arthur	Arbeitsrecht Band I, 3. Auflage, Tübingen 1961; zit.: Nikisch Bd. I
Oetker, Hartmut	Die Verwerfung unzulässiger Rechtsmittel und Rechtsbehelfe ohne mündliche Verhandlung im arbeitsgerichtlichen Verfahren, NZA 1989, 201
Osthold, E.-A.	Die Einwirkung des Beschleunigungsgrundsatzes auf die Kündigungsschutzklage, DB 1955, 1224
Otto, Hansjörg	Anmerkung zu BAG EzA § 5 KSchG Nr. 20
ders.	Die Präklusion, Schriften zum Prozeßrecht (Band 8), Berlin 1970
Palandt, Otto (Begr.)	Bürgerliches Gesetzbuch (Kommentar), 59. Auflage, München 2000; zit.: Palandt/Bearbeiter
Petri-Klar, Ulrich	Kündigung des Berufsausbildungsverhältnisses, AiB 1992, 138
Plagemann, Herrmann	Anmerkung zu BAG EWiR § 130 BGB 1/89, 749.
Poelmann (ohne Vorname)	Die Zulassung verspäteter Klagen nach § 4 KSchG, RdA 1952, 205
Preis/Gotthardt	Schriftformerfordernis für Kündigungen, Aufhebungsverträge und Befristungen nach § 623 BGB, NZA 2000, 348

Preis, Ulrich	Das arbeitsrechtliche Beschäftigungsförderungsgesetz 1996, NJW 1996, 3369
Pünnel, Leo	Verfahrensrechtliche Probleme zu § 4 KSchG, AuR 1962, 105
Reinecke, Gerhard	Die Entscheidung über die nachträgliche Zulassung der Kündigungsschutzklage bei Säumnis einer der Parteien, NZA 1985, 243
Rewolle, Hans-Dietrich	Das Verfahren bei der Zulassung verspäteter Klagen nach § 4 Bundes-Kündigungsschutzgesetz, BB 1952, 147
Rieble, Volker	Anmerkung zu LAG Hamm LAGE § 5 KSchG Nr. 65
Rolfs, Christian	Erweiterte Zulässigkeit befristeter Arbeitsverträge durch das arbeitsrechtliche Beschäftigungsförderungsgesetz, NZA 1996, 1134
Rosenberg/Schwab/ Gottwald	Zivilprozeßrecht, 15. Auflage, München 1993; zit.: Rosenberg/Schwab/Gottwald
Rüstig, Hermann	Die Zulassung verspäteter Kündigungsschutzklagen, AuR 1953, 175
Schaub, Günter	Arbeitsrechtshandbuch, 9. Auflage, München 2000; zit.: Schaub
ders.	Gesetz zur Vereinfachung und Beschleunigung des arbeitsgerichtlichen Verfahrens, NZA 2000, 344
Schaub, Wolfgang	Die Rechtswegzuständigkeit und die Verweisung des Rechtsstreits, BB 1993, 1666
Schiefer/Worzalla	Das Arbeitsrechtliche Beschäftigungsförderungsgesetz und seine Auswirkungen für die betriebliche Praxis, Neuwied;Kriftel;Berlin 1996; zit.: Schiefer/Worzalla
Schlicht, Michael	Wiedereinsetzung nach Versäumung der Dreitagefrist im betriebsverfassungsrechtlichen Zustimmungsverfahren, BB 1980, 632
Schlosser, Peter	Die Sachurteilsvoraussetzungen, Jura 1981, 648
Schmid/Trenk-Hinterberger	Grundzüge des Arbeitsrechts, 2. Auflage, München 1994; zit.: Schmid/Trenk-Hinterberger
Schmidt-Bleibtreu/Klein	Kommentar zum Grundgesetz, 8. Auflage, Neuwied; Kriftel; Berlin 1995; zit.: Schmidt-Bleibtreu/Klein
Schnorr von Carolsfeld, Ludwig	Arbeitsrecht, 2. Auflage, Göttingen 1954; zit.: Schnorr von Carolsfeld, Arbeitsrecht

Scholz, Karsten	Der Begriff der Zumutbarkeit im Deliktsrecht, Dissertation, Göttingen 1994; zit.: Scholz
Schrader, Peter	Übergangsregelungen zum Konkursrecht, NZA 1997, 70
Seydel, Max	Entscheidung über den Antrag auf nachträgliche Zulassung der Kündigungsschutzklage bei Ausbleiben des Klägers, BB 1957, 439
Soergel, Hans Theodor (Begr.)	Bürgerliches Gesetzbuch mit Einführungsgesetz und Nebengesetzen, Band 1, Allgemeiner Teil (§§ 1–240), 12. Auflage, Stuttgart, Berlin, Köln, Mainz 1988; zit.: Soergel/ Bearbeiter
Sommer, Herbert	Ist § 4 Abs. 4 KSchG durch das Arbeitsgerichtsgesetz beseitigt?, AuR 1954, 364
Stahlhacke/Preis	Kündigung und Kündigungsschutz im Arbeitsverhältnis, 6. Auflage, München 1995
Stahlhacke/Preis/Vossen	Kündigung und Kündigungsschutz im Arbeitsverhältnis, 7. Auflage, München 1999
Staudinger, J. von (Begr.)	Kommentar zum Bürgerlichen Gesetzbuch mit Einführungsgesetz und Nebengesetzen, Erstes Buch, Allgemeiner Teil (§§ 164-240), 13. Auflage, Berlin 1995; zit.: Staudinger/Bearbeiter
Stein/Jonas (Begr.)	Kommentar zur Zivilprozeßordnung Band 1 (§§ 1–299 ZPO), 19. Auflage, Tübingen 1972 Band 1 (§§ 1–90 ZPO), 21. Auflage, Tübingen 1993 Band 2 (§§ 91–252 ZPO), 21. Auflage, Tübingen 1994 Band 3 (§§ 253–299 a ZPO), 21. Auflage, Tübingen 1997 zit.: Stein/Jonas/Bearbeiter
Thomas/Putzo	Kommentar zur Zivilprozeßordnung, 21. Auflage, München 1998
Trittin/Backmeister	Arbeitsgerichtsbeschleunigungsgesetz, DB 2000, 618
Tschöpe/Fleddermann	Zurechnung anwaltlichen Verschuldens bei Versäumung der Klagefrist nach § 4 KSchG, BB 1998, 157
Volkmar (ohne Vorname)	Anmerkung zu RAG ARS Bd. 25, S. 203
Vollkommer, Max	Anmerkung zu BAG EzA § 4 KSchG Nr. 39
ders.	Anmerkung zu LAG Hamm LAGE § 5 KSchG Nr. 22
ders.	Anmerkung zu LAG Hamm LAGE § 5 KSchG Nr. 24
ders.	Anmerkung zu LAG Hamm, Beschl. v. 21.12.1995, MDR 1996, 1161
ders.	Anmerkung zu BGHZ 63, 389, ZZP 89 (1976), 206

Vollkommer, Max	Begründet die Dreiwochenfrist des § 3 des Kündigungsschutzgesetzes eine besondere Prozeßvoraussetzung oder ist sie eine materiell-rechtliche Frist?, AcP Bd. 161 (1962) S.332
ders.	Die Erleichterung der Wiedereinsetzung im Zivilprozeß, in: Festschrift für Ostler, Stuttgart; München; Hannover 1983, S. 97; zit.: Festschrift für Ostler
ders.	Die Stellung des Anwalts im Zivilprozeß: Anwaltszwang, Anwaltsverschulden, Anwaltsfunktion; Köln 1984; zit.: Die Stellung des Anwalts im Zivilprozeß
ders.	Die Neuregelung des Verhältnisses zwischen den Arbeitsgerichten und den ordentlichen Gerichten und ihre Auswirkungen, in: Festschrift für Kissel, München 1994, S. 1183; zit.: Festschrift für Kissel
ders.	Grenzen der Rückwirkung im Zivilprozeß, Kritische Anmerkung zum Beschluß des BGH vom 8. 10. 1986 – VIII ZR 41/86, JR 1987, 225
ders.	Verlust des Kündigungsrechtsschutzes des Arbeitnehmers bei Versäumung der Klagefrist durch Vertreterverschulden?, in: Festschrift für Stahlhacke, Neuwied; Kriftel; Berlin 1995, S.599; zit.: Festschrift für Stahlhacke.
Wenzel, Leonhard	Vertreterverschulden und nachträgliche Klagezulassung im Kündigungsschutzprozeß, DB 1970, 730
ders.	Nochmals: Nachträgliche Zulassung einer Kündigungsschutzklage bei Verschulden des Prozeßbevollmächtigten, BB 1975, 791
ders.	Die nachträgliche Klagezulassung nach § 5 KSchG in der Rechtsprechung des Landesarbeitsgerichts Hamm, AuR 1976, 325
ders.	Der Kündigungsschutz des Arbeitnehmers (XI), Teil 7: Der Kündigungsschutzprozeß, MDR 1978, 276
ders.	Anmerkung zu BAG BB 1981, 1030
ders.	Neue Aspekte im Streit um die Anrechnung des Vertreterverschuldens bei der Versäumung der Klagefrist des § 4 KSchG, in: Festschrift für Schneider, Herne; Berlin 1997; zit.: Festschrift für Schneider
Werner, Bernhard	Rechtskraft und Innenbindung zivilprozessualer Beschlüsse im Erkenntnis- und summarischen Verfahren, Köln 1983; zit.: Werner, Rechtskraft

Weth, Stephan	Das arbeitsgerichtliche Beschlußverfahren, München 1995
ders.	Die Zurückweisung verspäteten Vorbringens im Zivilprozeß, Dissertation, Saarbrücken 1987; zit.: Weth, Zurückweisung
Wieczorek/Schütze (Hrsg.)	Zivilprozeßordnung und Nebengesetze Erster Band/ 2. Teilband (§§ 50 – 127 a) 3. Auflage, Berlin; New York 1994 zit.: Wieczorek/Schütze/Bearbeiter
Wolmerath, Martin	Fristen im Arbeitsrecht, AiB 1992, 75
Zimmermann, Walter	ZPO (Kommentar anhand der höchstrichterlichen Rechtsprechung), 5. Auflage, Heidelberg 1998; zit.: Zimmermann, ZPO
Zippelius, Reinhold	Juristische Methodenlehre, 6. Auflage, München 1994; zit.: Zippelius, Methodenlehre
Zöller, Richard (Begr.)	Kommentar zur Zivilprozeßordnung, 21. Auflage, Köln 1999; zit.: Zöller/Bearbeiter
Zöllner/Loritz	Arbeitsrecht, 5. Auflage, München 1998; zit.: Zöllner/Loritz

Sachregister

Änderungskündigung 25
Antrag auf nachträgliche Klagezulassung 76 ff.
– Form 76 ff.
– Fristen 91 ff.
– Hilfsantrag kraft Gesetzes 159
– Inhalt 78 ff.
– Verbindung mit Klageerhebung 85 f.
Arbeitsgerichtsbeschleunigungsgesetz 29, 82, 166 ff., 168 f., 174, 184
Auskunftserteilung, falsche 121 ff.
– durch den Betriebsrat 123 ff.
Ausschlußfrist 32 f.
– gesetzliche 33
– vertragliche 33

Befristungsschutzklage 26, 55, 73 f., 184 f.
Behebung des Hindernisses
– Begriff 93 ff.
Beschäftigungsförderungsgesetz, arbeitsrechtliches 26 f.
Besetzung des Gerichts
– im Zulassungsverfahren 173 ff.
– im Beschwerdeverfahren 189 ff.
Betriebsrätegesetz 16 ff.
Bindungswirkung des Zulassungsbeschlusses
– Begründung 177 ff.
– Umfang 179 ff.

Doppelnatur, Lehre von der 45 f., 50, 65, 68
Dreiwochenfrist
– des § 4 S. 1 KSchG 24, 35 ff.
– des § 1 Abs. 5 S. 1 BeschFG 1996 26, 55 f., 73 f., 184 f.

Frist
– materielle 33 ff.
– prozessuale 33 ff.

Gesetz zu Korrekturen in der Sozialversicherung und zur Sicherung der Arbeitnehmerrechte 24 (Fn. 85)
Gesetz zur Vereinfachung und Beschleunigung des arbeitsgerichtlichen Verfahrens 29, 82, 166 ff., 168 f., 174, 184
Gesetz zur Ordnung der nationalen Arbeit (AOG) 20 ff.
Glaubhaftmachung der die nachträgliche Zulassung begründenden Tatsachen 169 ff.

Hattenheimer Entwurf 23
Hilfsantrag kraft Gesetzes 159

Inzidententscheidung über die nachträgliche Zulassung 175 f.

Klagefrist 70 f.
– Begriff 33
Klagerecht, höchstpersönliches 48
Kosten des Zulassungsverfahrens 186
– des Beschwerdeverfahrens 201
Krankheit des Arbeitnehmers 127 ff.
Kündigung
– außerordentliche 25
– eines Berufsausbildungsverhältnisses 25
– durch den Insolvenzverwalter 26, 55, 73 f., 184 f.
– ordentliche 16, 24
– sittenwidrige 25
Kündigungsfreiheit 16
Kündigungsgründe
– des Betriebsrätegesetzes 16

223

– des AOG 20
– des KSchG 24
Kündigungsschutzgesetz
– von 1951 23
– von 1969 24 ff.

Materiell-rechtliche Auffassung
  38 ff., 58 ff.
Mündliche Verhandlung
– fakultative 165 ff.
– obligatorische 165 ff.

Objektive Theorie 18

Postalische Verzögerungen 133 f.
Prozessuale Auffassung 41 ff., 63 ff.

Rechtsbehelfsfristen 70
Rechtsmittelbegründungsfristen 70
Rechtskraft des Zulassungsbeschlusses 177 ff.
Rechtsunkenntnis 21, 120 f.
Rücknahme der Kündigungsschutzklage 130 ff.

Säumnis
– des Arbeitgebers 184 f.
– des Arbeitnehmers 183 f.
Sechsmonatsfrist des § 5 Abs. 3 S. 2 KSchG 112 f.
Sofortige Beschwerde
– Begründetheit 188 ff.
– Verfahren 189 ff.
– Zulässigkeitsvoraussetzungen 187 f.

Sozialwidrigkeit einer Kündigung 24, 53 f.
Streitgegenstand, punktueller 54 (Fn. 284)
Streitwert des Zulassungsverfahrens 186
Subjektive Theorie 18, 21
Subjektivierter Verschuldensbegriff 114 f., 117 f.

Unabwendbarer Zufall 18, 52, 118
Urlaubsbedingte Abwesenheit des Arbeitnehmers 132 f.

Verjährungsfrist 32 f.
Vertreterverschulden
– bei § 4 S. 1 KSchG 134 ff.
– bei § 5 Abs. 3 S. 1 KSchG 97 ff.
Verzicht auf die Einhaltung der Dreiwochenfrist des § 4 S. 1 KSchG 56
Vorverfahren 158

Wiedereinsetzung in den vorigen Stand 17, 20, 22, 68 ff.

Zugangserschwerung, unzumutbare 71 f., 78, 108, 146, 153
Zulassungsgrund
– des AOG 21
– des Betriebsrätegesetzes 18
– des § 5 Abs. 1 KSchG 113 ff.
Zuzumutende Sorgfalt 21, 113 ff.
Zweiwochenfrist
– des AOG 20
– des § 5 Abs. 3 S. 1 KSchG 93 ff.
Zwischenverfahren 158 ff.